# Lazos

## Gramática y vocabulario a través de la literatura

## Diana Frantzen
University of Wisconsin–Madison

Upper Saddle River, New Jersey 07458

Library of Congress Cataloging-in-Publication Data

Frantzen, Diana
   Lazos: gramatica y vocabulario a traves de la literatura /
     Diana Frantzen. — 1st ed.
     p. cm.
   Includes index.
   ISBN-13: 978-0-13-189672-7
   ISBN-10: 0-13-189672-5
   1. Spanish language — Readers.      2. Spanish language — Grammar.
     3. Spanish language — Vocabulary.  I. Title
   PC4117.F73 2009
   468.6 — dc22                                    2008009905

**Acquisitions Editor:** Donna Binkowski
**Sponsoring Editor:** María F. García
**Editorial Assistant:** Gayle Unhjem
**Senior Marketing Manager:** Denise Miller
**Marketing Coordinator:** Bill Bliss
**Senior Managing Editor (Production):**
   Mary Rottino
**Associate Managing Editor (Production):**
   Janice Stangel
**Production Supervision:** Nancy Stevenson
**Composition/Full-Service Project
   Management:** Rebecca K. Giusti,
   GGS Book Services PMG
**Senior Operations Supervisor:** Brian
   Mackey
**Operations Specialist:** Cathleen Petersen

**Interior Design:** GGS Book Services PMG
**Cover Art Director:** Jayne Conte
**Director, Image Resource Center:**
   Melinda Patelli
**Manager, Rights and Permissions:** Zina
   Arabia
**Manager, Visual Research:** Beth Brenzel
**Image Permission Coordinator:** Vicki
   Menanteaux
**Manager, Cover Visual Research and
   Permissions:** Karen Sanatar
**Publisher:** Phil Miller
**Cover Image:** Image Source/Corbis
**Printer/Binder:** R.R. Donnelley/
   Harrisonburg
**Typeface:** 10/12 Sabon

Credits and acknowledgments for items borrowed from other sources and reproduced, with permission, in this textbook appear on page 348.

Pearson Education LTD. London
Pearson Education Singapore, Pte. Ltd
Pearson Education, Canada, Ltd
Pearson Education—Japan
Pearson Education Australia PTY, Limited

Pearson Education North Asia Ltd
Pearson Educación de Mexico, S.A. de C.V.
Pearson Education Malaysia, Pte. Ltd
Pearson Education, Upper Saddle River,
   New Jersey

10 9 8 7 6 5 4 3 2 1
ISBN-(10): 0-13-189672-5
ISBN-(13): 978-0-13-189672-7

*A Chris, por su constante apoyo y comprensión*

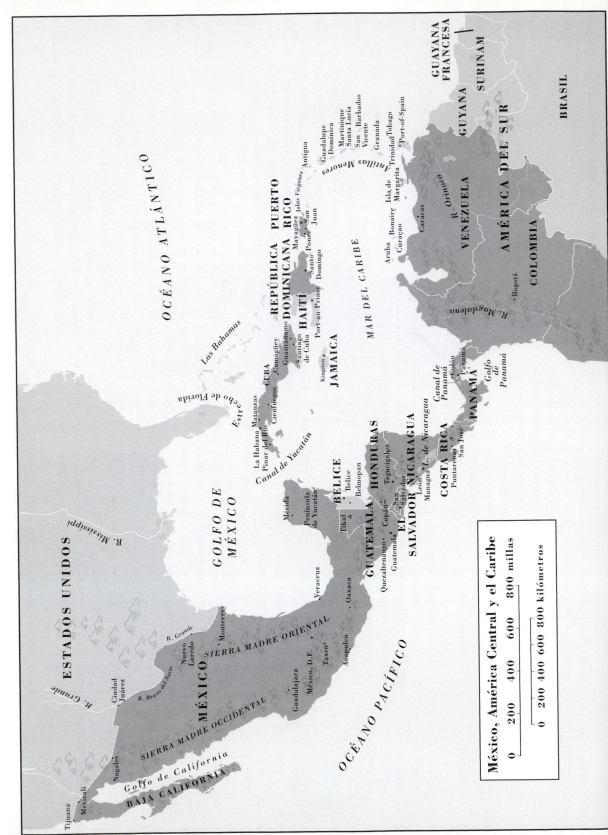

**México, América Central y el Caribe**

0     200     400     600     800 millas

0   200  400  600  800 kilómetros

MAR CARIBE

TRINIDAD Y TOBAGO

• Port-of-Spain

• Barranquilla
• Cartagena
• Maracaibo
• Caracas
R. Orinoco

VENEZUELA

Georgetown
★ Paramaribo
GUYANA
• Medellín
• Manizales
• Cali
• Bogotá
Cayenne
•
SURINAM GUAYANA
FRANCESA

COLOMBIA

OCÉANO ATLÁNTICO

• Quito
ECUADOR

ECUADOR

• Guayaquil
• Iquitos

Manaus
•
R. Amazonas
Belém
•

CORDILLERA DE LOS ANDES

• Cajamarca

R. Madeira

BRASIL

• Recife

PERÚ
• Macchu
Picchu
• Lima
• Ayacucho • Cuzco

• Salvador

• Brasilia
★

• Arequipa L. Titicaca
• La Paz
BOLIVIA

• Arica
• Sucre
• Potosí
• Iquique

• Belo Horizonte

PARAGUAY

• Rio de Janeiro

• Antofagasta
• Salta
Asunción
★
São Paulo
•
• Santos

TRÓPICO DE CAPRICORNIO

• Tucumán

CHILE

CORDILLERA DE LOS ANDES

• Córdoba
• Mendoza
• Rosario
R. Paraná
R. Uruguay

• Porto Alegre

OCÉANO PACÍFICO

• Valparaíso
• Santiago
Buenos Aires •
• La Plata

URUGUAY

★ Montevideo
Río de la Plata

• Concepción

• Bahía Blanca

ARGENTINA

• Puerto Montt

Islas
Malvinas

Estrecho de
Magallanes
• Punta Arenas
TIERRA DEL FUEGO
Cabo de Hornos

**América del Sur**

0   200   400   600   800 millas

0   200 400 600 800 kilómetros

MAR CANTÁBRICO

FRANCIA

Santander   San Sebastián   PIRINEOS

Avilés   Gijón

La Coruña   PRINCIPADO   Oviedo   CANTABRIA   Bilbao   ANDORRA

DE   PAÍS VASCO   Pamplona

GALICIA   Lugo   ASTURIAS   COM. FORAL DE   CATALUÑA

CORDILLERA CANTÁBRICA   NAVARRA

León   Burgos   ARAGÓN   Barcelona

Pontevedra   Palencia   LA RIOJA   R. Ebro   Lérida

Vigo   CASTILLA Y LEÓN   Zaragoza

Valladolid   Tarragona

Braga   Zamora   SISTEMA IBÉRICO

R. Duero

Oporto   Salamanca   Segovia   ISLAS BALEARES   Menorca

Coimbra   Ávila   ESPAÑA

SIERRA DA ESTRELA   MADRID   Palma de Mallorca

Madrid   COMUNIDAD VALENCIANA   Mallorca

SIERRA DE GUADARRAMA

PORTUGAL   Toledo   CASTILLA-LA MANCHA   Valencia   Eivissa
(Ibiza)

Cáceres   R. Tajo   R. Júcar   Formentera

Lisboa   EXTREMADURA   Albacete

Setúbal   Mérida   R. Guadiana   Almadén   Ciudad Real   Alicante   MAR MEDITERRÁNEO

Badajoz   Murcia

SIERRA MORENA   Linares   REGIÓN DE
MURCIA

R. Guadalquivir   Córdoba   Jaén   Cartagena

Huelva   Sevilla   ANDALUCÍA   Granada

SIERRA NEVADA   Almería

Jerez de la   Málaga

Cádiz   Frontera

Algeciras

Estrecho de Gibraltar   Ceuta (Esp.)

Tánger   Melilla(Esp.)

MARRUECOS

Santa Cruz
de la Palma   Lanzarote
Arrecife

La Palma   Santa Cruz   Puerto del Rosano
Gomera   Tenerife   Fuerteventura
Hierro   Las Palmas
Gran Canaria

OCÉANO ATLÁNTICO

**ISLAS CANARIAS**

## España

0   150 mi

0   250 km.

# Contenido

# Prefacio

*Lazos: Gramática y vocabulario a través de la literatura* is a reader intended for a high intermediate/advanced college-level audience. It features fifteen short stories by authors from a variety of Spanish-speaking countries. It combines an intensive review of selected Spanish grammar and vocabulary to accompany each story. The stories provide the basis not only for literary study but also for an advanced examination of lexical and grammatical topics. In addition to linguistic (lexical and structural) analysis, the numerous pre- and post-reading exercises will allow students to develop advanced-level speaking and writing skills as they address themes that spring from the stories.

The word *lazos* in the title has several meanings: links, ties, bonds, connections, traps, and snares. *Lazos* refers to the common thread of themes that bind the stories in the collection—the various bonds that characterize the relationships between the characters in the stories. In addition, *lazos* refers to the grammatical links that unite the book, by recurring throughout. And because *lazos* can also mean "traps"—both literally and figuratively—it is also an allusion to the traps we tend to fall into because of our human frailties as well as to the grammatical traps learners of Spanish tend to get caught up in before they have mastered the concepts.

*Lazos* includes numerous opportunities for learners to make progress toward acquiring the content and process goals of the National Standards. For example, each chapter's exercises provide practice in the Interpersonal, Interpretive, and Presentational modes of the Communication standard. As for the Cultures standard, learners gain knowledge and understanding of Hispanic cultures, both by being exposed to the perspectives and practices (as presented in topics dealt with in the stories) as well as by becoming thoroughly familiar with the products that represent them, the stories themselves. In the numerous exercises in the *Enfoques léxicos* and *Lazos gramaticales* sections, students develop a deeper understanding of how the Spanish language carries meaning and how it does so differently from English. Consequently, they are able to make the kind of linguistic and cultural comparisons inherent in the goals of the Comparisons standard. Because students are frequently encouraged to draw on their own experiences and to apply them to the situations encountered by the characters in these stories, they learn to understand better the multiple Hispanic cultures represented in the fifteen stories in this collection. With regard to the Connections standard, learners acquire information and are exposed to viewpoints that are expressed through the characters and narrators of the stories. In addition, because *Lazos* provides learners the tools, guidance, and practice to become better readers, speakers, writers, and listeners of Spanish, it helps solidify the "lifelong learning" goal of the Communities standard.

## Program Overview

**Reading selections** The text includes fifteen short stories from a variety of Spanish-speaking countries. They are arranged by difficulty but can be selected in any order. Stories appearing first are those narrated largely in the present tense and/or those with simpler vocabulary and a more direct narrative style. Stories containing more difficult structures (including a variety of tenses) and vocabulary, and those that do not have a traditional narrative structure appear later.

**Grammatical and lexical features** *Lazos* offers thorough explanations of the grammatical and lexical topics that typically give students difficulty. The explanations are provided in Spanish, using language accessible to students at this level. A separate grammar section, in the form of a handbook (*Manual de gramática*, located at the back of the book), features concise explanations which instructors can assign in the order that is most appropriate for their class. Many exercises in the grammar analysis section (*Lazos gramaticales*) refer students to these explanations. Several linguistic explanations appear on a smaller scale along with a particular short story. These explanations are included in an exercise in the appropriate section— *Enfoques léxicos* or *Lazos gramaticales*—or in the teacher notes (in the Instructor's Resource Manual), allowing instructors to incorporate the information into their lesson plan as they see fit.

**Activities** All readings are accompanied by various types of exercises. Pre-reading exercises help learners anticipate the themes and deal with potential difficulties of theme and vocabulary. Post-reading exercises review content as well as examine the grammar topics in focus.

Because vocabulary building is an important component of *Lazos*, two to five vocabulary-development exercises precede each story. Each post-reading section (*Lazos gramaticales*) offers in-depth analysis of two or more grammar topics featured in the story. Many of the grammar topics are treated multiple times throughout the book. The hope is that, by carrying out the type of analysis provided in these exercises, students will not only better understand the stories but will acquire a better understanding of the grammar topics and gain an appreciation of the important function grammar often plays in conveying meaning.

A key element of *Lazos* is the development of language on various levels. Therefore, in addition to offering linguistic analysis, many of the exercises afford students opportunities to practice speaking and writing in Spanish as they address themes in the stories. Students are encouraged to speak and write at length so that they develop advanced-level speaking and writing skills.

## Chapter Organization

*Lazos'* chapter structure is easy to use. Each short story includes the following sections:

**ANTES DE LEER** These activities, along with the accompanying illustrations, orient the student to the story's theme. The questions are designed to activate background knowledge and thus improve reading comprehension.

**Enfoques léxicos** The vocabulary exercises familiarize students with and strengthen their knowledge of some of the vocabulary before they read the stories, which helps them better understand them. Some lexical topics routinely covered in this text include false cognates, vocabulary development involving word roots, and practice with synonyms and antonyms. Some stories include an exercise with problematic words that give native English speakers difficulty. These exercises are titled *Expresiones útiles* or *Palabras con múltiples significados*, depending on the nature of the words and activities included.

**A LEER** These activities build upon the previous ones and further prepare students to read the story.

**Estrategia de lectura** Reading strategies are presented to help students become more successful readers.

**Advance organizers** Each chapter provides biographical information about the author at the beginning of each story as well as historical and cultural information to assist students in understanding the context in which the story is written.

The story is presented without modification from the original except for glossing. In general, the glossed words are non-cognate words that cannot be reliably inferred from the context. Whenever possible, glosses are provided in Spanish. English is used when Spanish synonyms are as difficult or as uncommon as the original word, or when a Spanish paraphrase would be too long for space considerations.

**DESPUÉS DE LEER** These questions deal mainly with plot development and are divided into two sections: *En general*, which contain more global comprehension questions and *En detalle*, which contain more specific questions. Both prepare students for the more in-depth analysis that follows in the *Discusión e interpretación* section. This section's questions require more thoughtful analysis and emphasize personalized use of the language. They lend themselves to pair and small-group discussions prior to full-class discussions and encourage paragraph-length discourse, important for developing oral skills from the intermediate to the advanced level.

**LAZOS GRAMATICALES** These grammar analysis exercises are designed to help students use their grammatical knowledge to understand structures used in a particular story. The selected grammar points are important for the reader to be aware of in order to better understand the story. Students may refer to the thorough explanations in the *Manual de gramática* section for an in-depth explanation of some challenging structures. Other linguistic analysis exercises which spring from a particular story are self-contained in that they include sufficient explanation for completing the exercise.

**A ESCRIBIR** This section provides a process approach to writing and includes several suggestions of writing topics. Students are given both guidance and freedom to develop their ideas and, in so doing, their writing skills will improve.

**Estrategias de composición** One topic always includes step-by-step suggestions (*Estrategias de composición*) for writing the essay. Though directed to a specific topic, they are easily adaptable to different topics.

**MANUAL DE GRAMÁTICA** Provided in Spanish and located at the back of the text, these grammar explanations vary in format, and all contain thorough but easy-to-follow explanations. Although most of these topics are covered extensively in Spanish language courses—some beginning in the first year—they are difficult areas that take considerable time and multiple exposures to be fully acquired. *Lazos* presents complete and accurate explanations that will improve students' understanding and use of the concepts.

**Apéndice: Verbos** Verb charts are included for easy reference for students to use as they prepare answers to the exercises. The charts contain models for the regular verb conjugations as well as a thorough set of irregular verbs.

**Glosario: Español-inglés** The Spanish/English glossary provided will make it easy for students to look up unknown words as they read.

## Instructor's Resource Manual

An Instructor's Resource Manual, available to instructors online at **http://www.pearsonhighered.com**, features a variety of elements to assist instructors in preparing their lessons. Answer keys provide the correct or suggested answers to the exercises and often include explanations that instructors may wish to incorporate into class discussions. In addition, the Instructor's Resource Manual provides suggestions for variations to the exercises and alternate formats for presenting the stories and exercises.

## Acknowledgments

I would like to thank the following reviewers for their insightful comments and helpful suggestions: Paul A. Bases, Martin Luther College; Paul M. Chandler, University of Hawai'i at Manoa; Richard K. Curry, Texas A & M University; Dolores Flores-Silva, Roanoke College; Gregory Blair Kaplan, University of Tennessee; Ramón Magrans, Austin Peay State University; Carlos David Martínez, Texas A & M University; Leticia McGrath, Georgia Southern University; Liliana E. Riboldi, Utah Valley State College; Sharon Robinson, Lynchburg College; and Phyllis E. VanBuren, St. Cloud State University.

I am grateful to the many colleagues and graduate students I consulted at the University of Wisconsin-Madison, and wish to thank my students who helped me refine the exercises. In addition, many thanks go to Mary Campion, Brian Donnelly, and Teri Stratford and to Becky Giusti and her colleagues at GGS Book Services PMG. My sincere gratitude goes out to the many people at Prentice Hall who have supported me along the way, among them: Donna Binkowski, Bill Bliss, Stephanie Bribiesca, Julia Caballero, Jessica García, Debbie King, Erin McDougal, Vicky Menanteaux, Phil Miller, Brian Normoyle, Pete Ramsey, Janice Stangel, Nancy Stevenson, Kristine Suárez, and Joe Sturino. Particular thanks go to my editor, María F. García, whose insights, encouragement, and guidance were invaluable, as well as to Bob Hemmer, who supported *Lazos* from the very beginning.

# Al colegio

Carmen Laforet (1921–2004)

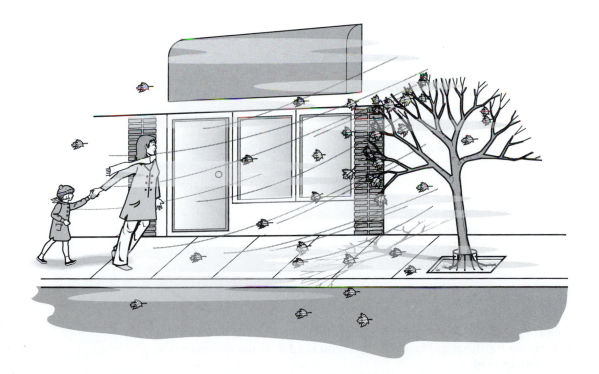

# ANTES DE LEER

**1-1 Reflexiones.** Considere las siguientes preguntas antes de leer el cuento.

1. Piense en su primer día del colegio. ¿Cómo se sentía? ¿entusiasmado/a, nervioso/a, orgulloso/a, preocupado/a, triste, alegre, relajado/a, etc.? ¿Cómo cree Ud. que se sentía su madre/padre ese día?

2. ¿Qué recuerda Ud. de sus años en el colegio? Escriba una lista indicando (1) los eventos, (2) las cosas y (3) las personas que recuerde. Compare su lista con la de un/a compañero/a. Luego compartan y discutan lo que recuerden del colegio con la clase. Por lo general, ¿fueron agradables o desagradables sus años en el colegio?

3. Para familiarizarse con el cuento antes de leerlo, hojee° los tres primeros párrafos buscando la siguiente información: (1) la persona que narra este cuento; (2) la estación del año cuando empieza el colegio. Identifique la «evidencia» del cuento que apoya sus respuestas.

*skim*

## Enfoques léxicos

### *Cognados falsos*

**1-2 Examinación de cognados falsos en «Al colegio».** Este cuento contiene varios cognados falsos, algunos de los cuales se incluyen en los ejercicios a continuación. (Para una explicación más detallada de los cognados falsos, lea la sección 1 del *Manual de gramática* [pp. 285–290] al final del libro.)

1. La palabra **colegio** no quiere decir *college* en el sentido de **universidad**. Un **colegio** es una escuela —muchas veces privada— y este término se usa tanto para una escuela primaria como para una escuela secundaria. Hojee los tres primeros párrafos del cuento para determinar el tipo de colegio en este cuento.

→ Si Ud. ha determinado que en el cuento **colegio** se refiere a una escuela primaria, tiene razón.

## En más detalle

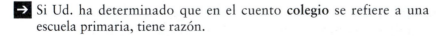

**Colegio** puede traducirse a *college* en frases como **Colegio electoral** o **Colegio de Cardenales**. Nunca se usa como el equivalente de *university*, o sea **universidad**.

2. **Fila** casi nunca se traduce a *file*. ¿Puede Ud. determinar su significado en la oración del cuento a continuación?

   Pasamos corriendo delante de una **fila** de taxis parados…

 Si Ud. ha determinado que **fila** significa *row* o *line*, tiene razón.

##  En más detalle

Hay una expresión en la que *file* y **fila** son cognados: *in single file*/**en fila india**. Observe que esta expresión también quiere decir *row* o *line*.
   *File* en el sentido de *file folder* significa **archivo** y el verbo *to file (documents)* es **archivar**. *File* en el sentido de *tool made of metal used to smooth edges or cut ridges*, significa **lima** (el verbo *to file* en este sentido es **limar**).

3. La palabra **largo** nunca significa *large*; *large* generalmente significa **grande**. Si no sabe el significado de **largo**, trate de determinarlo según el contexto de la oración en el cuento a continuación. Explique su respuesta.

   …cuando salgo de casa con la niña tengo la sensación de que emprendo un viaje muy **largo**.

 Si Ud. ha determinado *long*, tiene razón.

##  En más detalle

La expresión **pasar de largo** significa **pasar sin parar**. Se usa en el cuento en la siguiente frase: «…la niña y yo pasamos **de largo** delante de la fila tentadora de autos parados».

4. **Gracioso** casi nunca se traduce a *gracious*. *Gracious* se expresa usando **amable**, **afable** o **cortés**. **Gracioso** tiene distintos significados como *amusing*, *funny*, *witty*, *graceful*, *pleasing*, *elegant* y *cute*. En el siguiente fragmento del cuento determine cuál es su significado.

   …y pienso que jugaré con ella, que nos reiremos, ya que es tan graciosa…

 Si Ud. ha determinado que **graciosa** quiere decir *funny* o *amusing*, tiene razón.

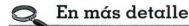

# En más detalle

Gracioso y *Gracious* comparten un significado muy específico: se usan como un epíteto° o una indicación de cortesía para referirse a la alta nobleza o a la realeza, como un monarca. Por ejemplo: **nuestro gracioso rey**/*our gracious king.*

° adjetivo que enfatiza las cualidades del sustantivo

## Grupos léxicos

**1-3 Palabras relacionadas.** Complete las siguientes frases con la palabra adecuada. Las palabras agrupadas tienen la misma raíz y por lo tanto tienen un significado relacionado. Utilice su conocimiento de la gramática para escoger la palabra correcta. No será necesario cambiar las formas de las palabras. Usará algunas palabras más de una vez. Verifique sus respuestas buscando la oración en el cuento. (Las oraciones de cada grupo se presentan en el orden en que aparecen en el cuento.)

**alegrarla - alegre - alegremente - alegría**

1. La niña y yo sabemos que las pocas veces que salimos juntas casi nunca dejo de coger un taxi. A ella le gusta; pero, a decir verdad, no es por _____ por lo que lo hago; es sencillamente, que cuando salgo de casa con la niña tengo la sensación de que emprendo un viaje muy largo.

2. Cuando medito una de estas escapadas, uno de estos paseos, me parece divertido ver la chispa (1) _____ que se le enciende a ella en los ojos, y pienso que me gusta infinitamente salir con mi hijita mayor y oírla charlar; que la llevaré de paseo al parque, que le iré enseñando, como el padre de la buena Juanita, los nombres de las flores; que jugaré con ella, que nos reiremos, ya que es tan graciosa, y que, al final, compraremos barquillos —como hago cuando voy con ella— y nos los comeremos (2) _____.

3. Pero yo quisiera que alguien me explicase por qué cuando me voy alejando por la acera, manchada de sol y niebla, y siento la campana del colegio, llamando a clase, por qué, digo, esa expectación anhelante, esa _____, porque me imagino el aula y la ventana, y un pupitre mío pequeño…

**amical - amigas - amigos**

4. Yo me he quitado el guante para sentir la mano de la niña en mi mano, y me es infinitamente tierno este contacto, tan agradable, tan (1) _____, que la estrecho un poquito emocionada. Su propietaria vuelve hacia mí la cabeza, y con el rabillo de los ojos me sonríe. Sabe perfectamente la importancia de este apretón, sabe que yo estoy

con ella y que somos más (2) _____ hoy que otro día cualquiera.

5. Le digo que vaya con los niños más pequeños, aquellos que se agrupan en un rincón, y nos damos la mano, como dos _____.

6. Se me ocurre pensar que cada día lo que aprenda en esta casa blanca, lo que la vaya separando de mí —trabajo, _____, ilusiones nuevas—, la irá acercando de tal modo a mi alma, que al fin no sabré dónde termina mi espíritu ni dónde empieza el suyo...

**mañana - mañanero**

7. Vamos cogidas de la mano en la _____.

8. Pero hoy, esta _____ fría, en que tenemos más prisa que nunca, la niña y yo pasamos de largo delante de la fila tentadora de autos parados.

9. Con los mismos ojos ella y yo miramos el jardín del colegio, lleno de hojas de otoño y de niños y niñas con abrigos de colores distintos, con mejillas que el aire _____ vuelve rojas, jugando, esperando la llamada a clase.

**lejano - lejos - alejando**

10. Es que yo he escogido un colegio muy (1) _____ para mi niña, ésa es la verdad; un colegio que me gusta mucho, pero que está muy (2) _____...

11. ...y sé que el colegio que le he buscado le gustará, porque me gusta a mí, y que, aunque está tan _____, le parecerá bien ir a buscarlo cada día, conmigo, por las calles de la ciudad...

12. Pero yo quisiera que alguien me explicase por qué cuando me voy _____ por la acera, manchada de sol y niebla, y siento la campana del colegio, llamando a clase,...

**tentación - tentadora**

13. Pasamos corriendo delante de una fila de taxis parados, huyendo de la _____.

14. Pero hoy, esta mañana fría, en que tenemos más prisa que nunca, la niña y yo pasamos de largo delante de la fila _____ de autos parados.

## *Expresiones útiles*

**1-4 Expresiones con «dar».** **Dar** se usa en muchas expresiones comunes en español. Las tres expresiones a continuación aparecen en este cuento. Escriba una oración con cada una de estas expresiones. Observe que **darse cuenta** y **darse la mano** son verbos reflexivos mientras que **dar vergüenza** generalmente se usa con un pronombre de complemento indirecto.

| Expresión con dar | Traducción inglesa |
|---|---|
| darse cuenta | *to realize* (*to be fully aware of*) |
| darse la mano | *to shake hands* |
| dar vergüenza | *to embarrass*, lit. *to give/cause shame/embarrassment* |

- - - - - - - - - - - - - - - - - - - - - - - - - - - - - - - - - -

# A LEER

## Estrategia de lectura: Inferir el significado de palabras desconocidas

Al leer en una lengua extranjera —como en la materna— con frecuencia se encuentran palabras desconocidas. Para determinar su significado se puede buscar la palabra en un diccionario, pero también se puede inferir el significado usando el contexto y conocimiento lingüístico y/o experiencial. Aun cuando creemos que hemos determinado el significado, es buena idea ser escéptico/a porque a veces nuestras conjeturas no resultan correctas. Por ejemplo, lo que parece un cognado puede ser un cognado falso. Además, a veces los contextos «permiten» más de un significado —uno que corresponde al verdadero significado de la palabra en ese contexto, otros que no corresponden. Aunque siempre es buena estrategia tratar de determinar el significado de las palabras desconocidas, a la vez debemos buscar pistas para poder confirmar o rechazar nuestra conjetura. En los siguientes ejercicios, vamos a practicar esta estrategia infiriendo el significado de algunas palabras poco comunes del cuento.

**1-5 ¿Puede Ud. inferir el significado?** Lea los siguientes fragmentos del cuento concentrándose en las palabras en negrita.° *in boldface type*

- Primero identifique la parte del habla (sustantivo, verbo/frase verbal, adjetivo, pronombre, etc.).
- Luego, usando el contexto y su conocimiento lingüístico y experiencial, trate de determinar el significado.
- Escriba su conjetura y apunte todo lo que utilizó para determinar el significado.

El primer ejercicio sirve de modelo para sus respuestas. (Sus propias respuestas pueden ser más breves que la del modelo.)

1. Yo me he quitado el guante para sentir la mano de la niña en mi mano, y me es infinitamente **tierno** este contacto, tan agradable, tan amical, que la estrecho un poquito emocionada.

## Modelo

Es adjetivo (describe la palabra **contacto**); los otros adjetivos también describen la palabra **contacto** (**agradable**, **amical**). Parece ser un adjetivo que muestra intimidad y cariño. También tiene la misma raíz que la palabra **ternura** (*tenderness*). Por esto, infiero que **tierno** quiere decir *tender*.

→ Si Ud. ha determinado la palabra correcta u otro sinónimo, ¡felicitaciones!

2. Pasamos corriendo delante de una fila de taxis **parados**, huyendo de la tentación. La niña y yo sabemos que las pocas veces que salimos juntas casi nunca dejo de coger un taxi.

3. Luego resulta que la niña empieza a charlar mucho antes de que salgamos de casa, que hay que peinarla y (1) **hacerle las trenzas** (que salen pequeñas y retorcidas, como dos rabitos dorados, debajo del gorro) y cambiarle el traje, cuando ya está vestida, porque se tiró encima un (2) **frasco** de leche condensada, y cortarle las uñas, porque al meterle las (3) **manoplas** me doy cuenta de que han crecido…

Siga empleando esta estrategia mientras lea «Al colegio» y en otras ocasiones cuando lea en español.

## Carmen Laforet

Carmen Laforet nació en Barcelona, España en 1921 pero su familia se mudó a las Islas Canarias antes de que cumpliera dos años. Vivió allí hasta 1939 cuando volvió a Barcelona e inició (pero nunca terminó) sus estudios en la Facultad de Filosofía y Letras en la Universidad de Barcelona. Después de tres años se mudó a Madrid. Laforet escribió muchas novelas y cuentos que se destacan por observaciones astutas y representaciones comprensivas. Su obra más conocida es la novela *Nada*, la que escribió en Madrid en 1944 cuando sólo tenía 22 años. Laforet ganó el Premio Nadal en 1945 por esta novela y en 1948, la Real Academia Española le otorgó el Premio Fastenrath. La autora murió a los 82 años, habiendo sufrido durante dos décadas de la enfermedad de Alzheimer.

El siguiente cuento —«Al colegio»— fue publicado por primera vez en una revista pero luego, en 1952, se publicó en una colección de cuentos titulada *La muerta*. Como el título sugiere, el cuento relata un recorrido de una madre cuando lleva a su hija de cuatro años al colegio por primera vez.

# Al colegio

## *Carmen Laforet*

Vamos cogidas de la mano en la mañana. Hace fresco y el aire está sucio de niebla.° Las calles están húmedas. Es muy temprano.

Yo me he quitado el guante para sentir la mano de la niña en mi mano y me es infinitamente tierno este contacto, tan agradable, tan amical, que la

5 estrecho° un poquito emocionada. Su propietaria° vuelve hacia mí la cabeza, y con el rabillo de los ojos° me sonríe. Sé[1] perfectamente la importancia de este apretón, sabe que yo estoy con ella y que somos más amigas hoy que otro día cualquiera.

Viene un aire vivo° y empieza a romper la niebla. A todos los árboles de

10 la calle se les caen las hojas, y durante unos segundos corremos debajo de una lenta lluvia de color tabaco.

—Es muy tarde; vamos.

—Vamos, vamos.

Pasamos corriendo delante de una fila de taxis parados, huyendo de la

15 tentación.° La niña y yo sabemos que las pocas veces que salimos juntas casi nunca dejo de coger un taxi. A ella le gusta; pero, a decir verdad, no es por alegrarla por lo que lo hago; es, sencillamente, que cuando salgo de casa con la niña tengo la sensación de que emprendo un viaje muy largo. Cuando medito una de estas escapadas, uno de estos paseos, me parece divertido ver

20 la chispa alegre que se le enciende a ella en los ojos, y pienso que me gusta infinitamente salir con mi hijita mayor y oírla charlar; que la llevaré de paseo al parque, que le iré enseñando, como el padre de la buena Juanita,[2] los nombres de las flores; que jugaré con ella, que nos reiremos, ya que es tan graciosa, y que, al final, compraremos barquillos —como hago cuando voy con

25 ella— y nos los comeremos alegremente.

Luego resulta que la niña empieza a charlar mucho antes de que salgamos de casa, que hay que peinarla y hacerle las trenzas (que salen pequeñas y retorcidas, como dos rabitos dorados,° debajo del gorro) y cambiarle el traje, cuando ya está vestida, porque se tiró encima un frasco de leche condensada,

30 y cortarle las uñas, porque al meterle las manoplas me doy cuenta de que han

*"dirty" with mist, fog*

*squeeze/dueña (se refiere a la niña)/ corner of her eyes*

*brisk wind*

*fleeing from the temptation (of taking a taxi)*

*little golden tails*

---

[1]Cuando «Al colegio» se publicó por primera vez, «sabe» se usó aquí, lo cual parece más lógico que «sé» según el contexto.

[2]La buena Juanita es un personaje de un cuento para niños en que el padre de Juanita anda señalándole cosas y explicándoselas a ella.

crecido… Y cuando salimos a la calle, yo, su madre, estoy casi tan cansada como en el día en que la puse en el mundo… Exhausta, con un abrigo que me cuelga como un manto; con los labios sin pintar (porque a última hora me olvidé de eso), voy andando casi arrastrada° por ella, por su increíble energía, *dragged*

35   por los infinitos «porqués» de su conversación.

—Mira, un taxi. —Este es mi grito de salvación y de hundimiento[3] cuando voy con la niña… Un taxi.

Una vez sentada dentro, se me desvanece° siempre aquella perspectiva *desaparece,* de pájaros y flores y lecciones de la buena Juanita, y doy la dirección de casa  *evapora*

40   de las abuelitas, un lugar concreto donde sé que todos seremos felices: la niña y las abuelas, charlando, y yo, fumando un cigarrillo, solitaria y en paz.

Pero hoy, esta mañana fría, en que tenemos más prisa que nunca, la niña y yo pasamos de largo delante de la fila tentadora de autos parados. Por primera vez en la vida vamos al colegio… Al colegio, le digo, no se puede ir en

45   taxi. Hay que correr un poco por las calles, hay que tomar el metro, hay que caminar luego, en un sitio determinado, a un autobús… Es que yo he escogido un colegio muy lejano para mi niña, ésa es la verdad; un colegio que me gusta mucho, pero que está muy lejos… Sin embargo, yo no estoy impaciente hoy, ni cansada, y la niña lo sabe. Es ella ahora la que inicia una caricia tímida

50   con su manita dentro de la mía; y por primera vez me doy cuenta de que su mano de cuatro años es igual a mi mano grande: tan decidida, tan poco suave, tan poco nerviosa como la mía. Sé por este contacto de su mano que le late el corazón al saber que empieza su vida de trabajo en la tierra, y sé que el colegio que le he buscado le gustará, porque me gusta a mí, y que, aunque,

55   está tan lejos, le parecerá bien ir a buscarlo cada día, conmigo, por las calles de la ciudad… Que Dios pueda explicar el porqué de esta sensación de orgullo que nos llena y nos iguala durante todo el camino…

Con los mismos ojos ella y yo miramos el jardín del colegio, lleno de hojas de otoño y de niños y niñas con abrigos de colores distintos, con meji-

60   llas que el aire mañanero vuelve rojas,° jugando, esperando la llamada a clase. *turns red*

Me parece mal quedarme allí; me da vergüenza acompañar a la niña hasta última hora, como si ella no supiera ya valerse por sí misma° en este *manage for herself* mundo nuevo, al que yo la he traído… Y tampoco la beso, porque sé que ella en este momento no quiere. Le digo que vaya con los niños más pequeños,

65   aquellos que se agrupan en un rincón, y nos damos la mano, como dos ami-gas. Sola, desde la puerta, la veo marchar, sin volver la cabeza ni por un momento. Se me ocurren cosas para ella, un montón de cosas que tengo que decirle, ahora que ya es mayor, que ya va al colegio, ahora que ya no la tengo en casa, a mi disposición a todas horas… Se me ocurre pensar que cada día lo

70   que aprenda en esta casa blanca, lo que la vaya separando de mí —trabajo, amigos, ilusiones nuevas—, la irá acercando de tal modo a mi alma, que al fin no sabré dónde termina mi espíritu ni dónde empieza el suyo…

---

[3]*This is my shout of salvation and collapse.* (Cuando oye el grito de «¡taxi!», sabe que pronto va a poder relajarse un poco durante el viaje en taxi.)

Y todo esto quizá sea falso… Todo esto que pienso y que me hace
75 sonreír, tan tontamente, con las manos en los bolsillos de mi abrigo, con los
ojos en las nubes.

Pero yo quisiera que alguien me explicase por qué cuando me voy alejando por la acera, manchada de sol y niebla, y siento° la campana del colegio,     oigo
llamando a clase, por qué, digo, esa expectación anhelante, esa alegría, porque
80 me imagino el aula y la ventana, y un pupitre mío pequeño, desde donde veo el
jardín y hasta veo clara, emocionantemente, dibujada en la pizarra con tiza
amarilla una A grande, que es la primera letra que yo voy a aprender…

# DESPUÉS DE LEER

## PREGUNTAS

### *En general*

1. Describa el trasfondo° del día cuando este episodio ocurre mencio-     *background*
   nando la hora, el tiempo y la estación.

2. No hay mucho diálogo en el cuento pero la madre y su hija trans-
   miten sus pensamientos y emociones. ¿Cómo lo hacen? Dé ejemplos específicos.

3. ¿Qué emociones experimentan la madre y su hija cuando van al
   colegio? En el cuento, busque lugares donde la madre describe:
   - sus propias emociones
   - las de su hija
   - las que las dos comparten

### *En detalle*

1. Identifique y describa a los personajes principales.

2. La madre dice que su hija sabe que son «más amigas hoy que otro
   día cualquiera». Explique.

3. ¿Por qué están tan apresuradas hoy?

4. ¿Por qué los paseos le parecen muy largos a la madre en otras ocasiones? ¿Qué hacen y adónde van?

5. Durante las escapadas con su hija, ¿por qué le gusta a la madre
   tomar un taxi? ¿Por qué no van en taxi hoy?

6. ¿Por qué tiene la niña que ir a un colegio tan lejos de casa?

7. ¿Quiénes son los niños que la madre y la niña ven cuando llegan al
   colegio? ¿Qué están haciendo los niños?

8. ¿Cómo se despiden la madre y la niña? ¿Por qué la madre no besa a su niña?

9. ¿Por qué cree Ud. que la hija no mira a su mamá cuando se acerca a los niños en el colegio?

10. ¿En qué está pensando la madre al final del cuento?

## Discusión e interpretación

1. ¿Por qué es hoy un día que evoca emociones y recuerdos para la madre?

2. ¿Cómo son las relaciones entre la madre y su hija? Dé frases en el cuento que muestran esto. ¿Qué diferencias habrá en sus relaciones después de hoy, según las predicciones de la madre?

3. ¿Por qué la madre generalmente se cansa cuando sale con su hija pero hoy no está cansada?

4. ¿Por qué cree Ud. que la madre nunca usa el nombre de su hija? ¿Qué términos usa para referirse a ella?

5. ¿Por qué cree Ud. que prefiere utilizar una serie de medios de transporte en vez de tomar un taxi?

6. Cerca del final la madre piensa lo siguiente: «Se me ocurre pensar que cada día lo que aprenda en esta casa blanca, lo que la vaya separando de mí —trabajo, amigos, ilusiones nuevas—, la irá acercando de tal modo a mi alma, que al fin no sabré dónde termina mi espíritu ni dónde empieza el suyo...». Explique esta paradoja.

7. Las manos de la niña se mencionan varias veces a través del cuento. ¿Qué representan? ¿Qué muestran?

8. Identifique y discuta semejanzas entre la niña y la madre. Mencione atributos físicos, emociones y experiencias. ¿De qué maneras la madre se identifica con su hija?

# LAZOS GRAMATICALES

## Usos del tiempo presente

El tiempo presente se usa no sólo para narrar eventos en el presente, sino también para narrar eventos en el pasado y el futuro.

- Cuando verbos del presente se usan para el tiempo presente, pueden narrar o describir lo que pasa en el momento (ahora mismo) o para un presente general —o sea, para acciones habituales del presente.

- Cuando se usa para el pasado, a veces se llama «el presente histórico» y puede usarse para hacer que acciones del pasado parezcan más vivas e inmediatas.

- Cuando el presente se usa para el futuro, generalmente es para el futuro próximo, por ejemplo en «Mi avión sale en una hora» y en «Su mejor amiga se casa en un mes». La estructura **ir (en el presente) + a + infinitivo** es otra manera muy común para hablar del futuro, como se ve en la última frase del cuento: «…y hasta veo clara, emocionantemente, dibujada en la pizarra con tiza amarilla una A grande, que es la primera letra que yo **voy a aprender**…»

**1-6 Vamos a ser detectives lingüísticos.** Probablemente ha notado que «Al colegio» se narra principalmente en el tiempo presente. En el cuento se pueden ver varios de los usos del presente descritos arriba. A veces la madre narra lo que está pasando «hoy» —durante el paseo al colegio. Mientras experimenta lo que está pasando hoy, recuerda lo que ha ocurrido en otras excursiones con su hija. Estos eventos están mezclados y todos se describen con el tiempo presente. Para el lector, a veces es difícil entender exactamente cuándo ocurren/han ocurrido las acciones. Como lectores, no podemos contar con cambios del tiempo verbal para determinar cuándo ocurren y por eso, tenemos que buscar otras pistas lingüísticas.

Lea con cuidado la sección del cuento entre las líneas 14–57. Busque pistas lingüísticas para determinar dónde la madre está hablando de «hoy» —el día cuando van al colegio por primera vez— y cuándo está recordando otros paseos con su hija. Con un/a compañero/a hagan una lista de las pistas que encuentren.

## Diminutivos

Varios sufijos (-**ito**, -**illo**, -**ico**, **ín**, etc.) se usan para formar diminutivos. Por ejemplo, **casita** es un diminutivo de la palabra base **casa**; **panecillo** es un diminutivo de **pan**. Los diminutivos tienen diferentes usos. Se usan principalmente para indicar tamaño pequeño, edad joven o cariño —a veces los tres simultáneamente. En este cuento se usan muchas formas diminutivas con los sufijos -**ito** e -**illo** y sus formas femeninas y plurales.

**1-7 ¿Qué información comunican los diminutivos?** Al leer los siguientes fragmentos del cuento, examine los diminutivos en negrita y conteste las preguntas a continuación.

- Identifique la forma base de cada diminutivo.
- Tomando en cuenta las funciones de los diminutivos, analícelos. ¿Cuál es el efecto del uso del diminutivo en vez de la palabra base? (Sugerencia: si lee los fragmentos sustituyendo los diminutivos por su forma base, puede ser más fácil reconocer el efecto.) ¿Qué información o sentimientos se pierden si no se usan?

1. Cuando medito una de estas escapadas, uno de estos paseos, me parece divertido ver la chispa alegre que se le enciende a ella en los ojos, y pienso que me gusta infinitamente salir con mi **hijita** mayor y oírla charlar…

2. Luego resulta que la niña empieza a charlar mucho antes de que salgamos de casa, que hay que peinarla y hacerle las trenzas (que salen pequeñas y retorcidas, como dos **rabitos** dorados, debajo del gorro)…

3. Un taxi. Una vez sentada dentro, se me desvanece siempre aquella perspectiva de pájaros y flores y lecciones de la buena Juanita, y doy la dirección de casa de las **abuelitas**, un lugar concreto donde sé que todos seremos felices: la niña y las abuelas, charlando, y yo, fumando un cigarrillo, solitaria y en paz.

4. Sin embargo, yo no estoy impaciente hoy, ni cansada, y la niña lo sabe. Es ella ahora la que inicia una caricia tímida con su **manita** dentro de la mía; y por primera vez me doy cuenta de que su mano de cuatro años es igual a mi mano grande: tan decidida, tan poco suave, tan poco nerviosa como la mía.

## En más detalle

### La lexicalización de formas diminutivas

Ciertas palabras, por su sufijo, parecen ser diminutivos pero no lo son. Por ejemplo, se ven varios casos de este tipo en «Al colegio»: **barquillos, cigarrillo, bolsillos** y **rabillo**. Con sus significados en el cuento, estas palabras no son diminutivos de **barco, cigarro, bolso** o **rabo**, respectivamente. Estas palabras se formaron originalmente de la palabra base a la cual se le añadió el sufijo diminutivo. Con el transcurso de tiempo, las nuevas formas se han desarrollado o adoptado —o a ellas se les han dado— nuevos significados. Cuando esto ocurre, se dice que la forma se ha lexicalizado. (Este proceso se llama **lexicalización**. La raíz **lex-** quiere decir **palabra**.) Para determinar si una forma se ha lexicalizado, búsquela en el diccionario para ver si tiene su propia entrada. (**Barquillo, cigarrillo, bolsillo** y **rabillo** aparecen como sus propias entradas en el diccionario.) Si una forma diminutiva no se ha lexicalizado, no va a aparecer en el diccionario con su propia entrada. Por ejemplo, **hijita** no se encuentra en el diccionario como una entrada. Es sólo una forma derivada de **hija**.

Un resumen específico: **Barquillo**, aunque puede ser un diminutivo de **barco** —un **barco pequeño**— tiene otros significados también. En este cuento quiere decir *ice-cream cone*. Aunque **cigarrillo** puede significar **cigarro pequeño**, generalmente —y aquí— quiere decir *cigarette*; **bolsillo** puede significar **bolso pequeño**, pero aquí quiere decir *pocket*; **rabillo**

puede significar **rabo°** **pequeño,** pero en la expresión **con el rabillo de los**  *tail*
**ojos** quiere decir *from the corner of one's eyes.*

¡Ojo! Ud. probablemente ha observado que hay palabras que terminan en combinaciones idénticas a los sufijos, pero no tienen —y nunca han tenido— función de diminutivo. Ejemplos de este tipo de palabras en el cuento son: **mejillas, amarilla, medito, infinitos, grito** y **sencilla.**

(Se presenta más información sobre los diminutivos y la lexicalización de diminutivos en el capítulo 2, pp. 25–27.)

## Algunas maneras de indicar posesión en español

Para indicar posesión en español, no sólo se usa un adjetivo posesivo. Frecuentemente, se usa un pronombre de complemento indirecto (un clítico indirecto) o un pronombre (clítico) reflexivo, particularmente con partes del cuerpo y artículos de ropa. Examine los ejemplos a continuación. Observe que la combinación de **clítico** (**reflexivo o de complemento indirecto**) + **el artículo definido** sirve para indicar posesión donde en inglés se usaría un adjetivo posesivo.

| Ejemplo | Traducción inglesa | Función |
|---|---|---|
| **Me** lavé la cara. | *I washed **my** face.* | Reflexivo |
| **Te** pusiste el abrigo. | *You put on **your** coat.* | Reflexivo |
| **Le** lavé la cara (a ella). | *I washed **her** face.* | Complemento indirecto |
| **Le** pusiste el traje (a él). | *You put **his** coat on (him).* | Complemento indirecto |

**1-8** **¿Cómo se expresa en inglés?** El siguiente fragmento del cuento contiene ejemplos parecidos a los del cuadro anterior. Léalo prestando atención a las expresiones en negrita. ¿Cómo se expresarían en inglés?

> Luego resulta que la niña empieza a charlar mucho antes de que salgamos de casa, que hay que peinarla y **hacerle las trenzas** (que salen pequeñas y retorcidas, como dos rabitos dorados, debajo del gorro) y **cambiarle el traje,** cuando ya está vestida, porque se tiró encima un frasco de leche condensada, y **cortarle las uñas,** porque al **meterle las manoplas** me doy cuenta de que han crecido…

El artículo definido en sí (usado solo) frecuentemente se usa para indicar posesión, principalmente con las partes del cuerpo, ropa y otras posesiones personales. Vea los ejemplos a continuación.

| | |
|---|---|
| Levanten **la** mano. | *Raise **your** hands.* |
| Se lava **los** dientes. | *She brushes **her** teeth.* |
| Cierra **los** ojos. | *He closes **his** eyes.* |
| Llevo **la** bolsa. | *I carry **my** purse.* |

Cuando está claro quién es «el poseedor», generalmente se usa el artículo definido en vez del adjetivo posesivo. El siguiente ejemplo del cuento muestra esto. Léalo prestando atención al artículo en negrita.

> Y cuando salimos a la calle, yo, su madre, estoy casi tan cansada como en el día en que la puse en el mundo... Exhausta, con un abrigo que me cuelga como un manto; con **los** labios sin pintar (porque a última hora me olvidé de eso), voy andando casi arrastrada por ella, por su increíble energía, por los infinitos «porqués» de su conversación.

- Si se usa el adjetivo posesivo (**mi, tu, su, nuestros,** etc.) en vez del artículo definido, frecuentemente es porque el artículo no indica claramente quién es el poseedor.

No hay consistencia perfecta en el uso del artículo para indicar posesión en español. Se puede decir con seguridad que en español, los adjetivos posesivos se utilizan mucho menos que en inglés.

**1-9 Posesión usando el artículo definido versus el adjetivo posesivo.** Examine los siguientes fragmentos del cuento y conteste las preguntas.

1. Identifique dónde se ha usado el artículo definido para indicar posesión y dónde se ha usado el adjetivo posesivo.

2. ¿Por qué cree Ud. que se usaron «**mi** mano», «**su** manita» y «**su** mano» mientras que en los demás casos de posesión se usó el artículo definido?

> **1.** Yo me he quitado **el** guante para sentir **la** mano de la niña en **mi** mano, y me es infinitamente tierno este contacto, tan agradable, tan

amical, que la estrecho un poquito emocionada. Su propietaria vuelve hacia mí **la** cabeza, y con **el** rabillo de los ojos me sonríe.

**2.** Es ella ahora la que inicia una caricia tímida con **su** manita dentro de la mía; y por primera vez me doy cuenta de que **su** mano de cuatro años es igual a **mi** mano grande: tan decidida, tan poco suave, tan poco nerviosa como la mía. Sé por este contacto de **su** mano que le late **el** corazón al saber que empieza su vida de trabajo en la tierra…

Relea el cuento aplicando lo que ha aprendido y practicado en los ejercicios de la sección «**Lazos gramaticales**». Esto lo/la ayudará a entender mejor el cuento y a fortalecer su comprensión de la gramática.

---

# A ESCRIBIR

## Estrategias de composición

Esta sección incluye una serie de pasos para ayudarlo/la a: (1) formular y desarrollar sus ideas, (2) buscar evidencia del cuento para apoyar sus argumentos y (3) organizar su composición para que sea cohesiva y coherente. También incluye instrucciones para buscar y corregir errores de gramática y de vocabulario. Estas sugerencias acompañan el primer tema porque son específicas para ese tema pero son útiles para todos los temas. Si Ud. opta por uno de los otros temas, lea las sugerencias incluidas para el Tema uno y adáptelas para el tema que elija.

## Tema 1

Recuerdos de su niñez: Piense en su primer día en el colegio o en otra ocasión importante de su vida. Escriba una composición sobre ese día. Trate de revivirlo incluyendo sus pensamientos y emociones. Escríbala principalmente en el tiempo presente como «Al colegio».

Al completar cada uno de los siguientes pasos, marque (✓) la casilla a la izquierda.

❏ a. Haga una lista de los pasos importantes de la ocasión o su día especial.

❏ b. Añada información de trasfondo. ¿En qué estación ocurrió? ¿A qué hora del día? ¿Qué otras personas participaron con Ud. en este evento? ¿Cómo cree Ud. que se sentían las otras personas que participaron?

❏ c. Añada lo que Ud. estaba pensando y cómo se sentía durante esos momentos.

❑ d.  Escriba la introducción y la conclusión.

❑ e.  Cuando haya escrito su borrador, revíselo, asegurándose que sus ideas fluyan bien. Haga las correcciones necesarias.

❑ f.  Dele un título interesante.

❑ g.  Antes de entregar su composición, revísela asegurándose que:

❑ haya usado vocabulario correcto y variado

❑ no haya usado **ser, estar** y **haber** demasiado (es preferible usar verbos más expresivos)

❑ haya concordancia entre los adjetivos y artículos y los sustantivos a que se refieren

❑ haya concordancia entre los verbos y sus sujetos

❑ **ser y estar** se usen correctamente

❑ el subjuntivo se use cuando sea apropiado

❑ el pretérito y el imperfecto se hayan usado correctamente

❑ no haya errores de ortografía ni de acentuación

## Otros temas de composición

2. Escriba un ensayo en que compare el paseo al colegio con los anteriores paseos con su hija. Explique cómo cambiará la relación entre las dos en el futuro. Use ejemplos específicos del cuento para apoyar sus argumentos.

3. Escriba —desde el punto de vista de su madre o padre— un ensayo sobre un día memorable en la vida de Ud. Trate de imitar el estilo de Laforet.

# Una carta de amor

Mario Benedetti (1920–    )

# ANTES DE LEER

**2-1 Reflexiones.** Considere las siguientes preguntas antes de leer el cuento.

1. ¿Qué elementos normalmente tiene una carta de amor? Con un/a compañero/a, hagan una lista de elementos probables.

2. ¿Toma Ud. el autobús con frecuencia? (Si Ud. no lo toma conteste según lo que haría si lo tomara.) ¿Lo toma siempre a la misma hora cada día? ¿Ha notado dónde sube y baja la otra gente? ¿Se ha interesado en otra persona que haya visto en el autobús? ¿Ha hablado con él/ella? ¿Qué le ha dicho? ¿Se ha hecho amigos con la otra gente? ¿A veces ha imaginado detalles de la vida de las otras personas según su aparencia física, modo de ser, y sus acciones, gestos y palabras? ¿Hay una anécdota sobre algo que ha visto en el autobús que pueda decirle a la clase? (¡Ojo! En este cuento se usa la palabra **ómnibus** en vez de **autobús**.)

3. Composición breve. Para orientarse al tema del cuento, antes de leerlo, Ud. va a escribir una «carta de presentación» a una persona (verdadera o imaginaria) con quien le gustaría salir. La situación es la siguiente:

   Digamos que Ud. ha admirado a una persona desde lejos. Ahora quiere conocerlo/la y luego salir con él/ella. Escríbale una carta de dos a tres párrafos. Su carta puede tener un tono serio o cómico. Trate de usar verbos en el presente de indicativo, pero no es necesario limitar los verbos al tiempo presente. Incluya los siguientes elementos —en cualquier orden— en su carta:

   - Explique cómo Ud. conoce a la persona o dónde lo/la ha visto.

   - Incluya una descripción personal (de Ud.), tanto de su aparencia física como de su personalidad.

   - Mencione algo (o varias cosas) sobre la apariencia y la personalidad de la persona a quien la carta va dirigida.

   - Trate de convencerlo/la a salir con Ud.

4. Hojee el cuento y conteste las siguientes preguntas.

   a. ¿Quién escribe la carta —un hombre o una mujer?

   b. ¿De dónde conoce la persona que escribió la carta a la mujer?

   c. Fíjese en todos los nombres que se usan en la carta. Los que no se refieren a una persona verdadera, ¿son nombres para qué?

   d. ¿Ve usted algo curioso en el formato de la carta? ¿Qué le falta?

## Enfoques léxicos

### Cognados falsos

Este cuento contiene varios cognados falsos, algunos se incluyen en el ejercicio a continuación. Recuerde que hay dos tipos de cognados falsos —los cuyos significados nunca coinciden con el aparente cognado en inglés (los siempre falsos) y los que a veces coinciden (los no siempre falsos).

### Cognados falsos no siempre falsos

La mayor parte de los cognados falsos son del tipo variable —inconsistentemente falsos. Un ejemplo del cuento es la palabra **humor**. Aunque muchas veces se expresa en inglés con *humor*, tiene otro significado en la frase en que se usa en el cuento. **De buen humor** se traduce a *in a good mood*. Único es otro ejemplo del cognado falso «variable» porque a veces puede traducirse a *unique* y a veces a *only*. (Para una explicación más detallada, lea la sección 1 del *Manual de gramática* [pp. 285–290] al final del libro.)

## En más detalle

Generalmente la posición de **único** relativa al sustantivo es lo que determina la traducción en inglés: cuando sigue a su sustantivo —como en la frase «Ricardo es un hombre único»— la traducción es *unique*; cuando precede a su sustantivo —como en la frase del cuento «la única vez»— la traducción suele ser *only*. (Vea la discusión de **único** en la sección de «Lazos gramaticales» en la página 35 sobre la colocación de adjetivos descriptivos.)

### Cognados falsos siempre falsos

Las palabras **aviso** y **lectura** pertenecen en la otra categoría de cognados falsos: los consistentemente falsos, o sea, los que nunca comparten un significado con su aparente equivalente inglés. **Aviso** no significa *advice*, lo cual se expresa en español con **consejo/s**. **Lectura** no significa *lecture*, lo cual puede expresarse en español con **conferencia**, o en situaciones menos formales, con **charla**. (Para una explicación más detallada, lea la sección 1 de gramática en las páginas 285–290.)

**2-2 Una examinación de cognados falsos en «Una carta de amor».** Trate de determinar el significado de los cognados falsos en los fragmentos del cuento que se incluyen en las siguientes preguntas. Los cognados falsos aparecen en negrita.

1. Las palabras **dato, tipo** y **saco** en el fragmento a continuación no tienen el significado aparente de su cognado en inglés. ¿Puede Ud.

determinar el significado de estas tres palabras usando la siguiente oración del cuento?

Señorita: Usted y yo nunca fuimos presentados, pero tengo la esperanza de que me conozca de vista. Voy a darle un **dato**: yo soy ese **tipo** despeinado, de corbata moñita y **saco** a cuadros...

➡ Si Ud. ha determinado **punto de información** para **dato**, *guy/fellow* para **tipo** y **chaqueta** para **saco**, tiene razón. Observe que **dato** en el sentido en que se usa en esta oración es un cognado de *datum* (plural *data*) en inglés.

2. **Aviso** tiene varias traducciones inglesas. Puede traducirse a *announcement*, *notice*, *warning*, *piece of information*, *tip* y *advertisement*. En la frase del cuento a continuación, ¿cuál sería la traducción más probable?

¿No sería mejor que para esa época estuviéramos uno junto al otro, leyéndonos los **avisos** económicos o jugando a la escoba de quince?

➡ Si Ud. ha determinado que *announcements* o *advertisements* sería la traducción mejor para **avisos**, tiene razón. (**Avisos económicos** son anuncios en la sección clasificada de un periódico.)

3. Ud. ya sabe que la palabra **lectura** no quiere decir *lecture* sino *reading*. Pero *reading* también tiene significados múltiples, entre ellos (1) **algo escrito que se puede leer** (por ej., **un cuento, un artículo**, etc.) y (2) **el acto de leer**. En la oración a continuación del cuento, ¿cuál de los significados tiene?

No le ofrezco una vasta cultura pero sí una atenta **lectura** de Selecciones...

➡ Si Ud. ha determinado que en este contexto **lectura** quiere decir **el acto de leer**, tiene razón.

## En más detalle

Recuerde que casi todas las palabras en una lengua tiene más de un sentido, lo cual también es el caso con los cognados falsos. Los sentidos compartidos entre español e inglés ocurren con usos menos comunes o más especializados. Considere los siguientes ejemplos.

Para un uso muy especial, **dato** (de **datar°**) se traduciría a *date*, como en el siguiente ejemplo:

Siempre **dato** mis cartas debajo de mi firma.
*I always date my letters underneath my signature.*

° poner la fecha de una carta, documento, artefacto histórico, obra de arte, etc.

Observe que en este sentido **datar** muchas veces implica la inclusión no sólo de la fecha sino del lugar donde se escribió el documento también. **Datar de** se usa con el sentido de *to date from*, como en:

Este artefacto **data de** la Edad Media.

*This artifact dates from the Middle Ages.*

**Saco** puede traducirse como *sack* cuando quiere decir una bolsa (muchas veces grande) generalmente de forma rectangular o cilíndrica abierta por arriba. (Para *sack* en el sentido de lo que se usa para cargar sus compras de la tienda, se usa **bolsa**.)

La palabra **tipo** puede significar *type* en el sentido de **clase** o **clasificación**, como en la oración: No me gusta ese **tipo** de música.

## Grupos léxicos

**2-3 Palabras relacionadas.** En esta actividad, Ud. va a ampliar su conocimiento léxico utilizando lo que ya sabe sobre otras palabras en español. Conteste las siguientes preguntas de acuerdo a sus raíces.

1. ¿Sabe usted otra palabra que tenga la misma raíz de **despeinado**? (Observe que esta palabra tiene el prefijo **des-**). Examine el contexto en que se usa en el cuento y conteste las siguientes preguntas.

   Voy a darle un dato: yo soy ese tipo **despeinado**... que sube
   todos los días frente a Villa Dolores...

   a. ¿Qué quiere decir **despeinado**?
   b. Escriba una paráfrasis en español para **despeinado** en la oración anterior utilizando el verbo **peinarse**.

2. Mire la siguiente oración del cuento en que aparece esta palabra. ¿Qué quiere decir **peinada**?

   ¿Recuerda ésa° **peinada** a lo Audrey Hepburn que sube en      se refiere a una
   Bulevar° ...                                                    mujer/nombre
                                                                   de una calle

   Escriba la frase anterior con una paráfrasis en español que muestre el significado de **peinada**.

3. ¿Qué verbo sabe Ud. que tenga la misma raíz de **creciente**?

   a. Considerando la siguiente oración del cuento y el verbo que Ud. identificó arriba, ¿puede Ud. determinar lo que quiere decir **creciente**?

   Y por último con **creciente** interés porque creo modestamente
   que usted puede ser mi solución y yo la suya.

4. ¿Qué adjetivo tiene una raíz parecida a **vejez**?

   a. ¿Qué diferencia de ortografía nota usted entre las dos versiones de la raíz?

b. Escriba la siguiente oración del cuento empleando el adjetivo que Ud. ha identificado arriba. «¿No le tiene miedo a una **vejez solitaria?**»

5. ¿Qué adjetivo tiene la misma raíz de **belleza**? Use **belleza** y su adjetivo relacionado en una oración.

## Expresiones útiles

**2-4 Expresiones para *to like/to get along well*.** Este cuento contiene diversas expresiones para indicar la idea de *to like*, las cuales se incluyen en las siguientes explicaciones y ejercicios.

### Gustar

El verbo más común para expresar *to like* es **gustar**. Recuerde lo siguiente:

1. Con **gustar**, el verbo concuerda con la cosa o persona «*liked*». Por ejemplo:

   Me gusta el libro.

   Me gustan los libros.

   Me gustas. (*I like you.*)

   Te gusto. (*You like me.*)

Es útil pensar en «*is pleasing to*» en lugar de «*likes*» porque esto lo/la ayudará a entender o formar correctamente la frase con **gustar**.

2. Para indicar a la persona que «*likes*», se usa un pronombre de complemento indirecto (un clítico indirecto): **me, te, le, nos, os, les.**

3. Para poner énfasis en esta persona, se puede añadir una frase como **a mí, a ti, a nosotros/as, a vosotros/as.**

4. Cuando la persona está en tercera persona, para aclarar (o enfatizar) a esta persona, se debe añadir una expresión como **a él, a ella, a Ud., a ellos, a ellas, a Uds.** o **a (nombre).**

Lea el siguiente fragmento del cuento donde el autor de la carta describe el tipo de mujer que le gusta:

Si le voy a ser recontrafranco, le confesaré que **a mí** también **me gustan** más las delgaditas...

1. ¿Por qué cree Ud. que el hombre añadió **a mí** —para dar énfasis o para aclarar? Explique.

2. ¿Cree Ud. que sea apropiado que un hombre escriba tal comentario a una mujer que no haya conocido? Explique.

## 🔍 En más detalle

Aunque **gustar** puede usarse con personas, muchas veces es mejor utilizar **caer bien** para *to like* en lugar de **gustar** porque **gustar** puede indicar atracción física. (Vea la sección «Caer bien» más adelante.) En algunos dialectos, **gustar** puede implicar deseo sexual.

**Gustar** sólo raras veces se usa sin el clítico indirecto. Cuando ocurre, la estructura es distinta —algo más parecida a la estructura de *to like* en inglés. Se indica a la persona que «*likes*» haciendo que **gustar** concuerde con esa persona y se indica la cosa o persona «*liked*» usando **de** + (*thing/person liked*), por ejemplo: Roberto **gusta de** películas/mujeres extranjeras. Esta estructura es mucho menos común que la que se describió anteriormente. A continuación, se puede ver esta estructura en una frase del cuento:

> Claro que también el cine tiene su influencia, ya que Hollywood **ha gustado** siempre **de** las flacas...

3. ¿Cómo se traduciría la frase anterior al inglés?
4. Re-escriba la última cláusula de la frase («ya que...») usando la estructura con **gustar** más común. No se olvide de usar el clítico indirecto.

### Caer bien

**Caer bien (a uno)** es otra expresión para *to like*. Se usa con la fórmula de **gustar**, como en el siguiente ejemplo: Me gustan (**Me caen bien**) los cuentos de Mario Benedetti.

5. He aquí una frase del cuento que incluye esta expresión. ¿Cómo se diría en inglés la cláusula con **caigo**?

> Pero ya que estamos en tren de confidencias, le diré que las flacas me largan al medio, y **no les caigo bien**, ¿sabe?

### Congeniar (con)

**Congeniar (con)** quiere decir *to get along well (with)*.

6. Traduzca la siguiente oración del cuento.

> No sé por qué, pero tengo la impresión de que vamos a **congeniar** admirablemente.

## Antónimos y sinónimos

**2-5 Antónimos.** Todas las palabras en este ejercicio aparecen en el cuento, algunas con un cambio de forma. Empareje las palabras de la columna A con su antónimo de la columna B. Luego escriba una frase original para cada pareja usando las dos palabras en la misma frase.

| A | B |
|---|---|
| ___ 1. gordo | a. juventud |
| ___ 2. feo | b. desventaja |
| ___ 3. ventaja | c. flaco |
| ___ 4. vejez | d. hermoso |

**2-6 Sinónimos.** Todas las palabras de la primera columna aparecen en el cuento. Empareje las palabras de columna A con su sinónimo de la columna B. Luego escriba una frase original con cada palabra en la primera columna.

| A | B |
|---|---|
| ___ 1. plata | a. delgadas |
| ___ 2. monos | b. chicos |
| ___ 3. belleza | c. autobús |
| ___ 4. flacas | d. dinero |
| ___ 5. muchachos | e. muy agradables |
| ___ 6. ómnibus | f. hermosura |
| ___ 7. amenísimas | g. graciosos, bonitos, lindos |

## Los diminutivos y la lexicalización de formas diminutivas

Los diminutivos pueden usarse con adjetivos, sustantivos y adverbios. Se añaden a la raíz de la palabra base. Se usan para:

- indicar pequeñez (tamaño pequeño) o cantidad pequeña:

  Marcos, en ese traje para su cumpleaños, es todo un **hombrecito**.

  Dame un **poquito** más, por favor.

- indicar cariño:

  Hola, **amiguillo**. ¿Cómo estás?

  Oye, **preciosita**. Ven aquí para que tu abuelita te pueda besar.

- suavizar un comentario:

  Te ves **cansadito**, Pablo. ¿Qué te pasa?

- indicar desdén, ridículo o burla (Este uso no es tan común. Generalmente se nota con el tono de voz o el contexto):

> Roberto se cree muy **guapito** con su nuevo peinado, pero creo que se ve ridículo.

→ ¿Cuáles son algunos de los sufijos diminutivos en español? (Si no sabe, puede referirse a la sección de Diminutivos en «Lazos gramaticales» del capítulo 1, p. 12.)

Como Ud. aprendió en el capítulo 1, una forma diminutiva llega a ser una palabra en sí por un proceso que se llama **lexicalización**. Un diminutivo lexicalizado generalmente mantiene su connotación diminutiva también. Por ejemplo, aunque **moñito/moñita** puede significar **moño/moña°** pequeño/a, en Uruguay (donde tiene lugar «Una carta de amor»), la palabra **moñita** significa *bow tie*. A veces se usa la expresión **corbata moñita** como ocurre en este cuento. Otro ejemplo del cuento de un diminutivo lexicalizado es la palabra **frutillas**. Aunque puede significar **frutas pequeñas**, en Uruguay y en algunos otros países de Sudamérica, **frutillas** ha adoptado el significado especializado de un tipo específico de fruta —**fresas**. Se ve la conexión entre el sufijo **-illas** y el tamaño pequeño de este tipo de fruta.

*bow, ribbon*

## En más detalle

### Pistas

Recuerde que tener **-ito, -ita**, etc. al final de la palabra no necesariamente indica que la palabra es un diminutivo. Por ejemplo, **bonita** y **cita** no son diminutivos. Otros ejemplos **no diminutivos** son: **medito** (forma verbal, de **meditar**), **escrita** (participio pasado de **escribir**), **hábito**, **pretérito**.

    Recuerde que una pista para determinar si una forma diminutiva ha llegado a ser una forma lexicalizada es buscarla en el diccionario. Los diminutivos, siendo formas derivadas, no suelen aparecer como entradas léxicas en un diccionario.

**2-7 Identificar diminutivos, diminutivos lexicalizados y palabras no diminutivas en el cuento.** Las siguientes palabras del cuento parecen diminutivos, pero no todas lo son. Debe considerarlas en el contexto del cuento. (Para facilitar su búsqueda, la línea donde ocurren se ha indicado entre paréntesis.) Después de considerarlas en contexto, si no reconoce la palabra, búsquela en el diccionario. Identifique cada palabra como forma **diminutiva** o **palabra no diminutiva**. Para los que son diminutivos, identifique (1) la palabra base y (2) el uso.

1. señorita (línea 1)
2. moñita (línea 3)
3. villa (línea 3)
4. necesito (línea 14)
5. delgaditas (línea 28)
6. arruguitas (línea 48)
7. lobanillo (línea 48)
8. frutillas (línea 68)

# A LEER

## Estrategia de lectura: Interpretar el significado de gestos, expresiones y acciones

«Una carta de amor» contiene varios actos de comunicación con los que los personajes se expresan sin usar palabras —utilizando gestos, expresiones o acciones. Estudie los ejemplos del cuento a continuación y luego haga el ejercicio que sigue.

| Gesto/Expresión | Significado |
|---|---|
| encogerse de hombros | gesto en que la persona alza los hombros para indicar ignorancia o indiferencia |
| un codazo | golpe fuerte con el codo (*elbow*) |
| un gesto de ula Marula | gesto uruguayo que muestra irritación, molestia o fastidio |
| las babosas miradas de ternero mamón *drooling (fawning) gazes of a suckling calf* | una expresión que aquí indica que está locamente enamorada |

## En más detalle

Observe que el sufijo **-azo** (como en **codazo**) frecuentemente indica un golpe dado con el instrumento al que se le añade el sufijo. Otros ejemplos: **rodillazo** (golpe con la rodilla), **palazo** (golpe con un palo), **latigazo** (golpe con un látigo).

¡Ojo! Hay que tener cuidado cuando se utiliza un gesto en una cultura extranjera porque a veces el mismo gesto puede tener distintas connotaciones. También, a veces, un gesto que tiene un significado en una cultura no lo tiene en otra.

**2-8 ¿Qué se comunica usando gestos?** Haga el siguiente ejercicio tomando en cuenta el significado de los gestos.

1. ¿En qué tipos de situaciones se usarían gestos en vez de palabras?

2. ¿Puede Ud. pensar en algunos gestos que comunican ideas o emociones? Discútanlos con un/a compañero/a. Pueden considerar gestos que se usan en su propia cultura, en una hispánica o en otra cultura que conozcan.

3. Describa una situación en que una persona utilizara cada uno de los gestos/expresiones anteriores que Ud. y su compañero/a identificaron en la pregunta número dos.

4. ¿Por qué cree Ud. que la gente a veces emplea gestos, expresiones o acciones en vez de palabras para comunicarse con otras personas?

## Mario Benedetti

Mario Benedetti nació en 1920 en Paso de los Toros, Uruguay pero su familia se trasladó a Montevideo cuando tenía cuatro años. Ha publicado numerosas obras —cuentos, poesía, novelas y ensayos— muchas de las cuales se han traducido a varias lenguas. En 1973 hubo un golpe de estado en Uruguay y se estableció una dictadura militar. Se prohibieron sus escritos y vivió en el exilio (en la Argentina, Perú, Cuba y España) durante la dictadura militar pero en 1985, con la restauración de la democracia, volvió a Uruguay. Ha recibido varios premios por sus obras, entre ellos el prestigioso premio Jristo Bótev de Bulgaria (1986) y el premio Llama de Oro de Amnistía Internacional (1987). El cuento «Una carta de amor» se publicó por primera vez en los años 1950 bajo el seudónimo Damocles en el semanario uruguayo *Marcha*, donde trabajaba Benedetti en esa época. Luego, en 1961, compiló sus crónicas humorísticas —entre ellas «Una carta de amor»— en el volumen *Mejor es meneallo*.

# Una carta de amor

## *Mario Benedetti*

Señorita: Usted y yo nunca fuimos presentados, pero tengo la esperanza de que me conozca de vista. Voy a darle un dato: yo soy ese tipo despeinado, de corbata moñita y saco a cuadros, que sube todos los días frente a Villa

Dolores[1] en el 141[2] que usted ha tomado en Rivera y Propios. ¿Me reconoce
5 ahora? Como quizá se haya dado cuenta, hace cuatro años que la vengo
mirando. Primero con envidia, porque usted venía sentada y yo en cambio casi
a upa de ese señor panzudo°[3] que sube en mi misma parada y que me va
tosiendo en el pescuezo° hasta Dieciocho y Yaguarón. Después con curiosidad,
porque, claro, usted no es como las otras: es bastante más gorda. Y por último
10 con creciente interés porque creo modestamente que usted puede ser mi solución y yo la suya. Paso a explicarme. Antes que nada, voy a pedirle encarecida-
mente° que no se ofenda, porque así no vale. Voy a expresarme con franqueza
y chau. Usted no necesita que le aclare que yo no soy lo que se dice un churro,° así como yo no necesito que Ud. me diga que no es Miss Universo. Los
15 dos sabemos lo que somos ¿verdad? ¡Fenómeno! Así quería empezar. Bueno,
no se preocupe por eso. Si bien yo llevo la ventaja de que existe un refrán que
dice: «El hombre es como el oso, cuanto más feo más hermoso» y usted en
cambio la desventaja de otro, aun no oficializado, que inventó mi sobrino: «La
mujer gorda en la boda, generalmente incomoda»,° fíjese sin embargo que mi
20 cara de pollo mojado hubiera sido un fracaso en cualquier época y en cambio
su rolliza° manera de existir hubiera podido tener en otros tiempos un considerable prestigio. Pero hoy en día el mundo está regido por factores económicos, y la belleza también. Cualquier flaca perchenta° se viste con menos plata
que usted, y es ésta, créame, la razón de que los hombres las prefieran. Claro
25 que también el cine tiene su influencia, ya que Hollywood ha gustado siempre
de las flacas, pero ahora, con la pantalla ancha, quizá llegue una oportunidad
para sus colegas. Si le voy a ser recontrafranco, le confesaré que a mí también
me gustan más las delgaditas; tienen no sé qué cosa viboresca y latigosa que a
uno lo pone de buen humor y en primavera lo hace relinchar.° Pero, ya que
30 estamos en tren de confidencias, le diré que las flacas me largan al medio,° y
no les caigo bien, ¿sabe? ¿Recuerda ésa peinada a lo Audrey Hepburn[4] que
sube en Bulevar, que los muchachos del ómnibus le dicen «Nacional» porque
adelante no tiene nada?[5] Bueno, a ésa le quise hablar a la altura de Sarandí y
Zabala y allí mismo me encajó un codazo en el hígado que no lo arreglo con
35 ningún colagogo.[6] Yo sé que usted tiene un problema por el estilo: es evidente

*with a big belly*
*coughing into my*
*  neck*

persistentemente

hombre muy
  atractivo

hace incómodos a
  los demás
gorda, redonda

muy flaca

*whinny, neigh*
se alejan de mí

---

[1]Parque zoológico de Montevideo, Uruguay. Aquí se refiere a la parada de autobús delante del parque.
[2]se refiere a una línea de autobús
[3]en los brazos de ese hombre gordo
[4]elegante actriz (1929-1993) del cine, famosa particularmente durante los años
cincuenta y sesenta
[5]«Nacional» es un equipo de fútbol de Uruguay; «no tiene nada adelante» es un
juego de palabras —en cuanto al equipo, es una referencia a la mala calidad de
los jugadores que forman la delantera (*the forward line*) del equipo; en cuanto a
la mujer del cuento, es una referencia al tamaño de su pecho.
[6]me pegó tan fuertemente con el codo en el hígado (*liver*) que todavía no he
podido remediarlo aun con medicina especial para el hígado

que le gustan los morochos° de ojos verdes. Digo que es evidente, porque he    de piel y pelo
observado con cierto detenimiento las babosas miradas de ternero mamón[7]    oscuros
que usted le consagra a cierto individuo con esas características que sube
frente al David.[8] Ahora bien, él no le habrá dado ningún codazo pero yo tengo
40  registrado que la única vez que se dio cuenta de que usted le consagra su res-
petable interés, el tipo se encogió de hombros e hizo con las manos el clásico
gesto de ula Marula.[9] De modo que su situación y la mía son casi gemelas.
Dicen que el que la sigue la consigue, pero usted y yo la hemos seguido y no la
hemos conseguido. Así que he llegado a la conclusión de que quizá usted me
45  convenga y vice versa. ¿No le tiene miedo a una vejez solitaria? ¿No siente
pánico cuando se imagina con treinta años más de gobiernos batllistas,[10]
mirándose al espejo y reconociendo sus mismas voluminosas formas de ahora,
pero mucho más fofas y esponjosas, con arruguitas y allá, y acaso algún lobanillo[11] estratégico? ¿No sería mejor que para esa época estuviéramos uno
50  junto al otro, leyéndonos los avisos económicos o jugando a la escoba de
quince?[12] Yo creo sinceramente que a usted le conviene aprovechar su juventud, de la cual está jugando ahora el último alargue.[13] No le ofrezco pasión,
pero le prometo llevarla una vez por semana al cine de barrio para que usted
no descuide esa zona de su psiquis. No le ofrezco una holgada° posición eco-    cómoda
55  nómica, pero mis medios no son tan reducidos como para no permitirnos interesantes domingos en la playa o en el Parque Rodó. No le ofrezco una vasta
cultura pero sí una atenta lectura de Selecciones,[14] que hoy en día sustituye a
aquélla con apreciable ventaja. Poseo además especiales conocimientos en fila-
telia (que es mi hobby) y en el caso de que a usted le interese este rubro,° le    área o línea
60  prometo que tendremos al respecto amenísimas conversaciones. ¿Y usted qué
me ofrece, además de sus kilos, que estimo en lo que valen? Me gustaría tanto

---

[7]*slimy/drooling (fawning) gazes of a suckling calf —a reference to their drooling
as they suckle*

[8]una réplica de la estatua llamada David, de Miguel Ángel

[9]un gesto que indica irritación o fastidio

[10]Se refiere al gobierno en poder en Uruguay en la época cuando tiene lugar el
cuento. José Batlle y Ordóñez (1856–1929), líder del Partido Colorado, fue presidente de Uruguay dos veces (1903–07, 1911–15). El Partido Colorado ha llegado a ser dominado por la familia Batlle, una de las grandes dinastías políticas
modernas. Un descendiente de Batlle y Ordóñez, Jorge Batlle Ibáñez —también
miembro del Partido Colorado— sirvió como presidente entre 2000–2005. Este
partido (un partido liberal) es uno de los dos partidos políticos que ha dominado
la política del país por más de un siglo y medio.

[11]*wen* (tumor no canceroso sin dolor que se forma en el cuerpo, muchas veces en
la cara)

[12]un juego de naipes en que los jugadores tratan de combinar las cartas para llegar a quince puntos

[13]tiempo suplementario de un partido de fútbol u otro deporte

[14]la revista *Selecciones de Reader's Digest en español*

saber algo de su vida interior, de sus aspiraciones. He observado que le gusta leer los suplementos femeninos, de modo que en el aspecto de su inquietud espiritual, estoy tranquilo. Pero ¿qué más? ¿Juega a la quiniela,[15] le agrada la
65 fainá,[16] le gusta Olinda Bozán?[17] No sé por qué, pero tengo la impresión de que vamos a congeniar admirablemente. Esta carta se la dejo al guarda para que se la entregue. Si su respuesta es afirmativa, traiga puestos mañana esos clips° con frutillas que le quedan tan monos. Mientras tanto, besa sus guantes su respetuoso admirador.

USUARIO° GARCÍA.

aretes o *bobby pins*

persona que usa regularmente transporte público

# DESPUÉS DE LEER

## Preguntas

### En general

1. ¿Fue la carta del cuento como lo que Ud. esperaba después de leer el título? Explique.

2. ¿Cree Ud. que la mujer va a querer salir con el Usuario García? Explique.

### En detalle

1. ¿De dónde «conoce» el hombre a la mujer? ¿Cuánto tiempo hace que el hombre viene mirándola? ¿Esto le parece curioso a Ud.? Explique.

2. Las razones por las que el hombre ha mirado a la mujer han ido cambiando desde la primera vez que la vio. Identifique las tres razones y coméntelas.

3. Imagine que la mujer está leyendo la carta y llega a la frase «Usted no es como las otras». ¿Qué espera leer después? ¿Qué realmente lee? Según el hombre, ¿en qué sentido no es como las otras mujeres?

4. ¿A qué tipo de mujer prefiere el hombre? Según el hombre, ¿qué tipo de hombre le gusta a la mujer? ¿Cómo formuló esta opinión?

5. Explique lo que el hombre quiere decir cuando habla de soluciones.

6. ¿Por qué cree el hombre que él y la mujer están en una situación parecida?

---

[15]tipo de lotería en que se apuesta (*bet*) en deportes y otras competencias
[16]tipo de comida uruguaya (*type of flatbread made of chickpea flour, water, and oil which is baked and served with pizza*)
[17]una famosa actriz argentina (1894–1977)

7. ¿Qué argumentos utiliza el hombre para tratar de convencerla a aceptar su oferta?

8. ¿Cómo imagina el hombre a la mujer en treinta años?

9. Según el hombre, ¿qué cosas no puede ofrecerle él a ella? ¿Qué es lo que sí le puede ofrecer? Según él, ¿qué puede ella ofrecerle a él?

10. El hombre habla de lo que considera problemas de su propia apariencia y la de la mujer. Identifique estos problemas y comente su manera de discutirlos.

11. Si la mujer está interesada en el hombre, ¿cómo debe comunicárselo al hombre?

12. Haga una lista de todos los comentarios ofensivos que el hombre le hace a la mujer en su carta.

13. El hombre se describe como «recontrafranco». Repase el cuento buscando ejemplos de su excesiva franqueza. (Algunos de los ejemplos ya los ha identificado para la pregunta anterior.)

## Discusión e interpretación

1. ¿Le gustaría recibir una carta de amor de esta índole? Explique.

2. En la carta, el hombre le pide a la mujer «que no se ofenda» con lo que le ha escrito. ¿Cree Ud. que la mujer se vaya a ofender al leer la carta? ¿Por qué sí o no? Para apoyar su opinión, incluya ejemplos específicos del cuento.

3. ¿Qué tipo de persona es el hombre que escribe la carta de amor? Descríbalo usando adjetivos y/o cláusulas relativas («es una persona que...»). Para cada elemento de su descripción, apoye su descripción con «evidencia» del cuento.

**2-9 Refranes.** El hombre recita tres refranes en su carta —tanto verdaderos como inventados. Con un/a compañero/a, discutan las siguientes preguntas sobre los refranes.

1. Identifiquen los tres refranes.

2. ¿Por qué creen que el hombre ha utilizado refranes en su carta?

3. Expliquen cómo los siguientes refranes se aplican al cuento.

Cada uno habla como quien es.

El que más habla es el que más tiene por qué callar.

Quien habla lo que no debe, oye lo que no debe.

Quien no miente, no viene de buena gente.

Confidencia quita reverencia.

Cortesía de boca, gana mucho a poca costa.

4. Lea las listas de refranes a continuación. ¿Hay algunos que Ud. considere ofensivos? ¿Cuáles? ¿Algunos que dicen la verdad? ¿Cuáles?

5. De los refranes, ¿cuáles parecen aptos para el cuento? Elija por lo menos tres refranes de cada lista y explique su conexión al cuento.

6. Con su compañero/a, inventen 5–6 refranes que reflejen ideas u ocurrencias del cuento. Pueden inventar sus propios refranes o utilizar los patrones de los refranes siguientes.

### Refranes sobre las mujeres:

Más consiguen faldas que plumas ni espaldas.

Con la mujer y el fuego, no te burles, compañero.

La mujer y la sardina, cuánto más chica, más fina.

Cuando de las mujeres hables, acuérdate de tu madre.

Mujer recatada, mujer codiciada.

No hay mujer tan buena como la ajena.

Rosa que muchos huelen, fragancia pierde.

Más vale buena fama que buena cara.

La hermosa abrasa° con sólo mirarla.                                    quema

Ésa es buena y escogida, que es seguida y no vencida.

Para las mujeres no hay hombre feo.

Las mujeres quieren ser rogadas.

Mujer despreciada, mujer enamorada.

La mujer barbuda, de lejos la saluda.

Donde hay mujeres bonitas no faltarán visitas.

A la luz de la candela, toda rústica parece bella.

La mujer chiquita siempre es jovencita.

A oscuras, tanto da morena como rubia.

La morena cariñosa, la blanca, desdeñosa.

Secreto confiado a mujer, por muchos se ha de saber.

De mujer que mucho llora o mucho ríe, no te fíes.

Fea con gracia, cautiva el alma.

La suerte de la fea, la bonita la desea.

Mujer graciosa vale más que hermosa.

A la que tenga más de treinta, no la pretendas.°            court, woo, pursue
                                                            romantically
A los quince, con quien quise; a los veinte, con quien diga la gente; y a los treinta, con el primero que se presente.

Esperando a un duque que no llegó, la doncella envejeció.

La mujer sin hombre es como fuego sin leña.

La mujer honrada, la pierna quebrada, y en casa.

No hay mujer gorda que no sea boba, ni flaca que no sea bellaca.°    *wicked, sly*

### Refranes sobre los hombres:

Galán atrevido, de las damas preferido.

Hombre cobarde, se casa mal y tarde.

Hombre casado, pájaro enjaulado.

Quien buena mujer tiene, seguro va y seguro viene.

Más quiero viejo que me honre que galán que me asombre.

Si una vez te pones a barrer, ya no barrerá tu mujer.

No hay hombre tan malo que no tenga algo bueno; ni tan bueno
   que no tenga algo malo.

Cuando el marido no merece llevar calzones, ella se los pone.

A menudo, bajo hábito vil, se esconde hombre gentil.

Hombre narigudo,° ingenio agudo.    *con una nariz grande*

Hombre narigudo, pocas veces cornudo.[18]

### Otros refranes sobre los hombres y las mujeres o sobre cuestiones de amor:

En amor y en juego,° más ve quien está fuera de ellos.    *gambling*

Amor, gran igualador.

El amor no quiere consejo.

Casa con tu igual y no te irá mal.

Quien quiere, cree.

Amar sin padecer no puede ser.

Amores nuevos olviden los viejos.

Los amores entran riendo y salen llorando y gimiendo.

Querer por sólo querer es verdadero querer.

El amor primero jamás se olvida.

No hay luna como la de enero, ni amor como el primero.

Amor de estudiante, amor inconstante.

Noviazgo que mucho dura, no dará dinero al cura.

Amor que no es algo loco, logrará poco.

Yo como tú, y tú como yo, el diablo nos juntó.

---

[18]*cuckold* (Se dice de un hombre cuya mujer tiene relaciones sexuales con otro hombre.)

No te cases con mujer que te gane en el saber.

No hay olla tan fea que no encuentre su cobertera.

Para no reñir° un matrimonio, la mujer ha de ser ciega y el marido sordo.  discutir, pelear

El hombre quiere a la mujer sana,° y la mujer, al hombre que gana.  de buena salud

Si dos feos se casan, mal para la casta.

El amor es ciego.

Amor todo lo perdona.

---

# LAZOS GRAMATICALES

## La colocación de los adjetivos descriptivos

**2-10 ¿Qué información comunica la posición del adjetivo?** Los adjetivos descriptivos pueden colocarse antes o después de un sustantivo. La decisión depende del contexto y de la intención de la persona que utiliza el adjetivo. Para repasar, conteste las siguientes preguntas. (Si no recuerda, repase la explicación de la colocación de los adjetivos descriptivos en la sección 2 del *Manual de gramática* [pp. 290–298].)

1. ¿Qué función tienen los adjetivos cuando siguen al sustantivo?

2. ¿Cuáles son algunas de las funciones que un adjetivo puede tener cuando precede a su sustantivo?

**2-11 ¿Antes o después?** El siguiente cuadro presenta la mayoría de los sustantivos que vienen modificados por un adjetivo en el cuento. Están divididos en dos columnas. La columna **A** presenta los casos donde el adjetivo precede al sustantivo y la columna **B** los casos donde sigue al sustantivo. Conteste las siguientes preguntas consultando el cuadro.

1. Vea la columna **B**. ¿Por qué estos adjetivos siguen al sustantivo? Para contestar bien, mire el contexto más amplio del cuento. (Las frases del cuadro aparecen en el orden en que aparecen en el cuento.)

2. Ahora vea la columna **A**. Cuando el hombre utiliza estas expresiones donde el adjetivo precede al sustantivo, ¿qué información imparte esta posición? (Varía según el ejemplo.)

3. Hay dos adjetivos de la columna **A** que tendrían una traducción inglesa distinta cuando preceden al sustantivo que cuando lo siguen. ¿Puede identificarlos? (Uno de los adjetivos se usa en dos ejemplos.)

| A<br>Adjetivos que preceden al sustantivo | B<br>Adjetivos que siguen al sustantivo |
|---|---|
| mi **misma** parada | ese tipo **despeinado** |
| con **creciente** interés | de corbata **moñita** |
| su **rolliza** manera de existir | ese señor **panzudo** |
| un **considerable** prestigio | la mujer **gorda** |
| las **babosas** miradas de ternero mamón | mi cara de pollo **mojado** |
| la **única** vez | el mundo está regido por factores **económicos** |
| le consagra su **respetable** interés | con la pantalla **ancha** |
| el **clásico** gesto de ula Marula | los morochos de ojos **verdes** |
| reconociendo sus **mismas voluminosas** formas | las babosas miradas de ternero **mamón** |
| no le ofrezco una **holgada** posición económica | una vejez **solitaria** |
| **interesantes** domingos en la playa | gobiernos **batllistas** |
| no le ofrezco una **vasta** cultura | algún lobanillo **estratégico** |
| una **atenta** lectura de Selecciones | avisos **económicos** |
| con **apreciable** ventaja | no le ofrezco una holgada posición económica |
| Poseo además **especiales** conocimientos | su vida **interior** |
| **amenísimas** conversaciones | le gusta leer los suplementos **femeninos** |
| su **respetuoso** admirador | su inquietud **espiritual** |

**2-12 Una examinación de la información que lleva la posición del adjetivo.** Vamos a considerar unos casos en particular para subrayar la interesante e importante información que un cambio de la posición del adjetivo puede comunicar. Los cuatro ejemplos del cuento a continuación describen el tamaño físico de alguien —los adjetivos se refieren a unos individuos gordos. En los dos primeros, el adjetivo sigue al sustantivo pero en los dos últimos preceden al sustantivo.

1. Después de leer los ejemplos, explique por qué los adjetivos van después y por qué van antes.

   - Primero [la miré] con envidia porque usted venía sentada y yo en cambio casi a upa de (1) ese señor **panzudo** que sube en mi misma parada y que me va tosiendo en el pescuezo hasta Dieciocho y Yaguarón.

   - Bueno, no se preocupe por eso. Si bien yo llevo la ventaja de que existe un refrán que dice: «El hombre es como el oso, cuanto más feo más hermoso» y usted en cambio la desventaja de otro, aun no oficializado, que inventó mi sobrino: «(2) La mujer **gorda** en la boda, generalmente incomoda», fíjese sin embargo que mi cara de pollo mojado hubiera sido un fracaso en cualquier época y en cambio (3) su **rolliza** manera de existir hubiera podido tener en otros tiempos un considerable prestigio.

   - ¿No siente pánico cuando se imagina con treinta años más de gobiernos batllistas, mirándose al espejo y reconociendo (4) sus mismas **voluminosas** formas de ahora, pero mucho más fofas y esponjosas, con arruguitas y allá, y acaso algún lobanillo estratégico?

→ Si Ud. ha dado una explicación como la siguiente, ¡excelente! En los dos primeros casos, el adjetivo va después para distinguir el sustantivo de otros. En (1), el hombre quiere que la mujer sepa a qué hombre en particular se refiere. En (2), en el refrán, la idea es comunicar lo que —en la opinión del hombre que inventó el refrán— diferencia a las mujeres gordas de las delgadas. En el tercer y cuarto ejemplo, el hombre del cuento está destacando lo que considera atributos inherentes de la mujer a quien ha escrito su carta: (3) su **rolliza** manera; (4) sus mismas **voluminosas** formas. En estos dos últimos casos, no tendría sentido si hubiera puesto el adjetivo después porque no quiere distinguir «su rolliza manera de existir» de otra manera de existir ni sus «voluminosas formas» de otras formas.

## Pronombres relativos/Cláusulas relativas

El cuento contiene muchas cláusulas relativas. Estos tipos de clausulas tambien se llaman **clausulas adjetivas** porque funcionan como adjetivos —describen al sustantivo a que se refieren. Hay diversos pronombres que introducen las cláusulas relativas, pero la mayoría en este cuento se introducen con **que** (*that, who, whom*). Casi todas las cláusulas en este ejercicio son cláusulas relativas **restrictivas** —las que se usan para especificar el sustantivo que modifican, diferenciándolo de otros sustantivos. Por eso funcionan como los adjetivos descriptivos que siguen al sustantivo. Considere el siguiente caso que viene de la primera parte del cuento.

> Como quizá se haya dado cuenta, hace cuatro años que la vengo mirando. Primero con envidia, porque usted venía sentada y yo en cambio casi a upa de ese señor panzudo **que sube en mi misma parada y que me va tosiendo en el pescuezo hasta Dieciocho y Yaguarón.**

Estas dos cláusulas relativas contestan la pregunta **¿qué/cuál señor?** —justo como el adjetivo pospuesto **panzudo** contesta esta pregunta. Tanto el adjetivo pospuesto como la cláusula relativá restrictivá especifican el sustantivo al que se refiere diferenciándolo de otros.

Si la cláusula relativa describe a una entidad que existe, se usa el indicativo, pero si la entidad no existe o si no se sabe si existe, se usa el subjuntivo. Por ejemplo, lea los siguientes comentarios sobre la carta de amor de este cuento:

El hombre escribió una carta de amor **que** *va* (indicativo) **a ofender a la mujer.**

¿Por qué no escribió una carta **que no** *tuviera* (subjuntivo) **tantos insultos?**

**2-13 ¿Existen o no?** Examine los siguientes ejemplos del cuento (fijándose en las cláusulas en negrita) y diga si describen entidades que existen o que no existen. ¿Cómo lo sabemos?

1. ...hay un refrán **que dice**: «El hombre es como el oso, cuanto más feo, más hermoso»...

2. ¿Recuerda ésa peinada a lo Audrey Hepburn (1) **que sube en Bulevar**, **que los muchachos del ómnibus le dicen «Nacional»** porque adelante no tiene nada? Bueno, a ésa le quise hablar a la altura de Sarandí y Zabala y allí mismo me encajó un codazo en el hígado (2) **que no lo arreglo con ningún colagogo.**

3. Digo que es evidente, porque he observado con cierto detenimiento las babosas miradas de ternero mamón (1) **que usted le consagra a cierto individuo con esas características** (2) **que sube frente al David.**

4. Si su respuesta es afirmativa, traiga puestos mañana esos clips con frutillas **que le quedan tan monos.**

**2-14 Un resumen del cuento.** Complete las oraciones a continuación con un comentario que resuma algunos aspectos del cuento.

1. El hombre que escribió la carta es una persona que
_____.

2. La mujer que va a recibir la carta —según el hombre— es una mujer que _____.

3. El hombre podría decirle a la mujer «Le he escrito una carta que _____».

4. Este cuento es uno que _____.

5. Benedetti es un autor que _____.

6. Ahora, invente una oración que emplee una cláusula relativa para decir algo sobre el cuento.

## Subjuntivo/Indicativo en las cláusulas nominales

**2-15 ¿Subjuntivo o indicativo?** Este ejercicio contiene unos fragmentos del cuento que tienen espacios en blanco para algunos de los verbos en cláusulas nominales. (Si Ud. no recuerda las reglas de uso del subjuntivo o el indicativo en cláusulas nominales, repase las pp. 314–318 en la sección 5 del *Manual de gramática* al final del libro antes de hacer los siguientes ejercicios.) Sin referirse al cuento, llene los espacios en blanco con la forma correcta de indicativo o subjuntivo según las reglas de uso. Luego, verifique sus respuestas usando el cuento como clave de respuestas correctas. Los fragmentos del ejercicio están en el orden en que aparecen en el cuento.

- Señorita: Usted y yo nunca fuimos presentados, pero tengo la esperanza de que me (1) _____ (conocer) de vista.

- ...creo modestamente que usted (2) _____ (poder) ser mi solución y yo la suya. Paso a explicarme. Antes que nada, voy a pedirle encarecidamente que no se (3) _____ (ofender), porque así no vale. Voy a expresarme con franqueza y chau. Usted no necesita que le (4) _____ (aclarar) que yo no soy lo que se dice un churro, así como yo no necesito que Ud. me (5) _____ (decir) que no (6) _____ (ser) Miss Universo. Los dos sabemos lo que somos ¿verdad?

- Si le voy a ser recontrafranco, le confesaré que a mí también me (7) _____ (gustar) más las delgaditas; tienen no sé qué cosa viboresca y latigosa que a uno lo pone de buen humor y en primavera lo hace relinchar. Pero ya que estamos en tren de confidencias, le diré que las flacas me (8) _____ (largar) al medio, y no les (9) _____ (caer) bien, ¿sabe?

- Yo sé que usted (10) _____ (tener) un problema por el estilo: es evidente que le (11) _____ (gustar) los morochos de ojos verdes. Digo que (12) _____ (ser) evidente, porque he observado con cierto detenimiento las babosas miradas de ternero mamón que usted le consagra a cierto individuo con esas características que sube frente al David.

- Dicen que el que la sigue la (13) _____ (conseguir), pero usted y yo la hemos seguido y no la hemos conseguido.

- ¿No sería mejor que para esa época (14) _____ (estar—nosotros) uno junto al otro, leyéndonos los avisos económicos o jugando a la escoba de quince? Yo creo sinceramente que a usted le (15) _____ (convenir) aprovechar su juventud, de la cual está jugando ahora el último alargue.

- He observado que le (16) _____ (gustar) leer los suplementos femeninos, de modo que en el aspecto de su inquietud espiritual, estoy tranquilo. Pero ¿qué más? ¿Juega a la quiniela, le agrada la fainá, le gusta Olinda Bozán? No sé por qué, pero tengo la impresión de que (17) _____ (ir—nosotros) a congeniar admirablemente.

**2-16 ¿Por qué subjuntivo?** Observe que en el ejercicio anterior en todos los casos donde se usa el indicativo, se ve una afirmación —una declaración de la verdad según la perspectiva del hombre— y no una indicación de duda, emoción o influencia que requeriría el uso del subjuntivo. Repase los casos del ejercicio anterior donde se usa el subjuntivo. En cada caso, explique por qué se usa el subjuntivo apuntando la regla adecuada de la sección «Cláusulas nominales» de la sección 5 del *Manual de gramática* (pp. 317–318).

## Verbos del pretérito que pueden tener una traducción distinta en inglés

Recuerde que algunos verbos, cuando están en el pretérito, pueden adoptar un significado distinto para su traducción en inglés que cuando están en el imperfecto. **Conoció** y **supo** son dos ejemplos de este tipo: muchas veces se traducen como *met* y *found out*, respectivamente, en vez de como *knew*. **Querer** es otro verbo de este tipo.

**2-17 Detective de gramática.** Lea la siguiente oración del cuento enfocándose en el uso del pretérito de **querer**. Luego, conteste las siguientes preguntas. (Si quiere más información, repase la explicación del pretérito de la sección 4 [pp. 307–314] del *Manual de gramática* al final del libro).

Bueno, a ésa [mujer] le **quise** hablar a la altura de Sarandí y Zabala y allí mismo me encajó un codazo en el hígado que no lo arreglo con ningún colagogo.

1. Exprese **le quise hablar** de otra manera en español y tradúzcalo al inglés.

2. Usando sus habilidades de «detective de gramática,» busque la evidencia en esta oración que confirma que el hombre trató de hablar con esa mujer. Con esta «evidencia,» explique por qué el imperfecto (**quería**) no hubiera tenido sentido en este contexto.

**2-18 Los pretéritos «especiales» no siempre lo son.** Como se explica en detalle en la sección 4 del *Manual de gramática* (en la sub-sección «Verbos en el pretérito que pueden tener distintas traducciones inglesas de las que tienen en el imperfecto», pp. 311–314), los verbos de este tipo no siempre adoptan el significado supuestamente «especial» en inglés. Podemos ver evidencia de esto en el siguiente refrán. Indica lo que una mujer pudiera decir para indicar con quién se casaría, según su propia edad. Léalo y conteste las preguntas.

«A los quince, con quien **quise**; a los veinte, con quien diga la gente; y a los treinta, con el primero que se presente».

1. Tradúzcalo al inglés.

2. ¿Cómo tradujo Ud. **quise** —con *I tried* o con *I wanted*? ¿Por qué? Explique por qué la otra traducción no funciona aquí.

## Formas de tratamiento: El uso de formas verbales formales o informales para dirigirse a otra gente

**2-19 ¿Le muestra respeto o no?** Aunque el hombre que escribió la carta le lanza insultos a la mujer, irónicamente mantiene el tratamiento apropiadamente formal y cortés que se debe usar cuando va dirigido a una persona que no se conoce o que no se conoce muy bien.

1. Hojee el cuento para ver qué forma verbal utiliza el hombre con la destinataria de su carta.

2. Ahora, lea la última frase del cuento a continuación para identificar la fórmula de despedida con que firma su carta.

   Mientras tanto, besa sus guantes su respetuoso admirador.

3. ¿Puede Ud. explicar por qué el uso de formas verbales **formales**, pronombres **formales** y fórmulas **formales** añaden humor al cuento? Para ayudarlo/la a contestar esta pregunta, considere lo siguiente: Si Benedetti hubiera hecho que su protagonista usara formas informales en vez de formales, ¿cree Ud. que el tono del cuento sería distinto? Explique. Piénselo antes de leer el próximo párrafo.

→ La forma de tratamiento (formas de Ud.) que utiliza el hombre muestra formalidad de relaciones entre él y la mujer y también le muestra respeto. Si Benedetti hubiera puesto formas verbales informales en la boca (o pluma) del hombre, indicaría que simplemente era un hombre bruto, rudo y descortés que no sabía comportarse como un hombre educado y respetuoso o que no quería comportarse así. El uso de formas verbales formales indica que el hombre entiende el concepto de conducta social apropiada. Al leer las formas formales al principio de la carta, el lector naturalmente espera seguir viendo formalidad y un tono respetuoso en lo que escribe el autor de la carta. Pero, en contra de lo que esperamos, muchos de sus comentarios son insultantes y demasiado íntimos para la situación. Con el contraste entre formas verbales y pronominales formales y fórmulas respetuosas con comentarios ofensivos y demasiado íntimos, Benedetti logra crear un cuento más cómico.

4. ¿Cree Ud. que el humor que resulta de esta técnica literaria (la mezcla de formalidad e informalidad) —que podemos apreciar como lectores de ficción— sería apreciado por la mujer que recibirá la carta? Explique.

Se recomienda que Ud. relea el cuento aplicando lo que ha aprendido y practicado en los ejercicios de la sección «**Lazos gramaticales**». Si lo hace, no sólo va a entender mejor el cuento sino que se va a fortalecer su comprensión de la gramática.

- - - - - - - - - - - - - - - - - - - - - - - - - - - - - - - -

# A ESCRIBIR

## Estrategias de composición

Esta sección incluye una serie de pasos para ayudarlo/la a: (1) formular y desarrollar sus ideas, (2) buscar evidencia del cuento para apoyar sus argumentos y (3) organizar su composición para que sea cohesiva y coherente. También incluye instrucciones para buscar y corregir errores de gramática y de vocabulario. Estas sugerencias acompañan el primer tema porque tienen sugerencias específicas para ese tema, pero son útiles para todos los temas. Si Ud. opta por uno de los otros temas, lea las sugerencias incluidas para el Tema uno y adáptelas para el tema que elija.

## Tema 1

Imagine que Ud. es amigo/a de la mujer a quien va dirigida la carta del cuento. Ella le ha mostrado la carta a Ud. y le ha manifestado su reacción inmediata (puede ser positiva o negativa). Ahora, ella quiere la opinión de Ud. sobre cómo debe responderle al hombre. Ud. quiere darle buenos consejos y por eso quiere ponderarlo un rato y le responderá más tarde por correo electrónico. En su mensaje, trate de convencerla a cambiar de opinión: si a ella no le interesa el hombre, trate de convencerla para que salga con él; si le interesa, trate de convencerla para que no salga con él.

Al completar cada uno de los siguientes pasos, marque (✓) la casilla a la izquierda.

❏ a. Para prepararse, haga una lista de los atributos positivos (o negativos) del hombre (según el tipo de recomendación que haya decidido ofrecerle). Utilice evidencia de la carta, pero puede inferir cosas también.

❏ b. Añada sus argumentos a favor (o en contra) de salir con él.

❏ c. Sea creativo/a. Trate de usar humor en su mensaje.

❏ d. Cuando haya escrito su borrador, revíselo, asegurándose que todo siga un orden lógico y que sus ideas fluyan bien. Haga las correcciones y adiciones necesarias.

❏ e. Antes de entregar su composición, revísela asegurándose que:

❏ haya usado vocabulario correcto (y que varíe su vocabulario)

❏ no haya usado **ser, estar** y **haber** demasiado (es preferible usar verbos más expresivos)

❏ haya concordancia entre todos los adjetivos y artículos y los sustantivos a que se refieren

❏ haya concordancia entre los verbos y sus sujetos

❏ **ser** y **estar** se usen correctamente

❏ el subjuntivo se use cuando sea apropiado

❏ el pretérito y el imperfecto se hayan usado correctamente

❏ no haya errores de ortografía ni de acentuación

## Otros temas de composición

2. Imagine que Ud. es la mujer a quien se dirige la carta del cuento. Escríbale una carta al hombre respondiendo o positiva o negativamente.

3. Escriba una descripción del hombre. En el primer párrafo, describa su apariencia. En el segundo, describa su personalidad. Fortalezca su descripción insertando comentarios que el hombre ha escrito en su carta.

4. Imagine que Ud. es amigo/a del hombre y que él le ha mostrado su carta pidiéndole su opinión antes de que se la dejara para la mujer. Ud. es mucho más educado/a (cortés) que él y quiere ayudarlo. Usando la carta original como base, escriba una nueva carta cambiando los elementos que Ud. considere problemáticos. Deje el resto de la carta intacta. Para que las partes que Ud. escriba se destaquen de la carta original, subraye las partes nuevas (o utilice otro color).

5. Escriba una anécdota verdadera sobre algo que haya ocurrido en uno de sus viajes en autobús. Si Ud. no toma el autobús o nada interesante ha ocurrido durante sus viajes en autobús, invente una anécdota.

# El ausente

Ana María Matute (1926–    )

# ANTES DE LEER

**3-1 Reflexiones.** Considere las siguientes preguntas antes de leer el cuento.

1. ¿Cómo se lleva una pareja infeliz? ¿Qué suelen hacer? ¿Qué tipos de cosas suelen decirse?

2. ¿Ha tenido Ud. una pelea con su esposo/a, novio/a o con su amigo/a? ¿Cuáles de las siguientes emociones ha experimentado Ud. durante o después de la pelea? (odio, rencor, preocupación, exasperación, desesperanza, asco, ira, tristeza, alivio, alegría, nervios, indiferencia, ¿otras emociones?)

3. Lea el primer párrafo para determinar las respuestas a las siguientes preguntas.

   a. ¿Quiénes son los personajes principales? ¿Cómo es la relación entre ellos?

   b. ¿Este cuento es narrado por quién?

   c. ¿Qué signos de puntuación se usan para indicar los pensamientos de la persona que narra el relato?

## Enfoques léxicos

### Cognados falsos

**3-2 Dos tipos de cognados falsos.** Recuerde que hay dos tipos de cognados falsos —los que a veces comparten un significado (Tipo I) y los que nunca tienen el mismo significado de la palabra a que se parece en inglés (Tipo II). (Para una explicación más detallada, lea la sección 1 del *Manual de gramática* al final del libro [pp. 285–290].)

Los cuadros y ejercicios a continuación contienen varios cognados falsos de ambos tipos de este cuento.

| TIPO I: COGNADOS FALSOS QUE A VECES COMPARTEN UN SIGNIFICADO (LOS A VECES FALSOS) | | |
|---|---|---|
| **Palabra** | **Definición semejante** | **Definiciones distintas** |
| discutir | *to discuss* | debatir, disputar, pelearse (verbalmente) |
| pena | dolor o tormento físico (*pain*) | dolor emocional: tristeza (*sorrow*) |
| rumor | noticia no confirmada que circula de persona a persona | sonido vago y constante, murmullo continuo (*murmur, muffled sound*) |

1. La palabra **discutieron** ocurre en la primera oración del cuento. Lea las primeras frases del primer párrafo del cuento. Del cuadro anterior, ¿cuál de las definiciones de **discutir** se usa aquí?

➡ Si Ud. ha elegido **debatir, disputar, pelearse (verbalmente)**, tiene razón.

2. En el fragmento del cuento a continuación, ¿cuál sería el mejor significado de **pena** —dolor físico o dolor emocional (tristeza)?

   La vida, la pobreza, las preocupaciones le borran a una esas cosas de la cabeza. «De la cabeza, puede…pero en algún lugar queda la **pena**. Sí: la **pena** renace, en momentos como éste…».

➡ Si Ud. ha elegido **dolor emocional, tristeza**, tiene razón.

3. Lea los dos casos de **rumor** en los siguientes fragmentos del cuento. ¿Cuál de las definiciones del cuadro anterior es correcta para los dos usos?

   • Allí, junto a la tapia del huerto, Marcos y ella. El sol brillaba y se oía el **rumor** de la acequia,° tras el muro. *irrigation ditch*

   • Por el ventanuco entraban los gritos de los vencejos,° el **rumor** del río entre las piedras. *swifts (tipo de pájaro)*

➡ Si Ud. ha elegido **murmullo continuo** o **sonido vago y constante**, tiene razón.

| TIPO II: COGNADOS FALSOS QUE NUNCA COMPARTEN UN SIGNIFICADO (LOS SIEMPRE FALSOS) | |
|---|---|
| Palabra | Definición |
| forastero | extranjero, persona de otra parte (no significa *forest* ni *forester*) |
| desgraciado | sin suerte, infeliz, miserable (no significa *disgraced*) |
| largo | *long* (no significa *large*) |

4. En las siguientes frases del cuento, todos los cognados falsos son del segundo tipo —los siempre falsos. Observe que en cada caso el significado aparente no es correcto. Recuerde los significados correctos mientras lee el cuento.

   • Amadeo era un **forastero**, un **desgraciado** obrero de las minas.

- Soy una **desgraciada**. Una **desgraciada**.
- Si al menos hubiéramos tenido un hijo…. Pero no lo tenían, y llevaban ya cinco años **largos** de matrimonio.

## En más detalle

Aunque algunos diccionarios bilingües incluyen *rude* entre sus definiciones de la palabra **rudo**, este significado es poco común. Por esto, no se ha incluido en la primera lista porque habría dado la falsa impresión que se usa así con frecuencia. **Rudo** suele significar *uncultured*, *simple*, *coarse* y a veces **estúpido**. Lea el siguiente fragmento del cuento donde ocurre y recuerde su significado.

Marcos se casó con la hija mayor del juez: una muchacha torpe, **ruda**, fea.

## Grupos léxicos

**3-3 Palabras relacionadas.** Complete las siguientes frases con la palabra adecuada. Las palabras agrupadas tienen la misma raíz y por lo tanto tienen un significado relacionado. Utilice su conocimiento de la gramática para escoger la palabra correcta. No será necesario cambiar las formas de las palabras. Usará algunas palabras más de una vez. Verifique sus respuestas buscando la oración en el cuento. (Las oraciones de cada grupo se presentan en el orden en que aparecen en el cuento.)

**culpa - culpable**

1. Era desgraciada, y pagaba su _____ de haberse casado sin amor.
2. «Marcos, tú tienes la _____… tú, porque Amadeo…». De pronto, tuvo miedo.
3. Los hombres la miraban con mirada dura y reprobativa. Ella lo notaba y se sentía _____.

**odiar - odiaré - odio (sustantivo)**

4. «¿Le (1) _____ acaso?» Cerró los ojos. No quería pensarlo. Su madre le dijo siempre: «(2) _____ es pecado, Luisa».
5. Luisa estaba pálida. No comía. «Estoy llena de (1) _____. Sólo llena de (2) _____», pensó, mirando a María.

**orgullo - orgullosa**

6. Su madre (una mujer sencilla, una campesina) siempre le dijo que era pecado casarse sin amor. Pero ella fue (1) _____. «Todo fue cosa del (2) _____. Por darle en la cabeza a Marcos. Nada más».

**barro - embarradas**

7. Vio su silla, su ropa allí, sucia, a punto de lavar. Sus botas, en un rincón, aún llenas de _____.

8. Buscó con ansia pueril la ropa sucia, las botas _____.

→ **Barro** quiere decir *mud*. ¿Puede Ud. determinar el significado de **embarradas**?

## Sufijos diminutivos y aumentativos

Los sufijos, por definición, ocurren al final de una palabra (sustantivo, adjetivo, o a veces un adverbio). Cuando son sustantivos o adjetivos, generalmente concuerdan con el género y número de la palabra base. Los sufijos tienen diferentes usos y propósitos, algunos se presentan a continuación.

| DIMINUTIVOS | | |
|---|---|---|
| **Sufijo** | **Uso/Propósito** | **Ejemplos** |
| **-ito, -cito** | Indica pequeñez o cariño. | niño → niñito <br> joven → jovencito, jovencita <br> ahora → ahorita |
| **-illo\*** | Indica pequeñez, minimiza la importancia de algo o suaviza el impacto de la palabra base. | campana → campanilla <br> cosa → cosilla <br> ladrón → ladroncillo |
| **-uco\*** | Da un sentido despectivo a la palabra. | libro → libruco <br> *useless little book* <br> mujer → mujeruca <br> *odd little woman* |
| AUMENTATIVOS | | |
| **-ón** | Indica gran tamaño o cantidad; da un sentido peyorativo o crítico a la palabra. | gordo → gordona <br> hombre → hombrón |
| **-acho/-ucho** | Da un sentido despectivo a la palabra. | pueblo → poblacho <br> *wretched town* <br> camisa → camisucha <br> *ragged shirt* |

\*Estos sufijos se usan mucho en España.

## 🔍 En más detalle

La primera columna del cuadro anterior sólo incluye las formas singulares masculinas. Todos tienen variaciones femeninas y plurales que se forman como cualquier adjetivo. Note que la forma que termina en **-ón** pierde el acento escrito en la forma femenina y en las formas plurales (**gordón, gordona, gordones, gordonas**).

Aunque **-ito/-cito** y sus formas femeninas y plurales sugieren pequeñez o cariño, algunas palabras con este sufijo pueden tener una connotación peyorativa, como la palabra **señorito.°**                                        *rich kid*

Las combinaciones de letras que forman estos sufijos no siempre los forman. Por ejemplo, hay palabras del cuento que terminan en estas combinaciones pero no son sufijos: **cuchillo, sencilla, silla, mejillas, corazón, rincón, muchacha.**

---

**3-4 Determine el significado.** Las oraciones a continuación son del cuento. Identifique la palabra base de las palabras en negrita. Usando la información sobre los sufijos, determine el significado.

1. Cuando bajó a dar de comer a las gallinas la cara de comadreja de su vecina María Laureana asomó por el **corralillo**.

2. A su lado la cama seguía vacía. Se levantó descalza y fue a mirar: la **casucha** estaba en silencio.

3. Por el **ventanuco** entraban los gritos de los vencejos, el rumor del río entre las piedras.

➡ Si Ud. ha determinado los siguientes significados, tiene razón: *small yard* o *pen* (de **corral**), *hovel* (de **casa**) y *small, rather ugly window* (de **ventana**).

# A LEER

## Estrategia de lectura: Hacer inferencias enfocándose en el lenguaje corporal

Sabemos que es posible «leer» la actitud de una persona hacia otra mirando su «lenguaje corporal»: los gestos, la posición del cuerpo, la distancia entre los interlocutores, las expresiones de la cara, la forma en que se tocan, se miran, etc. A veces el lenguaje corporal revela más que las palabras. Al leer obras de literatura, podemos fijarnos en el lenguaje corporal de los personajes para inferir cómo es su relación y qué está pasando entre ellos aun cuando no están hablando. En el ejercicio que sigue, vamos a practicar esta estrategia para entender el cuento mejor.

**3-5 ¿Qué comunican sin palabras?** Haga los ejercicios siguientes tomando en cuenta el lenguaje corporal de los personajes.

1. Las dos primeras oraciones del primer párrafo establecen el estado de ánimo entre los dos personajes principales. Lea el resto del párrafo fijándose en su lenguaje corporal. ¿Cómo se sienten? Cite los ejemplos del lenguaje corporal que usó para contestar esta pregunta.

2. Al leer el resto del cuento, fíjese en el lenguaje corporal de los personajes porque le dará indicios de cómo se sienten el uno hacia el otro. Por ejemplo, fíjese en las expresiones y gestos que tienen Luisa, la protagonista, y su vecina cuando conversan. Compare el lenguaje corporal de Luisa y Amadeo, su esposo, al principio del cuento con su lenguaje corporal al final. Haga una lista de las expresiones y gestos que Ud. identifica mientras lee el cuento.

## Ana María Matute

Ana María Matute nació en Barcelona, España en 1926. Ha escrito varias novelas y cuentos y ha ganado muchos premios por sus obras, entre ellos, El Premio Café Gijón, El Premio Nadal y El Premio Nacional de Literatura Infantil. Siendo una niña de 10 años cuando la Guerra Civil Española (1936–1939) empezó, la guerra tendría un gran impacto sobre ella y sus escritos. Sus obras tratan temas como la soledad, la crueldad, el dolor, la muerte y el rencor. Su lenguaje generalmente es simple, directo y emotivo. Muchas veces escribe sobre los niños y la gente humilde que sufre mucho por su condición. Esto se nota en «El ausente», donde la vida difícil de los personajes juega un papel en el cuento: se ven muestras que se manifiestan en el carácter y las esperanzas de los personajes. Matute trata a sus personajes de manera realista —si a veces pesimista— pero casi siempre con ternura y comprensión. «El ausente» proviene de una colección que se llama *Historias de la Artámila* que se publicó en 1961.

# El ausente

## *Ana María Matute*

Por la noche discutieron. Se acostaron llenos de rencor el uno por el otro. Era frecuente eso, sobre todo en los últimos tiempos. Todos sabían en el pueblo —y sobre todo María Laureana, su vecina— que eran un matrimonio° mal avenido°. Esto, quizá, la amargaba más. «Quémese la casa y no salga el

pareja casada
*ill-matched*

5  humo»[1], se decía ella, despierta, vuelta de cara a la pared. Le daba a él la
espalda, deliberada, ostentosamente. También el cuerpo de él parecía escurrirse
como una anguila° hacia el borde opuesto de la cama. «Se caerá al suelo», se
dijo, en más de un momento. Luego, oyó sus ronquidos y su rencor se acentuó.
«Así es. Un salvaje, un bruto. No tiene sentimientos». En cambio ella, despierta.

10  Despierta y de cara a aquella pared encalada,°[2] voluntariamente encerrada.°

       Era desgraciada. Sí: no había por qué negarlo, allí en su intimidad. Era
desgraciada, y pagaba su culpa de haberse casado sin amor. Su madre (una
mujer sencilla, una campesina) siempre le dijo que era pecado casarse sin
amor. Pero ella fue orgullosa. «Todo fue cosa del orgullo. Por darle° en la

15  cabeza a Marcos. Nada más». Siempre, desde niña, estuvo enamorada de
Marcos. En la oscuridad, con los ojos abiertos, junto a la pared, Luisa sintió de
nuevo el calor de las lágrimas entre los párpados. Se mordió los labios. A la
memoria le venía un tiempo feliz, a pesar de la pobreza. Las huertas, la
recolección de la fruta… «Marcos». Allí, junto a la tapia del huerto, Marcos

20  y ella. El sol brillaba y se oía el rumor de la acequia,° tras el muro. «Marcos».
Sin embargo, ¿cómo fue?… Casi no lo sabía decir: Marcos se casó con la
hija mayor del juez: una muchacha torpe, ruda, fea. Ya entrada en años, por
añadidura. Marcos se casó con ella. «Nunca creí que Marcos hiciera eso.
Nunca.» ¿Pero cómo era posible que aún le doliese, después de tantos años?

25  También ella había olvidado. Sí: qué remedio. La vida, la pobreza, las preocupaciones le borran a una esas cosas, de la cabeza. «De la cabeza, puede…
pero en algún lugar queda la pena. Sí: la pena renace, en momentos como
éste…». Luego ella se casó con Amadeo. Amadeo era un forastero, un desgraciado obrero de las minas. Uno de aquellos que hasta los jornaleros más

30  humildes miraban por encima del hombro.° Fue aquél un momento malo. El
mismo día de la boda sintió el arrepentimiento. No le amaba ni le amaría
nunca. Nunca. No tenía remedio. «Y ahí está: un matrimonio desavenido. Ni
más ni menos. Este hombre no tiene corazón, no sabe lo que es una delicadeza. Se puede ser pobre, pero… Yo misma, hija de una familia de aparce-

35  ros.° En el campo tenemos cortesía, delicadeza… Sí: la tenemos. ¡Sólo este
hombre!» Se sorprendía últimamente diciendo: «este hombre», en lugar de
Amadeo. «Si al menos hubiéramos tenido un hijo…». Pero no lo tenían, y llevaban ya cinco años largos de matrimonio.

       Al amanecer le oyó levantarse. Luego, sus pasos por la cocina, el ruido

40  de los cacharros. «Se prepara el desayuno». Sintió una alegría pueril:° «Que
se lo prepare él. Yo no voy». Un gran rencor la dominaba. Tuvo un ligero
sobresalto°: «¿Le odiaré acaso?» Cerró los ojos. No quería pensarlo. Su madre
le dijo siempre: «Odiar es pecado, Luisa». (Desde que murió su madre, sus
palabras, antes oídas con rutina, le parecían sagradas, nuevas y terribles.)

45        Amadeo salió al trabajo, como todos los días. Oyó sus pisadas y el golpe
de la puerta. Se acomodó en la cama, y durmió.

*slide away like an eel*

*whitewashed/ closed in*

*golpearle (emocio- nalmente)*

*irrigation ditch*

→ ESPOSO

*looked down on*

*sharecroppers*

*childish (puerile)*

*fright, shock*

---

[1]un refrán que se usa para referirse a una deshonra que hay que esconder
[2]**cal** significa *lime*, la sustancia que se aplica a una pared cuando se la encala

Se levantó tarde. De mal humor aseó° la casa. Cuando bajó a dar de
comer a las gallinas la cara de comadreja° de su vecina María Laureana asomó
por el corralillo.

50 —Anda, mujer: mira que se oían las voces anoche…

Luisa la miró, colérica.

—¡Y qué te importan a ti, mujer, nuestras cosas!

María Laureana sonreía con cara de satisfacción.

—No seas así, muchacha… si te comprendemos todos, todos… ¡Ese
55 hombre no te merece, mujer!

Prosiguió en sus comentarios, llenos de falsa compasión. Luisa, con el
ceño fruncido, no la escuchaba. Pero oía su voz, allí, en sus oídos, como un
veneno lento. Ya lo sabía, ya estaba acostumbrada.

—Déjale, mujer… déjale. Vete con tus hermanas, y que se las apañe solo.°
60 Por primera vez pensó en aquello. Algo le bullía en la cabeza: «Volver a
casa». A casa, a trabajar de nuevo la tierra. ¿Y qué? ¿No estaba acaso acostumbrada? «Librarme de él». Algo extraño la llenaba: como una agria alegría
de triunfo, de venganza. «Lo he de pensar,»° se dijo.

Y he aquí que ocurrió lo inesperado. Fue él quien no volvió.

65 Al principio, ella no le dio importancia. «Ya volverá», se dijo. Habían pasado
dos horas más desde el momento en que él solía entrar por la puerta de la casa.
Dos horas, y nada supo de él. Tenía la cena preparada y estaba sentada a la
puerta, desgranando alubias.° En el cielo, azul pálido, brillaba la luna, hermosa e
hiriente. Su ira se había transformado en una congoja° íntima, callada. «Soy una
70 desgraciada. Una desgraciada». Al fin, cenó sola. Esperó algo° más. Y se acostó.

Despertó al alba, con un raro sobresalto. A su lado la cama seguía vacía.
Se levantó descalza y fue a mirar: la casucha estaba en silencio. La cena de
Amadeo intacta. Algo raro le dio en el pecho, algo como un frío. Se encogió
de hombros° y se dijo: «Allá él. Allá él con sus berrinches».° Volvió a la cama,
75 y pensó: «Nunca faltó de noche». Bien, ¿le importaba acaso? Todos los hombres faltaban de noche en sus casas, todos bebían en la taberna, a veces más
de la cuenta.° Qué raro: él no lo hacía nunca. Sí: era un hombre raro. Trató de
dormir, pero no pudo. Oía las horas en el reloj de la iglesia. Pensaba en el cielo
lleno de luna, en el río, en ella. «Una desgraciada. Ni más ni menos».

80 El día llegó. Amadeo no había vuelto. Ni volvió al día siguiente, ni al otro.

La cara de comadreja de María Laureana apareció en el marco de la
puerta.

—Pero, muchacha… ¿qué es ello? ¿Es cierto que no va Amadeo a la
mina? ¡Mira que el capataz° lo va a despedir!

85 Luisa estaba pálida. No comía. «Estoy llena de odio. Sólo llena de odio»,
pensó, mirando a María.

—No sé —dijo—. No sé, ni me importa.

Le volvió la espalda y siguió en sus trabajos.

—Bueno —dijo la vecina—, mejor es así, muchacha… ¡para la vida que
90 te daba!

Se marchó y Luisa quedó sola. Absolutamente sola. Se sentó desfalle-
cida.° Las manos dejaron caer el cuchillo contra el suelo. Tenía frío, mucho

---

limpió
*weasel*

*let him manage
alone*

Debo ponderarlo,
considerarlo

*shelling beans*
angustia, dolor
un rato

*shrugged/rages,
tantrums*

más de lo que
debían

jefe

*weak, faint*

frío. Por el ventanuco entraban los gritos de los vencejos,° el rumor del río entre las piedras. «Marcos, tú tienes la culpa... tú, porque Amadeo...». De
95  pronto, tuvo miedo. Un miedo extraño, que hacía temblar sus manos. «Amadeo me quería. Sí: él me quería.» ¿Cómo iba a dudarlo? Amadeo era brusco, desprovisto de° ternura, callado, taciturno. Amadeo —a medias palabras ella lo entendió— tuvo una infancia dura, una juventud amarga. Amadeo era pobre y ganaba su vida —la de él, la de ella y la de los hijos que hubieran
100  podido tener— en un trabajo ingrato que destruía su salud. Y ella: ¿tuvo ternura para él? ¿Comprensión? ¿Cariño? De pronto, vio algo. Vio su silla, su ropa allí, sucia, a punto de lavar. Sus botas, en un rincón, aún llenas de barro. Algo le subió, como un grito. «Si me quería... acaso ¿será capaz de matarse?»
Se le apelotonó la sangre en la cabeza. «¿Matarse?» ¿No saber nunca
105  nada más de él? ¿Nunca verle allí: al lado, pensativo, las manos grandes enzarzadas° una en otra, junto al fuego; el pelo negro sobre la frente, cansado, triste? Sí: triste. Nunca lo pensó: triste. Las lágrimas corrieron por sus mejillas. Pensó rápidamente en el hijo que no tuvieron, en la cabeza inclinada de Amadeo. «Triste. Estaba triste. Es hombre de pocas palabras y fue un niño
110  triste, también. Triste y apaleado.° Y yo: ¿qué soy para él?»
Se levantó y salió afuera. Corriendo, jadeando, cogió el camino de la mina. Llegó sofocada y sudorosa. No: no sabían nada de él. Los hombres la miraban con mirada dura y reprobativa. Ella lo notaba y se sentía culpable.
Volvió llena de desesperanza. Se echó sobre la cama y lloró, porque había
115  perdido su compañía. «Sólo tenía en el mundo una cosa: su compañía». ¿Y era tan importante? Buscó con ansia pueril la ropa sucia, las botas embarradas. «Su compañía. Su silencio al lado. Sí: su silencio al lado, su cabeza inclinada, llena de recuerdos, su mirada». Su cuerpo allí al lado, en la noche. Su cuerpo grande y oscuro pero lleno de sed, que ella no entendía. Ella era la que no supo: ella la
120  ignorante, la zafia,° la egoísta. «Su compañía». Pues bien, ¿y el amor? ¿No era tan importante, acaso? «Marcos...». Volvía el recuerdo; pero era un recuerdo de estampa, pálido y frío, desvaído.° «Pues, ¿y el amor? ¿No es importante?» Al fin, se dijo: «¿Y qué sé yo qué es eso del amor? ¡Novelerías!»°
La casa estaba vacía y ella estaba sola.
125  Amadeo volvió. A la noche le vio llegar, con paso cansino. Bajó corriendo a la puerta. Frente a frente, se quedaron como mudos,° mirándose. Él estaba sucio, cansado. Seguramente hambriento. Ella sólo pensaba: «Quiso huir de mí, dejarme, y no ha podido. No ha podido. Ha vuelto».
—Pasa, Amadeo —dijo, todo lo suave que pudo, con su voz áspera de
130  campesina—. Pasa, que me has tenido en un hilo[3]...
Amadeo tragó algo: alguna brizna,° o quién sabe qué cosa, que masculleaba entre los dientes. Pasó el brazo por los hombros de Luisa y entraron en la casa.

---

[3]me has tenido muy preocupada

Glosses (right margin):

- *swifts* (tipo de pájaro)
- le faltaba
- *clenched*
- *beaten*
- *coarse, crude*
- *faded*
- fantasía, cosas de novelas
- sin hablar
- *blade of grass*

# DESPUÉS DE LEER

## Preguntas

### En general

1. Describa la relación entre Luisa y su esposo al principio del cuento.
2. ¿En qué circunstancias nacieron Luisa y su esposo?

### En detalle

1. ¿Con qué evento empieza el cuento?
2. Mientras Luisa yace despierta, pensando en la cama, ¿qué hace Amadeo? ¿Cómo reacciona Luisa?
3. En la primera parte del cuento, Luisa indica que en cierto sentido merece este sufrimiento. ¿Por qué ella cree merecerlo?
4. ¿Quién es Marcos? ¿Con quién se casó y por qué?
5. Luisa dice que cuando se casó con Amadeo no lo amaba. Entonces, ¿por qué se casó con él?
6. ¿Cómo caracteriza Luisa sus cinco años de matrimonio? ¿Por qué utiliza este adjetivo?
7. Tanto Luisa como Amadeo tienen un origen pobre y humilde. ¿Cómo se distinguen él y ella, según ella?
8. ¿Cómo se gana la vida Amadeo?
9. ¿Cómo sabe María Laureana que Luisa y Amadeo tienen problemas? ¿Por qué tiene interés en ellos?
10. Cuando Luisa está considerando la posibilidad de dejar a su esposo, ¿qué evento irónico ocurre?
11. ¿Cómo es Amadeo en comparación con los otros hombres del pueblo?
12. ¿En qué momento cambia la actitud de Luisa hacia Amadeo?
13. ¿Por qué llora Luisa? ¿Por qué siente pánico?
14. ¿Cómo reacciona Luisa cuando ve volver a Amadeo? ¿Y cómo reacciona Amadeo?

### Discusión e interpretación

1. Compare la visión del amor que tiene Luisa al principio con la que tiene al final del cuento. (Compare sus pensamientos en la primera parte del cuento —cuando recuerda a Marcos— con sus pensamientos al final cuando está preocupada por la ausencia de Amadeo.)

2. Compare el lenguaje corporal entre Amadeo y Luisa en el primer párrafo con el de los tres últimos párrafos.

3. ¿Qué representa para Luisa el hecho de que ella y su marido no han tenido hijos? ¿Por qué es tan importante para ella?

4. ¿Cree Ud. que Marcos merecía la adoración de Luisa? Explique.

5. ¿Qué aprende Luisa sobre su marido durante su ausencia?

6. ¿Cómo describe Luisa a su marido al principio del cuento, durante su ausencia y cuando regresa a casa?

7. ¿Por qué cree Ud. que la actitud de Luisa hacia su marido cambia? ¿Cómo ha cambiado Luisa? ¿Cree Ud. que Amadeo ha cambiado también? Utilice ejemplos del cuento.

8. Luisa menciona dos veces que se siente culpable. ¿Por qué se siente culpable la primera vez? ¿La segunda?

9. ¿Qué papel desempeña la vecina, María Laureana, en el cuento?

10. Se menciona la cama cinco veces. ¿Por qué hay tanto énfasis en la cama?

11. La referencia más obvia de «El ausente» es el esposo. ¿Podría referirse a otra cosa o persona? Explique.

12. ¿Cree Ud. que las relaciones entre Luisa y Amadeo van a cambiar? Explique.

- - - - - - - - - - - - - - - - - - - - - - - - - - - - - - - -

# LAZOS GRAMATICALES

## Usos del pretérito y del imperfecto

**3-6 Análisis de usos del pretérito y del imperfecto en «El ausente».** Antes de contestar las siguientes preguntas, repase el pretérito/imperfecto (sección 4, pp. 307–314) en el *Manual de gramática*) al final del libro.

1. A primera vista, el siguiente fragmento del cuento (el segundo párrafo donde se describe a Luisa), parece incluir usos contradictorios del imperfecto y del pretérito. Lea el fragmento, poniendo atención a los ejemplos en negrita, y conteste las siguientes preguntas.

**Era** desgraciada. Sí: no había por qué negarlo, allí en su intimidad. **Era** desgraciada, y pagaba su culpa de haberse casado sin amor. Su madre (una mujer sencilla, una campesina) siempre le dijo que era pecado casarse sin amor. Pero ella **fue** orgullosa. «Todo fue cosa del orgullo. Por darle en la cabeza a Marcos. Nada más».

a. ¿Por qué Luisa se describe utilizando **era** (imperfecto) en los dos primeros casos mientras que después (en el mismo párrafo), se describe utilizando **fue** (pretérito)?

b. ¿Cuál descripción la describe en el «presente» y cuál la describe cuando joven? Explique cómo lo sabe, usando su conocimiento del pretérito y del imperfecto.

2. En el siguiente fragmento del cuento identifique el uso específico de cada verbo en el pretérito en negrita. Recuerde que el pretérito se usa para indicar:

- el principio de una acción o un estado en el pasado
- el fin de una acción/estado
- una acción/estado en su totalidad

De pronto, (1) **tuvo** miedo. Un miedo extraño, que hacía temblar sus manos. «Amadeo me quería. Sí: él me quería». ¿Cómo iba a dudarlo? Amadeo era brusco, desprovisto de ternura, callado, taciturno. Amadeo —a medias palabras ella lo (2) **entendió**— (3) **tuvo** una infancia dura, una juventud amarga. Amadeo era pobre y ganaba su vida —la de él, la de ella y la de los hijos que hubieran podido tener— en un trabajo ingrato que destruía su salud.

## Usos del tiempo futuro

El tiempo futuro se usa para referirse al futuro y para hacer predicciones. También se usa para hacer una conjetura sobre el presente, como en **¿Qué hora será?** (*I wonder what time it is?*). Cuando se refiere al futuro o indica predicciones sobre el futuro, se usa la palabra *will* en la traducción inglesa. Cuando el futuro se usa para conjeturas en el presente, hay varias maneras para expresar la idea de conjetura, entre ellas: *probably* + el tiempo presente, *I wonder if/whether…, Is it possible that…?, Could it be that…?*, etc. En el siguiente ejercicio vamos a analizar algunos verbos en el futuro para determinar si se refieren al futuro o si hacen una conjetura sobre el presente.

**3-7 Análisis de usos del futuro.** Lea las siguientes oraciones del cuento y determine cuáles indican una predicción sobre el futuro y cuáles indican una conjetura sobre el presente.

1. Le daba a él la espalda, deliberada, ostentosamente. También el cuerpo de él parecía escurrirse como una anguila hacia el borde opuesto de la cama. «**Se caerá** al suelo», se dijo, en más de un momento.

2. Al amanecer le oyó levantarse. Luego, sus pasos por la cocina, el ruido de los cacharros. «Se prepara el desayuno». Sintió una alegría pueril: «Que se lo prepare él. Yo no voy». Un gran rencor la dominaba. Tuvo un ligero sobresalto: «¿Le **odiaré** acaso?» Cerró los ojos. No quería pensarlo.

3. Y he aquí que ocurrió lo inesperado. Fue él quien no volvió. Al principio, ella no le dio importancia. «Ya **volverá**», se dijo.

**4.** De pronto vio algo. Vio su silla, su ropa allí, sucia, a punto de lavar. Sus botas, en un rincón, aún llenas de barro. Algo le subió, como un grito. «Si me quería… acaso ¿**será** capaz de matarse?»

Relea el cuento aplicando lo que ha aprendido y practicado en los ejercicios de la sección «**Lazos gramaticales**». Si lo hace, entenderá mejor el cuento y fortalecerá su comprensión de la gramática.

# A ESCRIBIR

## Estrategias de composición

Esta sección incluye una serie de pasos para ayudarlo/la a: (1) formular y desarrollar sus ideas, (2) buscar evidencia del cuento para apoyar sus argumentos y (3) organizar su composición para que sea cohesiva y coherente. También incluye instrucciones para buscar y corregir errores de gramática y de vocabulario. Estas sugerencias acompañan el primer tema porque son específicas para ese tema, pero son útiles para todos los temas. Si Ud. opta por uno de los otros temas, lea las sugerencias incluidas para el Tema uno y adáptelas para el tema que elija.

## Tema 1

La visión del amor que tiene Luisa al principio del cuento es muy diferente de la que tiene al final. Escriba una composición que compare sus actitudes/su comportamiento y que explique el cambio. Use ejemplos específicos del cuento para apoyar sus argumentos.

Al completar cada uno de los siguientes pasos, marque (✓) la casilla a la izquierda.

❑ a. Haga dos listas apuntando ejemplos específicos del cuento que muestren las diferentes actitudes y comportamiento de Luisa y Amadeo.

❑ b. En clase con un/a compañero/a, comparen sus listas y únanlas para hacer dos listas más completas. (Completen y guarden sus propias listas porque van a usarlas para escribir su composición.) Discutan las diferencias de actitud y comportamiento, planteando una tesis que explique por qué cambia la actitud o visión de Luisa hacia el amor.

❑ c. La clase va a discutir los varios ejemplos específicos del cuento. Durante la discusión, apunte los comentarios y ejemplos que le parezcan válidos en sus listas.

❏ d. Incorpore los mejores argumentos e ideas que surgieron durante las discusiones en clase. Incluya ejemplos específicos del cuento.

❏ e. Escriba la introducción y la conclusión.

❏ f. Cuando haya escrito su borrador, revíselo, utilizando sus listas para asegurarse que haya apoyado sus argumentos con ejemplos específicos y que sus ideas fluyan bien. Haga las correcciones necesarias.

❏ g. Dele un título interesante.

❏ h. Antes de entregar su composición, revísela asegurándose que:

    ❏ haya usado vocabulario correcto y variado

    ❏ no haya usado **ser, estar** y **haber** demasiado (es preferible usar verbos más expresivos)

    ❏ haya concordancia entre los adjetivos y artículos y los sustantivos a que se refieren

    ❏ haya concordancia entre los verbos y sus sujetos

    ❏ **ser** y **estar** se usen correctamente

    ❏ el subjuntivo se use cuando sea apropiado

    ❏ el pretérito y el imperfecto se hayan usado correctamente

    ❏ no haya errores de ortografía ni de acentuación

## Otros temas de composición

2. Escriba la próxima escena: narre lo que pasa después de que la pareja entra en la casa. Incluya la conversación y el lenguaje corporal entre Amadeo y Luisa.

3. Reescriba el cuento desde el punto de vista de Amadeo.

# El hijo

Horacio Quiroga (1878–1937)

# ANTES DE LEER

**4-1 Reflexiones.** Considere las siguientes preguntas antes de leer el cuento.

1. ¿Qué tiempo hace en las regiones tropicales? ¿Qué tipo de vegetación y animales prosperan en el área? ¿Cómo sería vivir allí? ¿Qué efecto tendría la vegetación en la vida de los que viven en estas regiones?

2. Hojee los dos primeros párrafos buscando referencias a la naturaleza. ¿Qué se menciona sobre la naturaleza?

3. Hojee los párrafos del tres al ocho (líneas 6–15) enfocándose en los dos personajes del cuento. ¿Qué tipo de relación tienen? Mencione detalles del cuento.

## Enfoques léxicos

### Cognados falsos

**4-2 Examinación de cognados falsos en «El hijo».** Este cuento contiene varios cognados falsos, algunos se incluyen en los ejercicios a continuación. (Para una explicación más detallada de los cognados falsos, lea la sección 1 del *Manual de gramática* [pp. 285–290] al final del libro.)

1. **Criatura** no quiere decir *creature* en el sentido de **animal grotesco** o **monstruo**. Examine las dos oraciones del cuento a continuación para determinar lo que significa en estos contextos.

   • —Sí, papá —responde la **criatura**…

   • En la mutua confianza que depositan el uno en el otro —el padre de sienes plateadas y la **criatura** de trece años—, no se engañan jamás.

➡ Si Ud. ha determinado que aquí **criatura** quiere decir **niño pequeño**, tiene razón.

**Criatura**, cuando no tiene este sentido, se puede referir a una **cosa creada**. Se ve por esto que esta palabra está relacionada con el verbo **crear**. Cuando **criatura** sí se traduce a *creature* es en una frase como **criaturas de Dios** o **criaturas del hábito**.

2. Aunque **monte** puede significar **montaña**, en este cuento tiene el significado de **bosque**. Examine las siguientes oraciones para familiarizarse con esta palabra antes de leer el cuento.

   • Para cazar en el **monte**… se requiere más paciencia de la que su cachorro puede rendir.

   • ¡Es tan fácil, tan fácil perder la noción de la hora dentro del **monte**, y sentarse un rato en el suelo mientras se descansa inmóvil…!

3. **Educar** y las palabras **educado** y **educación** pueden traducirse a sus cognados en inglés *to educate, educated, education*, como en la siguiente oración del cuento.

> Sabe que su hijo, **educado** desde su más tierna infancia en el hábito y la precaución del peligro, puede manejar un fusil y cazar no importa qué. Aunque es muy alto para su edad, no tiene sino trece años.

Además, **educar** tiene otro significado. Examine las siguientes oraciones del cuento y determine su significado.

- No es fácil, sin embargo, para un padre viudo, sin otra fe ni esperanza que la vida de su hijo, **educarlo** como lo ha hecho él, libre en su corto radio de acción, seguro de sus pequeños pies y manos desde que tenía cuatro años, consciente de la inmensidad de ciertos peligros y de la escasez de sus propias fuerzas.

- De este modo ha **educado** el padre a su hijo.

➡️ Si Ud. ha determinado que **educar** quiere decir *to raise/bring up* y que **educado** quiere decir *raised/brought up*, tiene razón.

4. Vimos en el capítulo 3 que **desgraciado** no quiere decir *disgraced* sino **sin suerte, infeliz** o **miserable**. La palabra **desgracia** casi nunca se traduce a *disgrace* (lo cual generalmente se expresa con **deshonra** o **vergüenza**, según el contexto). **Desgracia** implica mala suerte, como en «¡Pobre hombre! Ha tenido una serie de **desgracias**» o «Es una **desgracia** que hayan pospuesto la fiesta cuando no vayas a estar aquí». Trate de recordar esto cuando encuentre la palabra **desgracia** en el cuento.

5. **Estampido** nunca se traduce a *stampede*, lo cual se expresa con **estampida** o **espantada**. **Estampido** se refiere a una detonación, el sonido que hace un arma cuando se dispara. Considere la siguiente oración del cuento donde se usa esta palabra.

> En ese instante, no muy lejos, suena un **estampido**.

6. Aunque **carácter** no quiere decir *character* en el sentido de persona principal en una obra literaria (lo cual se expresa con **personaje**), **carácter** y *character* son cognados en el sentido en que **carácter** se usa en este cuento. Aquí se refiere al temperamento de un individuo, o sea a las cualidades psíquicas, morales y/o éticas de una persona.

## 🔍 En más detalle

### Información adicional sobre algunos de estos cognados falsos

Observe que **educar** y sus derivados tienen un significado más amplio en español que su equivalente inglés. El término inglés suele implicar principalmente la instrucción intelectual. El término español también se usa para otros aspectos de la educación, por ejemplo, la formación moral y social, que se asocian con la idea de *upbringing*. (Estas palabras pueden tener estos significados en inglés también pero generalmente se usan para la instrucción o *schooling*.)

Carácter puede significar *character* en el sentido de **personaje** en algunos países latinoamericanos, por ejemplo, en México. Se recomienda aquí que se use **personaje** en vez de **carácter** porque **carácter** no se acepta universalmente, mientras que **personaje** se considera correcto en todas partes. (La forma plural de **carácter** es **caracteres**, y no *[1] **carácteres** como se esperaría.)

## *Grupos léxicos*

**4-3 Palabras relacionadas.** Complete las siguientes frases con la palabra adecuada. Las palabras agrupadas tienen la misma raíz y por lo tanto tienen un significado relacionado. Utilice su conocimiento de la gramática para escoger la palabra correcta. No será necesario cambiar las formas de las palabras. Usará algunas palabras más de una vez. Verifique sus respuestas buscando la oración en el cuento. (Las oraciones de cada grupo se presentan en el orden en que aparecen en el cuento.)

**felicidad - feliz**

1. Su padre lo sigue un rato con los ojos y vuelve a su quehacer de ese día, _____ con la alegría de su pequeño.

2. Ha visto, concretados en dolorosísima ilusión, recuerdos de una _____ que no debía surgir más de la nada en que se recluyó.

3. Pero hoy, con el ardiente y vital día de verano, cuyo amor su hijo parece haber heredado, el padre se siente _____, tranquilo y seguro del porvenir.

**caza - cazan - cazar**

4. Sabe que su hijo, educado desde su más tierna infancia en el hábito y la precaución del peligro, puede manejar un fusil y _____ no importa qué.

5. Para (1) _____ en el monte —(2) _____ de pelo— se requiere más paciencia de la que su cachorro puede rendir.

6. _____ sólo a veces un yacútoro, un surucuá —menos aún— y regresan triunfales, Juan a su rancho con el fusil de nueve milímetros que él le ha regalado, y su hijo a meseta, con la gran escopeta Saint-Etienne, calibre 16, cuádruple cierre y pólvora blanca.

---

[1] un asterisco (*) antes de una palabra indica un error.

**esforzándose - fuertemente - fuerzas**

7.  Ese padre ha debido luchar _____ contra lo que él considera su egoísmo.

8.  El hombre torna a su quehacer, _____ en concentrar la atención en su tarea.

9.  El peligro subsiste siempre para el hombre en cualquier edad; pero su amenaza amengua si desde pequeño se acostumbra a no contar sino con sus propias _____.

**de vuelta - volver - volvería - vuelve - vuelto**

10.  —_____ a la hora de almorzar —observa aún el padre.

   —Sí, papá —repite el chico.

11.  Su padre lo sigue un rato con los ojos y _____ a su quehacer de ese día, feliz con la alegría de su pequeño.

12.  Su hijo debía estar ya _____.

13.  Dijo que (1) _____ antes de las doce, y el padre ha sonreído al verlo partir.

   Y no ha (2) _____.

14.  —Me fijé, papá… Pero cuando iba a _____ vi las garzas de Juan y las seguí…

- - - - - - - - - - - - - - - - - - - - - - - - - - - - - - - -

# A LEER

## Estrategia de lectura: Hacer predicciones sobre lo que se leerá

En esta sección, vamos a considerar la utilidad de hacer dos tipos de predicciones al leer —el primero tiene que ver con predicciones sobre el lenguaje y el segundo con predicciones sobre la trama.

### Predicciones sobre el lenguaje: Usar el contexto para predecir clases de palabras que ocurrirán en el cuento

Una estrategia de lectura útil es la de tratar de determinar el significado de palabras desconocidas usando diversos tipos de información —el contexto de la lectura misma y conocimiento lingüístico y experiencial. Tomar en cuenta el contexto nos ayuda a anticipar los tipos de palabras que vamos a encontrar. Así podemos hacer conjeturas apropiadas sobre el posible significado de palabras desconocidas. Por ejemplo, por la descripción del medio ambiente al principio de «El hijo», descubrimos inmediatamente que la acción del cuento tiene lugar en una región tropical. También pronto descubrimos que el hijo al que se refiere el título va a ir de caza.

## *Predicciones sobre la trama: Hacer predicciones mientras leemos y revisarlas al seguir leyendo*

Los buenos lectores hacen predicciones sobre lo que puede pasar mientras leen en su lengua nativa. Es buena idea hacer lo mismo cuando leemos en una segunda lengua porque hace la lectura más fácil e interesante. Es buena idea hacer predicciones tentativas —no fijas— porque no siempre podemos predecir con certitud lo que va a pasar, especialmente cuando leemos ficción. Lea activamente, prestando atención tanto a la totalidad de la situación como a los detalles. Piense en esto al hacer los siguientes ejercicios.

**4-4 Anticipando clases de palabras.** En parejas, contesten las siguientes preguntas. Hagan una lista de palabras para cada pregunta. Luego, compartan sus ideas con el resto de la clase.

1. ¿Qué clases de animales, vegetación y sonidos se asocian con una región tropical?

2. Descubrimos al principio del cuento que el hijo va de caza. ¿Qué tipos de palabras se asocian con la caza?

**4-5 Fijarse en los detalles para hacer predicciones sobre la trama.** Lea la primera parte del cuento (hasta la línea 35) y conteste las siguientes preguntas.

1. ¿Qué indicaciones hay al principio del cuento que éste será un día ordinario y rutinario?

2. ¿Cómo se siente el padre?

3. ¿Qué tipo de relación hay entre el padre y su hijo?

4. ¿Qué tipo de atmósfera se crea por la introducción? ¿Qué nos hace pensar sobre lo que va a ocurrir en el cuento?

**4-6 ¿Se confirman sus predicciones o hay que modificarlas?** Ahora lea unos párrafos más.

1. ¿Hay indicaciones que confirmen las predicciones que hizo en el ejercicio 4-5?

2. ¿Hay indicaciones que sugieran que debe modificar sus predicciones? Explique lo que ha confirmado y/o lo que ha decidido modificar.

Como se mencionó anteriormente, aunque es muy útil hacer predicciones mientras leemos, también es importante mantener una actitud receptiva a otras posibilidades, porque muchas veces el autor quiere sorprendernos y hasta engañarnos con sus pistas. Siga empleando estas estrategias —haciendo predicciones pero manteniendo una saludable dosis de escepticismo— mientras lea «El hijo» y siempre que lea ficción en español.

## Horacio Quiroga

 Horacio Quiroga nació en Salto, Uruguay en 1878. Vivió en Córdoba, Argentina y en Montevideo, Uruguay, donde también estudió en la universidad. Pasó un tiempo en París y en Buenos Aires, Argentina. Vivió gran parte de su vida en la provincia de Misiones,[2] en el noreste de Argentina. Esta región subtropical le fascinó, con su abundante vegetación, calor y humedad. En muchos de sus cuentos, la naturaleza, con sus inherentes dificultades y desafíos, se percibe casi como una protagonista que actúa con hostilidad contra los seres humanos. («El hijo» tiene lugar en Misiones.) También se ven otros elementos, como la enfermedad (tanto física como mental) y la muerte. La vida de Quiroga fue atormentada por múltiples sucesos trágicos, muchos de los cuales se ven reflejados en sus cuentos: su padre fue muerto accidentalmente en un tiroteo; Quiroga mató accidentalmente a su mejor amigo al examinar su pistola; su padrastro se suicidó al igual que su primera mujer; su segunda mujer lo dejó; y Quiroga —que había sufrido tanto durante su vida y trató de amenguar los dolores y las ansiedades con el alcohol— finalmente, se suicidó después de enterarse que sufría de cáncer. Quiroga escribió poesía, novelas, ensayos y más de 200 cuentos. Su estilo y los temas (muchas veces anormales) que trató, han sido comparados con los de Edgar Allen Poe. Entre sus más notables colecciones de cuentos figuran las siguientes: *Cuentos de amor, de locura y de muerte* (1917), *Cantos de la selva para niños* (1918), *Anaconda* (1921), *«La gallina degollada» y otros cuentos* (1925) y *El más allá* (1935), donde se publicó «El hijo». La versión original fue publicada en *La Nación* de Buenos Aires en 1928 con el título «El padre».

# El hijo

## *Horacio Quiroga*

Es un poderoso día de verano en Misiones, con todo el sol, el calor y la calma que puede deparar° la estación. La naturaleza, plenamente abierta, se siente satisfecha de sí.

     Como el sol, el calor y la calma ambiente, el padre abre también su
5  corazón a la naturaleza.

ofrecer

---

[2]provincia en el noreste de la Argentina, en la frontera con Brasil y Paraguay

—Ten cuidado, chiquito —dice a su hijo, abreviando en esa frase todas las observaciones del caso y que su hijo comprende perfectamente.

—Sí, papá —responde la criatura, mientras coge la escopeta° y carga° de cartuchos° los bolsillos de su camisa, que cierra con cuidado.    *shotgun*/llena *cartridges*

10    —Vuelve a la hora de almorzar —observa aún el padre.

—Sí, papá —repite el chico.

Equilibra la escopeta en la mano, sonríe a su padre, lo besa en la cabeza y parte.

Su padre lo sigue un rato con los ojos y vuelve a su quehacer de ese día, 15 feliz con la alegría de su pequeño.

Sabe que su hijo, educado desde su más tierna infancia en el hábito y la precaución del peligro, puede manejar un fusil° y cazar no importa qué. Aunque es muy alto para su edad, no tiene sino trece años. Y parecería tener menos, a juzgar por la pureza de sus ojos azules, frescos aún de sorpresa 20 infantil.    rifle

No necesita el padre levantar los ojos de su quehacer para seguir con la mente la marcha de su hijo: Ha pasado la picada° roja y se encamina rectamente al monte a través del abra° de espartillo°.    senda estrecha *clearing*/hierba aromática/*for game*

Para cazar en el monte —caza de pelo° — se requiere más paciencia de 25 la que su cachorro[3] puede rendir. Después de atravesar esa isla de monte, su hijo costeará la linde° de cactus hasta el bañado,° en procura de palomas, tucanes o tal cual casal de garzas, como las que su amigo Juan ha descubierto días anteriores.    *will walk along the edge*/*marsh*

Sólo ahora, el padre esboza° una sonrisa al recuerdo de la pasión 30 cinegética° de las dos criaturas. Cazan sólo a veces un yacútoro, un surucuá° —menos aún— y regresan triunfales, Juan a su rancho con el fusil de nueve milímetros que él le ha regalado, y su hijo a la meseta, con la gran escopeta Saint-Etienne, calibre 16, cuádruple cierre y pólvora blanca.    *stifles* de caza tipos de pájaros

Él fue lo mismo. A los trece años hubiera dado la vida por poseer una 35 escopeta. Su hijo, de aquella edad, la posee ahora y el padre sonríe.

No es fácil, sin embargo, para un padre viudo,° sin otra fe ni esperanza que la vida de su hijo, educarlo como lo ha hecho él, libre en su corto radio° de acción, seguro de sus pequeños pies y manos desde que tenía cuatro años, consciente de la inmensidad de ciertos peligros y de la escasez de sus propias 40 fuerzas.    hombre cuya mujer ha muerto/*radius*

Ese padre ha debido luchar fuertemente contra lo que él considera su egoísmo. ¡Tan fácilmente una criatura calcula mal, sienta° un pie en el vacío y se pierde un hijo!    coloca, pone

El peligro subsiste siempre para el hombre en cualquier edad; pero su 45 amenaza amengua° si desde pequeño se acostumbra a no contar sino con sus propias fuerzas.    disminuye

---

[3]cría de diversos mamíferos, como el perro, el oso, el gato, el león, etc.

De este modo ha educado el padre a su hijo. Y para conseguirlo ha debido resistir no sólo a su corazón, sino a sus tormentos morales; porque ese padre, de estómago y vista débiles, sufre desde hace un tiempo de alucinaciones.

50 Ha visto, concretados en dolorosísima ilusión, recuerdos de una felicidad que no debía surgir más de la nada en que se recluyó. La imagen de su propio hijo no ha escapado a este tormento. Lo ha visto una vez rodar° envuelto en sangre cuando el chico percutía en la morsa[4] del taller° una bala de parabellum, siendo así que lo que hacía era limar la hebilla° de su cinturón de caza.

*caerse*
*workshop*
*to file the buckle*

55 Horribles cosas…Pero hoy, con el ardiente y vital día de verano, cuyo amor su hijo parece haber heredado, el padre se siente feliz, tranquilo y seguro del porvenir.

En ese instante, no muy lejos, suena un estampido.

—La Saint-Etienne… —piensa el padre al reconocer la detonación. Dos 60 palomas de menos en el monte…

Sin prestar más atención al nimio° acontecimiento, el hombre se abstrae de nuevo en su tarea.

*insignificante, trivial*

El sol, ya muy alto, continúa ascendiendo. Adonde quiera que se mire —piedras, tierra, árboles—, el aire, enrarecido como en un horno, vibra 65 con el calor. Un profundo zumbido° que llena el ser entero e impregna el ámbito hasta donde la vista alcanza, concentra a esa hora toda la vida tropical.

*humming, buzzing sound*

El padre echa una ojeada a su muñeca: las doce. Y levanta los ojos al monte.

Su hijo debía estar ya de vuelta. En la mutua confianza que depositan el 70 uno en el otro —el padre de sienes° plateadas y la criatura de trece años—, no se engañan jamás. Cuando su hijo responde: «Sí, papá», hará lo que dice. Dijo que volvería antes de las doce, y el padre ha sonreído al verlo partir.

*temples*

Y no ha vuelto.

El hombre torna a su quehacer, esforzándose en concentrar la atención 75 en su tarea. ¡Es tan fácil, tan fácil perder la noción de la hora dentro del monte, y sentarse un rato en el suelo mientras se descansa inmóvil…!

El tiempo ha pasado; son las doce y media. El padre sale de su taller, y al apoyar la mano en el banco° de mecánica sube del fondo de su memoria el estallido de una bala de parabellum, e instantáneamente, por primera vez en 80 las tres horas transcurridas, piensa que tras el estampido de la Saint-Etienne no ha oído nada más. No ha oído rodar el pedregullo° bajo un paso conocido. Su hijo no ha vuelto, y la naturaleza se halla detenida a la vera° del bosque, esperándolo…

*bench*

*piedras menudas*
*linde*

¡Oh! No son suficientes un carácter templado y una ciega confianza en 85 la educación de un hijo para ahuyentar° el espectro de la fatalidad que un

*drive away, dispel*

---

[4]**Morsa** en este sentido *vise* es especial para la región rioplatense (la cuenca del Río de la Plata entre Argentina y Uruguay). Muestra la influencia del italiano en el español de las regiones donde hubo muchos inmigrantes italianos, porque **morsa** significa *vise* en italiano. Otros significados en el mundo hispanohablante para *vise* son **torno** (o **tornillo**) **de banco**. (**Morsa** comúnmente significa *walrus*.)

padre de vista enferma ve alzarse desde la línea del monte. Distracción, olvido, demora fortuita: ninguno de estos nimios motivos que pueden retardar la llegada de su hijo, hallan cabida° en aquel corazón.      *espacio*

90      Un tiro,° un solo tiro ha sonado, y hace ya mucho. Tras él, el padre no ha oído un ruido, no ha visto un pájaro, no ha cruzado el abra una sola persona a anunciarle que al cruzar un alambrado,° una gran desgracia…      *shot*      *wire fence*

La cabeza al aire y sin machete, el padre va. Corta el abra de espartillo, entra en el monte, costea la línea de cactus sin hallar el menor rastro de su hijo.

Pero la naturaleza prosigue detenida. Y cuando el padre ha recorrido las

95  sendas de caza conocidas y ha explorado el bañado en vano, adquiere la seguridad de que cada paso que da en adelante lo lleva, fatal e inexorablemente, al cadáver de su hijo.

Ni un reproche que hacerse, es lamentable. Sólo la realidad fría, terrible y consumada: Ha muerto su hijo al cruzar un…

100      ¡Pero dónde, en qué parte! ¡Hay tantos alambrados allí, y es tan sucio el monte!…¡Oh muy sucio!… Por poco que no se tenga cuidado al cruzar los hilos° con la escopeta en la mano…      *wires*

El padre sofoca un grito. Ha visto levantarse en el aire…¡Oh, no es su hijo, no!… Y vuelve a otro lado, y a otro y a otro…

105      Nada se ganaría con ver el color de su tez° y la angustia de sus ojos. Ese      *la piel de su cara* hombre aún no ha llamado a su hijo. Aunque su corazón clama por él a gritos, su boca continúa muda. Sabe bien que el solo acto de pronunciar su nombre, de llamarlo en voz alta, será la confesión de su muerte.

—¡Chiquito! —se le escapa de pronto. Y si la voz de un hombre de

110 carácter es capaz de llorar, tapémonos de misericordia los oídos ante la angustia que clama en aquella voz.

Nadie ni nada ha respondido. Por las picadas rojas de sol, envejecido en diez años, va el padre buscando a su hijo que acaba de morir.

—¡Hijito mío!… ¡Chiquito mío!… —clama en un diminutivo que se

115 alza del fondo de sus entrañas.°      *core, lit. bowels*

Ya antes, en plena dicha° y paz, ese padre ha sufrido la alucinación de      *felicidad* su hijo rodando con la frente abierta por una bala al cromo níquel. Ahora, en cada rincón sombrío de bosque ve centelleos° de alambre; y al pie de un      *sparkling, flashing* poste, con la escopeta descargada al lado, ve a su…

120      —¡Chiquito!… ¡Mi hijo!…

Las fuerzas que permiten entregar un pobre padre alucinado a la más atroz pesadilla tienen también un límite. Y el nuestro siente que las suyas se le escapan, cuando ve bruscamente desembocar de un pique lateral a su hijo.[5]

A un chico de trece años bástale ver desde cincuenta metros la expre-

125 sión de su padre sin machete dentro del monte, para apresurar el paso con los ojos húmedos.

—Chiquito… —murmura el hombre. Y, exhausto, se deja caer sentado en la arena albeante, rodeando con los brazos las piernas de su hijo.

---

[5]*when he suddenly sees his son come out from a narrow side trail/path*

La criatura, así ceñida,° queda de pie; y como comprende el dolor de su *encircled* (con los
130 padre, le acaricia despacio la cabeza: brazos de su padre)

—Pobre papá…

En fin, el tiempo ha pasado. Ya van a ser las tres. Juntos, ahora, padre e hijo emprenden el regreso a la casa.

—¿Cómo no te fijaste en el sol para saber la hora?… —murmura aún el
135 primero.

—Me fijé, papá… Pero cuando iba a volver vi las garzas de Juan y las seguí…

—¡Lo que me has hecho pasar, chiquito!…

—Piapiá… —murmura también el chico.

140 Después de un largo silencio:

—Y las garzas, ¿las mataste? —pregunta el padre.

—No…

Nimio detalle, después de todo. Bajo el cielo y el aire candentes, a la descubierta por el abra de espartillo, el hombre vuelve a casa con su hijo,
145 sobre cuyos hombros, casi del alto de los suyos, lleva pasado su feliz brazo de *soaked* padre. Regresa empapado° de sudor, y aunque quebrantado de cuerpo y alma, sonríe de felicidad…

Sonríe de alucinada felicidad… Pues ese padre va solo. A nadie ha encontrado, y su brazo se apoya en el vacío. Porque tras él, al pie de un poste
150 y con las piernas en alto, enredadas en el alambre de púa, su hijo bien amado yace al sol, muerto desde las diez de la mañana.

# DESPUÉS DE LEER

## PREGUNTAS

### En general

1. ¿Cuántas personas hay en la familia?
2. Describa el lugar y el clima donde tiene lugar el cuento usando ejemplos de la lectura.

### En detalle

1. ¿Cómo es el niño? ¿El padre? ¿Quién es Juan?
2. ¿Qué le preocupa mucho al padre?
3. ¿Qué ha hecho el padre para ayudar a su hijo a luchar contra los peligros de la cacería y de la vida?
4. ¿Qué similitud y qué diferencia hay entre la niñez del padre y la de su hijo?
5. Describa la alucinación que tuvo el padre cuando vio a su hijo en el taller. ¿Qué ocurrió realmente?

6. ¿Cuándo tiene el padre el presentimiento que algo malo le ha pasado a su hijo? ¿Cómo trata con sus temores el padre?

7. Cuando el padre va en busca de su hijo, ¿por qué espera tanto tiempo para llamar el nombre de su hijo?

8. Cuando el padre cree que ve a su hijo vivo, ¿cómo reacciona?

9. Señale los lugares donde el narrador habla directamente al lector. ¿Por qué cree Ud. que lo hace?

10. ¿Qué expresiones muestran la agonía del padre cuando sospecha el triste destino de su hijo? ¿Qué le ha pasado al hijo?

## *Discusión e interpretación*

1. Quiroga no les dio nombres a los personajes principales del cuento. ¿Qué efecto tiene este hecho?

2. ¿Qué términos usan el padre y el hijo para referirse el uno al otro? ¿Qué nos dice sobre su relación? ¿Y qué términos utiliza el narrador para referirse al niño?

3. Describa la relación entre el padre y su hijo notando ejemplos específicos del cuento. Puede identificar los términos de la pregunta #2, pero añada más información.

4. ¿Qué horas del día se destacan? ¿Qué suceso importante ocurre a cada una de estas horas?

5. En el primer párrafo, la naturaleza ha sido personificada. Identifique otras ocasiones donde la naturaleza se representa así. ¿Cree Ud. que la naturaleza tiene un papel importante? Explique.

6. Señale los casos de presentimiento o de prefiguración que Ud. encuentre en el cuento.

7. ¿Qué ironías hay en el cuento? (Ironías se consideran incongruencias entre lo que se espera y lo que ocurre.)

8. «El hijo» fue publicado originalmente con el título «El padre». ¿Cuál de los títulos le parece mejor? ¿Por qué?

- - - - - - - - - - - - - - - - - - - - - - - - - - - - - - - - - -

# LAZOS GRAMATICALES

## El efecto de usar el presente y el presente perfecto[6] en vez del pretérito

**4-7 Análisis de tiempos.** Este cuento se narra principalmente con verbos del presente y presente perfecto. Considere esto al contestar las siguientes preguntas.

---

[6]En español, aunque se prefiere el término **pretérito perfecto** para el *present perfect*, en este texto se decidió usar **presente perfecto** para que el concepto fuera más claro para los estudiantes.

1. ¿Qué efecto tiene el uso de verbos del tiempo presente en vez de verbos en el tiempo pasado?

2. Hojee el cuento para ver dónde se ha usado el presente perfecto y el pretérito. ¿Para qué tipos de acciones se ha usado cada tiempo verbal?

3. Examine los tiempos verbales en la conversación imaginaria entre el padre y su hijo a continuación. Esta conversación emplea principalmente el pretérito, y una vez el imperfecto. Fíjese dónde se ha usado el presente perfecto. ¿Qué efecto tiene este uso del presente perfecto que no habría tenido el pretérito?

> —¿Cómo no te fijaste en el sol para saber la hora?... —murmura aún el primero.
>
> —Me fijé, papá... Pero cuando iba a volver vi las garzas de Juan y las seguí...
>
> —¡Lo que me has hecho pasar, chiquito!...
>
> —Piapiá... —murmura también el chico. Después de un largo silencio:
>
> —Y las garzas, ¿las mataste? —pregunta el padre.
>
> —No...

## La colocación de los adjetivos descriptivos

Como hemos visto, muchos adjetivos descriptivos pueden colocarse antes o después de un sustantivo. Generalmente, cuando se cambia la posición, hay un cambio de connotación —si no de denotación también. A veces, el contexto o el significado permite sólo una posición, pero muchas veces, la persona que escribe o habla puede tomar la decisión, según lo que quiere comunicar.

 **4-8 ¿Qué información se comunica con los adjetivos prepuestos?** En «El hijo» casi la mitad de los adjetivos descriptivos preceden a su sustantivo. En esta actividad, vamos a tratar de descubrir los propósitos del autor por haber empleado tantos adjetivos antes de su sustantivo.

1. ¿Cuáles son las funciones de un adjetivo cuando sigue a su sustantivo? ¿Cuáles son cuando precede a su sustantivo? Repase la explicación de la colocación de los adjetivos descriptivos en la sección 2 del *Manual de gramática* (pp. 290–298).

2. ¿Cuál(es) de las funciones que Ud. identificó en la pregunta anterior parecen explicar la frecuente pre-posición de adjetivos descriptivos en este cuento? ¿Qué tipo de información se comunica con esta práctica?

3. Examine los siguientes fragmentos del cuento. ¿Qué información imparte la pre-posición de adjetivos en cada caso?

- No es fácil, sin embargo, para un padre viudo, sin otra fe ni esperanza que la vida de su hijo, educarlo como lo ha hecho él, libre en su (a) **corto** radio de acción, seguro de sus (b) **pequeños** pies y manos desde que tenía cuatro años, consciente de la inmensidad de (c) **ciertos** peligros y de la escasez de sus (d) **propias** fuerzas.
- Las fuerzas que permiten entregar un (a) **pobre** padre alucinado a la más (b) **atroz** pesadilla tienen también un límite.

4. Quiroga ha usado el adjetivo **nimio** tres veces en el cuento y cada vez aparece antes del sustantivo. Examine los contextos siguientes de las tres ocasiones y explique por qué van en posición precedente. ¿Qué cree Ud. que el autor quiere comunicar al lector con este uso?

- En ese instante, no muy lejos, suena un estampido.

  —La Saint-Etienne… —piensa el padre al reconocer la detonación. —Dos palomas de menos en el monte…
  Sin prestar más atención al **nimio** acontecimiento, el hombre se abstrae de nuevo en su tarea.

- ¡Oh! No son suficientes un carácter templado y una ciega confianza en la educación de un hijo para ahuyentar el espectro de la fatalidad que un padre de vista enferma ve alzarse desde la línea del monte. Distracción, olvido, demora fortuita: ninguno de estos **nimios** motivos que pueden retardar la llegada de su hijo, hallan cabida en aquel corazón.

- —Y las garzas, ¿las mataste? —pregunta el padre.
  —No…
  **Nimio** detalle, después de todo.

Relea el cuento aplicando lo que ha aprendido y practicado en los ejercicios de la sección «**Lazos gramaticales**». Si lo hace, entenderá mejor el cuento y fortalecerá su comprensión de la gramática.

# A ESCRIBIR

## Estrategias de composición

Esta sección incluye una serie de pasos para ayudarlo/la a: (1) formular y desarrollar sus ideas, (2) buscar evidencia del cuento para apoyar sus argumentos y (3) organizar su composición para que sea cohesiva y coherente. También incluye instrucciones para buscar y corregir errores de gramática y de vocabulario. Estas sugerencias acompañan el primer tema porque son específicas para ese tema, pero son útiles para todos los temas. Si Ud. opta por uno de los otros temas, lea las sugerencias incluidas para el Tema uno y adáptelas para el tema que elija.

## Tema 1

Escriba otro fin para el cuento. Siga el modelo de Quiroga, escribiéndolo principalmente en el tiempo presente (usando el presente perfecto cuando sea apropiado).

Al completar cada uno de los siguientes pasos, marque (✓) la casilla a la izquierda.

❑ a. Decida dónde va a empezar su versión.

❑ b. Haga una lista de eventos que van a ocurrir desde donde empiece su versión. Asegúrese que el nuevo final concuerde con los detalles y eventos que lo preceden.

❑ c. Añada información de trasfondo, siguiendo el modelo que ofrece Quiroga en el cuento.

❑ d. Cuando haya escrito su borrador, revíselo, asegurándose que todo siga un orden lógico y que el fin parezca lógico según los detalles de la versión de Quiroga. Haga las correcciones necesarias.

❑ e. Dele un título interesante. (Si su nuevo final cambia mucho la trama del cuento, sería apropiado cambiar el título original.)

❑ f. Antes de entregar su composición, revísela asegurándose que:

  ❑ haya usado vocabulario correcto y variado

  ❑ no haya usado **ser**, **estar** y **haber** demasiado (es preferible usar verbos más expresivos)

  ❑ haya concordancia entre los adjetivos y artículos y los sustantivos a que se refieren

  ❑ haya concordancia entre los verbos y sus sujetos

  ❑ **ser** y **estar** se usen correctamente

  ❑ el subjuntivo se use cuando sea apropiado

  ❑ el pretérito y el imperfecto se hayan usado correctamente

  ❑ no haya errores de ortografía ni de acentuación

## Otros temas de composición

2. El padre del cuento sufre de alucinaciones. ¿Qué cree Ud. que sea la causa de sus alucinaciones? Escriba un ensayo explicando los orígenes o las causas de sus alucinaciones. Puede inventar razones pero deben parecer creíbles. Luego apoye su opinión con información del cuento.

3.  ¿Cree Ud. que una muerte inesperada es más triste que una espe-
    rada? Escriba un ensayo explicando su punto de vista. Aunque no
    es necesario, puede mencionar elementos de «El hijo», si son rele-
    vantes a sus argumentos.

4.  Explore la idea de la ironía como se ve en este cuento. Incluya iro-
    nías de acontecimientos y de lenguaje.

# La casa nueva

Silvia Molina (1946–    )

# ANTES DE LEER

**5-1 Reflexiones.** Considere las siguientes preguntas antes de leer el cuento.

1. Piense en su niñez. ¿Cuál fue su sueño más deseado cuando era niño/a? ¿Se realizó su sueño o no? ¿Cómo se sintió cuando (no) se realizó?

2. Cuando era niño/a, ¿su familia se mudó a una casa nueva alguna vez? Si se mudaron, ¿qué esperaba que tuviera la casa nueva? ¿Cómo se sentía Ud. en la casa nueva? ¿Qué le gustaba o no le gustaba sobre ella? Si nunca se mudaron, ¿deseaba Ud. mudarse? ¿Por qué sí o no?

3. Cuando era niño/a, ¿cómo habría cambiado su vida si sus padres hubieran ganado la lotería?

4. Lea el primer párrafo buscando la siguiente información.

   a. ¿Quién narra el cuento?

   b. ¿A quién se dirige la narración?

   c. ¿Es niña o adulta la narradora?

   d. ¿Con qué recuerdo sobre su padre empieza la narradora el cuento?

## Enfoques léxicos

### *Cognados falsos*

**5-2 Examinación de cognados falsos en «La casa nueva».** Este cuento contiene varios cognados falsos, algunos se incluyen en los ejercicios a continuación. (Para más detalle sobre los cognados falsos, lea la sección número uno del *Manual de gramática* [pp. 285–290].)

1. Aunque **colonia** puede significar *colony*, en este cuento no tiene este significado. Mire la oración donde aparece y determine su significado entre las opciones dadas. Todas son posibles traducciones de **colonia,** pero sólo una sirve en este contexto.

   A veces, pasa el tiempo y uno se niega a olvidar ciertas promesas; como aquella tarde en que mi papá me llevó a ver la casa nueva de la **colonia** Anzures.

   a. barrio nuevo

   b. campamento (donde los niños pasan las vacaciones)

   c. cinta de seda

   d. agua perfumada

→ Si Ud. ha determinado que **a** es la respuesta correcta, tiene razón.

2. La palabra **guardar** puede traducirse a *to guard*, pero tiene otro significado en este cuento. Igualmente, **tabla** puede significar *table* en el sentido de **gráfico, cuadro** o **lista de cosas ordenadas**, pero tiene otro significado aquí. Lea el fragmento del cuento donde ocurren estas dos palabras y determine sus significados en este contexto.

—Ésta va a ser tu recámara.

Había inflado el pecho y hasta parecía que se le cortaba la voz de emoción. Para mí solita, pensé. Ya no tendría que dormir con mis hermanos. Apenas abrí una puerta,[1] él se apresuró:

—Para que **guardes** la ropa.

Y la verdad, la puse allí, muy acomodadita en las **tablas**, y mis tres vestidos colgados, y mis tesoros en aquellos cajones.

→ Si usted ha determinado que **guardar** significa **poner (algo) en su sitio** o **colocar (algo) donde esté seguro** tiene razón. (Un sinónimo para **armario** o **ropero** es **guardarropa**.) **Tablas** también significa **listones de madera plana**, que son los estantes del armario donde se coloca la ropa doblada.

3. El verbo **tender** puede traducirse a *to tend* en el sentido de **inclinarse** o **tener una tendencia** como en «Cada persona **tiende** a responder de manera única ante un evento trágico». Pero aquí tiene el significado de **acostarse** o **tumbarse**.° En el siguiente fragmento del cuento, la narradora está recordando lo que pensó cuando era niña y su padre le mostraba la casa nueva. Cuando él le reveló el baño al lado de su cuarto, ella estuvo tan impresionada que se imaginó a sí misma en el acto de acostarse en el agua de la tina.°    *to stretch out*

   bañera

… pero él me detuvo y abrió la otra puerta:

—Mira, murmuró, un baño.

Y yo **me tendí** con el pensamiento en aquella tina inmensa, suelto mi cuerpo para que el agua lo arrullara.

## Grupos léxicos

**5-3 Palabras relacionadas.** Complete las siguientes frases con la palabra adecuada. Las palabras agrupadas tienen la misma raíz y por lo tanto tienen un significado relacionado. Utilice su conocimiento de la gramática para escoger la palabra correcta. No será necesario cambiar las formas de las palabras. Usará algunas palabras más de una vez. Verifique sus respuestas buscando la oración en el cuento. (Las oraciones de cada grupo se presentan en el orden en que aparecen en el cuento.)

---

[1] La puerta que se menciona es la de un ropero.

**baño - baños - bañaría - bañada**

1. —Mira, murmuró, un _____.

2. Luego me enseñó su recámara, su _____, su vestidor.

3. Después, salió usted recién _____, olorosa a durazno, a manzana, a limpio.

4. Esperaría a que llegaran ustedes, miraría las paredes lisitas, me sentaría en los pisos de mosaico, en las alfombras, en la sala acojinada; me (1) _____ en cada uno de los (2) _____;...

**llegará - llegaran - llegada**

5. Esperaría a que ustedes _____,...

6. Allí esperaría la _____ de usted, mamá,...

7. Mi papá no irá a la cantina; _____ temprano a dibujar.

**cerrar - encerrada - encerré**

8. Y lo _____ ahí para que hiciera sus dibujos sin gritos ni peleas,...

9. No quería irme de allí nunca, mamá. Aun _____ viviría feliz.

10. —Bájate, vamos a (1) _____.

    —¿Cómo que van a (2) _____, papá?

**5-4 Palabras relacionadas y sus definiciones.** Empareje la palabra de la columna A con su definición de la columna B.

| A | B |
|---|---|
| ___ 1. sueño | a. representación gráfica basada en líneas |
| ___ 2. soñador | b. cuarto pequeño para cambiarse de ropa |
| ___ 3. dibujar | c. escribir representaciones gráficas |
| ___ 4. dibujo | d. persona que tiene muchos deseos o esperanzas |
| ___ 5. dibujante | e. prenda de ropa para mujeres |
| ___ 6. vestido | f. persona que se gana la vida haciendo representaciones gráficas |
| ___ 7. vestidor | g. sinónimo de **deseo** o **esperanza** |

Escriba oraciones originales usando todas las palabras relacionadas en una sola oración (**sueño** con **soñador**; **dibujar** y **dibujo** con **dibujante**; **vestido** con **vestidor**). Va a escribir tres oraciones en total.

**Modelo**

Un **escritor** **escribe** en su **escritorio**.

## Antónimos y sinónimos

**5-5 Antónimos.** Todas las palabras en este ejercicio aparecen en el cuento. Empareje las palabras de la columna A con su antónimo de la columna B. Luego escriba una frase original para cada pareja de palabras.

| A | B |
|---|---|
| ___ 1. limpieza | a. sucia |
| ___ 2. abrir | b. triste |
| ___ 3. limpia | c. cerrar |
| ___ 4. feliz | d. mugre |
| ___ 5. olvidar | e. recordar |

**5-6 Sinónimos.** Todas las palabras en este ejercicio aparecen en el cuento. Empareje las palabras de la columna A con su sinónimo de la columna B. Luego escriba una frase original para una palabra de cada pareja.

| A | B |
|---|---|
| ___ 1. suerte | a. acordarse |
| ___ 2. lotería | b. contento |
| ___ 3. recámara | c. fortuna |
| ___ 4. feliz | d. rifa |
| ___ 5. recordar | e. cuarto |

- - - - - - - - - - - - - - - - - - - - - - - - - - - -

# A LEER

## Estrategia de lectura: Entender escenas retrospectivas°

*flashbacks*

«La casa nueva» es un cuento en que la narradora le relata a su madre un incidente de su niñez. Mientras se lo describe, interpone comentarios dirigidos a su madre; sus comentarios alternan entre el presente (cuando le está hablando a su madre) y el pasado que está recordando. Este cambio puede confundir al lector que lea sin poner atención al lenguaje. En este ejercicio, vamos a examinar segmentos del cuento y a determinar algunas de las técnicas del lenguaje que utiliza la autora para indicar este cambio.

**5-7 ¿Cómo se cambia del presente al pasado?** Con un/a compañero/a, haga el siguiente ejercicio y comparta sus ideas con el resto de la clase.

1. Lea el primer párrafo del cuento fijándose en el lenguaje —expresiones y tiempos verbales— que indica cuándo la narradora está en el presente y cuándo cambia al pasado para relatar el incidente.

2. Ahora lea el segundo párrafo. ¿Cuál es el enfoque de este párrafo? ¿Cómo nos recuerda la narradora que la «audiencia» para su relato es su madre?

3. Hojee el resto del cuento. ¿Qué signos de puntuación señalan los comentarios de su padre?

## Silvia Molina

Silvia Molina nació en la Ciudad de México en 1946. Estudió antropología en la Escuela Nacional de Antropología e Historia y también hizo la licenciatura en Lengua y Literatura Hispánicas en la Universidad Nacional Autónoma de México (UNAM). Ha sido profesora de la UNAM y profesora visitante de la Brigham Young University. Molina es novelista, cuentista y ensayista y ha recibido diversos premios por sus escritos, entre ellos: el Premio Xavier Villaurrutia (1977), el Premio Antonio Robles de Literatura Infantil (1984), el Premio Nacional de Literatura Infantil Juan de la Cabada (1992) y el Premio Sor Juana Inés de la Cruz (1998). Además de escritora, ha sido agregada° cultural de la embajada de México en Bélgica entre 2001–2004 y recientemente ha sido la directora del Centro Nacional de Información y Promoción de la Literatura del Instituto Nacional Bellas Artes en México. Algunas de sus obras han sido traducidas al inglés, al francés y al alemán. «La casa nueva» es el primer cuento en una colección de cuentos titulada *Dicen que me case yo* que se publicó en 1989. Molina trata temas íntimos que evocan diversas emociones, lo cual podrá ver a continuación.

*attaché*

# La casa nueva

### *Silvia Molina*

**A Elena Poniatowska**

Claro que no creo en la suerte, mamá. Ya está usted como mi papá. No me diga que fue un soñador; era un enfermo —con el perdón de usted. ¿Qué otra cosa? Para mí, la fortuna está ahí o, de plano, no está. Nada de que nos vamos a sacar la lotería. ¿Cuál lotería? No, mamá. La vida no es ninguna ilu-
5 sión; es la vida, y se acabó. Está bueno para los niños que creen en todo: «Te voy a traer la camita», y de tanto esperar, pues se van olvidando. Aunque le

diré. A veces, pasa el tiempo y uno se niega a olvidar ciertas promesas; como aquella tarde en que mi papá me llevó a ver la casa nueva de la colonia Anzures.

10    El trayecto en el camión, desde San Rafael, me pareció diferente, mamá. Como si fuera otro... Me iba fijando en los árboles —se llaman fresnos, insistía él—, en los camellones° repletos de flores anaranjadas y amarillas —son girasoles y margaritas—, decía.

divisiones entre las dos calzadas de una avenida

Miles de veces habíamos recorrido Melchor Ocampo, pero nunca hasta
15 Gutemberg. La amplitud y la limpieza de las calles me gustaba cada vez más. No quería recordar la San Rafael, tan triste y tan vieja: «No está sucia, son los años» —repelaba° usted siempre, mamá. ¿Se acuerda? Tampoco quería pensar en nuestra privada° sin intimidad y sin agua.

grumbled, moaned
retrete, excusado

Mi papá se detuvo antes de entrar y me preguntó:
20    —¿Qué te parece? Un sueño, ¿verdad?

Tenía la reja° blanca, recién pintada. A través de ella vi por primera vez la casa nueva... La cuidaba un hombre uniformado. Se me hizo tan... igual que cuando usted compra una tela: olor a nuevo, a fresco, a ganas de sentirla.

cerca de barrotes de hierro

Abrí bien los ojos, mamá. Él me llevaba de aquí para allá de la mano.
25 Cuando subimos me dijo:

—Ésta va a ser tu recámara.

Había inflado el pecho y hasta parecía que se le cortaba la voz de la emoción. Para mí solita, pensé. Ya no tendría que dormir con mis hermanos. Apenas abrí una puerta, él se apresuró:
30    —Para que guardes la ropa.

Y la verdad, la puse allí, muy acomodadita en las tablas, y mis tres vestidos colgados, y mis tesoros en aquellos cajones. Me dieron ganas de saltar en la cama del gusto, pero él me detuvo y abrió la otra puerta:

—Mira, murmuró, un baño.

35    Y yo me tendí con el pensamiento en aquella tina° inmensa, suelto mi cuerpo para que el agua lo arrullara.°

bañera
would lull it to sleep

Luego me enseñó su recámara, su baño, su vestidor. Se enrollaba el bigote como cuando estaba ansioso. Y yo, mamá, la sospeché° enlazada a él en esa camota —no se parecía en nada a la suya—, en la que harían sus cosas
40 sin que sus hijos escucháramos. Después, salió usted recién bañada, olorosa a durazno, a manzana, a limpio. Contenta, mamá, muy contenta de haberlo abrazado a solas, sin la perturbación ni los lloridos de mis hermanos.

imaginé

Pasamos por el cuarto de las niñas, rosa como sus mejillas y las camitas gemelas; y luego, mamá, por el cuarto de los niños que «ya verás, acá van a
45 poner los cochecitos y los soldados». Anduvimos por la sala, porque tenía sala; y por el comedor y por la cocina y por el cuarto de lavar y planchar. Me subió hasta la azotea° y me bajó de prisa porque «tienes que ver el cuarto para mi restirador».° Y lo encerré ahí para que hiciera sus dibujos sin gritos ni peleas, sin niños cállense que su papá está trabajando, que se quema las pes-
50 tañas° de dibujante para darnos de comer.

terraza
mesa para dibujar

trabaja hasta muy tarde en la noche

No quería irme de allí nunca, mamá. Aun encerrada viviría feliz. Esperaría a que llegaran ustedes, miraría las paredes lisitas, me sentaría en los

pisos de mosaico, en las alfombras, en la sala acojinada; me bañaría en cada uno de los baños; subiría y bajaría cientos, miles de veces, la escalera de pie-
55 dra y la de caracol; hornearía muchos panes para saborearlos despacito en el comedor. Allí esperaría la llegada de usted, mamá, la de Anita, de Rebe, de Gonza, del bebé, y mientras también escribiría una composición para la escuela: *La casa nueva.*

*En esta casa, mi familia va a ser feliz. Mi mamá no se volverá a quejar de*
60 *la mugre° en que vivimos. Mi papá no irá a la cantina; llegará temprano a*          suciedad grasienta
*dibujar. Yo voy a tener mi cuartito, mío, para mí solita; y mis hermanos...*

No sé qué me dio por soltarme de su mano, mamá. Corrí escaleras arriba, a mi recámara, a verla otra vez, a mirar bien los muebles y su gran ven-tanal; y toqué la cama para estar segura de que no era una de tantas prome-
65 sas de mi papá, que allí estaba todo tan real como yo misma, cuando el hom-bre uniformado me ordenó:

—Bájate, vamos a cerrar.

Casi ruedo° las escaleras, el corazón se me salía por la boca:          *roll, fall down*

—¿Cómo que van a cerrar, papá? ¿No es mi recámara?
70 Ni con el tiempo he podido olvidar: ¡que iba a ser nuestra cuando se hiciera la rifa!

---

# DESPUÉS DE LEER

## PREGUNTAS

### En general

1. ¿Cómo se siente la narradora hacia su padre en general y en cuanto a este incidente en particular? ¿Por qué se siente así?

2. ¿Cómo se siente la narradora hacia su madre? ¿Por qué se siente así?

### En detalle

1. ¿Qué cosas le fascinaban a la niña durante el viaje con su padre a la casa nueva?

2. Compare el barrio San Rafael con la colonia Anzures.

3. Describa la casa nueva con detalle.

4. ¿Qué se sabe y qué se puede inferir sobre la casa donde vivía la familia?

5. ¿Cómo se sentía el padre mientras le mostraba la casa a su hija?

6. Según la niña, ¿cómo mejoraría su propia vida y la vida del resto de su familia cuando vivieran en la casa nueva? Mencione detalles del cuento.

7. ¿Por qué cree Ud. que la niña dijo que quería bañarse en cada uno de los baños?

8. ¿Qué evidencia hay que durante el recorrido por la casa nueva la niña ya sospechaba que esta promesa de su padre era como las anteriores? ¿Por qué ya sospechaba esto?

9. ¿Cuándo y cómo se enteró la niña que la casa no iba a ser de su familia?

10. ¿Quién era el hombre uniformado?

## Discusión e interpretación

1. ¿Qué representaba la casa nueva para la niña? ¿Y ahora, como adulta, qué representa?

2. ¿Por qué la narradora reacciona tan negativamente contra su padre? ¿Por qué parece tan enojada con su madre?

3. ¿Qué tipo de persona fue el padre? Dado que sólo tenemos los datos que la narradora ha mencionado en su relato, ¿está Ud. de acuerdo con la opinión de ella sobre su padre —de que «era un enfermo»? Explique.

4. La narradora menciona las promesas de su padre más de una vez. ¿A qué promesas se refiere? ¿Qué significaban para ella cuando era niña y qué significan ahora?

5. ¿Cree Ud. que el padre le mentía a su hija cuando le hacía promesas? Explique.

6. ¿Cree Ud. que la desilusión que siente la narradora la siente por sí sola o que la siente por otros también? Explique.

7. ¿Con qué motivo le relató la narradora este recuerdo a su madre?

8. Compare la visión de la vida y de la suerte del padre con la de la narradora.

9. ¿Por qué cree usted que la narradora no ha podido olvidar este incidente?

10. ¿Es mejor desear algo que nunca se vaya a realizar o nunca haberlo deseado?

11. Cuando la narradora describe lo que pasó cuando ellos estaban en la casa nueva, su descripción incluye tanto eventos que ocurrieron como los que se imaginó. Repase esta sección (empezando con «—¿Qué te parece? Un sueño, ¿verdad?» línea 20 hasta el fin) y haga una lista de los eventos que se imaginó.

# LAZOS GRAMATICALES

## Diminutivos

En este cuento se usan ciertas formas diminutivas. Como hemos visto en otros capítulos, varios sufijos se usan para formar diminutivos, pero los sufijos usados en este cuento se basan en **-ito** y en sus formas femeninas y plurales. Ya sabe que los diminutivos se usan principalmente para indicar tamaño pequeño, edad joven o cariño, a veces los tres simultáneamente. La discusión de los sufijos diminutivos y aumentativos, pp. 48–49, que acompaña «El ausente» puede serle útil.)

**5-8 Una examinación del efecto del uso de diminutivos.** Identifique la forma base y la parte del habla (sustantivo, adjetivo o adverbio) de los diminutivos en negrita en los siguientes fragmentos del cuento. Tomando en cuenta las funciones de los diminutivos, analícelos usando las siguientes preguntas como guía.

- —Para que guardes la ropa.

  Y la verdad, la puse allí, muy **acomodadita** en las tablas, y mis tres vestidos colgados, y mis tesoros en aquellos cajones.

- Pasamos por el cuarto de las niñas, rosa como sus mejillas y las **camitas** gemelas; y luego, mamá, por el cuarto de los niños que «ya verás, acá van a poner los **cochecitos** y los soldados».

- Esperaría a que llegaran ustedes, miraría las paredes **lisitas**, me sentaría en los pisos de mosaico, en las alfombras, en la sala acojinada;...hornearía muchos panes para saborearlos **despacito** en el comedor... Allí esperaría la llegada de usted, mamá, la de **Anita**,...

- Yo voy a tener mi **cuartito**, mío, para mí **solita**; y mis hermanos...

1. ¿Cuál es el efecto del uso del diminutivo en vez de la palabra base? (Si lee los fragmentos sustituyendo los diminutivos por su forma base, puede ser más fácil reconocer el efecto.) ¿Qué se pierde si no se usan?

2. ¿Cómo traduciría usted las frases «mi cuartito» y «para mí solita» manteniendo la emoción y la cualidad infantil que contienen estas expresiones en español?

## Usos del pretérito y del imperfecto

En las escenas retrospectivas de la visita a la casa nueva, podemos ver un uso especial del pretérito. La narradora utiliza verbos del **pretérito** no sólo para avanzar la narración, sino también para hablar de eventos que se imagina en el futuro cuando tuvieran la casa nueva.

Lea los fragmentos del cuento a continuación prestando atención a los verbos en el pretérito. Observe que sólo algunos de los pretéritos se usan para estas fantasías (los que están en negrita).

- ...Apenas abrí una puerta, él se apresuró:

  —Para que guardes la ropa.

  Y la verdad, la **puse** allí, muy acomodadita en las tablas, y mis tres vestidos colgados, y mis tesoros en aquellos cajones.

- …Me dieron ganas de saltar en la cama del gusto, pero él me detuvo y abrió la otra puerta:

  —Mira, murmuró, un baño.

  Y yo **me tendí** con el pensamiento en aquella tina inmensa, suelto mi cuerpo para que el agua lo arrullara.

En los fragmentos anteriores, ¿pudo Ud. percibir la diferencia entre las acciones que realmente ocurrieron y las que la narradora imaginó? A primera vista puede parecer curioso que la narradora usara el pretérito para acciones que no ocurrieron. Pero, puesto que las fantasías formaron parte de las escenas retrospectivas, es natural que utilizara el pretérito para indicar lo que «vio» en su imaginación. Si no lee con cuidado, puede recibir la falsa impresión que esos eventos realmente ocurrieron.

**5-9 Uso especial del pretérito.** Examine los verbos en negrita en el pretérito en los siguientes fragmentos. Lea con cuidado para determinar cuáles se usan para avanzar la narración y cuáles se usan para indicar lo que imaginó la niña. (Pista: cada fragmento tiene tres verbos en el pretérito; en el primero, dos de los pretéritos indican lo que imaginó y en el segundo, uno indica lo que imaginó.)

1. Luego me **enseñó** su recámara, su baño, su vestidor. Se enrollaba el bigote como cuando estaba ansioso. Y yo, mamá, la **sospeché** enlazada a él en esa camota —no se parecía en nada a la suya—, en la que harían sus cosas sin que sus hijos escucháramos. Después, **salió** usted recién bañada, olorosa a durazno, a manzana, a limpio. Contenta, mamá, muy contenta de haberlo abrazado a solas, sin la perturbación ni los lloridos de mis hermanos.

2. Me **subió** hasta la azotea y me **bajó** de prisa porque «tienes que ver el cuarto para mi restirador». Y lo **encerré** ahí para que hiciera sus dibujos sin gritos ni peleas, sin niños cállense que su papá está trabajando, que se quema las pestañas de dibujante para darnos de comer.

**5-10 El imperfecto para acciones repetitivas.** El imperfecto se usa para diferentes tipos de acciones o estados en el pasado. Los usos principales son: acciones o estados en progreso, acciones habituales, acciones anticipadas/planeadas y acciones repetitivas. (Recuerde que si las acciones se repiten un determinado número de veces, se usa el pretérito.)

1. Lea el siguiente fragmento examinando los verbos imperfectos en negrita y conteste las preguntas. Identifique el uso del imperfecto en cada caso.

   Mi papá se detuvo antes de entrar y me preguntó:

   —¿Qué te parece? Un sueño, ¿verdad?

   **Tenía** la reja blanca, recién pintada. A través de ella vi por primera vez la casa nueva… La **cuidaba** un hombre uniformado. Se me hizo tan… igual que cuando usted compra una tela: olor a nuevo, a fresco, a ganas de sentirla.

Abrí bien los ojos, mamá. Él me **llevaba** de aquí para allá de la mano. Cuando subimos me dijo:

—Ésta va a ser tu recámara.

2.  ¿Por qué no se puede clasificar la acción de **llevaba** en la pregunta número 1 como una acción habitual?

☞  Relea el cuento aplicando lo que ha aprendido y practicado en los ejercicios de la sección «**Lazos gramaticales**». Si lo hace va a entender mejor el cuento y a fortalecer su comprensión de la gramática.

---

# A ESCRIBIR

## Estrategias de composición

Esta sección incluye una serie de pasos para ayudarlo/la a: (1) formular y desarrollar sus ideas, (2) buscar evidencia del cuento para apoyar sus argumentos y (3) organizar su composición para que sea cohesiva y coherente. También incluye instrucciones para buscar y corregir errores de gramática y de vocabulario. Estas sugerencias acompañan el primer tema porque son específicas para ese tema pero son útiles para todos los temas. Si escoge otro tema, lea las sugerencias incluidas para el Tema uno y adáptelas para el tema que elija.

## Tema 1

En la vida, a veces ocurre que los adultos (los padres u otras personas) engañan a los niños —generalmente sin querer hacerlo. Escriba un ensayo sobre una decepción/desilusión que Ud. experimentó cuando era niño/a.

Al completar cada uno de los siguientes pasos, marque (✓) la casilla a la izquierda.

❏  a.  Haga una lista de los elementos importantes de lo que pasó (los involucrados, información del trasfondo, detalles importantes, etc.)

❏  b.  Recuerde las emociones que sentía antes y después de que la desilusión/decepción ocurrió. Haga una lista de estas emociones para que las use donde sean apropiadas.

❏  c.  Describa lo que pasó desde su perspectiva como niño/a.

❏  d.  Al final de su ensayo, incluya las reacciones y observaciones tanto emocionales como intelectuales que siente ahora, como adulto/a. ¿Ha podido perdonar a la persona que lo/la engañó? Explique.

❏  e.  Reescriba su introducción y escriba una conclusión.

❏ f. Cuando haya escrito su borrador, revíselo, asegurándose que todo siga un orden lógico. Utilice sus listas para asegurarse que haya incluido todos los elementos importantes y que sus ideas fluyan bien. Haga las correcciones necesarias.

❏ g. Dele un título interesante.

❏ h. Antes de entregar su composición, revísela asegurándose que:

❏ haya usado vocabulario correcto y variado

❏ no haya usado **ser, estar** y **haber** demasiado (es preferible usar verbos más expresivos)

❏ haya concordancia entre los adjetivos y artículos y los sustantivos a que se refieren

❏ haya concordancia entre los verbos y sus sujetos

❏ **ser** y **estar** se usen correctamente

❏ el subjuntivo se use cuando sea apropiado

❏ el pretérito y el imperfecto se hayan usado correctamente

❏ no haya errores de ortografía ni de acentuación

## Otros temas de composición

2. Es evidente que el motivo de la narradora no sólo es relatar un recuerdo triste de su niñez, sino relatárselo a su madre. Con esto en mente, explore el papel de la madre en el cuento.

3. Escriba lo que la madre le responde a su hija después del relato. Puede escribir la respuesta imitando la forma del cuento, o puede escribirla usando el formato de una carta.

4. Escriba un ensayo en el que explore la siguiente cuestión: ¿Qué quiere decir **ser soñador** y **ser realista**? ¿Son filosofías de vida que son mutuamente exclusivas o es posible mantener las dos a la vez?

# 6

# Una sortija para mi novia

Humberto Padró (1906–1958)

# ANTES DE LEER

**6-1 Reflexiones.** Considere las siguientes preguntas antes de leer el cuento.

1. ¿Bajo qué circunstancias compra un hombre una sortija° para su novia?

 *anillo*

2. Hojee los dos primeros párrafos buscando información sobre José Miguel, el personaje principal. Luego, escriba dos a tres oraciones describiéndolo.

3. Al principio del cuento, ¿qué problema enfrentaba José Miguel?

## Enfoques léxicos

### *Cognados falsos*

**6-2 Examinación de cognados falsos en «Una sortija para mi novia».** Este cuento contiene cognados falsos, algunos se incluyen en los ejercicios a continuación. (Para más detalle sobre los cognados falsos, lea la sección número uno del *Manual de gramática* [pp. 285–290].)

1. La palabra **venta** no quiere decir *vent*, lo cual se expresa en español con diversas expresiones, según el tipo de *vent*: conducto de ventilación, rejilla de ventilación, respiradero, etc. **Venta** está relacionada con la palabra **vender**. Tenga esto en mente al examinar el siguiente fragmento del cuento mientras determina su significado.

 En su curiosear inconsciente y desinteresado, José Miguel llegó hasta hojear a un libro de ventas que estaba sobre el cristal del mostrador.

 → Si Ud. ha determinado que **ventas** quiere decir *sales*, tiene razón.

2. Aunque **preciso** puede significar *precise*, en expresiones impersonales, quiere decir **necesario**. Por ejemplo, **Es preciso decir la verdad** quiere decir **Es necesario decir la verdad**.

3. Aunque **número** muchas veces significa *number*, tiene otro significado en este cuento. Si uno quiere comprar un anillo para otra persona, tiene que saber la medida del dedo —o **número**— de la persona que va a llevarlo. En este sentido es sinónimo de **talla**. (**Número** o **talla** tiene el mismo significado para todo tipo de calzado también.)

4. Como hemos visto en otros capítulos, **largo** nunca quiere decir *large*, lo cual se expresa con **grande** cuando se refiere al tamaño físico y con **numeroso** cuando se refiere a una cantidad. Si Ud. no recuerda la definición de **largo**, lea la frase del cuento donde esta palabra ocurre. El contexto hace bastante claro su significado. Si Ud. ya sabe su definición, el contexto confirmará su comprensión.

 …aquellos dedos finos y **largos**…

→ Si Ud. ha determinado que **largos** quiere decir *long*, tiene razón.

5. Como hemos visto en el capítulo 5, **guardar** puede tener el significado de *to guard*, pero no en este cuento. Aquí significa **poner (algo) donde esté seguro**. Lea la oración del cuento donde ocurre esta palabra para familiarizarse con ella.

   —Gracias —respondió José Miguel, mientras guardaba el estuche° en el bolsillo del chaleco.      caja pequeña

6. **Partir** no quiere decir *to part* sino **cortar, romper** o **salir**. Cuando **partir** significa **cortar** o **romper** se usa con un complemento directo porque hay que cortar o romper algo. Cuando quiere decir **salir**, se usa sin complemento directo. (Cuando un verbo se usa con un complemento directo se dice que es transitivo. Cuando se usa sin un complemento directo es intransitivo.) Examine la siguiente oración del cuento y determine si quiere decir **cortar, romper** o **salir**.

   Y **partieron**.

→ Si Ud. ha determinado que **partir** quiere decir **salir**, tiene razón.

7. Como vimos en el capítulo 1, **gracioso** casi nunca se traduciría a *gracious*. Generalmente quiere decir **cómico** o **divertido, atractivo** o **bello**. Con los dos últimos significados se puede traducir a *cute*, que es una buena traducción para su uso en este cuento.

8. Como hemos visto, **criatura** no quiere decir *creature* en el sentido de **animal grotesco** o **monstruo**. Como vimos en el capítulo 4, puede traducirse a *creature* en una expresión como **criatura de Dios** o **criatura de hábito**. En este cuento cuando encuentre la palabra **criatura**, probablemente usaría su cognado *creature* para traducirla.

## En más detalle

**Brillante** generalmente es cognado de *brilliant*. En ambas lenguas puede ser tanto un adjetivo como un sustantivo. En este cuento **brillante** se usa como sustantivo y podría traducirse a *brilliant*, pero este uso de *brilliant* es poco común. Lea el siguiente fragmento del cuento para determinar el significado.

   —Aquí tiene usted a escoger... ¿No le parece que ésta es muy bonita? —dijo la joven, mostrándole una hermosa sortija de **brillantes**.

→ Si ha determinado que **brillantes** quiere decir **diamantes**, tiene razón.[1]

---

[1] Un **brillante** (*a brilliant*) es un diamante que ha sido cortado o tallado.

## Grupos léxicos

**6-3 Palabras relacionadas: definiciones.** Defina las siguientes palabras utilizando una palabra relacionada en su definición. Subraye las palabras relacionadas. ¡Ojo! Generalmente no es buena idea usar una palabra relacionada como parte de la definición pero en esta actividad es apropiado porque el objetivo es enfatizar las relaciones entre las palabras. Recuerde que las palabras relacionadas comparten una raíz. Si no conoce la palabra que tiene que definir, búsquela en un diccionario. Siga el modelo.

**Modelo**

| Palabra | Definición |
| --- | --- |
| muestrario | Un **muestrario** es un conjunto de **muestras** de productos comerciales, como anillos. |

1. joyería
2. cubierta
3. disculparse
4. endemoniado
5. enloquecer
6. regalar
7. incrédulo
8. desear

## Antónimos y sinónimos

**6-4 Antónimos.** Empareje las palabras de la columna A con su antónimo de la columna B. Luego, escriba una frase original para cada pareja de antónimos. (Las palabras aparecen en el cuento, algunas con un cambio de forma.)

| A | B |
| --- | --- |
| ____ 1. primero | a. ingenuidad |
| ____ 2. preguntar | b. con |
| ____ 3. sin | c. encontrar |
| ____ 4. picardía | d. replicar |
| ____ 5. distraídamente | e. partir |
| ____ 6. buscar | f. intencionadamente |
| ____ 7. penetrar | g. último |

**6-5 Sinónimos.** Empareje las palabras de la columna A con su sinónimo de la columna B. Luego, escriba una frase original para una palabra de cada pareja. (Las palabras aparecen en el cuento, algunas con un cambio de forma.)

| **A** | **B** |
|---|---|
| ____ 1. ciudad | a. carro |
| ____ 2. sortija | b. bonita |
| ____ 3. diamante | c. querer |
| ____ 4. automóvil | d. replicar |
| ____ 5. bella | e. agregar |
| ____ 6. linda | f. palpar |
| ____ 7. desear | g. anillo |
| ____ 8. preguntar | h. brillante |
| ____ 9. contestar | i. hermosa |
| ____10. añadir | j. inquirir |
| ____11. acariciar | k. urbe |

---

# A LEER

## Estrategia de lectura: Práctica en inferir el significado de palabras desconocidas

Los buenos lectores pueden inferir el significado de palabras desconocidas, tanto en su lengua nativa como en una lengua extranjera. Aunque no siempre es posible inferir correctamente, muchas veces lo es. En la siguiente actividad, vamos a practicar esta estrategia con palabras poco comunes en este cuento.

**6-6 ¿Puede Ud. inferir el significado de estas palabras?** Lea los siguientes fragmentos del cuento. Usando el contexto y su conocimiento del español, determine el significado de las palabras en negrita. Prepárese a explicar cómo determinó el significado de cada palabra.

1. Aquella mañana (¡ya eran las once!), José Miguel se levantó decidido a comprar una sortija para su novia. Esto, para José Miguel Arzeno, rico, joven, desocupado, debía ser la cosa más sencilla del mundo. Bastaría con tomar su «roadster» del garaje, y de un salto ir a la joyería más acreditada de la ciudad. Pero he aquí que la cosa no era tan fácil como **aparentaba**, puesto que antes de procurarse la sortija, José Miguel debía buscar a quién regalársela. Para decirlo mejor, José Miguel no tenía novia.

2. Sin embargo, razón había para creer que aquella decisión suya de comprar una sortija para su novia, le iba haciendo, sin duda, desistir de su inquietante vida **donjuanesca**, para darse finalmente en una última aventura definitiva.

3. En su curiosear inconsciente y desinteresado, José Miguel llegó hasta hojear a un libro de ventas que estaba sobre el cristal del mostrador. Sobre la **cubierta** estaba escrito un nombre de mujer.

4. —¿En qué puedo servirle, caballero? —le preguntó de pronto una joven que, para decirlo de una vez, era la **dependienta**.

5. —¿Y vale? —consultó José Miguel.

—Mil doscientos dólares.

—Muy bien. Déjemela usted.

—Y ¿no desea **grabarla**?

—¡Ah!, sí... se me olvidaba...

—¿Cuáles son las iniciales de su novia?

Mientras lee el cuento, utilice la estrategia de inferir cuando encuentre una palabra que no conozca. Mantenga una actitud imparcial hacia su idea porque a veces es posible inferir incorrectamente. Si encuentra información que parece contradecir su idea inicial, puede ser necesario cambiarla y/o buscarla en el diccionario.

## Humberto Padró

Humberto Padró nació en Ciales, Puerto Rico en 1906 y murió en San Juan en 1958. Fue maestro, cuentista, poeta y periodista. Perteneció a la generación literaria Cuentistas de índice (así llamada por una revista literaria *Índice* que publicó las obras de estos cuentistas, impulsando su popularidad). Desgraciadamente, Padró escribió relativamente poco durante su corta vida, habiendo publicado sólo dos colecciones de cuentos. *Diez cuentos*, en la que apareció el siguiente cuento, se publicó en 1929. Su segunda colección —*El antifaz y los demás son cuentos*— se publicó póstumamente en 1960. Sus cuentos se caracterizan por los elementos humorísticos y un tono juguetón, los cuales se ven en «Una sortija para mi novia».

# Una sortija para mi novia

## *Humberto Padró*

Aquella mañana (¡ya eran las once!), José Miguel se levantó decidido a comprar una sortija para su novia. Esto, para José Miguel Arzeno, rico, joven, desocupado,° debía ser la cosa más sencilla del mundo. Bastaría con tomar su

sin empleo

«roadster» del garaje, y de un salto ir a la joyería más acreditada de la ciudad.
5  Pero he aquí que la cosa no era tan fácil como aparentaba, puesto que antes
de procurarse la sortija, José Miguel debía buscar a quién regalársela. Para
decirlo mejor, José Miguel no tenía novia.

　　Ni nunca la había tenido. Pero, eso sí, no vaya a dársele a esta actitud
suya una interpretación beatífica... Ahí está, si no, para desmentirla,° su   contradecirla
10  «amigo de correrías» como le llamaba a su automóvil, cómplice suyo en más
de una aventurilla galante y escabrosa.°   peligrosa y difícil, casi inmoral

　　Sin embargo, razón había para creer que aquella decisión suya de comprar
una sortija para su novia, le iba haciendo, sin duda, desistir de° su inquietante   abandonar
vida donjuanesca, para darse finalmente en una última aventura definitiva.
15  Pero... y ¿dónde estaba la novia?

　　Ya en la ciudad, José Miguel penetró en «La Esmeralda»,° tenida por la   *conocida*  piedra preciosa de color verde
más aristocrática joyería de la urbe. Era la primera vez que visitaba un estable-
cimiento de aquella índole, pues muy a pesar de su posición envidiable, las
joyas nunca le habían llamado mucho la atención.

20  　　Mientras venían a atenderle, José Miguel se complacía en mirar, sin admira-
ción, la profusión de prendas de diversas formas y matices que resaltaban° desde   sobresalían
el fondo de terciopelo° negro de los escaparates,° igual que una constelación de   *velvet/display cases*
astros en el fondo de terciopelo negro de la noche. En su curiosear inconsciente y
desinteresado, José Miguel llegó hasta a hojear un libro de ventas que estaba
25  sobre el cristal del mostrador. Sobre la cubierta estaba escrito un nombre de mujer.

　　—¿En qué puedo servirle, caballero? —le preguntó de pronto una joven
que, para decirlo de una vez, era la dependienta. Pero, ¡qué dependienta!

　　—Deseo una sortija para mi novia —replicó José Miguel, al mismo
tiempo que se apresuraba a dejar sobre la mesa el libro de ventas que distraí-
30  damente había tomado del mostrador. Y luego, alargándolo a la joven medio
turbado,° preguntó:   *disturbed, upset*

　　—¿Éste es su libro de ventas, verdad?

　　—Sí, y suyo, si le parece...

　　—No, gracias, no lo necesito— dijo José Miguel sonriendo.

35  　　—¡Ah!, pues yo sí. —agregó la joven con gracejo°—. En este libro de   *wit and charm*
ventas está mi felicidad.

　　—¿Y cómo?

　　—Pues...cuanto más crecidas sean mis ventas, mayores serán mis beneficios.° —repuso ella, no encontrando otra cosa que contestar.   *commissions*

40  　　Ambos se buscaron° con los ojos y rieron.   se miraron intensamente

　　—Y bien, volvamos a la sortija —dijo entonces la dependienta, que,
¿será preciso decirlo?, ya a José Miguel se le había antojado bonita.[2]

　　—Sí, muéstreme usted algunas, si tiene la bondad.

　　—¿Qué número la busca usted?

45  　　—¡Ah, qué torpe soy! No lo recuerdo.— trató de disculparse José Miguel.

　　—¿Tendrá su novia los dedos poco más o menos igual a los míos?
—consultó la joven, mientras le mostraba su mano con ingenuidad.°   cándida, honesta e inocentemente

---

[2]it had already occurred to José Miguel that she was pretty.

—Deje ver —dijo entonces José Miguel, atreviéndose a acariciar leve-
mente aquellos dedos finos y largos, rematados° en uñas° punzantes y puli-
50  das, hechas sin duda (como lo estaban) para palpar° zafiros y diamantes.

*perfeccionados/*
*fingernails/tocar*

—¡Ah! Tiene usted unas manos peligrosísimas —dijo al cabo de un rato
José Miguel, mientras dejaba escapar suavemente los dedos de la joven.

—¿Sí? Y ¿por qué? —inquirió ella con interés.

—¡Ah! Porque serían capaces de hacer enloquecer a cualquiera acari-
55  ciándolas.

—¿No me diga?

Y volvieron a sonreír.

—Bueno, ¿y cree usted que de venirme bien° la sortija ha de quedarle
ajustada[3] a su novia?

*since it fits me well*

60  —Sí, es muy probable.

Y la linda dependienta fue por el muestrario.° En tanto, José Miguel
estudiaba devotamente su figura maravillosamente modelada.

*conjunto de anillos*

—Aquí tiene usted a escoger... ¿No le parece que ésta es muy bonita?
—dijo la joven, mostrándole una hermosa sortija de brillantes.

65  —Tiene que serlo, ya que a usted así le parece... Pruébesela° a ver...

—Me viene como anillo al dedo —agregó ella con picardía.°

*Póngasela*
*travesura y astucia*

—¿Y vale? —consultó José Miguel.

—Mil doscientos dólares.

—Muy bien. Déjemela usted.

70  —Y ¿no desea grabarla?

—¡Ah!, sí... se me olvidaba...

—¿Cuáles son las iniciales de su novia?

José Miguel volvió a mirar el libro de ventas que estaba sobre el mostrador. Luego dijo:

75  —R. M. E.

—Perfectamente —dijo la joven dependienta, mientras escribía aquellas
tres iniciales en una tarjetita amarilla que luego ató a la sortija.

—¿Cuándo puedo venir a buscarla? —inquirió José Miguel.

—La sortija... querrá usted decir... —comentó ella intencionadamente.

80  —Pues, ¡claro! Es decir... si usted no decide otra cosa...

Rieron de nuevo.

—Puede usted venir esta tarde a las cinco.

—Muy bien. Entonces, hasta las cinco.

—Adiós y gracias.

85                                                II

No había motivo para extrañarse de que a las seis menos cuarto José Miguel
aún no se hubiera presentado en la joyería a reclamar su sortija. El reloj y la
hora eran cosas que nunca le habían preocupado. Suerte a que su «amigo de
correrías» volaba como un endemoniado.

---

[3]Aunque **ajustado** significa *tight*, en este contexto la implicación es que la sortija
también le quedaría bien a su novia.

90  Ya estaban a punto de cerrar el establecimiento cuando José Miguel penetró jadeante en la joyería.

—Si se tarda usted un momento más no nos encuentra aquí —le dijo al verle llegar la bella dependienta que aquella mañana le había vendido el ani-
95  llo. Y entregándole el estuche con la sortija, agregó:

—Tenga usted. Estoy segura de que a «ella» le ha de agradar mucho.

—Gracias —respondió José Miguel, mientras guardaba el estuche en el bolsillo del chaleco.

Y viendo que la joven dependienta se disponía también a abandonar el
100  establecimiento, José Miguel le preguntó:

—¿Me permite que la lleve en mi carro hasta su casa? Después de todo, será en recompensa por haberme prestado sus dedos para el número de la sortija...

—Si usted no tiene inconveniente...
105  Y partieron.

. . . . . . . . . . . . . . . . . . . . . . . . . . . . . . . . . . .

—Señorita, perdóneme que le diga a usted una cosa —le había dicho José Miguel a la linda dependienta, mientras el automóvil se deslizaba° mue-  **se movía**
llemente° a lo largo de la avenida.  **suavemente**
110  —Con tal de que su novia no vaya a oírlo... —repuso ella con graciosa ironía.

—Rosa María, usted es una criatura sencillamente adorable...

—Pero... ¿cómo sabe usted mi nombre? —inquirió ella con extrañeza.

—Rosa María Estades... ¿No se llama usted así?
115  —Justamente. Pero, ¿como lo ha llegado a saber?

—Lo leí esta mañana sobre la cubierta de su libro de ventas.

—¡Vaya que es usted listo! Pero tenga cuidado con sus piropos,[4] pues la sortija para su novia que le está oyendo, bien podría revelárselos a ella, y... ¡entonces sí que es verdad!...
120  —Rosa María, ¡por Dios! no se burle usted de mí. A usted es a quien únicamente yo quiero. No tengo ninguna otra novia.

—¡Ja! ¡Ja! ¡Ja! ¡Qué tonto! Y entonces, si no tiene usted ninguna otra novia, ¿cómo se explica lo de las iniciales en la sortija?

—Muy fácilmente. Verá usted.
125  Y esto diciendo, José Miguel buscó la sortija en el bolsillo del chaleco, y mostrándosela a la joven, añadió:

—Esta sortija es para ti, Rosa María, R. M. E. Rosa María Estades... ¿Comprendes ahora lo de las iniciales?

---

[4]**Piropos** son comentarios insinuantes, coquetos y halagadores dirigidos a una persona. El uso de **piropos** en este contexto es especialmente ingenioso por parte del autor porque es un juego de palabras: un **piropo** también es un tipo de piedra preciosa, muy apreciada. Es una variedad de granate (*garnet*).

Y Rosa María, haciendo todo lo posible por poder comprender, inquirió,
130 todavía medio incrédula:

—Pero... ¿será posible?...

—Sí —respondió entonces José Miguel que sonreía de triunfo— tan posible como la posibilidad de que se cumplan los deseos que tengo de darte un beso.

135 Doy fe de° que se cumplieron, repetidas veces, sus deseos...                    Testifico

Lo demás... queda a la imaginación casi siempre razonable del lector.

# DESPUÉS DE LEER

## PREGUNTAS

### En general

1. ¿Quiénes son los personajes principales y cuál era su relación al principio del cuento?

2. ¿Qué tipo de vida llevaba José Miguel?

3. ¿Cómo era la dependienta?

### En detalle

1. ¿Qué tipo de establecimiento era «La Esmeralda»? ¿Por qué fue allí José Miguel?

2. ¿Por qué José Miguel nunca había visitado un establecimiento de este tipo antes? ¿Por qué es curioso que nunca hubiera visitado tal establecimiento?

3. ¿Cuál fue la actitud de José Miguel hacia la mercancía en «La Esmeralda» cuando entró en la tienda? ¿Por qué?

4. Según la predicción en el segundo párrafo, ¿qué impacto en su estilo de vida tendría su decisión de comprar una sortija para su novia?

5. ¿Por qué dijo la dependienta que el libro de ventas contenía su felicidad?

6. ¿Cuándo sabemos que José Miguel estaba interesado en la dependienta?

7. ¿Qué ocurrió que le dio a José Miguel la oportunidad de acariciar los dedos de la dependienta?

8. ¿Cómo decidió José Miguel cuál de las sortijas comprar? ¿Cuánto costaba la sortija que iba a comprar?

9. ¿Qué iniciales iban a grabarse en la sortija? ¿Por qué decidió José Miguel poner estas iniciales en la sortija? ¿De quién eran?

10. ¿Por qué regresó tarde a la joyería José Miguel? ¿A qué hora llegó? ¿Cómo convirtió José Miguel su llegada tardía en un beneficio para él?

11. ¿Cuándo se dio cuenta la dependienta que ella era la novia de su cliente? ¿Qué hizo José Miguel para revelárselo?

12. ¿Cuál fue la reacción de la dependienta cuando José Miguel le habló usando su nombre?

13. Aunque la narración no dice cuál fue la reacción de Rosa María cuando José Miguel la besó, se puede inferir. ¿Cómo reaccionó? ¿Cuál es la «evidencia»?

## Discusión e interpretación

1. Dice en el segundo párrafo que había razón para creer que la decisión de José Miguel de comprar una sortija para su novia iba a llevarlo a «una última aventura definitiva». ¿Cuál sería esta «última aventura definitiva»?

2. Repase el cuento buscando las veces donde se ven indicaciones de que José Miguel y/o Rosa María sonrieron o rieron. Haga un minianálisis psicológico para determinar por qué sonrieron o rieron. ¿Es posible generalizar los motivos para estas reacciones o hay varias razones? Explique.

3. Repase el cuento examinando las ocasiones cuando José Miguel y/o Rosa María estaban flirteando. ¿Cuál es la diferencia entre el flirteo de él y el de ella? ¿Por qué cree Ud. que la dependienta —aunque estaba flirteando también— no se dio cuenta antes de que ella era la persona que iba a recibir la sortija? Mencione las evidencias para apoyar sus ideas.

4. ¿Por qué cree Ud. que Rosa María reaccionó positivamente a los avances de un hombre que acababa de conocer? Para contestar, use tanto evidencia del cuento como sus propias ideas e imaginación.

5. ¿Cómo cree que Ud. reaccionaría si un desconocido lo/la tratara como José Miguel trató a Rosa María?

6. En varias ocasiones en el cuento el narrador hace comentarios directamente al lector. Estos comentarios son parecidos a los **apartes°** de una obra teatral. En una obra teatral, los apartes suelen ser comentarios de uno o más de los personajes y pueden dirigirse directamente al público, pero el que dice un aparte supone que los demás personajes no pueden oírlo. Los «apartes» en este cuento vienen del narrador, no de los personajes. Otra diferencia de los apartes en el cuento es que no han sido señalados con la palabra **aparte** como se hace en el texto de una obra teatral. Por eso, para los lectores del cuento, no son fáciles de reconocer. Lea los siguientes fragmentos e identifique la parte (frases u oraciones enteras)

*asides*

donde el narrador habla directamente al lector. ¿Cuál es el efecto de estos comentarios?

**1.** —¿En qué puedo servirle, caballero? —le preguntó de pronto una joven que, para decirlo de una vez, era la dependienta. Pero, ¡qué dependienta!

**2.** —Y bien, volvamos a la sortija —dijo entonces la dependienta, que, ¿será preciso decirlo?, ya a José Miguel se le había antojado bonita.

**3.** Doy fe de que se cumplieron, repetidas veces, sus deseos…

Lo demás… queda a la imaginación casi siempre razonable del lector.

# LAZOS GRAMATICALES

## Formas de tratamiento

La forma de tratamiento que usa la gente entre sí revela mucho sobre su relación. Aunque esto varía entre países y hasta entre familias, en general, el uso de las formas de **usted** indica una relación formal.

**6-7 ¿Qué revelan las formas de tratamiento en «Una sortija para mi novia»?** Conteste las siguientes preguntas tomando en cuenta el papel del tratamiento.

1. Hojee la primera parte del cuento para ver en qué forma se trataban José Miguel y Rosa María para dirigirse el uno al otro.
   a. ¿Qué indicios gramaticales señala este tratamiento? Haga una lista.
   b. ¿Qué títulos usan? Haga una lista.
   c. ¿Qué indica este tratamiento sobre la relación entre él y ella?

2. Hay un breve período de transición donde José Miguel todavía utiliza tratamiento formal, sin embargo, hay muestras que su relación está cambiando hacia una relación informal. ¿Qué aspecto de su lenguaje indica que la situación está en transición, por lo menos para José Miguel?

3. Hacia el final del cuento, José Miguel empieza a usar otra forma de tratamiento.
   a. ¿Qué forma usa con la dependienta hacia el final?
   b. ¿Qué indicios gramaticales señala este tratamiento? Haga una lista.
   c. ¿En qué momento cambió José Miguel su forma de tratamiento con ella?
   d. ¿Qué indica este cambio de tratamiento para su relación?

4. ¿Es posible indicar gramaticalmente diferencias de tratamiento en inglés como se puede hacer en español? ¿Cómo se señalan diferencias de formalidad y de intimidad en inglés?

## 🔍 En más detalle

Cuando una persona utiliza las formas singulares familiares (las de **tú**) con alguien, este tratamiento se llama **tuteo** y el verbo es **tutear**. Los niños, los amigos, los novios, los esposos y los familiares se tutean, aunque hay variabilidad entre los países y los individuos de habla española. Para saber qué forma es apropiada para usar con alguien, observe la forma de tratamiento que esa persona usa con Ud. También debe considerar la relación social entre la persona y Ud. Por ejemplo, si algunos de sus profesores lo/la tutean, Ud. generalmente debe tratarlos con Ud. para mostrarles respeto.

## Usos del futuro

El uso principal para el tiempo futuro es indicar acciones futuras. Pero también se usa para hacer conjeturas sobre el presente. Por ejemplo, si alguien toca a la puerta y Ud. está esperando una visita de su amigo Ernesto, antes de contestar la puerta, podría decirse, «Será Ernesto». Este comentario no es una predicción, sino una conjetura sobre el presente. Aunque hay diversas maneras de expresar conjeturas en el presente —diciendo, por ejemplo, **Probablemente es Ernesto; Supongo que es Ernesto; Me imagino que Ernesto ha llegado**, etc. —el tiempo futuro por sí solo se usa frecuentemente.

**6-8 ¿Predicciones o conjeturas?** Examine los siguientes fragmentos del cuento para determinar si el tiempo futuro se ha usado para indicar el futuro o para conjeturas en el presente. Escriba la oración con el verbo futuro de otra manera manteniendo el sentido del verbo original, como en los modelos. Pista: Los casos que indican el futuro pueden expresarse usando la estructura **ir + a +** infinitivo. Hay diferentes maneras de expresar conjeturas. (Considere los ejemplos en el párrafo anterior.)

### Modelos

- Tomás **estará** en el aeropuerto mañana a las seis.

  (Indica el futuro.)

  Paráfrasis: Tomás **va a estar** en el aeropuerto mañana a las seis.
- Tomás **estará** en el aeropuerto ahora.

  (Conjetura en el presente.)

  Paráfrasis: Tomás **probablemente está** en el aeropuerto ahora.

1. —Pues...cuanto más crecidas sean mis ventas, mayores **serán** mis beneficios —repuso ella, no encontrando otra cosa que contestar.

2. —Y bien, volvamos a la sortija —dijo entonces la dependienta, que, **¿será preciso decirlo?**, ya a José Miguel se le había antojado bonita.

3. —¿**Tendrá** su novia los dedos poco más o menos igual a los míos? —consultó la joven, mientras le mostraba su mano con ingenuidad.

4. —¿Cuándo puedo venir a buscarla? —inquirió José Miguel.

   —La sortija... **querrá** usted decir... —comentó ella intencionadamente.

5. —¿Me permite que la lleve en mi carro hasta su casa? Después de todo, **será** en recompensa por haberme prestado sus dedos para el número de la sortija...

6. —¡Ja! ¡Ja! ¡Ja! ¡Qué tonto! Y entonces, si no tiene usted ninguna otra novia, ¿cómo se explica lo de las iniciales en la sortija?

   —Muy fácilmente. (a) **Verá** usted.

   Y esto diciendo, José Miguel buscó la sortija en el bolsillo del chaleco, y mostrándosela a la joven, añadió:

   —Esta sortija es para ti, Rosa María, R. M. E. Rosa María Estades... ¿Comprendes ahora lo de las iniciales?

   Y Rosa María, haciendo todo lo posible por poder comprender, inquirió, todavía medio incrédula:

   —Pero... (b) ¿**será** posible?...

## Apreciar lenguaje con dobles sentidos

Parte del humor y la gracia de «Una sortija para mi novia» yace en las expresiones y situaciones de doble sentido que ocurren durante las conversaciones entre José Miguel y la dependienta. Un caso ocurre cuando él le dice a ella que se pruebe la sortija para ver si es la talla correcta para su novia. Después de ponérsela, ella dice: «Me viene como anillo al dedo» que es un dicho común en español. Puesto que los dichos y otras frases hechas suelen usarse sólo figurativamente, su comentario es cómico porque lo ha usado literalmente. Además, su respuesta tiene un doble sentido, uno figurativo y el otro literal. Sería igual si una persona se probara un guante y comentara con el dicho inglés, "*It fits like a glove.*" Ahora, en el ejercicio a continuación, vamos a considerar otras situaciones y expresiones con doble sentido del cuento.

**6-9 La gracia de los dobles sentidos.** En el cuento, los personajes frecuentemente dicen algo con un doble sentido. A veces un personaje dice una frase ambigua sin darse cuenta de la verdad que ha revelado pero otras veces lo hace a propósito. Identifique la base del doble sentido en los fragmentos del cuento a continuación y si la persona lo dijo a propósito o no. Los fragmentos tienen bastante información para determinar el doble sentido pero están en el orden en que aparecen en el cuento si quiere buscarlos y examinar el contexto más amplio.

1. —¡Ah! Tiene usted unas manos peligrosísimas —dijo al cabo de un rato José Miguel, mientras dejaba escapar suavemente los dedos de la joven.

   —¿Sí? Y ¿por qué? —inquirió ella con interés.

   —¡Ah! Porque serían capaces de hacer enloquecer a cualquiera acariciándolas.

2. —Bueno, ¿y cree usted que de venirme bien la sortija ha de quedarle ajustada a su novia?

   —Sí, es muy probable.

3. —Perfectamente —dijo la joven dependienta, mientras escribía aquellas tres iniciales en una tarjetita amarilla que luego ató a la sortija.

   —¿Cuándo puedo venir a buscarla? —inquirió José Miguel.

   —La sortija...querrá usted decir... —comentó ella intencionadamente.

   —Pues, ¡claro! Es decir... si usted no decide otra cosa...

4. Ya estaban a punto de cerrar el establecimiento cuando José Miguel penetró jadeante en la joyería.

   —Si se tarda usted un momento más no nos encuentra aquí —le dijo al verle llegar la bella dependienta que aquella mañana le había vendido el anillo. Y entregándole el estuche con la sortija, agregó:

   —Tenga usted. Estoy segura de que a «ella» le ha de agradar mucho.

5. —Señorita, perdóneme que le diga a usted una cosa —le había dicho José Miguel a la linda dependienta, mientras el automóvil se deslizaba muellemente a lo largo de la avenida.

   —Con tal de que su novia no vaya a oírlo... —repuso ella con graciosa ironía.

6. En este último ejemplo, recuerde Ud. el juego de palabras que resulta del uso de la palabra piropos en el comentario de la dependienta. (Ver la nota sobre piropos, p. 96.) ¿Cuál es el sentido obvio y cuál es el doble sentido?

   —¡Vaya que es usted listo! Pero tenga cuidado con sus piropos, pues la sortija para su novia que le está oyendo, bien podría revelárselos a ella, y... ¡entonces sí que es verdad!...

Muchas veces el lenguaje es ambiguo y puede causar malentendidos y conflictos, como hemos visto con la examinación de los ejemplos en este ejercicio, pero la ambigüedad también puede crear situaciones divertidas y cómicas. A veces la ambigüedad puede «traducirse» a otra lengua sin problema, pero, otras veces el doble sentido sólo podría ocurrir en una lengua. Los juegos de palabras generalmente no se traducen bien a otra lengua. Las diferencias de significado que ocurren con la ambigüedad de ciertas estructuras gramaticales no pueden traducirse tampoco, a menos que las dos lenguas compartan la estructura. Por estas razones, si alguien tradujera el cuento «Una sortija para mi novia» al inglés, parte del humor se perdería. Usted puede entender el humor por su conocimiento del español, y puede apreciar estas sutilezas del vocabulario y de la gramática del español.

☞ Relea el cuento aplicando lo que ha aprendido y practicado en los ejercicios de la sección «**Lazos gramaticales**». Si lo hace va a entender mejor el cuento y a fortalecer su comprensión de la gramática.

# A ESCRIBIR

## Estrategias de composición

Esta sección incluye una serie de pasos para ayudarlo/la a: (1) formular y desarrollar sus ideas, (2) buscar evidencia del cuento para apoyar sus argumentos y (3) organizar su composición para que sea cohesiva y coherente. También incluye instrucciones para buscar y corregir errores de gramática y de vocabulario. Estas sugerencias acompañan el primer tema porque son específicas para ese tema pero son útiles para todos los temas. Si escoge otro tema, lea las sugerencias incluidas para el Tema uno y adáptelas para el tema que elija.

## Tema 1

Este cuento tiene un tono juguetón. ¿Cómo logra el autor este tono? Escriba un ensayo en que discuta las técnicas que utilizó Humberto Padró para hacer divertido su relato. Dé ejemplos específicos del cuento.

Al completar cada uno de los siguientes pasos, marque (✓) la casilla a la izquierda.

❏ a. Examine el cuento buscando ejemplos del lenguaje (juegos de palabras, etc.) y las situaciones cómicas. Haga una lista de las varias técnicas y clasifíquelas según el tipo de técnica. Repase las preguntas que se encuentran después del cuento y los ejercicios de «**Lazos gramaticales**» para ver otras ideas de aspectos que pueda incluir en su ensayo.

❏ b. Organice su lista de técnicas en un orden lógico.

❏ c. Haga una lista de citas que muestren ejemplos de estas técnicas. A veces será apropiado citarlas directamente y otras veces será mejor sólo describir o parafrasearlas.

❏ d. Reescriba su introducción y escriba una conclusión.

❑ e. Cuando haya escrito su borrador, revíselo, asegurándose que todo siga un orden lógico y que sus ideas fluyan bien. Utilizando sus listas, asegúrese que haya incluido todos los elementos importantes. Haga las correcciones necesarias.

❑ f. Dele un título interesante a su ensayo.

❑ g. Antes de entregar su ensayo, revíselo asegurándose que:

  ❑ haya usado vocabulario correcto y variado

  ❑ no haya usado **ser, estar** y **haber** demasiado (es preferible usar verbos más expresivos)

  ❑ haya concordancia entre los adjetivos y artículos y los sustantivos a que se refieren

  ❑ haya concordancia entre los verbos y sus sujetos

  ❑ **ser** y **estar** se usen correctamente

  ❑ el subjuntivo se use cuando sea apropiado

  ❑ el pretérito y el imperfecto se hayan usado correctamente

  ❑ no haya errores de ortografía ni de acentuación

## Otros temas de composición

2. Este cuento se publicó hace más o menos 80 años. José Miguel no es representativo de los hombres de esa época, sin embargo, parece una situación posible, aunque extrema. En esa época seguramente la mujer no habría podido hacer algo parecido para conseguir un novio. ¿Cree Ud. que en nuestra época una mujer pudiera hacer semejante cosa o que todavía hay criterios distintos para juzgar la conducta de los hombres y de las mujeres? Escriba un ensayo en que explique sus opiniones sobre esta cuestión ofreciendo ejemplos específicos del mundo actual para apoyar sus argumentos. Incluya también ejemplos apropiados del cuento.

3. Escriba el «próximo capítulo» en la historia de José Miguel y Rosa María. Trate de mantener el mismo tono juguetón del original. Use palabras de doble sentido y otras expresiones ambiguas como las del cuento. (Estudie el ejercicio 6–9 para repasar algunos de los dobles sentidos del cuento.) Dado que el cuento original se basa en una situación bastante absurda, sería buena idea si el capítulo que Ud. escriba se basara en otra situación absurda.

4. Si ha leído «Una carta de amor», escriba un ensayo en que compare el hombre de ese cuento con José Miguel de «Una sortija para mi novia». Compare tanto su aspecto físico como su comportamiento.

# 7

# Primera impresión

Rubén Darío (1867–1916)

# ANTES DE LEER

**7-1 Reflexiones.** Considere las siguientes preguntas antes de leer el cuento.

1. ¿Qué tipo de amor sienten los adolescentes? ¿Hacia quién/es sienten este amor? ¿Por quién/es sentía Ud. amor cuando era adolescente?

2. ¿Cuántos años tenía cuando se enamoró por primera vez? ¿Su enamorado/a se enamoró de Ud. también o fue un romance unilateral? ¿Todavía está con él/ella? ¿Sigue pensando en él/ella de vez en cuando?

3. ¿Cómo sería su pareja ideal? Mencione atributos tanto físicos como de carácter.

4. Un personaje del cuento dice que «no hay quien pueda explicar el amor». Aunque sea difícil explicar lo que es el amor, escriba un párrafo en que lo define. Luego comparta sus ideas con la clase.

## Enfoques léxicos

### *Cognados falsos*

**7-2 Examinación de cognados falsos en «Primera impresión».** Este cuento contiene cognados falsos, algunos se incluyen en los ejercicios a continuación. (Para más detalle sobre los cognados falsos, lea la sección número uno del *Manual de gramática* [pp. 285–290].)

1. Aunque **ilusión** puede significar *illusion*, en este cuento tiene el significado de **esperanza** o **deseo**. Examine la primera oración a continuación, para familiarizarse con esta palabra antes de leer el cuento.

   Yo caminaba por este mundo con el alma virgen de toda **ilusión**.

2. La palabra **decepción** no quiere decir *deception*, lo cual generalmente se expresa en español con **engaño** o **fraude**, según el contexto. **Decepción** se expresa en inglés con *disappointment* o *let-down*. El verbo que expresa esta idea es **decepcionar**.

3. Aunque **planta** puede significar *plant* en el sentido del **organismo vegetal**, en este cuento significa la **parte inferior del pie** (*sole*). Examine la oración a continuación para familiarizarse con ella antes de leer el cuento. (¡Ojo! **Miróme** es una estructura arcaica para **Me miró**.)

   Miróme nuevamente y yo extasiado ante su hermosura, subyugado por su belleza, iba a echarme a sus **plantas**...

4. **Relación** puede significar *relation* o *relationship*, pero en este cuento significa **relato, cuento** o **informe**. Examine la oración a continuación para familiarizarse con ella antes de leer el cuento.

   Ésta fue la **relación** que una vez me hizo mi amigo...

5. **Disgustar** no quiere decir *to disgust*, lo cual se expresa con **dar(le) asco (a)** o **repugnar**. Ya sabe el significado de **gustar** y sabiendo que **disgustar** es lo opuesto de **gustar**, puede determinar su significado y recordarlo fácilmente. En otras palabras «Eso me disgusta» es lo mismo que decir «Eso no me gusta». Funciona gramaticalmente como **gustar**.

## *Grupos léxicos*

**7-3 Palabras relacionadas.** Complete las siguientes frases con la palabra adecuada. Las palabras agrupadas tienen la misma raíz y por lo tanto tienen un significado relacionado. Utilice su conocimiento de la gramática para escoger la palabra correcta. No será necesario cambiar las formas de las palabras. Usará algunas palabras más de una vez. Verifique sus respuestas buscando la oración en el cuento. (Las oraciones de cada grupo se presentan en el orden en que aparecen en el cuento.)

**amor - amorosas - amorosamente - amaba - amado**

1. Oía a mis compañeros contar sus conquistas _____, pero jamás prestaba atención a lo que decían y no comprendía nada.

2. Nunca mi corazón había palpitado _____.

3. ¡Ah, no hay _____ que pueda semejarse al _____ de una madre!

4. ¿Has _____ alguna vez?

5. ¡Ah! no hay quien pueda explicar el _____.

6. Miróme nuevamente y yo extasiado ante su hermosura, subyugado por su belleza, iba a echarme a sus plantas para decirle que en ese momento empezaba a sentir todo lo que había dicho, que _____ por la primera vez de mi vida…

**recuerdo - recordando**

7. Una noche tuve un sueño. Sueño que tengo grabado en el corazón, y cuyo _____ jamás he podido apartarlo de mi mente.

8. Yo me hallaba recostado en un árbol, admirando la naturaleza y _____ las inocentes pláticas que cuando niño había sostenido con mi madre...

**sueño - soñé**

9. Una noche tuve un _____.

10. _____ que me encontraba en un hermoso campo.

11. Desde entonces yo camino por este mundo en busca de la mujer de mi _____...

**sentir - sentido - sentí**

12. _____ en mi corazón una cosa inexplicable.

13. —Ernesto, ¿has _____ alguna vez dentro de tu pecho el fuego misterioso del amor?

14. Miróme nuevamente y yo extasiado ante su hermosura, subyugado por su belleza, iba a echarme a sus plantas para decirle que en ese momento empezaba a _____ todo lo que había dicho...

## Antónimos y sinónimos

**7-4 Antónimos.** Empareje las palabras de la columna A con su antónimo de la columna B. Luego escriba una frase original para cada pareja de antónimos. (Las palabras aparecen en el cuento, algunas con un cambio de forma.)

| A | B |
|---|---|
| ____ 1. acercarse | a. desaparecer |
| ____ 2. agradar | b. encontrar |
| ____ 3. aparecer | c. placer |
| ____ 4. blanco | d. perderse |
| ____ 5. buscar | e. negro |
| ____ 6. dolor | f. tranquilo |
| ____ 7. dulce | g. fantasía |
| ____ 8. encontrarse | h. alejarse |
| ____ 9. nervioso | i. amargo |
| ____10. realidad | j. disgustar |

**7-5 Sinónimos.** Empareje las palabras de la columna A con su sinónimo de la columna B. Luego escriba una frase original para una palabra de cada pareja. (Las palabras aparecen en el cuento, algunas con un cambio de forma.)

| A | B |
|---|---|
| ____ 1. amaba | a. alabastrino |
| ____ 2. belleza | b. articular |
| ____ 3. blanco | c. abrasar |
| ____ 4. inocente | d. angelical |
| ____ 5. pronunciar | e. apacible |
| ____ 6. quemar | f. quería |
| ____ 7. sol | g. melancólico |
| ____ 8. sombrío | h. hermosura |
| ____ 9. tranquilo | i. triste |
| ____10. triste | j. astro |

# A LEER

## Estrategia de lectura: Reconocer elementos poéticos en la «prosa poética»

Los estudiosos que examinan los cuentos de Darío usan términos como «poesía en prosa», «prosa poética» y «cuentos poéticos» para describirlos. Vamos a considerar algunas de las características de la poesía que se ven en «Primera impresión» en el siguiente ejercicio.

**7-6 Identificar elementos poéticos en «Primera impresión».** Con un/a compañero/a, hagan los siguientes ejercicios y compartan sus ideas con el resto de la clase.

1. Denle un vistazo a la forma del cuento. ¿En qué aspecto formal — en su presentación formal, o «física» — parece un poema?

2. Hagan una lista de cualidades y características que Uds. asocien con la poesía. Consideren el lenguaje, estructuras gramaticales, temas comunes, etc.

3. Ahora lean unas líneas del cuento buscando evidencia de las características que identificaron en la pregunta dos e identifiquen otros elementos poéticos.

4. En la poesía lírica (enfatiza las emociones del/de la poeta), especialmente cuando se trata el amor, se ve una descripción exaltada de la amada (o del amado). Hojeen la sección que describe a la joven (líneas 45–52) y hagan una lista de las palabras y frases que el joven utiliza para describirla.

5. La poesía frecuentemente contiene referencias a los sentidos. ¿Cuáles son los cinco sentidos? Al leer el cuento, identifiquen los sentidos que se mencionan.

## Rubén Darío

Rubén Darío (bautizado Félix Rubén García Sarmiento) nació en el pueblo Metapa, Nicaragua en 1867. Sus padres se divorciaron cuando él era aún muy joven y creció en León, Nicaragua, con su tía abuela materna. Fue un niño precoz: empezó a escribir literatura bastante joven. Según su autobiografía, ya sabía leer a los tres años, escribía poesía a los 10 años y sus primeros poemas se publicaron antes de sus 13 años. El cuento «Primera impresión» fue publicado en *El Ensayo* (una revista literaria de León, Nicaragua), el 6 de abril de 1881 —cuando sólo tenía 14 años. Darío es conocido como el fundador del modernismo en Latinoamérica, un movimiento literario que abarca el fin del siglo XIX y el principio del siglo XX y que tuvo su principal impacto sobre la poesía. Además de poeta y cuentista, fue aduanero, diplomático, representante del gobierno nicaragüense y periodista. Entre sus muchas obras destacan *Azul*, una colección de poemas y cuentos (publicada en 1888 y luego revisada y ampliada en 1890), *Prosas profanas y otros poemas* (1896) y *Cantos de vida y esperanza* (1905), una colección de poemas. Durante su vida, vivió en o viajó a varios países de América y Europa (Chile, Argentina, Cuba, El Salvador, Guatemala, EE.UU., España y Francia). En 1916, cuando se enfermó, volvió a Nicaragua, donde poco después murió. Cuatro años después de su muerte, en su pueblo natal, le rindieron homenaje cambiando el nombre original de Metapa por Ciudad Darío.

# Primera impresión

## *Rubén Darío*

Yo caminaba por este mundo con el alma virgen de toda ilusión.

Era un niño que ni siquiera sospechaba existiera el amor.

Oía a mis compañeros contar sus conquistas amorosas, pero jamás pres-
5  taba atención a lo que decían y no comprendía nada.

Nunca mi corazón había palpitado° amorosamente. Jamás mujer alguna había conmovido mi corazón, y mi existencia se deslizaba° suavemente como cristalino arroyuelo° en verde y florida pradera, sin que ninguna contrariedad viniera a turbar° la tranquilidad de que gozaba.
10  Mi dicha° se cifraba en el cariño de mi madre; cariño desinteresado, puro como el amor divino.

¡Ah, no hay amor que pueda semejarse al amor de una madre!

Yo quería a mi madre y pensaba que ése era el único amor que existía.

Los días, los meses, los años transcurrían y mi vida siempre era feliz, y
15  ninguna decepción venía a trastornar° la paz de mi espíritu.

Todo me sonreía: todo era placer y ventura° en torno mío.

Así pasaba el tiempo y cumplí quince años.

Una noche tuve un sueño. Sueño que tengo grabado en el corazón, y cuyo recuerdo jamás he podido apartarlo de mi mente.
20  Soñé que me encontraba en un hermoso campo. El sol iba a ocultarse en el horizonte, y la hora del crepúsculo vespertino° se acercaba.

Por doquiera se veían frondosos árboles de verde ramaje, que parecía envidiaban su último adiós al astro que desaparecía.

Las flores inclinaban su corola° tristes y melancólicas.
35  Allá a lo lejos, detrás de un pintoresco matorral,° se oía el dulce susurrar de una fuente apacible,° en cuyas límpidas aguas se reflejaban mil pintadas flores que se alzaban en su orilla y que parecía se contemplaban orgullosas de su hermosura.

*beat, pounded*
*glided, slid*
*brook, small stream*
*disturb*
felicidad, buena
  suerte

*upset, disrupt*
felicidad, suerte

*evening twilight*

la parte con pétalos
*thicket, bushes*
tranquila, agra-
  dable

Todo allí era tranquilo y sereno. Todo estaba risueño.

40 Yo me hallaba recostado en un árbol, admirando la naturaleza y recordando las inocentes pláticas que cuando niño había sostenido con mi madre, en las que ella con un lenguaje sencillo y convincente, con el lenguaje de la virtud y de la fe, me hacía comprender los grandes beneficios que constantemente recibimos del Omnipotente, cuando vi aparecer de entre un bosqueci-

45 llo de palmeras una mujer encantadora.

Era una joven hermosa.

Sus formas eran bellísimas.

Sus ojos negros y relucientes, semejaban dos luceros.°     **estrellas brillantes**

Su cabellera larga y negra caía sobre sus blancas espaldas formando

50 gruesos y brillantes tirabuzones,° haciendo realzar° más su color alabastrino.     *spiral-shaped curls/* enfatizando

Su boca pequeña y de labios de carmín guardaba dentro unos dientes de perla.

Yo quedé estático al verla.

Ella llegóse[1] junto a mí y púsome[1] una mano sobre la frente.

55 A su contacto me estremecí.° Sentí en mi corazón una cosa inexplicable.     **temblé**
Me parecía que mi rostro abrasaba.

Estuvo mirándome un momento y después con una voz armoniosa, voz de hadas, voz de ángel, me dijo:

—¡Ernesto!...

60 Un temblor nervioso agitó todo mi cuerpo al oír su voz. ¿Cómo sabía mi nombre? ¿Quién se lo había dicho? Yo no podía explicarme nada de esto. Ella continuó.

—Ernesto, ¿has sentido alguna vez dentro de tu pecho el fuego misterioso del amor? ¿Tu corazón ha palpitado por alguna mujer?

65 Yo la miraba con arrobamiento° y no pude contestar; la voz expiró en la     **éxtasis**
garganta y por más esfuerzos que hacía no me fue posible hablar.

—Contestadme, prosiguió ella, decidme una palabra siquiera. ¿Has amado alguna vez?

Hice otro nuevo esfuerzo y por fin articulé una palabra.

70 —¿Qué es el amor?, dije.

—¡El amor! ¡Ah! no hay quien pueda explicar el amor. Es necesario sentirlo para saber lo que es. Es necesario haber experimentado en el corazón su influencia para adivinarlo. El amor es unas veces un fuego que nos abrasa el corazón, que nos quema las entrañas, pero que sin embargo nos agrada;

75 otras un bálsamo reparador que nos anima y nos eleva a las regiones ideales     *promising,*
mostrándonos en el porvenir mil halagüeñas° esperanzas. El amor es una     *encouraging*
mezcla de dolor y de placer; pero en ese dolor hay un *algo* dulce y en ese placer nada de amargo. El amor es una necesidad del alma; es el alma misma.

Al pronunciar estas palabras su rostro había adquirido una belleza ange-

80 lical. Sus ojos eran más brillantes aún y despedían rayos que penetraban en mi corazón y me hacían despertar sensaciones desconocidas hasta entonces para mí.

---

[1]formas arcaicas o poéticas de **se llegó y se puso**

Miróme° nuevamente y yo extasiado ante su hermosura, subyugado por    Me miró
su belleza, iba a echarme a sus plantas para decirle que en ese momento
85 empezaba a sentir todo lo que había dicho, que amaba por la primera vez de mi
vida, cuando ella lanzó un grito y se alejó apresuradamente yendo a perderse
en el bosquecillo de palmeras de donde la había visto salir momentos antes.

El sol ya se había ocultado completamente, y la noche extendía sus
negras alas sobre el mundo.

90 La luna se levantaba majestuosa en Oriente y su luz venía a iluminar mi
frente.

Yo quise seguir a la joven, pero al dar un paso caí al suelo, y al caer me
encontré con la cabeza entre las almohadas, mientras que un rayo del sol que
penetraba en la ventana hería mis pupilas, haciéndome comprender toda la
95 realidad.

¡Todo había sido una alucinación de mi fantasía!

Ésta fue la primera impresión que recibí y nunca se ha borrado de mi
corazón. Desde entonces yo camino por este mundo en busca de la mujer de
mi sueño y aún no la he encontrado. Ésta es la causa por qué me ves, amigo
100 Jaime, siempre triste y sombrío. Pero yo no desespero; ha de llegar un día en
que se presentará ante mi paso. Ese día será el más feliz de mi vida: más feliz
que aquellos que pasaba al lado de mi madre y en medio de la inocencia.

\*

\*            \*

Ésta fue la relación que una vez me hizo mi amigo Ernesto y yo la
publico hoy, seguro de que no disgustará a las simpáticas lectoras ni a los
bondadosos lectores de *El Ensayo.*

Jaime Jil[2]

# DESPUÉS DE LEER

## Preguntas

### En general

1. ¿Quién narra este relato?
2. ¿Quién es Ernesto? ¿Quién es Jaime? ¿Cuál es la relación entre ellos?
3. ¿Cómo era la relación entre Ernesto y su madre?
4. ¿A qué se refiere la **primera impresión** del título? ¿Primera impresión de qué? (Esta frase se menciona otra vez al final del cuento en la línea 97.)

---

[2]Seudónimo que usó Darío cuando escribió para *El Ensayo*, una revista literaria de Nicaragua.

## En detalle

1. Describa la niñez de Ernesto.

2. ¿Qué cualidades de su madre mencionó Ernesto? ¿Cómo describió Ernesto el lenguaje de su madre?

3. Según Ernesto, ¿qué sabía del amor cuando era niño?

4. ¿Qué evento marcó para Ernesto su transformación de niño a adolescente/pre-adulto? ¿Cuántos años tenía cuando este evento ocurrió?

5. Al principio del sueño, ¿dónde estaba Ernesto? ¿Cómo era el trasfondo?

6. ¿En qué estaba pensando Ernesto cuando vio aparecer a la joven mujer?

7. ¿Cómo reaccionó Ernesto cuando vio a la mujer? ¿Y cómo reaccionó cuando ella le tocó la frente? Identifique las manifestaciones físicas de sus emociones.

8. ¿Cómo era la mujer según Ernesto?

9. ¿Durante qué parte del día tuvo lugar el encuentro? ¿Cree que es significativo que ocurriera en esta parte del día y no en otra? Explique.

10. Según la mujer, ¿qué hay que hacer para saber lo que es el amor? ¿Está Ud. de acuerdo? Explique.

11. Cuando la mujer se fue, ¿por qué Ernesto no la siguió? ¿Intentó seguirla?

## Discusión e interpretación

1. Compare la vida de Ernesto antes y después del sueño. ¿Cómo ha cambiado su vida y cómo cambió él?

2. El amor es un tema del cuento que cambia de carácter a través del mismo. ¿Puede Ud. identificar diferentes tipos de amor para cada «etapa» del relato (antes, durante y después del sueño)?

3. Compare el amor que sintió Ernesto hacia su madre cuando era niño y el que sintió hacia la mujer de su sueño. ¿A qué se pueden atribuir estas diferencias?

4. ¿El amor que siente Ernesto hacia la mujer es realista o idealizado? En su opinión, ¿siente un amor verdadero? Explique.

5. Si Ernesto hubiera conocido a esta mujer o a una parecida en la realidad, ¿cree que hubiera tenido la misma reacción? ¿Por qué sí o por qué no?

6. ¿De dónde apareció la mujer del sueño de Ernesto? ¿Qué representa para él?

7. En la poesía muchas veces se ve la yuxtaposición de ideas opuestas. Relea la sección (líneas 71–78) donde la mujer describe lo que es el amor buscando los opuestos que utiliza para describir el amor.

8. ¿Está de acuerdo con la definición del amor que ofrece la mujer? ¿Cómo se compara su definición con la que Ud. escribió en el ejercicio 7–1 antes de leer el cuento?

9. ¿Por qué cree Ud. que Ernesto no ha podido olvidar el sueño? ¿Ha tenido un sueño que todavía recuerde? Descríbalo.

- - - - - - - - - - - - - - - - - - - - - - - - - -

# LAZOS GRAMATICALES

## Usos del pretérito y del imperfecto

Recuerde que así como hay diferencias básicas entre los usos del pretérito y del imperfecto, también hay múltiples usos para el pretérito y para el imperfecto. Si está dudoso/a sobre los usos del pretérito y del imperfecto, repase la sección cuatro del *Manual de gramática* (pp. 307–314).

**7-7 Vamos a ser detectives lingüísticos.** Conteste las siguientes preguntas tomando en cuenta los varios usos del pretérito y del imperfecto.

1. Hojee la primera parte del cuento —antes del sueño— para ver qué tiempo verbal —pretérito o imperfecto— se usa casi exclusivamente en esta parte. ¿Para qué tipos de acciones se usa?

2. ¿Cuál es la primera acción expresada en el pretérito? ¿Qué momento significativo en la vida de Ernesto señala este uso del pretérito?

3. Repase la sección donde Ernesto describe su sueño (líneas 18–92). ¿Para qué tipos de acciones se usa el imperfecto aquí?

4. Examine los siguientes verbos en el pretérito donde ocurren en el sueño e indique con una **X** si señalan el principio o el fin de acciones o estados. Un caso es ambiguo (no está claro si se enfatiza el principio o el fin). Cuando halle otra información en el cuento que confirme su decisión, prepárese para señalarla a la clase.

| Verbo | Principio | Fin | Caso ambiguo (principio/fin) |
|---|---|---|---|
| vi | | | |
| quedé | | | |
| llegóse | | | |
| púsome | | | |

| Verbo | Principio | Fin | Caso ambiguo (principio/fin) |
|---|---|---|---|
| me estremecí | | | |
| sentí | | | |
| estuvo mirándome | | | |
| dijo | | | |

5. Relea la sección del sueño (líneas 18–92) prestando atención a los verbos pretéritos. En general, ¿para qué tipos de acciones/estados se ha utilizado el pretérito?

**7-8 Usos «especiales» del pretérito y del imperfecto.** Examine los siguientes fragmentos del cuento enfocándose en los verbos en negrita. Determine la diferencia de significado que la selección de aspecto (pretérito/imperfecto) crea. Luego conteste las preguntas que siguen.

- ¿Cómo sabía mi nombre? ¿Quién se lo había dicho? Yo **no podía** explicarme nada de esto.

- Yo la miraba con arrobamiento y **no pude** contestar; la voz expiró en la garganta y por más esfuerzos que hacía no me fue posible hablar.

- Yo **quise** seguir a la joven, pero al dar un paso caí al suelo, y al caer me encontré con la cabeza entre las almohadas, mientras que un rayo del sol que penetraba en la ventana hería mis pupilas, haciéndome comprender toda la realidad.

1. En el primer fragmento, ¿Logró Ernesto explicarse cómo la mujer sabía su nombre, o no sabemos? Explique su respuesta según las reglas de uso que se aplican.

2. En el segundo fragmento, ¿Ernesto contestó, o no sabemos? Explique su respuesta según las reglas que se aplican.

3. En el tercer fragmento, ¿Ernesto siguió a la joven, o no sabemos? Explique su respuesta según las reglas que se aplican.

4. Explique el significado del tercer fragmento si se hubiera usado **quería** en vez de **quise**.

**7-9 Usos del imperfecto.** Examine la siguiente oración enfocándose en los verbos en negrita. Luego, conteste las preguntas.

Miróme nuevamente y yo extasiado ante su hermosura, subyugado por su belleza, **iba** a echarme a sus plantas para decirle que en ese momento **empezaba** a sentir todo lo que había dicho, que amaba por la primera vez de mi vida, cuando ella lanzó un grito y se alejó apresuradamente yendo a perderse en el bosquecillo de palmeras de donde la había visto salir momentos antes.

1. ¿Qué uso del imperfecto tiene **iba**?

2. ¿Si **empezar**, por su significado, indica el principio de una acción, ¿cómo es posible usarlo en el imperfecto? ¿Cuál sería la traducción inglesa para **empezaba**?

3. ¿Por qué cree Ud. que Darío utilizó el imperfecto de **empezar** en vez del pretérito, el aspecto que se usaría con más frecuencia con este verbo? ¿Cómo afecta la acción el uso del imperfecto?

## La colocación de los adjetivos descriptivos

Como ya sabe, cuando los adjetivos descriptivos preceden a su sustantivo, muchas veces es porque estos adjetivos describen una cualidad que la persona que habla o escribe asocia con el sustantivo. Esta asociación puede ser subjetiva y emocionante. En la poesía, la subjetividad y la emoción abundan, como lo vemos en «Primera impresión». Anteriormente en la discusión sobre el lenguaje poético en «Estrategias de lectura» descubrimos que este cuento asemeja un poema en muchos aspectos. En esta actividad, vamos a examinar cómo la colocación de los adjetivos descriptivos añade al efecto poético del cuento.

**7-10 El efecto poético de la pre-posición de los adjetivos descriptivos.** En «Primera impresión» muchos de los adjetivos descriptivos preceden a su sustantivo. En esta actividad, vamos a examinar fragmentos del cuento para ver cómo la colocación anterior de los adjetivos ayuda a crear una cualidad poética. Al hacer este análisis vamos a descubrir que a veces un autor tiene la opción de usar ambas posiciones según su propósito. (Si tiene dudas sobre por qué los adjetivos descriptivos preceden y siguen a su sustantivo, repase la sección dos del *Manual de gramática* [pp. 290–298].)

1. Cuando el joven habla de la naturaleza, los adjetivos casi siempre preceden a su sustantivo. Lea el siguiente fragmento del cuento prestando atención a los adjetivos en negrita. Luego léalo otra vez intercambiando el orden de los sustantivos y los adjetivos. Este cambio no crea un verdadero cambio de significado, pero sí crea un cambio de tono. ¿En qué posición (anterior o posterior) dan los adjetivos un tono más subjetivo y personal a la descripción de la naturaleza y en qué posición le dan un tono más objetivo y menos personal?

   Por doquiera se veían frondosos árboles de verde ramaje, que parecía envidiaban su último adiós al astro que desaparecía.
   Las flores inclinaban su corola tristes y melancólicas
   Allá a lo lejos, detrás de un pintoresco matorral, se oía el dulce susurrar

de una fuente apacible, en cuyas límpidas aguas se reflejaban mil pintadas flores que se alzaban en su orilla y que parecía se contemplaban orgullosas de su hermosura.

2.  Eduardo tuvo una fuerte reacción emocional ante la presencia de la joven. Relea el siguiente pasaje del cuento y conteste la pregunta usando lo que sabe sobre la posición de los adjetivos. ¿Por qué cree Ud. que en esta descripción casi todos los adjetivos siguen al sustantivo?

> ...vi aparecer de entre un bosquecillo de palmeras una mujer encantadora.
> Era una joven hermosa.
> Sus formas eran bellísimas.
> Sus ojos negros y relucientes, semejaban dos luceros.
> Su cabellera larga y negra caía sobre sus blancas espaldas formando gruesos y brillantes tirabuzones, haciendo realzar más su color alabastrino.
> Su boca pequeña y de labios de carmín guardaba dentro unos dientes de perla.
> Yo quedé estático al verla.

Además de la subjetividad que ofrece la pre-posición de los adjetivos, también señala cualidades que la persona que habla/escribe asocia con el sustantivo. En el fragmento anterior, Eduardo ha recreado el momento cuando vio a la joven por primera vez; ya que acababa de conocerla, todavía no asociaba cualidades con ella. Tal vez es por esto que la mayoría de sus adjetivos que la describen van después. Sin embargo, no todos los adjetivos descriptivos en el fragmento van después. En dos casos van antes («blancas espaldas» y «gruesos y brillantes tirabuzones»). Obviamente, la discusión aquí no presenta un método científico con reglas de uso fijas, sino que presenta tendencias y posibles explicaciones e interpretaciones. Especialmente con textos literarios, un autor tiene muchas opciones y no todas son decisiones conscientes.

 Relea el cuento aplicando lo que ha aprendido y practicado en los ejercicios de la sección «**Lazos gramaticales**». Si lo hace va a entender mejor el cuento y a fortalecer su comprensión de la gramática.

# A ESCRIBIR

## Estrategias de composición

Esta sección incluye una serie de pasos para ayudarlo/la a: (1) formular y desarrollar sus ideas, (2) buscar evidencia del cuento para apoyar sus argumentos y (3) organizar su composición para que sea cohesiva y coherente. También incluye instrucciones para buscar y corregir errores de gramática y de vocabulario. Estas sugerencias acompañan el primer tema porque son específicas para ese tema, pero son útiles para todos los temas. Si escoge otro tema, lea las sugerencias incluidas para el Tema uno y adáptelas para el tema que elija.

## Tema 1

Escriba un cuento poético sobre su primer amor (o, si prefiere, puede inventarlo) imitando el estilo del joven Darío. Escríbalo en primera persona. Recuerde que «Primera impresión» se publicó cuando Darío sólo tenía 14 años así que su actitud hacia el amor era bastante inocente e ingenua. Si Ud. también era muy joven cuando conoció a su primer amor, sería apropiado revivir sus impresiones de adolescente, no sus impresiones de adulto/a.

Al completar cada uno de los siguientes pasos, marque (✓) la casilla a la izquierda.

❏ a. Haga una lista de los elementos importantes del momento en que conoció a la persona que iba a ser su primer amor (de información de trasfondo, detalles importantes, descripción de la persona, etc.).

❏ b. Recuerde las emociones que sentía antes y después que lo/la conoció. Haga una lista de estas emociones con detalles para intercalarlos donde sean relevantes durante su relato.

❏ c. Imite el estilo de Darío incluyendo los mismos elementos —la descripción de su vida antes de conocer a esta persona, la descripción del trasfondo cuando la conoció, sus emociones al conocerla, la conversación si la hubo, etc. Incluya elementos poéticos como los que se han discutido en este capítulo. Escriba su relato principalmente en el tiempo pasado como en el cuento de Darío.

❏ d. Cuando haya escrito su borrador, revíselo, asegurándose que todo siga un orden lógico, que haya incluido todos los elementos importantes y que sus ideas fluyan bien. Haga las correcciones necesarias.

❏ e. Dele un título interesante a su cuento.

❏ f. Antes de entregar su cuento, revíselo asegurándose que:

    ❏ haya usado vocabulario correcto y variado

    ❏ no haya usado **ser, estar** y **haber** demasiado (es preferible usar verbos más expresivos)

    ❏ haya concordancia entre los adjetivos y artículos y los sustantivos a que se refieren

    ❏ haya concordancia entre los verbos y sus sujetos

    ❏ **ser** y **estar** se usen correctamente

    ❏ el subjuntivo se use cuando sea apropiado

❏ el pretérito y el imperfecto se hayan usado correctamente

❏ no haya errores de ortografía ni de acentuación

## Otros temas de composición

2. Relate lo que Ernesto le hubiera escrito a su amigo («Jaime Jil») sobre su primer amor cuando fuera mayor y más maduro. Puede describir lo que hubiera pasado de encontrar a la mujer de su sueño. Utilice un tono serio o cómico según su preferencia.

3. Escriba un ensayo en que compare los diferentes tipos de amor. Incluya en su ensayo los tipos que se ven en el cuento, pero no se limite a estos. Su ensayo debe abarcar una visión más amplia que la visión del mundo presentada en el cuento. Incluya «evidencia» del cuento que apoye sus argumentos. Puede incluir «evidencia» de su experiencia personal o la de sus amigos o familiares.

4. La mujer del sueño ofrece una definición sofisticada del amor, una que tendría que originarse de una persona que lo ha experimentado, según lo que ella dice. ¿Está de acuerdo con ella cuando dice que hay que experimentar el amor para saber lo que es? Escriba un ensayo en el que explore esta idea. Considere las siguientes cuestiones e incluya las que le parezcan importantes en su ensayo (no tiene que limitarse a estas ideas): Si es verdad lo que dijo la mujer, ¿cómo es posible que esta definición apareció en el sueño de un adolescente que hasta entonces no había experimentado este tipo de amor? ¿O es que Darío, siendo la «voz» de Ernesto, experimentó este tipo de amor?

5. ¿Ha tenido un sueño en que se revelara algo que Ud. no sabía cuando estaba despierto/a? Escriba un ensayo en que describa su sueño. En su ensayo, conteste las siguientes preguntas: ¿De dónde vienen estas ideas? ¿De la subconsciencia? ¿Los sueños sirven para procesar los varios tipos de información a que estamos expuestos durante el día?

# La noche de los feos

## Mario Benedetti (1920–    )

# ANTES DE LEER

8-1 **Reflexiones.** Considere las siguientes preguntas antes de leer el cuento.

1. ¿Qué importancia tiene la apariencia física en la vida? ¿Se debe juzgar a una persona por su apariencia? Explique.

2. ¿Cómo reacciona la gente cuando ve a alguien con un defecto físico? ¿Es comprensible esta reacción? ¿Es apropiada?

3. Piense en alguien con un defecto u otro tipo de impedimento físico. ¿Qué actitud tiene esta persona hacia su propio impedimento? (¿Cree Ud. que a él/ella le molesta, lo acepta, lo ignora, lo odia, trata de superarlo, se lamenta de su suerte, (otra actitud/reacción)?

4. ¿Cuál sería una reacción apropiada de alguien con un impedimento cuando ve a otra persona con un impedimento parecido?

## Enfoques léxicos

### Cognados falsos

8-2 **Examinación de cognados falsos en «La noche de los feos».** Este cuento contiene cognados falsos, algunos se incluyen en los ejercicios a continuación. (Para más detalle sobre los cognados falsos, lea la sección número uno del *Manual de gramática* [pp. 285–290].)

1. **Vulgar** no se traduce a *vulgar* (lo cual suele expresarse con **grosero**), sino a **común** y **ordinario**. Por ejemplo, **un hombre vulgar** quiere decir **un hombre común/ordinario**. El fragmento a continuación contiene el adverbio **vulgarmente** formado del adjetivo. **Comúnmente** sería un buen sinónimo en este contexto.

   Ambos somos feos. Ni siquiera **vulgarmente** feos.

2. Como hemos visto en capítulos anteriores, **guardar** puede significar *to guard*, pero no en el siguiente ejemplo. Mire la oración donde aparece y determine su significado entre las opciones dadas. Todas son posibles traducciones de **guardó** pero sólo una sirve en este contexto.

   Nos sentamos, pedimos dos helados, y ella tuvo coraje (eso también me gustó) para sacar del bolso su espejito y arreglarse el pelo. Su lindo pelo.

   —¿Qué está pensando?—, pregunté.

   Ella **guardó** el espejo y sonrió.

   a. *kept*　　　b. *put away*　　　c. *held on to*

→ Si Ud. ha determinado que **b** es la respuesta correcta, tiene razón.

3. Así como **largo** nunca significa *large*, **largamente** no significa *largely*. Lea el contexto donde aparece esta palabra. ¿Puede determinar su significado?

Hablamos **largamente**. A la hora y media hubo que pedir dos cafés para justificar la prolongada permanencia.

→ Si Ud. ha determinado que **largamente** quiere decir **por mucho tiempo**, tiene razón.

4. Aunque **permanencia** puede significar *permanence*, en la oración anterior tiene otro significado. Lea la oración otra vez y determine su significado.

→ Si Ud. ha determinado que **permanencia** significa **estancia** (*stay* — sustantivo), tiene razón.

5. Como vimos en el capítulo 3, **rudo** raras veces puede traducirse a *rude*. (*Rude* se expresa con **descortés, grosero** u **ofensivo**.) ¿Puede inferir el significado más común de **rudo** leyendo el contexto donde aparece en el cuento? Observe en la oración que el atributo **rudo** del héroe de una película que los protagonistas están viendo está contrastado con el atributo **suave** de la heroína. Este contraste de cualidades opuestas puede ayudarlo/la a determinar su significado.

Durante una hora y cuarenta minutos admiramos las respectivas bellezas del **rudo** héroe y la suave heroína.

→ Si Ud. ha determinado que aquí **rudo** significa **inculto**, tiene razón. También, puede significar **sencillo** o **poco inteligente**.

El cuadro a continuación tiene otros cognados falsos del cuento que se deben notar.

| Cognado falso | Significado |
|---|---|
| corriente | normal, común |
| desgraciados | desafortunados (*unfortunate*), *wretched* |
| simpatía | *liking*, afecto (*affection*), comprensión mutua |

## Grupos léxicos

**8-3 Palabras relacionadas.** En esta actividad, aumentará su conocimiento léxico utilizando lo que ya sabe sobre otras palabras en español. Conteste las siguientes preguntas prestando atención a la raíz de las palabras.

1. Ud. ya sabe lo que significa **feo**, una palabra que aparece en el título. ¿Sabe la palabra **fealdades**? Tiene la misma raíz de **feo**. Examine los contextos donde se usa e infiera su significado.

   • Nos miramos las respectivas **fealdades** con detenimiento, con insolencia, sin curiosidad.

   • Un rostro horrible y aislado tiene evidentemente su interés; pero dos **fealdades** juntas constituyen en sí mismas un espectáculo mayor, poco menos que coordinado; algo que se debe mirar en compañía, junto a uno (o una) de esos bien parecidos° con quienes merece compartirse el mundo.

   *good-looking*

2. **Ojeada** y **ojo** tienen la misma raíz. ¿Qué quiere decir **ojeada** en la siguiente oración del cuento?

   Allí fue donde por primera vez nos examinamos sin simpatía pero con oscura solidaridad; allí fue donde registramos, ya desde la primera **ojeada**, nuestras respectivas soledades.

3. **Solo** y **soledad** tienen la misma raíz. Si sabe el significado de una de estas palabras, este conocimiento puede ayudarlo/la a determinar el significado de la otra. Examine las dos oraciones del cuento a continuación y determine sus significados. (A propósito: **solidaridad**, un cognado con la palabra *solidarity*, no tiene la misma raíz de las otras dos.)

   • Allí fue donde por primera vez nos examinamos sin simpatía pero con oscura solidaridad; allí fue donde registramos, ya desde la primera ojeada, nuestras respectivas **soledades**.

   • —Vivo **solo**, en un apartamento, y queda cerca.

# A LEER

## Estrategia de lectura: Entender y apreciar un punto de vista

Un narrador puede narrar su relato ficticio desde tres puntos de vista: primera, segunda y tercera persona, aunque narrar de la segunda persona no se usa con frecuencia. Cada **punto de vista** —también llamado la **voz del narrador**— tiene tanto ventajas como limitaciones. Vamos a considerar algunas de éstas en la siguiente actividad. La voz del narrador determina la cantidad y el tipo de información, y la perspectiva desde la cual el lector va a recibir la narración.

**8-4 ¿Quién narra «La noche de los feos»?** Haga los siguientes ejercicios tomando en cuenta la voz del narrador.

1. Hojee el primer párrafo. ¿Quién narra el cuento? ¿Lo narra en primera, segunda o tercera persona? ¿Quién es el otro personaje principal?

2. Si el narrador narra en primera persona, puede observar la acción o participar en ella. Hojee la primera parte del cuento, leyendo la primera oración de cada párrafo. ¿El narrador participa en la acción o sólo la observa? ¿Qué efecto tendrá esto en cómo Ud. va a experimentar la acción?

3. Para un/a lector/a, ¿cuál es una ventaja de leer del punto de vista de un narrador de primera persona?

4. ¿Qué limitaciones hay con el uso de primera persona?

Un/a narrador/a puede ser fiable o no fiable. Muchas veces no podemos determinar si es fiable o no hasta que terminamos la lectura. Aun cuando es fiable, su perspectiva es limitada porque sólo ofrece su punto de vista. Cuando lea este cuento, piense en quién está narrando y cómo comunica las perspectivas de los otros personajes.

### Mario Benedetti

Mario Benedetti nació en 1920 en Paso de los Toros, Uruguay, pero su familia se trasladó a Montevideo cuando tenía cuatro años. Ha publicado numerosas obras —cuentos, poesía, novelas y ensayos— muchas de las cuales se han traducido a varias lenguas. Después del golpe de estado en Uruguay en 1973, se estableció una dictadura militar y se prohibieron sus escritos. Vivió en el exilio (en la Argentina, Perú, Cuba y España) durante la dictadura militar, pero en 1985, con la restauración de la democracia, volvió a Uruguay. Ha recibio varios premios por sus obras, entre ellos el prestigioso premio Jristo Bótev de Bulgaria (1986) y el premio Llama de Oro de Amnistía Internacional (1987). El cuento «La noche de los feos» viene de la colección de cuentos llamada *La muerte y otras sorpresas* que se publicó en 1968. Si Ud. ha leído «La carta de amor» de Benedetti en el capítulo 2, pronto verá que este cuento tiene un tono y tema muy distintos de los de «La noche de los feos». Estas diferencias son una indicación de la diversidad de sus obras.

# La noche de los feos

### *Mario Benedetti*

1

Ambos somos feos. Ni siquiera vulgarmente feos. Ella tiene un pómulo hundido.° Desde los ochos años, cuando le hicieron la operación. Mi asquerosa

*sunken cheekbone*

marca junto a la boca viene de una quemadura feroz, ocurrida a comienzos de
mi adolescencia.

5       Tampoco puede decirse que tengamos ojos tiernos, esa suerte de faros
de justificación por los que a veces los horribles consiguen arrimarse° a la     **acercarse**
belleza. No, de ningún modo. Tanto los de ella como los míos son ojos llenos
de resentimiento, que sólo reflejan la poca o ninguna resignación con que
enfrentamos nuestro infortunio. Quizá eso nos haya unido. Tal vez *unido* no
10 sea la palabra más apropiada. Me refiero al odio implacable que cada uno de
nosotros siente por su propio rostro.

       Nos conocimos a la entrada del cine, haciendo cola para ver en la pan-
talla a dos hermosos cualesquiera. Allí fue donde por primera vez nos exami-
15 namos sin simpatía pero con oscura solidaridad; allí fue donde registramos, ya
desde la primera ojeada, nuestras respectivas soledades. En la cola todos estaban de a dos, pero además eran auténticas parejas: esposos, novios, amantes,
abuelitos, vaya uno a saber. Todos —de la mano o del brazo— tenían a
alguien. Sólo ella y yo teníamos las manos sueltas y crispadas.°     *free, unattached*
    *and tense*
20       Nos miramos las respectivas fealdades con detenimiento, con insolencia, sin curiosidad. Recorrí la hendedura° de su pómulo con la garantía de     *crevice*
desparpajo° que me otorgaba mi mejilla encogida.° Ella no se sonrojó. Me     ***self-confidence/***
gustó que fuera dura, que devolviera mi inspección con una ojeada minuciosa     *shriveled cheek*
a la zona lisa,° brillante, sin barba, de mi vieja quemadura.     **suave**
25       Por fin entramos. Nos sentamos en filas distintas, pero contiguas. Ella
no podía mirarme, pero yo, aun en la penumbra,° podía distinguir su nuca de     **oscuridad**
pelos rubios, su oreja fresca, bien formada. Era la oreja de su lado normal.

       Durante una hora y cuarenta minutos admiramos las respectivas belle-
zas del rudo héroe y la suave heroína. Por lo menos yo he sido siempre capaz
30 de admirar lo lindo. Mi animadversión° la reservo para mi rostro, y a veces     **hostilidad**
para Dios. También para el rostro de otros feos, de otros espantajos.° Quizá     **espantapájaros**
debería sentir piedad, pero no puedo. La verdad es que son algo así como
espejos. A veces me pregunto qué suerte habría corrido el mito si Narciso
hubiera tenido un pómulo hundido, o el ácido le hubiera quemado la mejilla,
35 o le faltara media nariz, o tuviera una costura° en la frente.     *scar*

       La esperé a la salida. Caminé unos metros junto a ella, y luego le hablé.
Cuando se detuvo y me miró, tuve la impresión de que vacilaba. La invité a
que charláramos un rato en un café o una confitería. De pronto aceptó.

40       La confitería estaba llena, pero en ese momento se desocupó una mesa.
A medida que pasábamos entre la gente, quedaban a nuestras espaldas las
señas, los gestos de asombro. Mis antenas están particularmente adiestradas°     **entrenadas**
para captar esa curiosidad enfermiza, ese inconsciente sadismo de los que tienen un rostro corriente, milagrosamente simétrico. Pero esta vez ni siquiera
45 era necesario mi adiestrada intuición, ya que mis oídos alcanzaban para registrar murmullos, tosecitas, falsas carrasperas.° Un rostro horrible y aislado tiene     *throat clearings*
evidentemente su interés; pero dos fealdades juntas constituyen en sí mismas
un espectáculo mayor, poco menos que° coordinado; algo que se debe mirar     **casi**
en compañía, junto a uno (o una) de esos bien parecidos con quienes merece
50 compartirse el mundo.

Nos sentamos, pedimos dos helados, y ella tuvo coraje (eso también me gustó) para sacar del bolso su espejito y arreglarse el pelo. Su lindo pelo.

—¿Qué está pensando?—, pregunté.

Ella guardó el espejo y sonrió. El pozo° de la mejilla cambió de forma.                    *hueco, depresión*

55 —Un lugar común—, dijo. —Tal para cual.

Hablamos largamente. A la hora y media hubo que pedir dos cafés para justificar la prolongada permanencia. De pronto me di cuenta de que tanto ella como yo estábamos hablando con una franqueza tan hiriente que amenazaba traspasar la sinceridad y convertirse en un casi equivalente de la hipo-

60 cresía. Decidí tirarme a fondo.

—Usted se siente excluida del mundo, ¿verdad?

—Sí—, dijo, todavía mirándome.

—Usted admira a los hermosos, a los normales. Usted quisiera tener un rostro tan equilibrado como esa muchachita que está a su derecha, a pesar de

65 que usted es inteligente, y ella, a juzgar por su risa, irremisiblemente° estúpida.     *irretrievably*

—Sí.

Por primera vez no pudo sostener mi mirada.

—Yo también quisiera eso. Pero hay una posibilidad, ¿sabe?, de que usted y yo lleguemos a algo.

70 —¿Algo como qué?

—Como queremos, caramba. O simplemente congeniar.° Llámele como     *llevarse bien*

quiera, pero hay una posibilidad.

Ella frunció el ceño.° No quería concebir esperanzas.     *frowned*

—Prométame no tomarme por un chiflado.°     *nut, crackpot*

75 —Prometo.

—La posibilidad es meternos en la noche. En la noche íntegra. En lo oscuro total. ¿Me entiende?

—No.

—¡Tiene que entenderme! Lo oscuro total. Donde usted no me vea,

80 donde yo no la vea. Su cuerpo es lindo, ¿no lo sabía?

Se sonrojó, y la hendedura de la mejilla se volvió súbitamente escarlata.

—Vivo solo, en un apartamento, y queda cerca.

Levantó la cabeza y ahora sí me miró preguntándome, averiguando sobre mí, tratando desesperadamente de llegar a un diagnóstico.

85 —Vamos—, dijo.

## 2

No sólo apagué la luz sino que además corrí° la doble cortina. A mi lado     *cerré*

ella respiraba. Y no era una respiración afanosa.° No quiso que la ayudara a     *heavy*

desvestirse.

90 Yo no veía nada, nada. Pero igual pude darme cuenta de que ahora estaba inmóvil, a la espera. Estiré cautelosamente una mano, hasta hallar su pecho. Mi tacto me transmitió una versión estimulante, poderosa. Así vi su vientre, su sexo. Sus manos también me vieron.

95 En ese instante comprendí que debía arrancarme (y arrancarla) de aquella mentira que yo mismo había fabricado. O intentado fabricar. Fue como un relámpago. No éramos eso. No éramos eso.

Tuve que recurrir a todas mis reservas de coraje, pero lo hice. Mi mano ascendió lentamente hasta su rostro, encontró el surco° de horror, y empezó
100 una lenta, convincente y convencida caricia. En realidad mis dedos (al principio un poco temblorosos, luego progresivamente serenos) pasaron muchas veces sobre sus lágrimas.

*crevice, groove*

Entonces, cuando yo menos lo esperaba, su mano también llegó a mi cara, y pasó y repasó el costurón y el pellejo liso, esa isla sin barba, de mi
105 marca siniestra.

Lloramos hasta el alba. Desgraciados, felices. Luego me levanté y descorrí la cortina doble.

# DESPUÉS DE LEER

## PREGUNTAS

### *En general*

1. Describa al hombre y a la mujer incluyendo una descripción física y una de temperamento. ¿Qué tienen en común? ¿Desde cuándo han tenido sus «defectos»?
2. ¿Por qué sienten una especie de solidaridad?

## En detalle

### *Primera parte*

1. ¿Dónde se conocieron el narrador y la mujer? ¿Qué les atrajo?
2. Según el narrador en el segundo párrafo, ¿qué tienen en común los dos personajes en cuanto a su actitud sobre su apariencia?
3. El narrador describe a las otras parejas en la cola como «auténticas parejas». ¿Por qué no constituyen el hombre y la mujer una auténtica pareja?
4. ¿Quiénes son los «hermosos cualesquiera» a quienes se refiere el narrador?
5. ¿Qué ocurre en el cine? ¿Qué es lo que ven en la película?
6. ¿Por qué dice el narrador que reserva su hostilidad para su propio rostro, para los rostros de «otros feos» y para Dios?
7. ¿Por qué el narrador no siente piedad por otros con defectos físicos?
8. ¿Cuándo es la primera vez que se hablan?
9. Cuando entran en la confitería, ¿cómo sabe el narrador qué tipos de reacciones tienen las personas que están allí? ¿Cómo es distinta la reacción de la gente comparada con las reacciones que el narrador ha experimentado en otras ocasiones?

10. La proposición que le ofrece el hombre a la mujer, ¿por qué incluye la oscuridad total? ¿Qué le proporciona a la pareja la promesa de la oscuridad?

## Segunda parte

1. ¿Por qué el hombre no sólo apagó la luz sino que cerró las cortinas también?

2. Cuando el narrador se refiere a «aquella mentira que yo mismo había fabricado», ¿a qué se refiere? ¿Por qué era necesario acabar con esta mentira? ¿Qué hizo él para acabar con la mentira?

3. ¿Por qué lloró la mujer?

4. ¿Por qué lloraron los dos al final del cuento?

## Discusión e interpretación

1. ¿Qué efecto ha tenido la apariencia en la personalidad del hombre y de la mujer? Haga una lista de ejemplos del cuento. ¿Qué papel han tenido las reacciones de otra gente hacia sus defectos sobre el carácter del hombre y de la mujer?

2. ¿Por qué utiliza el narrador el adverbio **milagrosamente** en la siguiente frase para describir los atributos de la gente que tiene facciones normales?: «Mis antenas están particularmente adiestradas para captar esa curiosidad enfermiza, ese inconsciente sadismo de los que tienen un rostro corriente, **milagrosamente** simétrico.»

3. ¿Qué quiere decir el hombre cuando dice «Recorrí la hendedura de su pómulo con la garantía de desparpajo que me otorgaba mi mejilla encogida»?

4. En el cine si el hombre hubiera estado sentado donde viera el lado imperfecto de la mujer en vez del lado normal, ¿cree que se hubiera interesado en conocerla mejor? Explique.

5. Dé un resumen del mito de Narciso. Explique el porqué de la referencia a este mito en el cuento. (Si no conoce el mito, búsquelo en una enciclopedia o en el Internet.)

6. Al final de la primera parte el narrador comenta que la mujer «no quería concebir esperanzas». ¿Qué quiere decir esto?

7. Comente los aspectos de la mujer —tanto físicos como de temperamento— que le gustan al hombre.

8. ¿Por qué era tan difícil para el hombre tocar la cara de la mujer? ¿Qué le comunica a ella cuando le toca la cara? ¿Cómo responde ella?

9. Al final del cuento el hombre abre las cortinas. ¿Qué simboliza esta acción?

10. ¿Cree Ud. que el título del cuento sea apropiado? Explique.

11. Repase el cuento y haga dos listas con las expresiones que utiliza el narrador para referirse a la gente sin defectos y a la gente con defectos físicos. ¿Qué muestran estas expresiones sobre la actitud del hombre hacia los que tienen y los que no tienen defectos físicos?

12. ¿Cree que la actitud del hombre hacia el mundo y hacia sus circunstancias va a cambiar después de esta experiencia amorosa con la mujer? Explique su opinión.

13. ¿Por qué no dialogan los personajes en la segunda parte del cuento?

14. ¿Por qué cree que el autor decidió narrar el cuento desde la perspectiva del hombre? ¿Y por qué optó por usar la primera persona en vez de la tercera persona?

15. Con la excepción del diálogo en la confitería, el lector no recibe muchas indicaciones de la perspectiva de la mujer. Leemos los pensamientos del hombre y su interpretación de las acciones y expresiones de la mujer. ¿Está de acuerdo con su interpretación? Explique. ¿Hay otras indicaciones de lo que está pensando y experimentando la mujer?

# LAZOS GRAMATICALES

## La colocación de los adjetivos descriptivos

**8-5 ¿Qué información comunica la posición de los adjetivos?** Antes de contestar las siguientes preguntas, vuelva a leer la sección número dos del *Manual de gramática* (pp. 290–298).

1. Examine las siguientes expresiones del cuento. En cada caso, la frase en cuestión aparece a continuación, pero se recomienda que lea todo el párrafo donde aparece para entender mejor el contexto. ¿Qué efecto tiene la posición de los adjetivos con respecto al sustantivo que modifican? Considere cada caso separadamente.

   a. mi **asquerosa** marca (primer párrafo, líneas 2–3)

   b. una quemadura **feroz** (primer párrafo, línea 3)

   c. **oscura** solidaridad (tercer párrafo, línea 15)

   d. **rudo** héroe y la **suave** heroína (sexto párrafo, línea 29)

   e. su **lindo** pelo (noveno párrafo, línea 52)

2. Con una excepción, cada vez que el sustantivo **rostro** es modificado en el cuento, su adjetivo va después. Usando lo que sabe sobre el efecto de la posición de los adjetivos respecto a su sustantivo, explique la función del adjetivo en esta posición. Las siguientes oraciones del cuento pueden ayudarlo/la a formular su explicación.

## Después

1. Mis antenas están particularmente adiestradas para captar esa curiosidad enfermiza, ese inconsciente sadismo de los que tienen un rostro **corriente, milagrosamente simétrico**.

2. Un rostro **horrible y aislado** tiene evidentemente su interés...

3. Usted quisiera tener un rostro tan **equilibrado** como esa muchachita que está a su derecha...

## Antes

El único caso donde **rostro** tiene un adjetivo colocado antes es en la siguiente oración. ¿Por qué va antes?

4. Me refiero al odio implacable que cada uno de nosotros siente por su **propio** rostro.

3. Examine la siguiente oración nuevamente, esta vez concentrándose en las posiciones de los adjetivos en negrita. Luego conteste las preguntas que le siguen.

Mis antenas están particularmente adiestradas para captar esa curiosidad **enfermiza**, ese **inconsciente** sadismo de los que tienen un rostro corriente, milagrosamente simétrico.

a. ¿Por qué cree que el autor ha puesto el adjetivo **enfermiza** después del sustantivo **curiosidad**?

b. ¿Por qué se ha colocado **inconsciente** antes de **sadismo** en vez de después?

c. ¿Sería posible cambiar el orden de los adjetivos/sustantivos en estas frases y tener sentido en este contexto? Si es posible, explique cómo cambiaría el sentido.

## Las cláusulas con «si»

**8-6 ¿Probable o improbable?/¿Presente o pasado?** Antes de contestar las siguientes preguntas, vuelva a leer la sección número seis del *Manual de gramática* sobre las cláusulas con «si» (pp. 323–326). Las respuestas pueden determinarse si se fija en los tiempos gramaticales de la cláusula con **si** y su cláusula independiente correspondiente —y el tipo de información que comunican estas estructuras.

1. **Narciso:** Lea la siguiente oración que hace referencias al mito de Narciso y conteste las preguntas a continuación.

A veces me pregunto qué suerte habría corrido el mito si Narciso hubiera tenido un pómulo hundido, o el ácido le hubiera quemado la mejilla, o le faltara media nariz, o tuviera una costura en la frente.

a. ¿Qué tipo de situación se ve en la oración anterior? ¿Probable o improbable? ¿Es una situación orientada hacia el presente o el pasado?

b. Si una persona no conoce el mito de Narciso, ¿qué puede inferir sobre Narciso usando solamente la información dada en la estructura de la oración? ¿Tuvo o no tuvo los impedimentos indicados en la pregunta del narrador? ¿Cómo lo sabe? ¿Hay una posibilidad de que Narciso tuviera estos impedimentos? Explique, usando las reglas para las cláusulas con **si**.

c. Leyendo esta oración en el contexto del cuento ¿es posible describir a Narciso en términos generales sin conocer el mito? Explique.

2. **El narrador:** Ahora piense otra vez en el narrador. ¿Cree que si el narrador hubiera tenido facciones perfectas —si no hubiera tenido sus propias imperfecciones— habría tenido interés en la mujer? Explique su respuesta usando evidencia del cuento.

## El efecto de usar antónimos

Conteste las siguientes preguntas para determinar el efecto de los antónimos.

8-7 Polos opuestos: El efecto de usar antónimos.

1. Este cuento contiene muchos contrastes y numerosos antónimos. Por ejemplo, el adjetivo **feos** del título se puede contrastar con **hermosos**, que se usa en el cuento. Busque los antónimos utilizados en el cuento para las siguientes palabras. Si encuentra otros pares de antónimos, apúntelos.

a. feos: (además de **hermosos**, busque otro antónimo)

b. suerte:

c. fealdad:

d. entrada:

e. tembloroso:

f. correr:

2. ¿Qué efecto causa el empleo frecuente de conceptos opuestos en este cuento? Si se eliminaran todas las referencias opuestas, ¿qué efecto tendría en el cuento? ¿Qué se perdería?

3. De la lista de antónimos del ejercicio número uno, ¿cuáles considera más importantes en el cuento? Explique.

## Variar el enfoque alternando entre los tiempos

8-8 Una examinación de los tiempos. Ud. probablemente observó que varias veces el narrador cambió el tiempo entre el presente y el pasado. En este ejercicio vamos a examinar por qué el autor ha hecho estos cambios de tiempo.

1. Repase los cuatro primeros párrafos. ¿Cuándo utiliza el pasado? ¿Cuándo usa el presente?

2. Examine la alternancia de tiempos en los párrafos seis y ocho de la primera parte. ¿Por qué utiliza el tiempo presente aquí?

3. Hojee el resto de la primera parte. El uso del tiempo presente es abundante aquí también. ¿Por qué se usa el tiempo presente en esta sección?

4. Dadas sus respuestas a las preguntas anteriores, ¿por qué cree que el autor decidió no usar el tiempo presente en la segunda parte?

☞ Relea el cuento aplicando lo que ha aprendido y practicado en los ejercicios de la sección «**Lazos gramaticales**». Si lo hace, va a entender mejor el cuento y a fortalecer su comprensión de la gramática.

# A ESCRIBIR

## Estrategias de composición

Esta sección incluye una serie de pasos para ayudarlo/la a: (1) formular y desarrollar sus ideas, (2) buscar evidencia del cuento para apoyar sus argumentos y (3) organizar su composición para que sea cohesiva y coherente. También incluye instrucciones para buscar y corregir errores de gramática y de vocabulario. Estas sugerencias acompañan el primer tema porque son específicas para ese tema, pero son útiles para todos los temas. Si escoge otro tema, lea las sugerencias incluidas para el Tema uno y adáptelas para el tema que elija.

## Tema 1

El aislamiento y la solidaridad son temas que se repiten en el cuento. Escriba un ensayo en que examine la naturaleza de esta dicotomía. ¿Son fuerzas opuestas o son dos aspectos de un total? Desarrolle su perspectiva examinando cómo estos temas se manifiestan en el cuento.

Al completar cada uno de los siguientes pasos, marque (✓) la casilla a la izquierda.

❏ a. Piense en ejemplos de su vida (o de la vida en general) del aislamiento y de la solidaridad. Prepare una introducción de lo que significan estos conceptos.

❏ b. Haga una lista de los ejemplos (explícitos e implícitos) del aislamiento y de la solidaridad que ocurren en el cuento.

❏ c. Incluya los pensamientos del hombre y las reacciones de los dos personajes.

❏ d. Incluya sus ideas sobre la condición humana que se ve reflejada en esta aparente dicotomía.

❏ e. Reescriba su introducción y escriba una conclusión.

❏ f. Cuando haya escrito su borrador, revíselo, asegurándose que sus ideas sigan un orden lógico y que fluyan bien. Haga las correcciones necesarias.

❏ g. Dele un título interesante.

❏ h. Antes de entregar su composición, revísela asegurándose que:

❏ haya usado vocabulario correcto y variado

❏ no haya usado **ser, estar** y **haber** demasiado (es preferible usar verbos más expresivos)

❏ haya concordancia entre los adjetivos y artículos y los sustantivos a que se refieren

❏ haya concordancia entre los verbos y sus sujetos

❏ **ser** y **estar** se usen correctamente

❏ el subjuntivo se use cuando sea apropiado

❏ el pretérito y el imperfecto se hayan usado correctamente

❏ no haya errores de ortografía ni de acentuación

## Otros temas de composición

2. Escriba una breve composición sobre la dicotomía entre la claridad y la oscuridad (tanto literales como figurativas) que se manifiestan en el cuento.
Ejemplos: la franqueza entre el hombre y la mujer al principio del cuento, pero, luego «la mentira» fabricada por el hombre; el correr y el descorrer de la cortina doble en el cuarto.

3. Escriba un ensayo examinando la importancia de la apariencia física y la validez de juzgar a otros por las apariencias. Incluya aspectos del cuento para apoyar sus argumentos.

4. Reescriba el cuento desde el punto de vista de la mujer.

# Axolotl

Julio Cortázar (1914–1984)

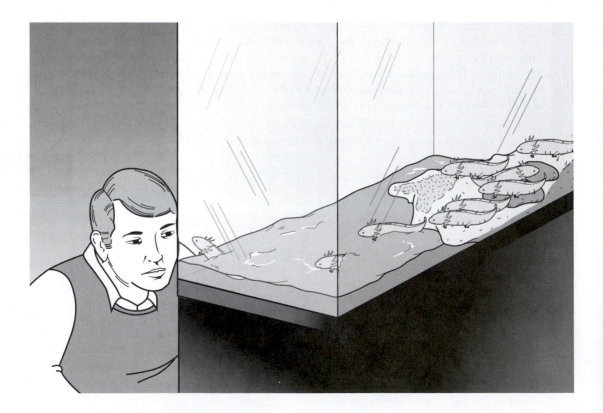

# ANTES DE LEER

**9-1 Reflexiones.** Considere las siguientes preguntas antes de leer el cuento.

1. ¿Alguna vez ha ido a un zoológico o acuario? ¿Qué animales le gustan más? ¿Por qué? ¿Qué pensamientos y emociones pasan por su mente cuando mira los animales? ¿Ha sentido un nexo, un vínculo con algún animal? Explique.

2. ¿Por qué cree Ud. que los seres humanos nos interesamos tanto en los animales en los zoológicos?

3. Lea el tercer párrafo (líneas 13–21) del cuento para ver la descripción de los axolotl provista por el narrador del cuento. Luego conteste las siguientes preguntas:

   a. ¿Cuáles son los dos indicios que utiliza el narrador para determinar que los axolotl son animales mexicanos?

   b. ¿Cuál es uno de los datos que el narrador aprendió sobre los axolotl del diccionario que consultó?

## En más detalle

El axolotl (también escrito **axolote** y **ajolote**) es un tipo de salamandra larval —animal anfibio que se encuentra principalmente en México y el oeste de los EE.UU. que se caracteriza por su estado neotónico. **Neotónico** quiere decir que los axolotl viven y se reproducen sin experimentar metamorfosis, o sea que permanecen en forma larval. Por esto viven toda la vida en el agua, a diferencia de otros anfibios, como el sapo. El sapo experimenta una metamorfosis de su forma larval (un renacuajo°) a su forma adulta —un sapo— que puede andar en la tierra. Los axolotl tienen branquias° externas. La palabra **axolotl** es del náhuatl, la lengua de los aztecas. La **x** se pronuncia como la *sh* en náhuatl y como la **j** en español. En náhuatl, esta palabra literalmente quiere decir **muñeca de agua** o **juguete de agua**.

*tadpole*
*gills*

## Enfoques léxicos

### Cognados falsos

**9-2 Examinación de cognados falsos en «Axolotl».** Este cuento contiene varios cognados falsos, algunos se incluyen en los ejercicios a continuación. (Para más detalle sobre los cognados falsos, lea la sección número uno del *Manual de gramática* [pp. 285–290].)

1. La palabra **sensible** en español no quiere decir *sensible*. Esto es obvio en la oración que contiene la palabra. Lea a continuación una descripción de un axolotl, e infiera su significado.

Vi un cuerpecito rosado y como translúcido (pensé en las estatuillas chinas de cristal lechoso), semejante a un pequeño lagarto de quince centímetros, terminado en una cola de pez y una delicadeza extraordinaria, la parte más **sensible** de nuestro cuerpo.

→ Si usted ha inferido que **sensible** quiere decir *sensitive*, tiene razón. Otras palabras relacionadas en el cuento son: **insensibles** y **sensibilidad**. También son cognados falsos —no significan *insensible* o *sensibility*, sino *insensitive* y *sensitivity*, respectivamente.

2. Como vimos en el capítulo 8, la palabra **vulgar** generalmente no se traduce a la palabra *vulgar*, la cual se expresa en español con varias expresiones, por ejemplo **grosero** o **de mal gusto**. **Vulgar** frecuentemente tiene el significado de **común** u **ordinario**. Lea la frase en el cuento para familiarizarse con la palabra antes de leer el cuento.

Opté por los acuarios, soslayé° peces vulgares hasta dar inesperadamente con los axolotl.

*° I sidestepped, went around*

## Grupos léxicos

**9-3 Palabras relacionadas.** Complete las siguientes frases con la palabra adecuada. Las palabras agrupadas tienen la misma raíz y por lo tanto tienen un significado relacionado. Utilice su conocimiento de la gramática para escoger la palabra correcta. No será necesario cambiar las formas de las palabras. Usará algunas palabras más de una vez. Verifique sus respuestas buscando la oración en el cuento. (Las oraciones de cada grupo se presentan en el orden en que aparecen en el cuento.)

**mirar - mirada - mirando - mirándome - mirándolos - mirarlos - miró - miraba - miraban**

1. Iba a verlos al acuario del Jardin des Plantes y me quedaba horas _____, observando su inmovilidad,...

2. Me apoyaba en la barra de hierro que bordea los acuarios y me ponía a _____.

3. Había nueve ejemplares, y la mayoría apoyaba la cabeza contra el cristal, _____ con sus ojos de oro a los que se acercaban.

4. Un rostro inexpresivo, sin otro rasgo que los ojos, dos orificios como cabezas de alfiler, enteramente de un oro transparente, carentes de toda vida pero mirando, dejándose penetrar por mi _____ que parecía pasar a través del punto áureo y perderse en un diáfano misterio interior.

5. Los ojos de los axolotl me decían de la presencia de una vida diferente, de otra manera de _____.

6. O yo estaba también en él, o todos nosotros pensábamos como un hombre, incapaces de expresión, limitados al resplandor dorado de nuestros ojos que _____ la cara del hombre pegada al acuario.

7. Ayer lo vi, me _____ largo rato y se fue bruscamente.

8. Los ojos de oro seguían ardiendo con su dulce, terrible luz; seguían _____ desde una profundidad insondable que me daba vértigo.

9. Yo creo que era la cabeza de los axolotl, esa forma triangular rosada con los ojillos de oro. Eso _____ y sabía.

**inmovilidad - movernos - inmóviles - movimientos - se movía**

10. Iba a verlos al acuario del Jardin des Plantes y me quedaba horas mirándolos, observando su _____, sus oscuros _____.

11. Turbado, casi avergonzado, sentí como una impudicia asomarme a esas figuras silenciosas e _____ aglomeradas en el fondo del acuario.

12. A veces una pata _____ apenas, yo veía los diminutos dedos posándose con suavidad en el musgo.

13. Es que no nos gusta _____ mucho, y el acuario es tan mezquino.

14. Oscuramente me pareció comprender su voluntad secreta, abolir el espacio y el tiempo con una _____ indiferente.

15. Ellos seguían mirándome, _____.

16. Llegué a ir todos los días, y de noche los imaginaba _____ en la oscuridad, adelantando lentamente una mano que de pronto encontraba la de otro.

**desesperada - inesperadamente - esperaba - esperanzas**

17. Opté por los acuarios, soslayé peces vulgares hasta dar _____ con los axolotl.

18. Los imaginé conscientes, esclavos de su cuerpo, infinitamente condenados a un silencio abisal, a una reflexión _____.

19. Me sorprendía musitando palabras de consuelo, transmitiendo pueriles _____.

20. Detrás de esas caras aztecas, inexpresivas y sin embargo de una crueldad implacable, ¿qué imagen _____ su hora?

## Expresiones útiles

**9-4 Expresiones con «dar».** Como vimos en el capítulo uno, **dar** se usa en muchas expresiones comunes en español. Las tres expresiones a continuación aparecen en este cuento. Escriba una oración original usando cada una de las expresiones. Observe que **darse cuenta** es un verbo reflexivo mientras que **dar con** y **dar vértigo** generalmente se usan con un pronombre de complemento indirecto.

| Expresión con «dar» | Significado |
|---|---|
| dar con (+ sustantivo) | encontrar (*to find, to come across*) |
| darse cuenta | comprender (*to realize*) |
| dar vértigo | *to make dizzy* |

## Diminutivos

En la sección «En más detalle» en la página 135, aprendió sobre los axolotl y el dibujo en la página 134 le da una idea de su apariencia física. Si no hubiera un dibujo ni una descripción, descubriría mucho sobre su apariencia por el lenguaje que utiliza Cortázar para describirlos. Un aspecto de su descripción es el uso frecuente de diminutivos.

**9-5 El uso de diminutivos en «Axolotl».** Considere la siguiente lista de diminutivos del cuento mientras contesta las preguntas.

| cuerpecitos | estatuillas | ramitas | ramillas | manecitas | ojillos |
|---|---|---|---|---|---|

1. ¿Qué sabemos de la apariencia física de los axolotl por el uso de estos diminutivos para describirlos?
2. De estos ejemplos, ¿puede identificar dos terminaciones usadas en español para diminutivos?
3. ¿Puede identificar la palabra base de cada palabra?
4. Además de usar diminutivos para referirse a la pequeñez de los axolotl, Cortázar ha usado adjetivos, por ejemplo **pequeños**, **diminutos** y **menudos**. Usando las palabras base que identificó en la pregunta anterior y un adjetivo, escriba definiciones de los diminutivos.

   **Modelo**

   Un **cuerpecito** es un **cuerpo pequeño**.

# A LEER

## Estrategia de lectura: Reconocer y apreciar las técnicas de un autor

Julio Cortázar es un autor conocido por sus cuentos cuyos personajes se mueven entre el mundo de la realidad y el de la ficción o la fantasía.

Uno de sus talentos como escritor es su habilidad de hacer creíble lo increíble, hacer realista lo inverosímil.

En el primer párrafo de «Axolotl», se nos presenta un acontecimiento inverosímil como si fuera un evento natural y normal. Este párrafo que sigue nos provee un resumen sucinto de lo que va a pasar en el cuento.

> Hubo un tiempo en que yo pensaba mucho en los axolotl. Iba a verlos al acuario del Jardin des Plantes y me quedaba horas mirándolos, observando su inmovilidad, sus oscuros movimientos. Ahora soy un axolotl.

En este párrafo, descubrimos inmediatamente que el narrador, fascinado por los axolotl que visita todos los días en un acuario, va a convertirse en uno. Revelarlo directamente y al principio presta fe a un «hecho» que no puede ocurrir en la realidad. Desde el principio estamos conscientes que esto va a pasar y lo aceptamos. Así que la metamorfosis del hombre en axolotl no nos vendrá como una revelación sorprendente al final. Lo que se nos revela a lo largo del cuento es el **proceso** de la metamorfosis. Parte de la diversión para el lector será ser testigo a este proceso.

Siga leyendo el cuento, recordando que el narrador va a convertirse en axolotl, y preste atención a los indicios de su metamorfosis. Haga una lista de los indicios para discutirlos en clase.

## Julio Cortázar

Julio Cortázar nació en Bruselas, Bélgica en 1914 de padres argentinos. En 1916, su familia se mudó a Suiza y dos años más tarde, regresaron a Argentina. De 1935 a 1945 fue maestro de primaria y de secundaria; en 1944 empezó a enseñar literatura en la Universidad de Cuyo en Mendoza, Argentina pero tuvo que renunciar a su puesto por sus actividades políticas. De 1945 a 1951 fue traductor de obras literarias. En 1951, se mudó a París donde trabajó como traductor y escritor. Vivió allí hasta su muerte en 1984. Durante su vida, escribió poesía, teatro, ensayos, cuentos y novelas. Recibió el Premio Medicis (1974) y el Premio Orden Rubén Darío de la Intendencia Cultural (1983), ortogado por el gobierno de Nicaragua. Los temas de sus cuentos son varios pero muchos tienen elementos de fantasía donde la división entre la realidad y la fantasía se borra. El cuento «Axolotl» es un buen ejemplo de su característico estilo. Proviene de *Final del juego*, una colección de cuentos que se publicó en 1956.

# Axolotl

## *Julio Cortázar*

Hubo un tiempo en que yo pensaba mucho en los axolotl. Iba a verlos al acuario del Jardin des Plantes[1] y me quedaba horas mirándolos, observando su inmovilidad, sus oscuros movimientos. Ahora soy un axolotl.

El azar° me llevó hasta ellos una mañana de primavera en que París
5 abría su cola de pavorreal° después de la lenta invernada.° Bajé por el bulevar de Port-Royal, tomé St. Marcel y L'Hôpital, vi los verdes entre tanto gris y me acordé de los leones. Era amigo de los leones y las panteras, pero nunca había entrado en el húmedo y oscuro edificio de los acuarios. Dejé mi bicicleta contra las rejas y fui a ver los tulipanes. Los leones estaban feos y tristes y mi
10 pantera dormía. Opté por los acuarios, soslayé° peces vulgares hasta dar inesperadamente con los axolotl. Me quedé una hora mirándolos y salí, incapaz de otra cosa.

En la biblioteca Sainte-Geneviève consulté un diccionario y supe que los axolotl son formas larvales, provistas de branquias,° de una especie de batra-
15 cios del género amblistoma. Que eran mexicanos lo sabía ya por ellos mismos, por sus pequeños rostros rosados aztecas y el cartel en lo alto del acuario. Leí que se han encontrado ejemplares en África capaces de vivir en tierra durante los períodos de sequía, y que continúan su vida en el agua al llegar la estación de las lluvias. Encontré su nombre español, ajolote, la mención de que son
20 comestibles y que su aceite se usaba (se diría que no se usa más) como el de hígado de bacalao.

No quise consultar obras especializadas, pero volví al día siguiente al Jardin de Plantes. Empecé a ir todas las mañanas, a veces de mañana y de tarde. El guardián de los acuarios sonreía perplejo al recibir el billete. Me apo-
25 yaba en la barra de hierro que bordea los acuarios y me ponía a mirarlos. No hay nada de extraño en esto, porque desde un primer momento comprendí que estábamos vinculados, que algo infinitamente perdido y distante seguía sin embargo uniéndonos. Me había bastado detenerme aquella primera mañana ante el cristal donde unas burbujas° corrían en el agua. Los axolotl se
30 amontonaban° en el mezquino y angosto° (sólo yo puedo saber cuán angosto y mezquino) piso de piedra y musgo° del acuario. Había nueve ejemplares, y la mayoría apoyaba la cabeza contra el cristal, mirando con sus ojos de oro a los que se acercaban. Turbado, casi avergonzado, sentí como una impudicia° asomarme° a esas figuras silenciosas e inmóviles aglomeradas en el fondo del
35 acuario. Aislé mentalmente una, situada a la derecha y algo separada de las otras, para estudiarla mejor. Vi un cuerpecito rosado y como translúcido (pensé en las estatuillas chinas de cristal lechoso), semejante a un pequeño lagarto de quince centímetros, terminado en una cola de pez de una

---

[1]El cuento «Axolotl» tiene lugar en París; por eso los nombres de lugares están en francés.

delicadeza extraordinaria, la parte más sensible de nuestro cuerpo. Por el
40 lomo corría una aleta° transparente que se fusionaba con la cola, pero lo que *fin*
me obsesionó fueron las patas, de una finura sutilísima, acabadas en menu-
dos° dedos, en uñas minuciosamente humanas. Y entonces descubrí sus ojos, *pequeños*
su cara. Un rostro inexpresivo, sin otro rasgo que los ojos, dos orificios como
45 cabezas de alfiler, enteramente de un oro transparente, carentes de° toda *lacking*
vida pero mirando, dejándose penetrar por mi mirada que parecía pasar a través del punto áureo y perderse en un diáfano° misterio interior. Un delgadí- *translúcido*
simo halo negro rodeaba el ojo y lo inscribía en la carne rosa, en la piedra rosa
de la cabeza vagamente triangular pero con lados curvos e irregulares, que le
50 daban una total semejanza con una estatuilla corroída por el tiempo. La boca
estaba disimulada por el plano triangular de la cara, sólo de perfil se adivinaba
su tamaño considerable; de frente una fina hendedura° rasgaba apenas la *crack, slit*
piedra sin vida. A ambos lados de la cabeza, donde hubieran debido estar las
orejas, le crecían tres ramitas rojas como de coral, una excrecencia vegetal, las
55 branquias, supongo. Y era lo único vivo en él, cada diez o quince segundos las
ramitas se enderezaban° rígidamente y volvían a bajarse. A veces una pata se *se levantaban*
movía apenas, yo veía los diminutos dedos posándose con suavidad en el
musgo. Es que no nos gusta movernos mucho, y el acuario es tan mezquino;
apenas avanzamos un poco nos damos con la cola o la cabeza de otro de
60 nosotros; surgen dificultades, peleas, fatiga. El tiempo se siente menos si nos
estamos quietos.

    Fue su quietud lo que me hizo inclinarme fascinado la primera vez que vi a
los axolotl. Oscuramente me pareció comprender su voluntad secreta, abolir el
65 espacio y el tiempo con una inmovilidad indiferente. Después supe mejor, la con-
tracción de las branquias, el tanteo de las finas patas en las piedras, la repentina
natación (algunos de ellos nadan con la simple ondulación del cuerpo) me probó
que eran capaces de evadirse de ese sopor° mineral en que pasaban horas ente- *letargo, adorme-*
70 ras. Sus ojos, sobre todo, me obsesionaban. Al lado de ellos, en los restantes *cimiento*
acuarios, diversos peces me mostraban la simple estupidez de sus hermosos ojos
semejantes a los nuestros. Los ojos de los axolotl me decían de la presencia de
una vida diferente, de otra manera de mirar. Pegando mi cara al vidrio (a veces el
guardián tosía, inquieto) buscaba ver mejor los diminutos puntos áureos, esa
75 entrada infinitamente lento y remoto de las criaturas rosadas. Era inútil golpear
con el dedo en el cristal, delante de sus caras; jamás se advertía la menor reacción. Los ojos de oro seguían ardiendo con su dulce, terrible luz; seguían mirándome desde una profundidad insondable° que me daba vértigo. *impenetrante*
80     Y sin embargo estaban cerca. Lo supe antes de esto, antes de ser un
axolotl. Lo supe el día en que me acerqué a ellos por primera vez. Los rasgos
antropomórficos de un mono revelan, al revés de lo que cree la mayoría, la
distancia que va de ellos a nosotros. La absoluta falta de semejanza de los
axolotl con el ser humano me probó que mi reconocimiento era válido, que
85 no me apoyaba en analogías fáciles. Sólo las manecitas… Pero una lagartija° *especie de lagarto*
tiene también manos así, y en nada se nos parece. Yo creo que era la cabeza
de los axolotl, esa forma triangular rosada con los ojillos de oro. Eso miraba y
sabía. Eso reclamaba. No eran *animales*.

95   Parecía fácil, casi obvio, caer en la mitología. Empecé viendo en los axolotl una metamorfosis que no conseguía anular° una misteriosa humanidad.   borrar, eliminar
Los imaginé conscientes, esclavos de su cuerpo, infinitamente condenados a
un silencio abisal,° a una reflexión desesperada. Su mirada ciega, el diminuto   abismal, profundo
disco de oro inexpresivo y sin embargo terriblemente lúcido, me penetraba
100  como un mensaje: «Sálvanos, sálvanos.» Me sorprendía musitando palabras
de consuelo, transmitiendo pueriles esperanzas. Ellos seguían mirándome,
inmóviles; de pronto las ramillas rosadas de las branquias se enderezaban. En
ese instante yo sentía como un dolor sordo; tal vez me veían, captaban mi
esfuerzo por penetrar en lo impenetrable de sus vidas. No eran seres huma-
105  nos, pero en ningún animal había encontrado una relación tan profunda conmigo. Los axolotl eran como testigos de algo, y a veces como horribles jueces.
Me sentía innoble frente a ellos; había una pureza tan espantosa en esos ojos
transparentes. Eran larvas, pero larva quiere decir máscara y también fan-
tasma. Detrás de esas caras aztecas, inexpresivas y sin embargo de una cruel-
110  dad implacable, ¿qué imagen esperaba su hora?
     Les temía. Creo que de no haber sentido la proximidad de otros visitan-
tes y del guardián, no me hubiese atrevido a quedarme solo con ellos. «Usted
se los come con los ojos», me decía riendo el guardián, que debía suponerme
115  un poco desequilibrado. No se daba cuenta de que eran ellos los que me
devoraban lentamente por los ojos, en un canibalismo de oro. Lejos del acuario no hacía más que pensar en ellos, era como si me influyeran a distancia.
Llegué a ir todos los días, y de noche los imaginaba inmóviles en la oscuridad,
adelantando lentamente una mano que de pronto encontraba la de otro.
120  Acaso sus ojos veían en plena noche, y el día continuaba para ellos indefini-
damente. Los ojos de los axolotl no tienen párpados.°   *eyelids*
     Ahora sé que no hubo nada de extraño, que eso tenía que ocurrir. Cada
mañana, al inclinarme sobre el acuario, el reconocimiento era mayor. Sufrían,
cada fibra de mi cuerpo alcanzaba ese sufrimiento amordazado,° esa tortura   silenciado
125  rígida en el fondo del agua. Espiaban algo, un remoto señorío° aniquilado,°   *domain/destroyed*
un tiempo de libertad en que el mundo había sido de los axolotl. No era posi-
ble que una expresión tan terrible que alcanzaba a vencer la inexpresividad
forzada de sus rostros de piedra, no portara un mensaje de dolor, la prueba
de esa condena eterna, de ese infierno líquido que padecían.° Inútilmente   sufrían
130  quería probarme que mi propia sensibilidad proyectaba en los axolotl una
conciencia inexistente. Ellos y yo sabíamos. Por eso no hubo nada de extraño
en lo que ocurrió. Mi cara estaba pegada al vidrio del acuario, mis ojos trataban una vez más de penetrar el misterio de esos ojos de oro sin iris y sin
pupila. Veía de muy cerca la cara de un axolotl inmóvil junto al vidrio. Sin tran-
135  sición, sin sorpresa, vi mi cara contra el vidrio, en vez del axolotl vi mi cara
contra el vidrio, la vi fuera del acuario, la vi del otro lado del vidrio. Entonces
mi cara se apartó y yo comprendí.
     Sólo una cosa era extraña: seguir pensando como antes, saber. Darme
cuenta de eso fue en el primer momento como el horror del enterrado vivo
140  que despierta a su destino. Afuera, mi cara volvía a acercarse al vidrio, veía mi
boca de labios apretados por el esfuerzo de comprender a los axolotl. Yo era

un axolotl y sabía ahora instantáneamente que ninguna comprensión era posible. Él estaba fuera del acuario, su pensamiento era un pensamiento fuera del acuario. Conociéndolo, siendo él mismo, yo era un axolotl y estaba en mi mundo. El horror venía —lo supe en el mismo momento— de creerme
145  prisionero en un cuerpo de axolotl, transmigrado a él con mi pensamiento de hombre, enterrado vivo en un axolotl, condenado a moverme lúcidamente entre criaturas insensibles. Pero aquello cesó cuando una pata vino a rozarme la cara, cuando moviéndome apenas a un lado vi a un axolotl junto a mí que me miraba, y supe que también él sabía, sin comunicación posible pero tan
150  claramente. O yo estaba también en él, o todos nosotros pensábamos como un hombre, incapaces de expresión, limitados al resplandor dorado de nuestros ojos que miraban la cara del hombre pegada al acuario.

Él volvió muchas veces, pero viene menos ahora. Pasa semanas sin asomarse.° Ayer lo vi, me miró largo rato y se fue bruscamente. Me pareció que    *aparecer*
155  no se interesaba tanto por nosotros, que obedecía a una costumbre. Como lo único que hago es pensar, pude pensar mucho en él. Se me ocurre que al principio continuamos comunicados,° que él se sentía más que nunca unido    *conectados,*
al misterio que lo obsesionaba. Pero los puentes están cortados entre él y yo,    *comunicándonos*
porque lo que era su obsesión es ahora un axolotl, ajeno° a su vida de hom-    *alien*
160  bre. Creo que al principio yo era capaz de volver en cierto modo a él —ah, sólo en cierto modo— y mantener alerta su deseo de conocernos mejor. Ahora soy definitivamente un axolotl, y si pienso como un hombre es sólo porque todo axolotl piensa como un hombre dentro de su imagen de piedra rosa. Me parece que de todo esto alcancé a comunicarle algo en los primeros
165  días, cuando yo era todavía él. Y en esta soledad final, a la que él ya no vuelve, me consuela pensar que acaso va a escribir sobre nosotros, creyendo imaginar un cuento va a escribir todo esto sobre los axolotl.

# DESPUÉS DE LEER

## Preguntas

### En general

1. En una o dos oraciones, usando sus propias palabras, resuma el cuento. (El primer párrafo puede ayudarlo/la.)
2. ¿Diría Ud. que este cuento es realista o fantástico, o una combinación de los dos? Explique brevemente.

### En detalle

1. ¿Qué animales prefería visitar el narrador antes de empezar a visitar los axolotl? ¿Qué lo impulsó a visitar los axolotl por primera vez?
2. ¿Cuál fue la reacción del narrador ante los axolotl la primera vez que los visitó?

3. ¿Con qué cultura antigua asociaba los axolotl el narrador? ¿Por qué?

4. ¿Qué hizo después de su primera visita?

5. ¿Por qué «el guardián de los acuarios sonreía perplejo al recibir el billete» del hombre?

6. Según el narrador, ¿por qué no fue extraña su costumbre de visitar los axolotl?

7. Describa el acuario de los axolotl.

8. ¿Cómo se sintió el narrador cuando vio que los axolotl miraban al público? ¿Por qué cree que reaccionó así?

9. ¿Cómo son los ojos de los axolotl? (Use las descripciones de los ojos en el cuento.)

10. ¿Por qué describió el narrador el cuerpo de los axolotl como una «piedra sin vida»? Según él, ¿por qué a los axolotl no les gustaba moverse?

11. ¿Cuál fue el mensaje que el hombre creía que los axolotl trataban de comunicarle?

12. ¿Por qué estaba convencido que hay una relación cercana entre los axolotl y los seres humanos? ¿Y por qué es esta relación más cercana que la relación entre los monos y los seres humanos? ¿Qué «evidencia» ofreció el narrador para explicar su convicción?

13. ¿Qué evento extraño (aunque no para el narrador) ocurre en el párrafo número nueve?

14. Cuando el hombre se dio cuenta de que era un axolotl, se sintió muy solo. ¿Qué pasó en ese momento que le mostró que él no era el único axolotl que pensaba así?

15. ¿Qué cambio ocurrió al final del cuento?

16. Cuando el hombre se convirtió en axolotl, ¿qué comprendió?

17. ¿Cómo era la actitud del hombre hacia los axolotl después del cambio? ¿Por qué él no seguía su rutina anterior?

18. ¿Qué esperanza tiene el axolotl al final del cuento?

## Discusión e interpretación

1. Repase el cuento y apunte los indicios que afirman que el narrador ya es un axolotl cuando está narrando el cuento.

2. ¿Por qué cree Ud. que Cortázar utilizó la palabra **axolotl** en vez de **ajolote** para referirse a estas criaturas?

3. ¿Cree que los axolotl realmente sufren tanto como piensa el narrador? Explique.

4. ¿Qué expresiones utiliza el narrador para describir el destino de los axolotl? ¿Por qué cree Ud. que usa estas frases?

5. En varias partes del cuento, ciertas características de los axolotl —tanto físicas como de conducta— captan el interés del hombre. Identifique estas características y explique por qué le interesan tanto.

6. ¿Cuántos narradores hay en la historia? ¿Desde qué perspectiva se narra la historia al final del cuento? Explique.

7. A veces el narrador compara la vida de los axolotl con la de un prisionero. Haga una lista de las expresiones que aluden a esto. ¿En qué sentido/s son prisioneros los axolotl?

8. En una ocasión el narrador menciona que los axolotl «no eran animales», luego habla de «una misteriosa humanidad» y después, dice que «no eran seres humanos». ¿Qué son, entonces? ¿Tienen atributos humanos, según el narrador? ¿Cuáles?

9. ¿Qué emociones le provocan los axolotl al hombre? ¿Por qué cree Ud. que estos animalitos le provocan estas emociones?

10. ¿Hay algo irónico en el concepto de una metamorfosis de un ser humano a un axolotl? Explique. Refiérase a la sección «En más detalle» en la página 135 para ayudarlo/la a contestar.

11. Al final del cuento el narrador-axolotl dice, «los puentes están cortados entre él y yo». ¿Cómo se explica esta separación?

12. En el cuento, se ven referencias a los sentidos, en particular a la vista y al tacto. Busque referencias en el cuento. ¿Por qué tiene el hombre tanto interés en estos sentidos?

13. Parte de la fascinación del hombre por los axolotl es que ve un vínculo entre ellos y el pasado. ¿Por qué los asocia con el pasado? ¿Tendrá que ver con la evolución?

14. Probablemente ha notado que la palabra **axolotl** puede ser tanto singular como plural. Usando «evidencia» del cuento, arguya por qué en su opinión la palabra «Axolotl» del título es singular, plural o ambigua.

15. ¿Qué importancia tiene la comunicación en esta historia?

16. Hay varios elementos contradictorios en el cuento. Un ejemplo se ve en la siguiente oración: «Su mirada ciega, el diminuto disco de oro inexpresivo y sin embargo terriblemente lúcido, me penetraba como un mensaje». Busque otros elementos contradictorios y haga una lista de ellos. Examínelos y explique por qué cree Ud. que Cortázar ha incluido tantas aparentes contradicciones en este cuento.

17. En este relato, el narrador ha usado **mirar** y palabras relacionadas (**mirada, mirando**, etc.) 14 veces y una forma de **ver** aun más frecuentemente. Sabiendo que Cortázar fue un excelente escritor, uno que creó sus obras con mucha destreza, debemos suponer que lo hizo deliberadamente. ¿Por qué aparecen estas palabras y sus variantes tantas veces? ¿Qué importancia tienen en el cuento? ¿Ve Ud. otras palabras que se han usado repetidamente?

# LAZOS GRAMATICALES

## Ser/Estar + adjetivos

**9-6 Vamos a ser detectives lingüísticos. Ser** y **estar,** cuando se usan con adjetivos, comunican diferentes tipos de información. En este ejercicio, vamos a explorar brevemente algunas de las diferencias. (Si está dudoso/a sobre los usos de **ser/estar** con los adjetivos, repase la sección número tres del *Manual de gramática* [pp. 298–306]).

1. En la primera parte del cuento, el narrador utiliza los adjetivos **feos** y **tristes** para describir los leones.

   Los leones estaban feos y tristes y mi pantera dormía.

   En la opinión del narrador, ¿los leones normalmente tenían los atributos de fealdad y de tristeza?

2. Explique su respuesta para la primera pregunta. Conteste señalando «evidencia» gramatical para apoyar su respuesta.

## La colocación de los adjetivos descriptivos

**9-7 ¿Qué comunican los adjetivos pre-puestos?** Si necesita un repaso sobre el tipo de información que los adjetivos llevan según su posición antes o después del sustantivo, lea la explicación sobre la colocación de los adjetivos descriptivos en la sección número dos del *Manual de gramática* (pp. 290–298).

1. Según lo que ha aprendido del efecto que tiene la posición de los adjetivos descriptivos, ¿por qué cree usted que Cortázar describe los movimientos de los axolotl como «sus **oscuros** movimientos» en vez de como «sus movimientos **oscuros**»? ¿Y por qué describe el acuario de los axolotl como «el **húmedo y oscuro** edificio de los acuarios» en vez de «el edificio **húmedo y oscuro** de los acuarios»? ¿Qué implican los adjetivos cuando preceden al sustantivo y qué implican cuando lo siguen?

2. Busque otros adjetivos descriptivos que preceden a su sustantivo y comente el significado que esta posición imparte al sustantivo.

## La manipulación de la gramática para variar la perspectiva

La mayor parte del cuento se narra desde el punto de vista del hombre-narrador, pero de vez en cuando se notan comentarios desde su perspectiva de axolotl. Las preguntas en el siguiente ejercicio lo/la ayudarán a determinar cuándo habla el narrador-hombre y cuándo habla el narrador-axolotl.

**9-8 Cambios de perspectiva —¿es del hombre o del axolotl?** Conteste las preguntas a continuación para descubrir cómo Cortázar realiza el cambio de perspectivas entre el hombre y el axolotl.

1. ¿Qué tiempos verbales utiliza Cortázar para lograr este cambio de perspectivas? En otras palabras, ¿suele usar un tiempo para una de las perspectivas y otro tiempo para la otra? El primer párrafo puede darle una indicación.

2. Cuando el narrador habla de **nosotros** (usando formas verbales de **nosotros** y los pronombres **nosotros** y **nos**), a veces lo hace desde su perspectiva como hombre, otras veces desde su perspectiva como axolotl. Examine los siguientes fragmentos prestando atención a estas formas. (Examine los fragmentos en el cuento para ver un contexto más amplio. Se han incluido el número del párrafo y las líneas en el cuento donde aparecen.) ¿En cuál/es de estos fragmentos se usan formas de **nosotros** y **nos** desde la perspectiva del hombre y en cuál/es se usan desde la perspectiva del axolotl? ¿Cómo lo sabe?

   1. No hay nada de extraño en esto, porque desde un primer momento comprendí que **estábamos vinculados**, que algo infinitamente perdido y distante seguía sin embargo uniéndo**nos**. (Párrafo número cuatro, líneas 25–28)

   2. Es que **no nos gusta movernos** mucho, y el acuario es tan mezquino; apenas **avanzamos** un poco **nos damos con la cola o la cabeza de otro de nosotros**; surgen dificultades, peleas, fatiga. El tiempo se siente menos si **nos estamos quietos**. (Párrafo número cuatro, líneas 58–61)

   3. Lo supe el día en que me acerqué a ellos por primera vez. Los rasgos antropomórficos de un mono revelan, al revés de lo que cree la mayoría, la distancia que va de ellos **a nosotros**. (Párrafo número seis, líneas 81–83)

   4. O yo estaba también en él, o **todos nosotros pensábamos** como un hombre, incapaces de expresión, limitados al resplandor dorado de nuestros ojos que miraban la cara del hombre pegada al acuario. (Párrafo número diez, líneas 150–152)

   5. Ayer lo vi, me miró largo rato y se fue bruscamente. Me pareció que no se interesaba tanto por **nosotros**, que obedecía a una costumbre. Como lo único que hago es pensar, pude pensar mucho en él. Se me ocurre que al principio **continuamos comunicados**, que él se sentía más que nunca unido al misterio que lo obsesionaba. Pero los puentes están cortados entre **él y yo**, porque lo que era su obsesión es ahora un axolotl, ajeno a su vida de hombre. Creo que al principio yo era capaz de volver en cierto modo a él —ah, sólo en cierto modo— y mantener alerta su deseo de conocer**nos** mejor. Ahora soy definitivamente un axolotl, y si pienso como un hombre es sólo porque todo axolotl piensa como un hombre dentro de su imagen de piedra rosa.

Me parece que de todo esto alcancé a comunicarle algo en los primeros días, cuando yo era todavía él. Y en esta soledad final, a la que él
ya no vuelve, me consuela pensar que acaso va a escribir sobre
**nosotros**, creyendo imaginar un cuento va a escribir todo esto sobre
los axolotl. (Párrafo número once, líneas 154–167)

3. Otro juego de gramática que utiliza Cortázar es variar el uso del
   adjetivo posesivo **nuestro/s** para alternar la perspectiva del narrador de cuando era hombre y de cuando era axolotl. Busque este
   adjetivo en los siguientes párrafos e indique si se usa para presentar
   la perspectiva del narrador como hombre o como axolotl.

   - párrafo número cuatro, línea 39: nuestro cuerpo
   - párrafo número cinco, líneas 71–72: sus hermosos ojos seme-
     jantes a los nuestros
   - párrafo número diez, líneas 151–152: nuestros ojos

## La «a personal»

La preposición **a** (o «**a** personal») se usa para señalar sustantivos de complemento directo que se refieren a personas específicas. La «**a** personal»
también puede usarse con un animal u objeto personificado (por ej., para
mostrar cariño hacia las mascotas o hacia una ciudad, como en los siguientes ejemplos: «Quiero mucho a mis gatas» o «Echo de menos a mi querida
Sevilla».) Este segundo uso es subjetivo y es la persona que habla o escribe
quien determina si quiere usar la **a** o no. Por ejemplo, una persona podría
decir «Odio los perros» mientras que otra podría decir «Quiero mucho a
los perros». Vamos a usar esta información en el próximo ejercicio.

**9-9 Vamos a ser detectives lingüísticos.** En el cuento «Axolotl», podemos ver casos interesantes del uso de la «**a** personal» por parte del narrador cuando habla de los animales cuatro. Los tres fragmentos a continuación se presentan en el orden en que aparecen en el cuento. En cada
caso, un sustantivo que se refiere a un animal se usa como complemento
directo. Examínelos y discuta lo que muestran sobre la actitud del narrador hacia los axolotl. Compárela con su actitud hacia los peces.

1. Párrafo número uno: Opté por los acuarios, soslayé **peces** vulgares
   hasta dar inesperadamente con los axolotl.

2. Párrafo número cinco: Fue su quietud lo que me hizo inclinarme fascinado la primera vez que vi a **los axolotl**.

3. Párrafo número diez: Afuera, mi cara volvía a acercarse al vidrio, veía mi
   boca de labios apretados por el esfuerzo de comprender a **los axolotl**.

4. Párrafo número diez: Pero aquello cesó cuando una pata vino a
   rozarme la cara, cuando moviéndome apenas a un lado vi a **un axolotl** junto a mí que me miraba, y supe que también él sabía, sin
   comunicación posible pero tan claramente.

## Usos del pretérito y del imperfecto

**9-10 Análisis de usos del pretérito y del imperfecto en el cuento.**
Antes de contestar las preguntas a continuación, repase la explicación del pretérito/imperfecto en la sección número cuatro del *Manual de gramática* (pp. 307–314).

1. Lea el primer párrafo (líneas 1–3) examinando los usos del imperfecto. ¿Para qué tipo de acciones se usa el imperfecto aquí? En la primera frase del segundo párrafo (líneas 4–5) se ve otro verbo imperfecto. ¿Es el mismo uso del imperfecto del primer párrafo? Si es distinto, ¿cuál es?

2. Lea de nuevo la primera oración del cuento enfocándose en los tiempos verbales. ¿El hombre sigue pensando mucho en los axolotl? ¿Cómo lo sabe? (Para contestar, use lo que sabe sobre los varios usos del pretérito.)

3. Observe el uso del pretérito de **saber** en el tercer párrafo (línea 13). ¿Cómo se traduciría la palabra **supe** en este contexto? ¿Ha notado otras incidencias de **supe** en el cuento? (Se usa seis veces en total, en los párrafos 3, 5, 6 y 10 (líneas 13, 65, 81 y 149.) En estos contextos el pretérito señala el inicio del saber —el inicio de su comprensión. ¿Por qué cree Ud. que el narrador pone tanto énfasis en el principio de su comprensión?

Relea el cuento aplicando lo que ha aprendido y practicado en los ejercicios de la sección «**Lazos gramaticales**». Esto lo/la ayudará a entender mejor el cuento y a fortalecer su comprensión de la gramática.

# A ESCRIBIR

## Estrategias de composición

Esta sección incluye una serie de pasos para ayudarlo/la a: (1) formular y desarrollar sus ideas, (2) buscar evidencia del cuento para apoyar sus argumentos y (3) organizar su composición para que sea cohesiva y coherente. También incluye instrucciones para buscar y corregir errores de gramática y de vocabulario. Estas sugerencias acompañan el primer tema porque son específicas para ese tema, pero son útiles para todos los temas. Si opta por otro tema, lea las sugerencias incluidas para el Tema uno y adáptelas para el tema que elija.

## Tema uno

La fascinación u obsesión del narrador por los ojos de los axolotl se nota a lo largo del cuento. Escriba un ensayo sobre el poder que el narrador atribuye a los ojos de los axolotl.

Al completar cada uno de los siguientes pasos, marque (✓) la casilla a la izquierda.

❑ a. Repase los lugares donde se mencionan los ojos y haga una lista de todas las referencias en el orden en que aparecen. (Escriba una lista completa de todos los comentarios **fuera de contexto** porque así será más fácil ver las semejanzas y las diferencias entre estos comentarios. Y esto lo/la ayudará a organizar su ensayo.)

❑ b. Organice la información que identificó en la pregunta anterior en dos listas mostrando las semejanzas y las diferencias.

❑ c. En su ensayo, escriba un resumen de lo que descubrió sobre el poder de los ojos.

❑ d. Añada un párrafo en que Ud. explore el poder de los ojos en términos generales (fuera del contexto del cuento). Insértelo donde le parezca apropiado —al principio como una introducción, después de su discusión de ejemplos del cuento o como transición a su conclusión.

❑ e. Reescriba su introducción y escriba una conclusión.

❑ f. Cuando haya escrito su borrador, revíselo, utilizando sus listas para asegurarse que haya apoyado sus argumentos con ejemplos específicos. Asegúrese que todo siga un orden lógico y que sus ideas fluyan bien. Haga las correcciones necesarias.

❑ g. Dele un título interesante a su ensayo.

❑ h. Antes de entregar su composición, revísela asegurándose que:

    ❑ haya usado vocabulario correcto y variado

    ❑ no haya usado **ser, estar** y **haber** demasiado (es preferible usar verbos más expresivos)

    ❑ haya concordancia entre los adjetivos y artículos y los sustantivos a que se refieren

    ❑ haya concordancia entre los verbos y sus sujetos

    ❑ **ser** y **estar** se usen correctamente

    ❑ el subjuntivo se use cuando sea apropiado

    ❑ el pretérito y el imperfecto se hayan usado correctamente

    ❑ no haya errores de ortografía y ni de acentuación

## Otros temas de composición

2. Según las descripciones de los axolotl ofrecidas por el narrador, tienen atributos físicos de varios tipos de animales (inclusive del ser humano). Busque todas las referencias a animales en el cuento y escriba su propia descripción de los axolotl.

3. ¿Ha estado Ud. obsesionado/a con algo? ¿Con qué? ¿Cómo ha afectado su vida esa obsesión? ¿Le ha causado algún cambio de actitud o de costumbre? Escriba un ensayo en el cual describa y explique su obsesión y compárela con la del hombre del cuento.

4. Explore la idea de la metamorfosis y cómo se manifiesta en el cuento. Incluya en su ensayo una discusión de lo que es la metamorfosis —tanto literal como figurativamente. Considere las siguientes preguntas en su ensayo: ¿Qué hay de irónico en que los axolotl —siendo animales anfibios capaces de la metamorfosis— no se transforman y el hombre —quien pertenece a un género incapaz de la metamorfosis— sí se transforma? ¿En qué manera o forma ha logrado la metamorfosis? ¿Físicamente? ¿Espiritualmente? ¿De otra manera?

# 10

# La mujer que llegaba a las seis

Gabriel García Márquez (1928–    )

# ANTES DE LEER

**10-1 Reflexiones.** Considere las siguientes preguntas antes de leer el cuento.

1. Lea los dos primeros párrafos y conteste las siguientes preguntas.

   a. ¿Dónde tiene lugar el cuento?

   b. ¿Quiénes son los personajes principales? y ¿qué tipo de relación tienen?

2. Lea el título. ¿Qué indica el uso del imperfecto sobre la mujer en el título «La mujer que llegaba a las seis»?

3. Habiendo leído el título y la primera parte del cuento, ¿cree Ud. que la hora va a tener mayor importancia en este cuento? Explique.

## Enfoques léxicos

### *Cognados falsos*

**10-2 Examinación de cognados falsos en «La mujer que llegaba a las seis.»** Este cuento contiene varios cognados falsos, algunos se incluyen en los ejercicios a continuación. (Para más detalle sobre los cognados falsos, lea la sección número uno del *Manual de gramática* [pp. 285–290].)

1. Aunque **comedia** puede significar *comedy*, tiene otros significados también. Por ejemplo, puede significar **obra dramática** (el equivalente de *play*) y cuando se usa figurativamente, puede significar **farsa** o **fingimiento** (*pretense*). Lea el siguiente fragmento del cuento y determine cuál de estos posibles significados tiene aquí.

   —Hola, reina —dijo José cuando la vio sentarse. Luego caminó hacia el otro extremo del mostrador, limpiando con un trapo seco la superficie vidriada. Hasta con la mujer con quien había llegado a adquirir un grado de casi intimidad, el gordo y rubicundo mesonero representaba su diaria **comedia** de hombre diligente.

   ➔ Si cree que en este contexto el mejor equivalente de **comedia** es **farsa** o **fingimiento**, tiene razón. Cuando lea el cuento, este significado se hará aun más claro.

2. **Registrar** tiene el significado de *to register*, por ejemplo, en el sentido de **anotar** o **apuntar**, o para **inscribir documentos**. También puede significar **examinar con cuidado, examinar tratando de encontrar algo oculto** o **inspeccionar**. Lea la oración del cuento y determine su significado.

   —Y es verdad —dijo la mujer. Se volvió a mirar al hombre que estaba del otro lado del mostrador, **registrando** la nevera.°    refrigerador

→ Si ha determinado que **registrando** quiere decir **examinando** o **inspeccionando**, tiene razón. Los otros significados no tienen sentido aquí.

3. Aunque **congestionado** puede significar *congested*, tiene otro significado en este cuento. Se usa en la frase «su enorme cara congestionada» para describir la condición de la cara del hombre en el cuento. En este contexto, quiere decir **enrojecida**.

4. **Defraudar** puede significar *to defraud* pero en este cuento tiene otro significado. La forma de la palabra usada en el cuento es **defraudado**, el equivalente de **decepcionado** —*disappointed, let down*. Lea el fragmento del cuento a continuación para familiarizarse con su significado.

   José estaba confundido. Tal vez sintió un poco de indignación. Tal vez, cuando la mujer se echó a reír se sintió **defraudado.**

5. **Molestar** casi nunca se traduce a *to molest*. (*To sexually molest* es **abusar**; cuando *to molest* quiere decir *to harass*, se puede usar **importunar** o **molestar**.) **Molestar** generalmente quiere decir **irritar, fastidiar, enojar** o **incomodar** como en la siguiente oración del cuento.

   —Mañana me voy y te prometo que no volveré a **molestarte** nunca.

## 🔍 En más detalle

**Registrarse** (la forma reflexiva) se usa con el significado *to register* en la expresión **registrarse en un hotel**. En ciertos dialectos **registrarse** se usa como equivalente de **matricularse** en la universidad, pero como no se acepta universalmente, sería mejor usar **matricularse** o **inscribirse** para este sentido.

## *Grupos léxicos*

**10-3 Palabras relacionadas.** Complete las siguientes frases con la palabra adecuada. Las palabras agrupadas tienen la misma raíz y por lo tanto tienen un significado relacionado. Utilice su conocimiento de la gramática para escoger la palabra correcta. No será necesario cambiar las formas de las palabras. Usará algunas palabras más de una vez. Verifique sus respuestas buscando la oración en el cuento. (Las oraciones de cada grupo se presentan en el orden en que aparecen en el cuento.)

**ternura - enternecedor - tierna**

1. De pronto la mujer dejó de mirar hacia la calle y habló con la voz apagada, _____, diferente.

2. Entonces la mujer habló de nuevo, con el tono _____ y suave cuando dijo: ¿Es verdad que me quieres, Pepillo?

3. Ella se inclinó hacia adelante, lo asió fuertemente por el cabello, pero con un gesto de evidente _____.

4. El hombre la miró con una _____ densa y triste, como un buey maternal.

**mirar - miró - mirado - mirando - mirada**

5. Se volvió a (1) _____ al hombre que estaba del otro lado del mostrador, registrando la nevera. Estuvo contemplándolo durante dos, tres segundos. Luego (2) _____ el reloj, arriba del armario. Eran las seis y tres minutos.

6. —No tengo hambre —dijo la mujer. Se quedó (1) _____ otra vez la calle, viendo los transeúntes turbios de la ciudad atardecida. Durante un instante hubo un silencio turbio en el restaurante. Una quietud interrumpida apenas por el trasteo de José en el armario. De pronto la mujer dejó de (2) _____ hacia la calle y habló con la voz apagada, tierna, diferente.

7. —Entonces no —dijo. Y volvió a (1) _____lo a los ojos, con un extraño esplendor en la (2) _____, a un tiempo acongojada y desafiante.

8. Otra vez se alejó. Había (1) _____ el reloj. Había visto que iban a ser las seis y media. Había pensado que dentro de unos minutos el restaurante empezaría a llenarse de gente y tal vez por eso se puso a frotar el vidrio con mayor fuerza, (2) _____ hacia la calle a través del cristal de la ventana.

9. José echó el cuerpo hacia atrás para (1) _____ el reloj. (2) _____ luego al parroquiano que seguía silencioso, aguardando en el rincón, y finalmente a la carne, dorada en el caldero. Sólo entonces habló.

**10-4 Más práctica con las palabras relacionadas.** Este ejercicio lo/la ayudará a hacer más conexiones entre palabras que ya conoce y otras menos comunes que tienen la misma raíz. Conteste las siguientes preguntas pensando en este tipo de relación léxica. Así cuando encuentre estas palabras en el cuento le será más fácil recordar su significado.

1. **Girar** tiene varios sentidos, entre ellos *to turn, to spin (around), to revolve, to rotate, to swivel*. Sabiendo esto, ¿puede Ud. determinar el significado de las palabras en negrita en las siguientes oraciones del cuento?

   • ...una mujer entró, como todos los días a esa hora, y se sentó sin decir nada en la alta silla **giratoria**.

- Una idea que entró por un oído, **giró** por un momento, vaga, confusa, y salió luego por el otro, dejando apenas un cálido vestigio de pavor.
- La mujer **hizo girar** la cabeza hacia el otro lado.

➡ Si Ud. ha determinado que en este contexto **giratoria** significa *swivel*, que **giró** significa *spun around* y que **hizo girar** significa *turned*, tiene razón.

2. Pensando en el significado de **boca**, lea la oración a continuación y determine el significado de **bocanada**. (En esta escena, la mujer está fumando.)

   La mujer tragó la primera **bocanada** de humo denso, se cruzó de brazos, todavía con los codos apoyados en el mostrador, y se quedó mirando hacia la calle, a través del amplio cristal del restaurante.

➡ Si Ud. ha determinado que **bocanada** quiere decir *mouthful* o *puff*, tiene razón. Una **bocanada** también puede referirse a una pequeña cantidad de comida o bebida (la cantidad que cabría en la boca).

3. **Trago** es parecido a **bocanada** en que se refiere a una cantidad que cabe en la boca. Ambas palabras pueden referirse a una cantidad de líquido que se puede tomar rápidamente de una vez. Muchas veces **trago** se refiere a tomar bebidas alcohólicas. El fragmento de la pregunta anterior muestra un caso donde **tragar** no se refiere a un líquido, pero tiene la misma idea de ingerir algo.

4. Si Ud. sabe que **pavor** quiere decir **terror, horror** o **gran miedo**, ¿puede adivinar el significado del adjetivo **pavoroso**?

➡ Si ha determinado que **pavoroso** significa **horrífico, horroroso, espantoso, que da terror**, tiene razón.

5. Sabiendo que **bello** significa **lindo** o **bonito**, ¿puede Ud. determinar el significado del participio pasado **embellecido** del verbo **embellecer**?

➡ Si Ud. cree que **embellecido** describe a alguien o algo que parece bello, tiene razón. En el cuento, **embellecida** describe a la mujer que, aunque no es alguien a quien se describiría como **bella**, las circunstancias en que se encuentra la han embellecido en la opinión del otro personaje principal.

6. Sabiendo que **pestaña** significa *eyelash*, ¿puede Ud. determinar lo que el verbo **pestañear** significa? ¿Cuál es una acción común que se hace con las pestañas? Si tiene una idea, para confirmarla, lea el siguiente fragmento hacia el final del cuento. Se describe a la mujer.

Se quedó pensativa como si de repente se hubiera sumergido en un submundo extraño, poblado de formas turbias, desconocidas. No oyó, del otro lado del mostrador, el ruido que hizo la carne fresca al caer en la manteca hirviente... Se quedó así, concentrada, reconcentrada, hasta cuando volvió a levantar la cabeza, **pestañeando**, como si regresara de una muerte momentánea. Entonces vio al hombre que estaba junto a la estufa, iluminado por el alegre fuego ascendente.

→ Si Ud. ha determinado que **pestañear** significa *to blink*, tiene razón. En otros contextos, puede significar *to wink*. **Guiñar el/un ojo** es un sinónimo de **pestañear** en este sentido. **Guiñar un ojo** también aparece en este cuento.

7. Sabiendo el significado de **cuchillo** debe ayudarlo/la a inferir el significado de **cuchillada**. Cuando lea esta palabra en el cuento probablemente le será obvio que quiere decir **golpe con un cuchillo**.

**10-5 Palabras relacionadas: definiciones.** Defina las siguientes palabras utilizando una palabra relacionada en su definición. Subraye las palabras relacionadas. (¡Ojo! Generalmente no es buena idea usar una palabra relacionada como parte de la definición pero en esta actividad, el objetivo es enfatizar las relaciones entre las palabras. Recuerde que las palabras relacionadas comparten una raíz.) Si no conoce la palabra que tiene que definir, búsquela en un diccionario. Siga el modelo.

| Palabra | Definición |
|---|---|
| diaria | Una acción **diaria** ocurre cada **día**. |
| tontería | |
| polvoriento | |
| borrachera | |
| descubrimiento | |
| asesino | |

## Expresiones útiles

Los verbos **dar, tener, hacer, acabar** y **volver** se usan en muchas expresiones útiles y este cuento está repleto de tales expresiones. Los ejercicios en esta sección le darán la oportunidad de estudiar y practicar estas expresiones y familiarizarse con ellas antes de leer el cuento.

**10-6 Expresiones con «dar», «tener», «hacer», «acabar» y «volver».** Estudie las expresiones de los cinco cuadros a continuación. Luego haga uno o más de los siguientes ejercicios según las instrucciones de su profesor/a:

1. Escriba una oración original para dos a cuatro de las expresiones en cada uno de los cuadros.
2. Escriba dos o tres párrafos incorporando dos o tres de las expresiones de cada lista (10-15 expresiones en total).
3. Escriba una minicomposición cohesiva de dos a tres párrafos (sobre cualquier tema o uno que su profesor/a asigne) en que incorpore dos o tres de las expresiones de cada lista (10-15 expresiones en total).
4. Escriba una composición cohesiva más extensa en que incorpore todas las expresiones de cada lista.

| Expresión con «dar» | Explicación o expresión en uso |
|---|---|
| darse cuenta<br>*to realize (to be fully aware of)* | **Darse cuenta** es un verbo reflexivo. |
| dar miedo (a alguien)<br>*to make (someone) afraid*<br>*to frighten (someone)* | **Dar miedo** funciona como **gustar**. |
| dar (una/la hora)<br>*to strike (an/the hour)* | Acababan de **dar** las seis.<br>*It had just **struck** six o'clock.* |
| dar la espalda (a alguien)<br>*to turn one's back (to someone)* | **Dar la espalda** funciona como **gustar**. |
| dar golpes<br>*to hit, strike* | José se puso a **dar golpecitos** en el mostrador...<br>*José **began to strike lightly** the counter...* |
| dar vuelta (a)<br>*to turn (something) over* | José **dio vuelta** al lomillo...<br>*José **turned over** the tenderloin...* |

| Expresión con «tener» | Explicación o expresión en uso |
|---|---|
| tener hambre<br>*to be hungry* | *No **tengo hambre** —dijo la mujer.*<br>*"I am not **hungry**," said the women* |
| tener ganas de + infinitivo<br>*to feel like + gerundio* | No **tengo ganas de comer** nada.<br>*I don't **feel like eating** anything.* |
| tener que + infinitivo<br>*to have to + infinitivo* | Ven acá, **tengo que** hablar contigo.<br>*Come here; I **have to** talk with you.* |
| tener asco a (alguien)<br>*to have disgust for (someone)* | **Tener asco** funciona como **gustar**. |
| tener + (un período de tiempo) de + infinitivo | **Tengo** un cuarto de hora de estar aquí. |
| *to have + participio pasado + (for a period of time)* | *I **have been** here for a quarter of an hour.* |

| Expresión con «hacer» | Explicación o expresión en uso |
|---|---|
| hacer daño (a uno/alguien) <br> *to cause harm/damage (to someone/ something), to hurt/harm/damage/ upset (someone/something)* | **Hacer daño** funciona como **gustar**. <br><br> Hoy te **hizo daño** el almuerzo. <br> *Today your lunch (**has**) **upset** you (**didn't agree with** you).* |
| **hace** + (período de tiempo) + **que** + (verbo en el presente) <br> *have... _____-ed/have been _____-ing* <br> *for* + (período de tiempo) <br><br> (o) (verbo en el presente) + **hace** + (período de tiempo) | Hace seis meses que vivo aquí. <br> *I have lived/been living here for six months.* <br><br><br> Vivo aquí hace seis meses. <br> *For six months I have lived/been living here.* |
| **hace** + (período de tiempo) + (**que**) + (verbo en el pasado) _____-ed (período de tiempo) + *ago* <br> (o) (verbo en el pasado) + **hace** + (período de tiempo) | **Hace un mes** (que) estuve allí. <br> (o) Estuve allí **hace un mes**. <br> *I was there **a month ago**.* |

 ## En más detalle

### Más sobre las estructuras con *hace*

Hay muchas variaciones para la estructura **hace** + **período de tiempo** pero a continuación sólo se presentan las que aparecen en el cuento. He aquí algunas de las fórmulas:

→ Para acciones que empezaron en el pasado y continúan en el presente:

**Variación 1:** Hace + (período de tiempo) + **que** + (verbo en el presente)

#### Ejemplo

—Hace tres meses que no tienes plata y siempre te preparo algo bueno

—dijo José.

**Variación 2:** (Verbo en el presente) + **hace** + (período de tiempo). También, la frase anterior podría expresarse de la siguiente manera.

—No tienes plata hace tres meses y siempre te preparo algo bueno
—dijo José.

→ Equivalentes de *ago*: Acciones que ocurrieron en el pasado
**Variación 1: Hace** + (período de tiempo) (+ que) + (verbo en el pasado—pretérito o imperfecto)

**Que** es opcional en la variación anterior, como los ejemplos del cuento muestran.

### Ejemplos

— Sólo hace un momento me di cuenta de que eso es una porquería.

— Hace tiempo que debiste darte cuenta.

— Hace tiempo me estaba dando cuenta —dijo la mujer, —pero sólo hace un rato acabé de convencerme.

Las frases del grupo anterior podrían expresarse usando esta variación. Por ejemplo, se podría decir:

—Debiste darte cuenta hace tiempo.

**Variación 2:** (Verbo en el pasado—pretérito o imperfecto) + **hace** + (período de tiempo)

### Ejemplo

—Lo resolví hace un rato —dijo la mujer.

| Expresión con «acabar» | Explicación o expresión en uso |
|---|---|
| acabar<br>*to finish/end* | **Acabó** el trabajo a tiempo.<br>*She **finished** the work on time.* |
| acabar con<br>*to finish with/to put an end to* | Debes **acabar con** ese tipo de vida.<br>*You should **put an end** to that type of life.* |
| acabar (en el presente) de + infinitivo<br>*to have just (done something)* | **Acabo de** leer la tarea.<br>*I **have just** read the homework.* |
| acabar (en el imperfecto) de + infinitivo<br>*had just (done something)* | **Acababan** de dar las seis.<br>*The clock **had just** struck six o'clock.* |
| acabar (en el pretérito) de + infinitivo<br>*finished/completed (an action)* | **Acabó de leer** la novela.<br>*He **finished reading** the novel.*<br>Hace un rato **acabé de** convencerme.<br>*A while ago I **became** convinced.*[1] |

[1]Observe que **acabar de** + infinitivo no siempre se expresa con *finished* o *completed*.

| Expresión con «volver» | Explicación o expresión en uso |
|---|---|
| volver<br>*to turn* | Habló sin **volver** la cara.<br>*He spoke without turning his head.* |
| volver a + infinitivo<br>*to (do something) again* | **Volvió** a mirarlo.<br>*He **looked** at her again.* |
| volverse<br>*to turn around/to turn over* | **Se volvió** a mirar al hombre.<br>*She **turned around** to look at the man.* |
| volverse + adjetivo<br>*to become + adjetivo* | **Se volvió** enfática.<br>*She **became** emphatic.* |

## 🔍 En más detalle

Aunque la estructura «**volver a** + infinitivo» casi siempre quiere decir **rehacer algo,** a veces puede tener otro significado. Por ejemplo, **Volvió a mirarla** generalmente significa **La miró otra vez,** pero con un contexto especial, podría significar *He turned to look at her.* Hay un caso así en este cuento, donde el hombre le da la espalda a la mujer y continúa hablándole, sin volver la cara hacia ella. Cuando por fin vuelve la cara hacia ella, la frase dice: **Y sólo entonces José volvió a mirarla.** Aunque esta frase podría interpretarse como *And only then did José look at her again,* con todo lo que ha ocurrido en esta escena, parece más probable que el intento del autor fuera *And only then did José turn to look at her.* Cuando encuentre esta frase, vea cuál de estas interpretaciones prefiere. La diferencia de significado es muy sutil pero es interesante considerar las ambigüedades que a veces ocurren en una lengua.

## Antónimos y sinónimos

**10-7 Antónimos.** Empareje las palabras de la columna A con su antónimo de la columna B. Luego, escriba una frase para cada pareja de antónimos. (Las palabras aparecen en el cuento, algunas con un cambio de forma.)

| A | B |
|---|---|
| _____ 1. abrir | a. indiferente |
| _____ 2. apasionado | b. distinto |
| _____ 3. encender | c. alegre |
| _____ 4. triste | d. ruido |
| _____ 5. acercarse | e. salir |
| _____ 6. verdad | f. cerrar |
| _____ 7. silencio | g. alejarse |
| _____ 8. entrar | h. apagar |
| _____ 9. igual | i. mentira |

**10-8 Sinónimos.** Empareje las palabras de la columna A con su sinónimo de la columna B. Luego, escriba una frase para una palabra de cada pareja. (Las palabras aparecen en el cuento, algunas con un cambio de forma.)

| A | B |
|---|---|
| ____ 1. vidrio | a. quietud |
| ____ 2. quizá | b. trago |
| ____ 3. parroquianos | c. de nuevo |
| ____ 4. sonrojarse | d. salvaje |
| ____ 5. repentinamente | e. asir |
| ____ 6. bocanada | f. ruborizarse |
| ____ 7. agarrar | g. cristal |
| ____ 8. otra vez | h. distinto |
| ____ 9. taciturno | i. melancólico |
| ____ 10. bruto | j. de golpe |
| ____ 11. silencio | k. clientela |
| ____ 12. diferente | l. tal vez |

- - - - - - - - - - - - - - - - - - - - - - - - - - - - - - - - - - - - - -

# A LEER

## Estrategia de lectura: Más práctica en inferir el significado de palabras desconocidas

Como ya sabe, se puede inferir el significado de palabras desconocidas, tanto en su lengua nativa como en una lengua extranjera. Aunque no siempre es posible inferir correctamente, muchas veces lo es. En la actividad siguiente, vamos a practicar esta estrategia con palabras poco comunes en este cuento.

**10-9 ¿Puede Ud. inferir el significado de estas palabras?** Lea el siguiente fragmento del cuento y, usando el contexto y su conocimiento del español, determine el significado de las palabras en negrita. Si lo lee dos veces le será más fácil determinar los significados. Prepárese para explicar cómo determinó el significado de cada palabra.

> La puerta (1) **oscilante** se abrió. A esa hora no había nadie en el restaurante de José. Acababan de dar las seis y el hombre sabía que sólo a las seis y media empezarían a llegar los (2) **parroquianos** habituales. Tan conservadora y regular era su clientela, que no había acabado el reloj de dar la sexta (3) **campanada** cuando una mujer entró, como todos los días a esa hora, y se sentó sin decir nada en la alta silla giratoria. Traía un cigarrillo (4) **sin encender**, (5) **apretado** entre los labios.

—Hola, reina —dijo José cuando la vio sentarse. Luego caminó hacia el otro extremo del mostrador, limpiando con un (6) **trapo** seco la superficie vidriada. Siempre que entraba alguien al restaurante, José hacía lo mismo. Hasta con la mujer con quien había llegado a adquirir un grado de casi intimidad, el gordo y rubicundo (7) **mesonero** representaba su diaria comedia de hombre diligente. Habló desde el otro extremo del mostrador.

Mientras lea el cuento, utilice esta estrategia cuando encuentre palabras que no conozca. Mantenga una actitud abierta hacia su idea porque a veces es posible inferir incorrectamente. Si luego encuentra información que parece contradecir su idea inicial, puede ser necesario cambiarla o buscarla en el diccionario.

## Gabriel García Márquez

Gabriel García Márquez nació en 1928 en Aracataca, un pueblo en el norte de Colombia. Puesto que sus padres eran muy pobres, sus abuelos maternos lo criaron hasta que su abuelo falleció. A la edad de ocho años, regresó a la casa de sus padres porque su abuela estaba perdiendo la vista y ya no podía criarlo. De joven adulto, influenciado por sus padres, empezó a estudiar la carrera de derecho en la universidad. Pero durante esta época, ya que no le interesaba el derecho, descuidaba sus estudios y pasó la mayoría de su tiempo escribiendo para periódicos, leyendo literatura y desarrollando su propio estilo. Durante su vida adulta ha dedicado su tiempo a varias causas políticas progresistas, ha viajado extensamente y actualmente tiene residencias en Colombia, México y Estados Unidos. Además de periodista, cuentista y novelista, ha sido guionista y editor de revistas. Su obra más famosa hasta el momento es la novela *Cien años de soledad* que se publicó en 1967. Muchos dicen que es la obra latinoamericana más famosa del mundo. Se ha traducido a más de 25 idiomas y ha ganado numerosos premios, entre ellos el Premio Nobel de Literatura en 1982. Es del género del realismo mágico, un término usado para describir una estrategia literaria en que se narran eventos fantásticos y míticos como si fueran comunes y corrientes. La diagnosis en 1999 de cáncer linfático le impulsó a empezar su autobiografía que piensa publicar en tres volúmenes. El primero, *Vivir para contarla*, se publicó en 2002. El cuento «La mujer que llegaba a las seis», escrito en 1950, —mucho antes de que el autor desarrollara su característico estilo del realismo mágico— es realista y tiene un estilo más simple y directo. A través de las obras de García Márquez, se ven excelentes ejemplos de personajes bien desarrollados, dos de los cuales aparecen en este cuento.

# La mujer que llegaba a las seis

## *Gabriel García Márquez*

La puerta oscilante se abrió. A esa hora no había nadie en el restaurante de José. Acababan de dar las seis y el hombre sabía que sólo a las seis y media empezarían a llegar los parroquianos habituales. Tan conservadora y regular era su clientela, que no había acabado el reloj de dar la sexta campanada cuando

5 una mujer entró, como todos los días a esa hora, y se sentó sin decir nada en la alta silla giratoria. Traía un cigarrillo sin encender, apretado entre los labios.

—Hola, reina —dijo José cuando la vio sentarse. Luego caminó hacia el otro extremo del mostrador,° limpiando con un trapo seco la superficie    *counter* vidriada.° Siempre que entraba alguien al restaurante José hacía lo mismo.    *glazed*

10 Hasta° con la mujer con quien había llegado a adquirir un grado de casi inti-    Aun midad, el gordo y rubicundo mesonero representaba su diaria comedia de hombre diligente. Habló desde el otro extremo del mostrador.

—¿Qué quieres hoy? —dijo.

—Primero que todo quiero enseñarte a ser caballero —dijo la mujer.

15 Estaba sentada al final de la hilera de sillas giratorias, de codos en el mostra- dor, con el cigarrillo apagado° en los labios. Cuando habló apretó la boca    *extinguido* para que José advirtiera el cigarrillo sin encender.

—No me había dado cuenta —dijo José.

—Todavía no te has dado cuenta de nada —dijo la mujer.

20 El hombre dejó el trapo en el mostrador, caminó hacia los armarios°    *cupboards* oscuros y olorosos a alquitrán° y a madera polvorienta, y regresó luego con los    *tar* fósforos. La mujer se inclinó para alcanzar la lumbre° que ardía entre las    *fuego* manos rústicas y velludas del hombre; José vio el abundante cabello de la mujer, empavonado de vaselina gruesa y barata. Vio su hombro descubierto,

25 por encima del corpiño floreado. Vio el nacimiento del seno° crepuscular,    *breast* cuando la mujer levantó la cabeza, ya con brasa° entre los labios.    *ember* (del fuego del cigarrillo)

—Estás hermosa hoy, reina —dijo José.

—Déjate de tonterías —dijo la mujer.— No creas que eso me va a servir para pagarte.

30 —No quise decir eso, reina —dijo José.— Apuesto a que° hoy te hizo    *I bet that* daño el almuerzo.

La mujer tragó la primera bocanada de humo denso, se cruzó de bra- zos, todavía con los codos apoyados en el mostrador, y se quedó mirando hacia la calle, a través del amplio cristal° del restaurante. Tenía una expresión    ventana

35 melancólica. De una melancolía hastiada° y vulgar.    cansada y aburrida

—Te voy a preparar un buen bistec —dijo José.

—Todavía no tengo plata —dijo la mujer.

—Hace tres meses que no tienes plata y siempre te preparo algo bueno —dijo José.

40 —Hoy es distinto —dijo la mujer, sombríamente, todavía mirando hacia la calle.

—Todos los días son iguales —dijo José.— Todos los días el reloj marca las seis, entonces entras y dices que tienes un hambre de perro y entonces yo te preparo algo bueno. La única diferencia es ésa, que hoy no dices que tienes
45 un hambre de perro, sino que el día es distinto.

—Y es verdad —dijo la mujer. Se volvió a mirar al hombre que estaba del otro lado del mostrador, registrando la nevera.° Estuvo contemplándolo durante dos, tres segundos. Luego miró el reloj, arriba del armario. Eran las seis y tres minutos. «Es verdad, José. Hoy es distinto» dijo. Expulsó el humo y
50 siguió hablando con palabras cortas, apasionadas: «Hoy no vine a las seis, por eso es distinto, José».

    El hombre miró el reloj.

—Me corto el brazo si ese reloj se atrasa un minuto —dijo.

—No es eso, José. Es que hoy no vine a las seis —dijo la mujer.
55    —Vine a las seis menos cuarto.

—Acaban de dar las seis, reina —dijo José—. Cuando tú entraste acababan de darlas.

—Tengo un cuarto de hora de estar aquí —dijo la mujer.

    José se dirigió hacia donde ella estaba. Acercó a la mujer su enorme
60 cara congestionada, mientras tiraba con el índice° de uno de sus párpados.°

—Sóplame° aquí —dijo.

    La mujer echó la cabeza hacia atrás. Estaba seria, fastidiosa,°[2] blanda;° embellecida por una nube de tristeza y cansancio.

—Déjate de tonterías, José. Tú sabes que hace más de seis meses que
65 no bebo.

—Eso se lo vas a decir a otro —dijo—. A mí no. Te apuesto a que por lo menos se han tomado un litro entre dos.

—Me tomé dos tragos con un amigo —dijo la mujer.

—Ah; entonces ahora me explico —dijo José.
70    —Nada tienes que explicarte —dijo la mujer—. Tengo un cuarto de hora de estar aquí.

    El hombre se encogió de hombros.°

—Bueno, si así lo quieres, tienes un cuarto de hora de estar aquí —dijo —. Después de todo a nadie le importa nada diez minutos más o diez minutos
75 menos.

—Sí importan, José —dijo la mujer. Y estiró° los brazos por encima del mostrador, sobre la superficie vidriada, con un aire de negligente abandono. Dijo: «Y no es que yo lo quiera: es que hace un cuarto de hora que estoy aquí» Volvió a mirar el reloj y rectificó:
80    —Qué digo: ya tengo veinte minutos.

—Está bien, reina —dijo el hombre—. Un día entero con su noche te regalaría yo para verte contenta.

    Durante todo este tiempo José había estado moviéndose detrás del mostrador, removiendo objetos, quitando una cosa de un lugar para ponerla
85 en otro. Estaba en su papel.

---

[2]En versiones publicadas más tarde, **fastidiada** se ha usado.

refrigerador

index finger/eyelids
Blow (Breathe) on me
irritada/suave, tierna

shrugged

extendió

—Quiero verte contenta —repitió. Se detuvo bruscamente, volviéndose hacia donde estaba la mujer —dijo.

—¿Tú sabes que te quiero mucho? —dijo.

La mujer lo miró con frialdad.

90 —¿Síii…? Qué descubrimiento, José. ¿Crees que me quedaría contigo por un millón de pesos?

—No he querido decir eso, reina —dijo José—. Vuelvo a apostar a que te hizo daño el almuerzo.

—No te lo digo por eso —dijo la mujer. Y su voz se volvió menos indo-
95 lente.° —Es que ninguna mujer soportaría una carga° como la tuya ni por un millón de pesos.

José se ruborizó. Le dio la espalda a la mujer y se puso a sacudir el polvo° en las botellas del armario. Habló sin volver la cara.

—Estás insoportable° hoy, reina. Creo que lo mejor es que te comas el
100 bistec y te vayas a acostar.

—No tengo hambre —dijo la mujer. Se quedó mirando otra vez la calle, viendo los transeúntes turbios de la ciudad atardecida. Durante un instante hubo un silencio turbio en el restaurante. Una quietud interrumpida apenas por el trasteo° de José en el armario. De pronto la mujer dejó de mirar hacia
105 la calle y habló con la voz apagada,° tierna, diferente.

—¿Es verdad que me quieres, Pepillo?

—Es verdad —dijo José, en seco, sin mirarla.

—¿A pesar de lo que te dije? —dijo la mujer.

—¿Qué me dijiste? —dijo José, todavía sin inflexiones en la voz, todavía
110 sin mirarla.

—Lo del millón de pesos —dijo la mujer.

—Ya lo había olvidado —dijo José.

—Entonces, ¿me quieres? —dijo la mujer.

—Sí —dijo José.

115 Hubo una pausa. José siguió moviéndose con la cara vuelta hacia los armarios, todavía sin mirar a la mujer. Ella expulsó una nueva bocanada de humo, apoyó el busto contra el mostrador, y luego, con cautela y picardía, mordiéndose la lengua antes de decirlo, como si hablara en puntillas:°

—¿Aunque no me acueste contigo? —dijo.

120 Y sólo entonces José volvió a mirarla:

—Te quiero tanto que no me acostaría contigo —dijo. Luego caminó hacia donde ella estaba. Se quedó mirándola de frente, los poderosos brazos apoyados en el mostrador, delante de ella, mirándola a los ojos. Dijo—: Te quiero tanto que todas las tardes mataría al hombre que se va contigo.

125 En el primer instante la mujer pareció perpleja. Después miró al hombre con atención, con una ondulante expresión de compasión y burla. Después guardó un breve silencio, desconcertada. Y después rió estrepitosamente.°

—Estás celoso, José. ¡Qué rico, estás celoso!

José volvió a sonrojarse con una timidez franca, casi desvergonzada,°
130 como le habría ocurrido a un niño a quien le hubieran revelado de golpe todos los secretos. Dijo:

---

*Marginal glosses (right column):*

95 insensitive/weight

98 shake, dust off

99 insufrible, unbearable

104 rummaging around

105 débil, tímida

*Handwritten note:* JOSÉ = PEPILLO

118 on tiptoe

127 ruidosamente

129 insolente, impudente

—Esta tarde no entiendes nada, reina. —Y se limpió el sudor con el trapo. Dijo:— La mala vida te está embruteciendo.

Pero ahora la mujer había cambiado de expresión. «Entonces no», dijo.
135 Y volvió a mirarlo a los ojos, con un extraño esplendor en la mirada, a un tiempo acongojada° y desafiante:

*preocupada, ansiosa*

—Entonces, no estás celoso.

—En cierto modo, sí —dijo José—. Pero no es como tú dices.

Se aflojó el cuello y siguió limpiándose, secándose la garganta con el trapo.
140 —¿Entonces? —dijo la mujer.

—Lo que pasa es que te quiero tanto que no me gusta que hagas eso —dijo José.

—¿Qué? —dijo la mujer.

—Eso de irte con un hombre distinto todos los días —dijo José.
145 —¿Es verdad que lo matarías para que no se fuera conmigo? —dijo la mujer.

—Para que no se fuera, no —dijo José —. Lo mataría porque *se fue* contigo.

—Es lo mismo —dijo la mujer.

La conversación había llegado a densidad excitante. La mujer hablaba
150 en voz baja, suave, fascinada. Tenía la cara pegada al rostro saludable y pacífico del hombre, que permanecía inmóvil, como hechizado° por el vapor de las palabras.

*bewitched*

—Todo eso es verdad —dijo José.

—Entonces —dijo la mujer, y extendió la mano para acariciar el áspero
155 brazo del hombre. Con la otra arrojó la colilla.° — Entonces, ¿tú eres capaz de matar a un hombre?

*el resto del cigarrillo*

—Para lo que te dije, sí —dijo José. Y su voz tomó una acentuación casi dramática.

La mujer se echó a reír convulsivamente, con una abierta intención de
160 burla.

—Qué horror, José. Qué horror —dijo, todavía riendo—, José matando a un hombre. ¡Quién hubiera dicho que detrás del señor gordo y santurrón° que nunca me cobra, que todos los días me prepara un bistec y que se distrae hablando conmigo hasta cuando encuentro un hombre, hay un asesino! ¡Qué
165 horror, José! ¡Me das miedo!

*sanctimonious*

José estaba confundido. Tal vez sintió un poco de indignación. Tal vez, cuando la mujer se echó a reír, se sintió defraudado.

—Estás borracha, tonta —dijo—. Vete a dormir. Ni siquiera tendrás ganas de comer nada.
170 Pero la mujer ahora había dejado de reír y estaba otra vez seria, pensativa, apoyada en el mostrador. Vio alejarse al hombre. Lo vio abrir la nevera y cerrarla otra vez, sin extraer nada de ella. Lo vio moverse después hacia el extremo opuesto del mostrador. Lo vio frotar el vidrio reluciente, como al principio. Entonces la mujer habló de nuevo, con el tono enternecedor y suave
175 cuando dijo: ¿Es verdad que me quieres, Pepillo?

—José —dijo.

Él hombre no la miró.

—¡José!

—Vete a dormir…—dijo José—. Y métete un baño antes de acostarte
180 para que se te serene la borrachera.

—En serio, José —dijo la mujer—. No estoy borracha.

—Entonces te has vuelto bruta —dijo José.

—Ven acá, tengo que hablar contigo —dijo la mujer.

El hombre se acercó tambaleando° entre la complacencia y la desconfianza.    vacilando
185 —¡Acércate!

El hombre volvió a pararse frente a la mujer. Ella se inclinó hacia adelante,
lo asió° fuertemente por el cabello, pero con un gesto de evidente ternura.    agarró

—Repíteme lo que me dijiste al principio —dijo.

—¿Qué? —dijo José. Trataba de mirarla con la cabeza agachada,° asido    inclinada
190 por el cabello.

—Que matarías a un hombre que se acostara conmigo —dijo la mujer.

—Mataría a un hombre que se hubiera acostado contigo, reina. Es verdad —dijo José.

La mujer lo soltó.°    *let him go*
195 —¿Entonces me defenderías si yo lo matara? —dijo, afirmativamente,
empujando con un movimiento de brutal coquetería la enorme cabeza de
cerdo de José. El hombre no respondió nada; sonrió.

—Contéstame, José —dijo la mujer—. ¿Me defenderías si yo lo matara?

—Eso depende —dijo José—. Tú sabes que eso no es tan fácil como
200 decirlo.

—A nadie le cree más la policía que a ti —dijo la mujer.

José sonrió, digno, satisfecho. La mujer se inclinó de nuevo hacia él, por
encima del mostrador.

—Es verdad, José. Me atrevería a apostar que nunca has dicho una
205 mentira —dijo.

—No se saca nada con eso —dijo José.

—Por lo mismo —dijo la mujer—. La policía lo sabe y te cree cualquier
cosa sin preguntártelo dos veces.

José se puso a dar golpecitos en el mostrador, frente a ella, sin saber
210 qué decir. La mujer miró nuevamente hacia la calle. Miró luego el reloj y modi-
ficó el tono de voz, como si tuviera interés en concluir el diálogo antes de que
llegaran los primeros parroquianos.

—¿Por mí dirías una mentira, José? —dijo—. En serio.

Y entonces José se volvió a mirarla, bruscamente, a fondo, como si una
215 idea tremenda se le hubiera agolpado° dentro de la cabeza. Una idea que    *raced, crowded*
entró por un oído, giró por un momento, vaga, confusa, y salió luego por el
otro, dejando apenas un cálido° vestigio de pavor.°    *warm*/terror

—¿En qué lío° te has metido reina? —dijo José. Se inclinó hacia ade-    *mess*
lante, los brazos otra vez cruzados sobre el mostrador. La mujer sintió el vaho°    vapor
220 fuerte y un poco amoniacal de su respiración, que se hacía difícil por la presión que ejercía el mostrador contra el estómago del hombre.

—Esto sí es en serio, reina. ¿En qué lío te has metido? —dijo.

La mujer hizo girar la cabeza hacia el otro lado.

—En nada —dijo—. Sólo estaba hablando por entretenerme.

225 Luego volvió a mirarlo.

—¿Sabes que quizá no tengas que matar a nadie?

—Nunca he pensado matar a nadie —dijo José desconcertado.

—No, hombre —dijo la mujer—. Digo que a nadie que se acueste conmigo.

—¡Ah! —dijo José—. Ahora sí que estás hablando claro. Siempre he
230 creído que no tienes necesidad de andar en esa vida. Te apuesto a que si te
dejas de eso te doy el bistec más grande de todos los días, sin cobrarte
nada.

—Gracias, José —dijo la mujer—. Pero no es por eso. Es que *ya no
podr*é acostarme con nadie.

235 —Ya vuelves a enredar° las cosas —dijo José. Empezaba a parecer
impaciente.

—No enredo nada —dijo la mujer. Se estiró en el asiento y José vio sus
senos aplanados y tristes debajo del corpiño.

—Mañana me voy y te prometo que no volveré a molestarte nunca. Te
240 prometo que no volveré a acostarme con nadie.

—¿Y de dónde te salió esa fiebre? —dijo José.

—Lo resolví hace un rato —dijo la mujer—. Sólo hace un momento me
di cuenta de que eso es una porquería.°

José agarró otra vez el trapo y se puso a frotar el vidrio, cerca de ella.
245 Habló sin mirarla.

Dijo:

—Claro que como tú lo haces es una porquería. Hace tiempo que
debiste darte cuenta.

—Hace tiempo me estaba dando cuenta —dijo la mujer—. Pero sólo
250 hace un rato acabé de convencerme. Les tengo asco a los hombres.

José sonrió. Levantó la cabeza para mirar, todavía sonriendo, pero la vio
concentrada, perpleja, hablando, y con los hombros levantados; balanceán-
dose en la silla giratoria, con una expresión taciturna, el rostro dorado por una
prematura harina otoñal.

255 —¿No te parece que deben dejar tranquila a una mujer que mate a un
hombre porque después de haber estado con él siente asco de ése y de todos
los que han estado con ella?

—No hay para qué ir tan lejos —dijo José, conmovido, con un hilo de
lástima en la voz.

260 —¿Y si la mujer le dice al hombre que le tiene asco cuando lo ve vistiéndose, porque se acuerda de que ha estado revolcándose° con él toda la
tarde y siente que ni el jabón ni el estropajo° podrán quitarle su olor?

—Eso pasa, reina —dijo José, ahora un poco indiferente, frotando el
mostrador. —No hay necesidad de matarlo. Simplemente dejarlo que se vaya.

265 Pero la mujer seguía hablando y su voz era una corriente uniforme,
suelta, apasionada.

—¿Y si cuando la mujer le dice que le tiene asco, el hombre deja de vestirse y corre otra vez para donde ella, a besarla otra vez, a...?

—Eso no lo hace ningún hombre decente —dijo José.

confundir,
complicar

acción sucia o
indecente

*rolling around*
*scourer, scouring*
 *cloth*

270 —¿Pero, y si lo hace? —dijo la mujer, con exasperante ansiedad—. ¿Si
el hombre no es decente y lo hace y entonces la mujer siente que le tiene
tanto asco que se puede morir, y sabe que la única manera de acabar con
todo eso es dándole una cuchillada por debajo?

—Esto es una barbaridad —dijo José—. Por fortuna no hay hombre que
275 haga lo que tú dices.

—Bueno —dijo la mujer, ahora completamente exasperada—. ¿Y si lo
hace? Suponte que lo hace.

—De todos modos no es para tanto° —dijo José. Seguía limpiando el    *no es gran cosa*
mostrador, sin cambiar de lugar, ahora menos atento a la conversación.

280 La mujer golpeó el vidrio con los nudillos. Se volvió afirmativa, enfática.

—Eres un salvaje, José —dijo—. No entiendes nada. —Lo agarró con
fuerza por la manga. —Anda, di que sí debía matarlo la mujer.

—Está bien —dijo José, con un sesgo° conciliatorio—. Todo será como    *turn*
tú dices.

285 —¿Eso no es defensa propia? —dijo la mujer, sacudiéndole° por la    *shaking him*
manga.

José le echó entonces una mirada tibia y complaciente. «Casi, casi»,
dijo. Y le guiñó un ojo, en un gesto que era al mismo tiempo una comprensión cordial y un pavoroso compromiso de complicidad. Pero la mujer siguió
290 seria; lo soltó.

—¿Echarías una mentira para defender a una mujer que haga eso? —dijo.

—Depende —dijo José.

—¿Depende de qué? —dijo la mujer.

—Depende de la mujer —dijo José.

295 —Suponte que es una mujer que quieres mucho —dijo la mujer—. No
para estar con ella, ¿sabes?, sino como tú dices que la quieres mucho.

—Bueno, como tú quieras, reina —dijo José, laxo, fastidiado.°    *irritado, casi
aburrido*

Otra vez se alejó. Había mirado el reloj. Había visto que iban a ser las
seis y media. Había pensado que dentro de unos minutos el restaurante
300 empezaría a llenarse de gente y tal vez por eso se puso a frotar el vidrio con
mayor fuerza, mirando hacia la calle a través del cristal de la ventana. La
mujer permanecía en la silla, silenciosa, concentrada, mirando con un aire de
declinante tristeza los movimientos del hombre. Viéndolo, como podría ver a
un hombre una lámpara que ha empezado a apagarse. De pronto, sin reac-
305 cionar, habló de nuevo, con una voz untuosa de mansedumbre.°    *sickeningly sweet
with gentleness*

—¡José!

El hombre la miró con una ternura densa y triste, como un buey maternal. No la miró para escucharla; apenas para verla, para saber que estaba ahí,
esperando una mirada que no tenía por qué ser de protección o de solidari-
310 dad. Apenas una mirada de juguete.

—Te dije que mañana me voy y no me has dicho nada —dijo la mujer.

—Sí —dijo José—. Lo que no me has dicho es para dónde.

—Por ahí —dijo la mujer—. Para donde no haya hombres que quieran
acostarse con una.

315 José volvió a sonreír.

—¿En serio te vas? —preguntó, como dándose cuenta de la vida, modificando repentinamente la expresión del rostro.

—Eso depende de ti —dijo la mujer—. Si sabes decir a qué hora vine, mañana me iré y nunca más me pondré en estas cosas. ¿Te gusta eso?

320 José hizo un gesto afirmativo con la cabeza, sonriente y concreto. La mujer se inclinó hacia donde él estaba.

—Si algún día vuelvo por aquí, me pondré celosa cuando encuentre otra mujer hablando contigo, a esta hora y en esta misma silla.

—Si vuelves por aquí debes traerme algo —dijo José.

325 —Te prometo buscar por todas partes el osito de cuerda,° para traértelo —dijo la mujer.

*wind-up toy bear*

José sonrió y pasó el trapo por el aire que se interponía entre él y la mujer, como si estuviera limpiando un cristal invisible. La mujer también sonrió, ahora con un gesto de cordialidad y coquetería. Luego el hombre se alejó,
330 frotando el vidrio hacia el otro extremo del mostrador.

—¿Qué? —dijo José sin mirarla.

—¿Verdad que a cualquiera que te pregunte a qué hora vine le dirás que a las seis menos cuarto? —dijo la mujer.

—¿Para qué? —dijo José, todavía sin mirarla y ahora como si apenas la
335 hubiera oído.

—Eso no importa —dijo la mujer—. La cosa es que lo hagas.

José vio entonces al primer parroquiano que penetró por la puerta oscilante y caminó hasta una mesa del rincón. Miró el reloj. Eran las seis y media en punto.

340 —Está bien, reina —dijo distraídamente—. Como tú quieras. Siempre hago las cosas como tú quieres.

—Bueno —dijo la mujer—. Entonces, prepárame el bistec.

El hombre se dirigió a la nevera, sacó un plato con carne y lo dejó en la mesa. Luego encendió la estufa.

345 —Te voy a preparar un buen bistec de despedida, reina —dijo.

—Gracias, Pepillo —dijo la mujer.

Se quedó pensativa como si de repente se hubiera sumergido en un submundo extraño, poblado de formas turbias, desconocidas. No se³ oyó, del otro lado del mostrador, el ruido que hizo la carne fresca al caer en la manteca
350 hirviente. No oyó, después, la crepitación seca y burbujeante cuando José dio vuelta al lomillo en el caldero y el olor suculento de la carne sazonada fue saturando, a espacios medidos, el aire del restaurante. Se quedó así, concentrada, reconcentrada, hasta cuando volvió a levantar la cabeza, pestañeando, como si regresara de una muerte momentánea. Entonces vio al hombre que
355 estaba junto a la estufa, iluminado por el alegre fuego ascendente.

—Pepillo.

—Ah.

—¿En qué piensas? —dijo la mujer.

---

³En versiones del cuento publicadas más tarde, la palabra **se** no aparece aquí.
**No oyó** parece la versión correcta.

—Estaba pensando si podrás encontrar en alguna parte el osito de
360 cuerda —dijo José.

—Claro que sí —dijo la mujer—. Pero lo que quiero que me digas es si
me darás todo lo que te pidiera de despedida.

José la miró desde la estufa.

—¿Hasta cuándo te lo voy a decir?° —dijo— ¿Quieres algo más que el
365 mejor bistec?

—Sí —dijo la mujer.

—¿Qué? —dijo José.

—Quiero otro cuarto de hora.

José echó el cuerpo hacia atrás, para mirar el reloj. Miró luego al parro-
370 quiano que seguía silencioso, aguardando en el rincón, y finalmente a la
carne, dorada en el caldero. Sólo entonces habló.

—En serio que no te entiendo, reina —dijo.

—No seas tonto, José —dijo la mujer—. Acuérdate que estoy aquí
desde las cinco y media.
375 *(1950)*

° ¿Cuántas veces
tengo que
decírtelo?

# DESPUÉS DE LEER

## Preguntas

### *En general*

1. ¿Qué se sabe sobre la clientela de José?
2. ¿Qué tipo de hombre era José? ¿Qué características de su personalidad destacan? (Escriba un párrafo en que describa tanto su
   aspecto físico como su personalidad.)
3. ¿Qué tipo de mujer era «la reina»? ¿Qué características de su personalidad destacan? (Escriba un párrafo en que describa tanto su
   aspecto físico como su personalidad.)

### *En detalle*

1. Temprano en el cuento leemos que «Hasta con la mujer con quien
   había llegado a adquirir un grado de casi intimidad, el gordo y
   rubicundo mesonero representaba su diaria comedia de hombre
   diligente». Busque la evidencia en el cuento donde José representaba un papel de «hombre diligente».
2. ¿Por qué les tenía asco a los hombres la mujer?
3. ¿Qué intención tuvo la mujer cuando le llamó «Pepillo» a José?
4. La mujer era muy manipuladora. Identifique ejemplos de su mani-
   pulación.
5. ¿Qué tipo de hombre era José? ¿Qué importancia tenía el carácter
   de José para la mujer?

6. ¿Qué argumentos usaba la mujer para justificar el asesinato de un hombre?

7. ¿Qué importancia para el cuento tiene la regularidad de la clientela de José?

## *Discusión e interpretación*

1. ¿Cómo reaccionó la mujer cuando José le dijo que la quería? ¿Por qué cree Ud. que reaccionó así?

2. ¿Cuándo se dio cuenta la mujer que la vida que llevaba era vergonzosa y que ya no quería seguir así? ¿Por qué cree Ud. que se tardó tanto tiempo en darse cuenta?

3. ¿Por qué era tan importante para la mujer establecer que ella había llegado antes de las seis?

4. Al final del cuento la mujer indicó que quería que José dijera que ella había llegado a las cinco y media. ¿Por qué no le pidió esto al principio?

5. Mientras dialogaban, José no parecía darse cuenta que la mujer —cuando fingía hablar de asuntos hipotéticos— realmente hablaba de asuntos verdaderos. ¿Cuándo cree Ud. que él se dio cuenta que hablaba en serio? Cite evidencia del cuento.

6. Este cuento tiene un rico diálogo entre José y la «reina» pero el lenguaje corporal de los dos comunica mucho también. Repase el cuento buscando ejemplos del lenguaje corporal y prepárese a explicar lo que significan.

7. La mujer mantiene que «hoy es distinto» mientras que José dice que «todos los días son iguales». ¿En qué aspectos tiene razón José y en qué aspectos tiene razón la mujer? ¿En qué aspectos están equivocados?

8. Durante el cuento la mujer sufría una serie de cambios emocionales. Identifíquelos y explique por qué cambió tantas veces.

9. Hay varias referencias al apetito de la mujer. ¿Qué indica su falta de apetito al principio y durante la mayoría del cuento? ¿Qué señala el regreso de su apetito hacia el final?

10. Repase el cuento buscando indicaciones de la ingenuidad e inocencia de José.

11. ¿Cree Ud. que fue justificado el asesinato de un hombre? Explique.

# LAZOS GRAMATICALES

## Ser/Estar + adjetivos

Tanto **ser** como **estar** se usan con adjetivos para describir cosas o personas pero, como Ud. sabe, comunican diferente información sobre la persona o cosa descrita. (Si necesita más detalles, antes de hacer el siguiente ejercicio, refiérase a la sección número tres del *Manual de gramática* [pp. 298–306].)

**10-10 ¿Qué información se comunica con «ser» y con «estar»?** Tomando en cuenta lo que sabe sobre **ser** y **estar** + adjetivos, comente el uso de **ser** o de **estar** en los siguientes fragmentos del cuento. Explique por qué se ha usado **ser** y **estar**. Luego explique la importancia que esta información tiene para la trama del cuento.

1. **Tan conservadora y regular era** su clientela, que no había acabado el reloj de dar la sexta campanada cuando una mujer entró, como todos los días a esa hora, y se sentó sin decir nada en la alta silla giratoria.

2. José vio el abundante cabello de la mujer, empavonado de vaselina gruesa y barata. Vio su hombro descubierto, por encima del corpiño floreado. Vio el nacimiento del seno crepuscular, cuando la mujer levantó la cabeza, ya con brasa entre los labios.

   —**Estás hermosa** hoy, reina —dijo José.

3. La mujer echó la cabeza hacia atrás. **Estaba seria, fastidiosa, blanda; embellecida** por una nube de tristeza y cansancio.

4. —**Estás insoportable** hoy, reina. Creo que lo mejor es que te comas el bistec y te vayas a acostar.

5. En el primer instante la mujer pareció perpleja. Después miró al hombre con atención, con una ondulante expresión de compasión y burla. Después guardó un breve silencio, desconcertada. Y después rió estrepitosamente.

   —**Estás celoso**, José. ¡Qué rico, **estás celoso**!

   José volvió a sonrojarse con una timidez franca, casi desvergonzada, como le habría ocurrido a un niño a quien le hubieran revelado de golpe todos los secretos.

6. —Entonces —dijo la mujer, y extendió la mano para acariciar el áspero brazo del hombre. Con la otra arrojó la colilla—. Entonces, ¿tú **eres capaz** de matar a un hombre?

7. —Qué horror, José. Qué horror —dijo, todavía riendo—. José matando a un hombre. ¡Quién hubiera dicho que detrás del señor gordo y santurrón que nunca me cobra, que todos los días me prepara un bistec y que se distrae hablando conmigo hasta cuando encuentro un hombre, hay un asesino! ¡Qué horror, José! ¡Me das miedo!

   José (1) **estaba confundido**. Tal vez sintió un poco de indignación. Tal vez, cuando la mujer se echó a reír, se sintió defraudado.

   —(2) **Estás borracha**, tonta —dijo—. Vete a dormir. Ni siquiera tendrás ganas de comer nada.

Pero la mujer ahora había dejado de reír y (3) **estaba** otra vez **seria, pensativa**, apoyada en el mostrador.

## Usos del pretérito y del imperfecto

En esta sección se presenta una serie de usos interesantes del pretérito y del imperfecto. Los ejercicios van a ayudarlo/la a refinar su comprensión de la información que estos dos aspectos del tiempo pasado comunican. Si necesita repasar los usos, consulte la sección número cuatro del *Manual de gramática* (pp. 307–314).

**10-11 ¿Qué nos sugiere el título?** El uso del imperfecto en el título nos da importante información sobre el cuento. Considere lo que sabe sobre los usos del imperfecto para contestar las siguientes preguntas.

1. ¿Qué indica el uso del imperfecto en el título sobre las prácticas/ costumbres de la mujer? ¿Qué información en el primer párrafo confirma lo que ya suponemos leyendo el título?

2. En una traducción inglesa de este cuento se ha traducido el título como «The Woman Who Came at Six O'Clock». Sabiendo lo que sabe sobre los usos del imperfecto, ¿cree Ud. que este título inglés sea una traducción adecuada del original? Explique. Si no le gusta el título, ¿puede ofrecer una traducción mejor?

**10-12 Usos interesantes del pretérito.** Algunos libros de texto hacen ciertas afirmaciones —erróneas, semi-erróneas o incompletas— sobre los usos del pretérito y del imperfecto. En este ejercicio, vamos a ver evidencia en contra de algunas de estas afirmaciones.

1. Muchos libros de texto señalan que el pretérito de **querer** significa *tried* y que **no querer** en el pretérito quiere decir *refused*. Aunque **pueden** traducirse así, también pueden traducirse a *wanted* y *didn't want*, respectivamente —traducciones que suelen asociarse con el imperfecto. Lea el siguiente fragmento del cuento y preste atención a la expresión **no quise**. ¿Cree Ud. que quiere decir *I refused*? Si no, ¿cómo lo traduciría Ud.?

   —Estás hermosa hoy, reina —dijo José.

   —Déjate de tonterías —dijo la mujer—. No creas que eso me va a servir para pagarte.

   —**No quise** decir eso, reina —dijo José—. Apuesto a que hoy te hizo daño el almuerzo.

2. Una regla errónea que se ofrece en algunos libros de texto es que las emociones se expresan en el pasado usando el imperfecto. ¿Cree Ud. que esto sea siempre verdad? (Obviamente, la respuesta es no.) Mire el siguiente ejemplo del cuento. ¿Por qué se ha usado el pretérito para expresar emociones? Piense en los usos regulares del pretérito.

—Qué horror, José. Qué horror —dijo, todavía riendo—. José matando a un hombre. ¡Quién hubiera dicho que detrás del señor gordo y santurrón que nunca me cobra, que todos los días me prepara un bistec y que se distrae hablando conmigo hasta cuando encuentro un hombre, hay un asesino! ¡Qué horror, José! ¡Me das miedo!

José estaba confundido. Tal vez **sintió** un poco de indignación. Tal vez, cuando la mujer se echó a reír, **se sintió** defraudado.

**10-13 Comparando casos paralelos del pretérito y del imperfecto.** En esta actividad, vamos a ver frases similares donde en una se ha usado el pretérito y en la otra se ha usado el imperfecto. Si hacemos comparaciones con situaciones paralelas, es más fácil ver las diferencias de uso y así entender mejor lo que el pretérito y el imperfecto comunican.

Cuando **seguir** se usa en el tiempo progresivo (con el gerundio), quiere decir **continuar**. Por eso, uno pensaría que **seguir** se usaría siempre en el imperfecto porque su significado implica acciones y estados continuos o en progreso. Sin embargo, **seguir** puede usarse a veces en el pretérito para indicar que la acción principal (el gerundio) empieza de nuevo. Vamos a ver un ejemplo en contexto y así se prepara para los otros ejercicios en esta actividad. Examine el siguiente fragmento prestando atención al uso de **siguió moviéndose**. ¿Por qué se usó el pretérito de **seguir** en este contexto? Prepare su explicación antes de leer la explicación que sigue más abajo.

### Modelo

—Entonces, ¿me quieres? —dijo la mujer.

—Sí —dijo José.

Hubo una pausa. José **siguió moviéndose** con la cara vuelta hacia los armarios, todavía sin mirar a la mujer...

→ **Explicación:** Recuerde que un uso del pretérito es indicar el principio de una acción. Aunque «**seguir moviéndose**» claramente indica una continuidad de la acción de **moverse** (por el significado de **seguir** y también por el uso de una estructura progresiva), el uso de **seguir** en el pretérito indica que sus movimientos —que fueron interrumpidos por una pausa momentánea— han empezado de nuevo. La pausa se indica con la frase «**Hubo una pausa**» pero aun sin esta frase, el pretérito de **seguir** ya indica que hubo una pausa porque para empezar una acción de nuevo, tiene que haber habido una pausa. Lo que importa en este análisis es **lo que el pretérito nos comunica**: el efecto que la pregunta de la mujer tiene sobre José.

1. Examine los siguientes pares prestando atención al uso de **siguió/seguía** + gerundio en el contexto de la escena del fragmento. Note que en cada par, **siguió/seguía** están combinados con el mismo verbo. Prepárese para contestar las siguientes preguntas para cada par de fragmentos.

   - ¿Por qué en un caso se ha usado el pretérito y en el otro el imperfecto?

   - En cada caso, indique el significado que resulta del uso del pretérito y del imperfecto.

   (1a) —Y es verdad —dijo la mujer. Se volvió a mirar al hombre que estaba del otro lado del mostrador, registrando la nevera. Estuvo contemplándolo durante dos, tres segundos. Luego miró el reloj, arriba del armario. Eran las seis y tres minutos. «Es verdad, José. Hoy es distinto» dijo. Expulsó el humo y **siguió hablando** con palabras cortas, apasionadas. «Hoy no vine a las seis, por eso es distinto, José».

   (1b) —¿Y si la mujer le dice al hombre que le tiene asco cuando lo ve vistiéndose, porque se acuerda de que ha estado revolcándose con él toda la tarde y siente que ni el jabón ni el estropajo podrán quitarle su olor?

   —Eso pasa, reina —dijo José, ahora un poco indiferente, frotando el mostrador.

   —No hay necesidad de matarlo. Simplemente dejarlo que se vaya.

   Pero la mujer **seguía hablando**, y su voz era una corriente uniforme, suelta, apasionada.

   —¿Y si cuando la mujer le dice que le tiene asco, el hombre deja de vestirse y corre otra vez para donde ella, a besarla otra vez, a...?

   (2a) —Entonces, no estás celoso.

   —En cierto modo, sí —dijo José. —Pero no es como tú dices.

   Se aflojó el cuello y **siguió limpiándose**, secándose la garganta con el trapo.

   (2b) —De todos modos no es para tanto —dijo José. **Seguía limpiando** el mostrador, sin cambiar de lugar, ahora menos atento a la conversación.

2. Tanto **hubo** como **había** pueden traducirse a *there was*. Examine las siguientes oraciones y, usando lo que sabe sobre los usos del pretérito y del imperfecto, explique la diferencia de significado entre **había** en el primer caso y **hubo** en los dos últimos.

   a. La puerta oscilante se abrió. A esa hora no **había** nadie en el restaurante de José.

b.  —No tengo hambre —dijo la mujer. Se quedó mirando otra vez la calle, viendo los transeúntes turbios de la ciudad atardecida. Durante un instante **hubo** un silencio turbio en el restaurante.

c.  —Sí —dijo José.

    **Hubo** una pausa. José siguió moviéndose con la cara vuelta hacia los armarios, todavía sin mirar a la mujer.

## Usos del condicional

El condicional tiene tres usos principales.

1.  Primero, se usa como equivalente del «futuro del pasado», cuando, en un determinado momento del pasado la acción no había ocurrido todavía. Por ejemplo, si en el presente decimos «Sabemos que vendrá dentro de la hora», en el pasado, diríamos «Sabíamos que **vendría** dentro de la hora». Por regla general, se puede usar la estructura **ir** (imperfecto) **+ a + infinitivo** (Sabíamos que **iba a venir**…) y a veces el imperfecto del verbo mismo sirve (Sabíamos que **venía**…).

2.  El segundo uso es para situaciones **condicionales** o **hipotéticas**, o sea, las que ocurrirían bajo ciertas circunstancias y frecuentemente son improbables. Estas frases ocurren con una frase con «si», aunque la cláusula con «si» no siempre se expresa abiertamente. Por ejemplo: Yo **diría** la verdad (si fuera Ud./si estuviera en su lugar, etc.).

3.  El tercer uso es para hacer conjeturas en el pasado (como se usa el futuro para hacer conjeturas en el presente). Por ejemplo, si en el presente cuando alguien toca a la puerta decimos «Será Anita» (Probablemente es Anita), para decir lo mismo en el pasado, podríamos decir «**Sería** Anita» (Probablemente era Anita). En este capítulo, vamos a concentrarnos en los dos primeros usos porque son los que ocurren en este cuento.

### Práctica/Modelo

Antes de hacer el ejercicio que sigue, lea el siguiente fragmento y determine si el condicional se ha usado para el futuro del pasado o si expresa una situación condicional/hipotética.

El hombre se encogió de hombros.

—Bueno, si así lo quieres, tienes un cuarto de hora de estar aquí —dijo—. Después de todo a nadie le importa nada diez minutos más o diez minutos menos.

—Sí importan, José —dijo la mujer.

(…)

—Está bien, reina —dijo el hombre—. Un día entero con su noche **te regalaría** yo para verte contenta.

→ Si ha determinado que aquí el condicional se ha usado para una situación condicional/hipotética, tiene razón. (Pista: si sustituimos la frase **te iba a regalar** por **te regalaría** vemos que no tiene sentido, así que sabemos que no es un caso del «futuro del pasado».)

---

**10-14 ¿Una predicción en el pasado o una situación hipotética?** Examine los siguientes fragmentos para determinar si el tiempo condicional se ha usado para indicar (1) el futuro del pasado o (2) una situación condicional/hipotética. Luego, reescriba las oraciones donde el condicional indica el futuro del pasado usando la estructura **ir** (en el imperfecto) + **a** + **infinitivo**.

1. Acababan de dar las seis y el hombre sabía que sólo a las seis y media **empezarían** a llegar los parroquianos habituales.

2. —¿Síii…? Qué descubrimiento, José. ¿Crees que me **quedaría** contigo por un millón de pesos?

3. —Te quiero tanto que no me (1) **acostaría** contigo —dijo. Luego caminó hacia donde ella estaba. Se quedó mirándola de frente, los poderosos brazos apoyados en el mostrador, delante de ella, mirándola a los ojos. Dijo—: Te quiero tanto que todas las tardes (2) **mataría** al hombre que se va contigo.

4. —(1) **Mataría** a un hombre que se hubiera acostado contigo, reina. Es verdad —dijo José. La mujer lo soltó.

   —¿Entonces me (2) **defenderías** si yo lo matara? —dijo, afirmativamente, empujando con un movimiento de brutal coquetería la enorme cabeza de cerdo de José. El hombre no respondió nada; sonrió.

5. —¿**Echarías** una mentira para defender a una mujer que haga eso?

6. Había mirado el reloj. Había visto que iban a ser las seis y media. Había pensado que dentro de unos minutos el restaurante **empezaría** a llenarse de gente y tal vez por eso se puso a frotar el vidrio con mayor fuerza, mirando hacia la calle a través del cristal de la ventana.

## Subjuntivo/Indicativo en cláusulas adverbiales

**10-15 ¿Por qué subjuntivo o indicativo?** Ciertas conjunciones adverbiales siempre van seguidas del subjuntivo pero muchas pueden usarse tanto con el subjuntivo como con el indicativo. El cambio entre indicativo y subjuntivo crea una diferencia de significado. Para las que varían, ¿qué determina si van con el subjuntivo o el indicativo? Si no recuerda, refiérase a la sección cinco del *Manual de gramática* (pp. 314–323). Luego conteste las preguntas a continuación.

1. Lea el siguiente fragmento prestando atención a los verbos en negrita. Luego conteste las preguntas que siguen.

   —Lo que pasa es que te quiero tanto que no me gusta que hagas eso —dijo José.

—¿Qué? —dijo la mujer.

—Eso de irte con un hombre distinto todos los días —dijo José.

—¿Es verdad que lo matarías para que no **se fuera** conmigo? —dijo la mujer.

—Para que no se fuera, no —dijo José; —lo mataría porque **se fue** contigo.

    a. ¿Qué determina si se usa el subjuntivo o el indicativo en estos ejemplos?

    b. ¿Qué nos dice el uso del subjuntivo en una de las cláusulas adverbiales y el uso del indicativo en la otra?

    c. ¿Por qué cree Ud. que José ha hecho esta distinción?

2. Lea los dos fragmentos a continuación y compare las cláusulas adverbiales que están en negrita. Luego, enfocándose en el significado, explique por qué en el primer caso se ha usado el indicativo y en el segundo se ha usado el subjuntivo.

    a. José se dirigió hacia **donde ella estaba**.

    b. —Sí —dijo José —. Lo que no me has dicho es para dónde.

        —Por ahí —dijo la mujer—. Para **donde no haya hombres** que quieran acostarse con una.

3. En el fragmento a continuación, explique por qué en la primera cláusula con **como** se usó el subjuntivo mientras que en la segunda se usó el indicativo. ¿Cuál es la diferencia de significado?

    —Está bien, reina —dijo distraídamente—. **Como tú quieras**. Siempre hago las cosas **como tú quieres**.

# Subjuntivo/Indicativo en cláusulas adjetivales

**10-16 ¿Reales o no?** El conector más común que introduce las cláusulas adjetivales es **que** y otro muy común es **lo que**. Ambos pueden emplearse con el indicativo o el subjuntivo. Con el indicativo, introducen cláusulas que describen cosas, personas o situaciones que existen, mientras que con el subjuntivo, introducen cláusulas que describen cosas, personas o situaciones que no existen o que no se sabe si existen. Considere esto al contestar las preguntas a continuación.

1. Lea la siguiente oración del cuento prestando atención a la cláusula adjetival. Los lectores sabemos que «la mujer» a quien la mujer describe es ella misma. ¿Por qué, entonces, ha empleado el subjuntivo en la cláusula adjetival?

    —¿No te parece que deben dejar tranquila a una mujer **que mate a un hombre** porque después de haber estado con él siente asco de ése y de todos los que han estado con ella?

2. Lea el siguiente fragmento prestando atención a las cláusulas adjetivales. Explique por qué en el primer caso se empleó el indicativo

después de **lo que** mientras que en el segundo se empleó el subjuntivo. ¿Cuál es la diferencia de significado?

—¿En qué piensas? —dijo la mujer.

—Estaba pensando si podrás encontrar en alguna parte el osito de cuerda —dijo José.

—Claro que sí —dijo la mujer—. Pero **lo que quiero** que me digas es si me darás todo **lo que te pidiera** de despedida.

☞ Relea el cuento aplicando lo que ha aprendido y practicado en los ejercicios de la sección «**Lazos gramaticales**». Si lo hace, va a entender mejor el cuento y a fortalecer su comprensión de la gramática.

- - - - - - - - - - - - - - - - - - - - - - - - - - - - - -

# A ESCRIBIR

## Estrategias de composición

Esta sección incluye una serie de pasos para ayudarlo/la a: (1) formular y desarrollar sus ideas, (2) buscar evidencia del cuento para apoyar sus argumentos y (3) organizar su composición para que sea cohesiva y coherente. También incluye instrucciones para buscar y corregir errores de gramática y de vocabulario. Estas sugerencias acompañan el primer tema porque son específicas para ese tema pero son útiles para todos los temas. Si opta por otro tema, lea las sugerencias incluidas para el Tema uno y adáptelas para el tema que elija.

## Tema uno

La mujer del cuento es muy manipuladora. Escriba un ensayo en que explore las varias maneras en que trató de manipular a José. Incluya una discusión de las acciones y los recursos lingüísticos (tanto gramaticales como léxicos) que utilizó para manipularlo. Cite ejemplos de «La mujer que llegaba a las seis».

Al completar cada uno de los siguientes pasos, marque (✓) la casilla a la izquierda.

❑ a. Relea el cuento buscando ejemplos del lenguaje y de las acciones que parecen manipuladores. Subráyelos en el texto o haga una lista.

❑ b. Examine el lenguaje y las acciones manipuladoras para determinar qué dice y cómo lo dice, y qué hace para manipularlo. (Pista: las reacciones de José —tanto verbales como físicas— a lo que la mujer le dice y los frecuentes cambios de humor que ella tiene durante el cuento muchas veces señalan cambios de su estrategia.) Para el lenguaje, examine los términos y las estructuras gramaticales que ella utilizó.

❑ c. Después de examinar el cuento, repase los ejercicios de este capítulo porque algunos pueden darle otros aspectos para incluir en su ensayo.

❑ d. Escriba una introducción y una conclusión y asegúrese que sus ideas fluyan bien.

❑ e. Cuando haya escrito su borrador, revíselo, utilizando su lista para asegurarse que haya incluido todos los elementos importantes y que todo siga un orden lógico. Haga las correcciones necesarias.

❑ f. Dele un título interesante a su cuento.

❑ g. Antes de entregar su ensayo, revíselo asegurándose que:

    ❑ haya usado vocabulario correcto y variado

    ❑ no haya usado **ser, estar** y **haber** demasiado (es preferible usar verbos más expresivos)

    ❑ haya concordancia entre los adjetivos y artículos y los sustantivos a que se refieren

    ❑ haya concordancia entre los verbos y sus sujetos

    ❑ **ser** y **estar** se usen correctamente

    ❑ el subjuntivo se use cuando sea apropiado

    ❑ el pretérito y el imperfecto se hayan usado correctamente

    ❑ no haya errores de ortografía ni de acentuación

## Otros temas de composición

2. La mujer mantiene que «hoy es distinto» mientras que José dice que «todos los días son iguales». Los dos tienen y no tienen razón. Escriba un ensayo en que explore esta idea. Señale en qué sentido hoy es como todos los días y en qué sentido es distinto. Incluya una discusión de cómo la realidad del cuento corresponde o no a la postura de los dos personajes. Cite ejemplos del cuento.

3. Escriba un ensayo en que compare el carácter de José y el de la mujer. (Recuerde que **carácter** significa las cualidades personales que indican la esencia de la persona, su modo de ser.) Cite ejemplos del cuento.

4. La regularidad de la clientela de José juega un papel importante en el cuento. Escriba un ensayo en que explore esta idea. Dé ejemplos específicos del cuento.

# CAPÍTULO

# 11

# El dúo de la tos

Leopoldo Alas («Clarín») (1852–1901)

# ANTES DE LEER

**11-1 Reflexiones.** Considere las siguientes preguntas antes de leer el cuento.

1. ¿Ha estado Ud. en una situación donde ha estado rodeado/a de gente que no conociera? ¿Cómo se sintió?

2. ¿Alguna vez se ha sentido Ud. muy solo/a? ¿Por qué? ¿Qué hizo para remediar la situación?

3. Lea los tres primeros párrafos del cuento y conteste las siguientes preguntas.

    a. ¿Qué tipo de lugar es el hotel del *Águila*?

    b. ¿Qué tipo de gente se hospeda en este hotel?

    c. ¿Qué tipo de interacciones tienen los huéspedes del hotel?

    d. ¿Quiénes son los personajes principales del cuento?

4. Hojee algunos de los párrafos que tienen los signos de puntuación « » para determinar qué tipo de información se señala entre estos signos.

5. Lea el título.

    a. ¿Qué sugiere la palabra **tos**° en el título sobre los personajes del cuento?                           *cough*

    b. ¿Qué es un dúo?

    c. ¿Qué sería un **dúo de la tos**?

## Enfoques léxicos

### *Cognados falsos*

**11-2 Examinación de cognados falsos en «El dúo de la tos».** Este cuento contiene varios cognados falsos, algunos se incluyen en los ejercicios a continuación. (Para más detalle sobre los cognados falsos, lea la sección número uno del *Manual de gramática* [pp. 285–290].)

1. Aunque **tender** puede significar *to tend*, en el sentido de **tener una tendencia** (como en «Eduardo tiende a decir cosas inapropiadas»), tiene otro significado en este cuento. Lea la siguiente oración y determine su significado.

    El gran hotel del *Águila* **tiende** su enorme sombra sobre las aguas dormidas de la dársena.°                                                                              *dock*

    → Si ha determinado que en este contexto quiere decir **extiende** (*stretches*), tiene razón.

2. **Vapor** puede tener el significado de *vapor* (fluído gaseoso que, bajo presión, se convierte parcialmente en líquido), como en «Los volcanes

activos pueden emitir toneladas de vapores y gases». En este cuento, **vapor** es un tipo de barco, relacionado con el significado general de **vapor**. Sabiendo esto y tomando en cuenta que el cuento se escribió a finales del siglo XIX, ¿puede Ud. adivinar qué tipo de barco sería?

→ Si Ud. ha determinado que **vapor** significa *steamship*, tiene razón.

3. **Rumor** puede significar *rumor*, como en «Según los rumores que andan por la oficina, el jefe va a casarse con su secretaria». Pero tiene otro significado en este cuento: **sonido vago, suave y continuo**.

4. Hemos visto en otros capítulos que **vulgar** generalmente no se traduce a *vulgar*. **Vulgar** suele significar **común** y **ordinario**, como en este cuento.

5. También hemos visto que **desgracia** generalmente no significa *disgrace*, sino **mala suerte** o **infortunio**. Esto es su significado en este cuento. Lea el siguiente fragmento del cuento prestando atención a la palabra **desgracias** y luego trate de recordar el significado cuando lea el cuento.

«Era el reloj de la muerte,» pensaba la víctima, el número 36, un hombre de treinta años, familiarizado con la desesperación, solo en el mundo, sin más compañía que los recuerdos del hogar paterno, perdidos allá en lontananzas° de **desgracias** y errores, y una sentencia de muerte pegada al pecho, como una factura de viaje a ***un bulto*** en un ferrocarril.

en la distancia

6. **Matrimonio** puede traducirse a *matrimony* pero muchas veces tiene otro significado relacionado. También puede traducirse a *marriage* (**casamiento, unión de una pareja casada**). Lea la siguiente oración del cuento e indique cuál de estas posibilidades tiene más sentido en este contexto.

Pero en fin, ello era amor, amor de **matrimonio** antiguo, pacífico, compañía en el dolor, en la soledad del mundo.

→ Si ha determinado que en este contexto **matrimonio** se refiere a un **casamiento** de muchos años, tiene razón. (**Pareja casada** es una posibilidad, pero **casamiento** es más probable porque se refiere más al estado que a las personas.)

7. **Simpatía** no quiere decir *sympathy*, lo cual puede expresarse con **compasión**. **Simpatía** puede significar **cariño, amabilidad, amistad, inclinación afectiva** (*liking, fondness*) y a veces significa **solidaridad**. Lea el siguiente fragmento del cuento y verá que **solidaridad** es un buen sinónimo en este contexto. (Cuando lea el cuento, el significado será aun más claro porque verá que tanto la mujer que se hospeda en el cuarto 32 como el hombre del cuarto 36 tienen una tos, uno de los síntomas de sus serias enfermedades.)

La tos del 36 le dio lástima y le inspiró **simpatía**. Conoció pronto que era trágica también.

Probablemente ha observado la relación entre **simpático** y **simpatía**. Esta relación puede ayudarlo/la a recordar el significado de **simpatía**. Recuerde que **simpático** no quiere decir *sympathetic*, sino **agradable** y **amable**.

8. **Postura** puede significar *posture* en el sentido de la posición del cuerpo (por ejemplo, «Para mejorar la **postura**, hay que fortalecer los músculos haciendo ejercicios»). También tiene el sentido de *position*, como punto de vista o actitud que alguien mantiene sobre algo (por ejemplo, «Su **postura** sobre el asunto irrita a mucha gente»). En este cuento, tiene un significado distinto. En el fragmento que sigue, la frase **cambiar de postura** tiene un doble sentido: tanto **cambiar de posición** (física) como **cambiar de lugar**.

En efecto; el enfermo del 36, sin recordar que el cambiar de postura sólo es cambiar de dolor, había huido de aquella fonda,° en la cual había padecido tanto... como en las demás.

*boarding house, inn*

9. **Sano** no se traduce a *sane* (lo cual puede expresarse con **cuerdo**). Lea la siguiente oración del cuento y trate de determinar su significado.

Iba por el mundo, de pueblo en pueblo, como *bulto* perdido, buscando aire **sano** para un pecho enfermo...

→ Si ha determinado que **sano** significa **bueno para la salud, saludable**, tiene razón.

## En más detalle

Aunque **sano** no quiere decir *sane*, curiosamente, su antónimo —insano— puede significar *insane* (**loco**) o *unhealthy*, así que la forma negativa puede referirse a la salud mental o física. Generalmente, el contexto indicará cuál de los significados tiene **insano**.

### Grupos léxicos

**11-3 Palabras relacionadas.** Complete las siguientes frases con la palabra adecuada. Las palabras agrupadas tienen la misma raíz y por lo tanto tienen un significado relacionado. Utilice su conocimiento de la gramática para escoger la palabra correcta. No será necesario cambiar las formas de las palabras. Usará algunas palabras más de una vez. Verifique sus respuestas buscando la oración en el cuento. (Las oraciones de cada grupo se presentan en el orden en que aparecen en el cuento.)

**tos - toser - tosía - tosió - tosiendo**

1. «Sola del todo,» pensó la mujer, que, aún _____, seguía allí, mientras hubiera aquella *compañía*...

2. La del 32 (1) _____ , en efecto; pero su (2) _____ era... ¿cómo se diría? más poética, más dulce, más resignada. La (3) _____ del 36 protestaba; a veces rugía. La del 32 casi parecía un estribillo de una oración, un miserere; era una queja tímida, discreta, una (4) _____ que no quería despertar a nadie. El 36, en rigor, todavía no había aprendido a (5) _____, como la mayor parte de los hombres sufren y mueren sin aprender a sufrir y a morir. El 32 (6) _____ con arte; con ese arte del dolor antiguo, sufrido, sabio, que suele refugiarse en la mujer.

3. La (1) _____ del 36 le dio lástima y le inspiró simpatía. Conoció pronto que era trágica también. «Estamos cantando un dúo,» pensó; y hasta sintió cierta alarma del pudor, como si aquello fuera indiscreto, una cita en la noche. (2) _____ porque no pudo menos; pero bien se esforzó por contener el primer golpe de (3)_____ .

**dolor - dolorosa - dolorosas**

4. En aquellas tinieblas, más _____ por no ser completas, parece que la idea de luz, la imaginación recomponiendo las vagas formas, necesitan ayudar para que se vislumbre lo poco y muy confuso que se ve allá abajo.

5. Su propia tos se le antojó menos _____ *apoyándose* en aquella *varonil* que la protegía contra las tinieblas, la soledad y el silencio.

6. ¿Por qué ha de ser así? ¿Por qué no hemos de levantarnos ahora, unir nuestro _____, llorar juntos?

**desaparece - desapareció - desaparecían - desaparecida - desaparición**

7. A veces aquella chispa triste se mueve, se amortigua, _____, vuelve a brillar.

8. En la obscuridad el agua toma la palabra y brilla un poco, cual una aprensión óptica, como un dejo de la luz _____, en la retina, fosforescencia que padece ilusión de los nervios.

9. Y el 36, sin pensar más en el 32, (1) _____ , cerró el balcón con triste rechino metálico, que hizo en el bulto de la derecha un efecto de melancolía análogo al que produjera antes en el bulto que fumaba la (2) _____ del foco eléctrico del Puntal.

10. De tarde en tarde hacia dentro, en las escaleras, en los pasillos, resonaban los pasos de un huésped trasnochador; por las rendijas de la puerta entraban en las lujosas celdas, horribles con su lujo uniforme y vulgar, rayos de luz que giraban y _____.

**solo - sola - solas - soledad**

11. Ya no entraban huéspedes. A poco, todo debía de dormir. Ya no había testigos; ya podía salir la fiera; ya estaría a _____ con su presa.

12. «¿Eres joven? Yo también. ¿Estás (1) _____ en el mundo? Yo también. ¿Te horroriza la muerte en la (2) _____? También a mí. ¡Si nos conociéramos! ¡Si nos amáramos! Yo podría ser tu amparo, tu consuelo. ¿No conoces en mi modo de toser que soy buena, delicada, discreta, casera, que haría de la vida precaria un nido de pluma blanda y suave, para acercarnos juntos a la muerte, pensando en otra cosa, en el cariño? ¡Qué (3) _____ estás! ¡Qué (4) _____ estoy! ...»

**lejos - a lo lejos - lejano - lejana - alejado**

13. De repente desapareció una claridad _____, produciendo el efecto de un relámpago que se nota después que pasó.

14. Las gabarras se mueven poco más que el minutero de un gran reloj; pero de tarde en tarde chocan, con tenue, triste, monótono rumor, acompañado del ruido de la marea que _____ suena, como para imponer silencio, con voz de lechuza.

15. De pronto creyó oír como un eco _____ y tenue de su tos...

16. La enfermedad la había hecho salir de aquel asilo; le habían dado bastante dinero para poder andar algún tiempo sola por el mundo, de fonda en fonda; pero la habían _____ de sus discípulas.

17. De modo que lo que en efecto le quería decir la tos del 32 al 36 no estaba muy _____ de ser lo mismo que el 36, delirando, venía como a adivinar...

**11-4 Palabras relacionadas: definiciones.** Defina las siguientes palabras utilizando una palabra relacionada en su definición. Subraye las palabras relacionadas. (¡Ojo! Generalmente no es buena idea usar una palabra relacionada como parte de la definición pero en esta actividad, el objetivo es enfatizar las relaciones entre las palabras.) Recuerde que las palabras relacionadas comparten una raíz. Si no conoce la palabra que tiene que definir, búsquela en el glosario o en un diccionario. Siga el modelo.

**Modelos**

| Palabra | Definición |
| --- | --- |
| campanada | El sonido que hace una **campana** cuando se toca es una **campanada**. |
| consuelo | Para **consolar** a alguien, le damos **consuelo**. |

1. alturas
2. ayuda
3. doloroso
4. enfermedad
5. lujoso

6. madrugador
7. mirada
8. pacífico
9. unión
10. viajero

## Expresiones útiles

Equivalentes de *to look (at), to look for, to see, to watch; to watch (over), to look/seem, to look like*

Estas palabras a veces confunden a los estudiantes anglohablantes porque tienen significados parecidos. Estudie el cuadro a continuación y los ejemplos. La mayoría de las expresiones en el cuadro aparece en el cuento.

| Expresión en español | Traducción inglesa |
|---|---|
| ver | *to see / to look at / to watch* |
| mirar | *to look (at) / to watch* |
| buscar | *to look for / to seek* |
| velar | *to watch over / to keep watch (over) to stay awake / to not sleep* |
| parecer | *to seem / to look (like)* (en el sentido de *to seem*) |
| parecerse (a) | *to resemble / to look like* (en el sentido de *to resemble*) |

### Ejemplos

- —¿Puedes **ver** mis lentes? No sé dónde los dejé.

  —No, no los **veo** pero te ayudaré a **buscar**los.
- No le gusta **ver** la televisión cuando todo el mundo está hablando.
- La enfermera **vela** a sus pacientes con interés y preocupación.
- Me **parece** que no vamos a poder escaparnos de este aprieto.
- **Mira** a ese niño —**parece** muy cansado.
- Carlos **se parece** mucho a su hermano.

**11-5 Mire y verá, busque y encontrará.** Los siguientes fragmentos vienen del cuento. Al completar esta actividad, se familiarizará un poco con el cuento antes de leerlo. Utilice los significados de las expresiones y su conocimiento de la gramática para elegir la respuesta correcta. No debe cambiar la forma en que se presentan en la lista. Cada opción se usa y no se repite (a menos que se repita en la lista).

| buscando | mira | parecía | se parecía | vela | vemos |
|---|---|---|---|---|---|
| verás | se ve | se ven | se ven | verse | |

1. Es un inmenso caserón cuadrado, sin gracia, de cinco pisos, falansterio del azar, hospicio° de viajeros, cooperación anónima de la indiferencia, negocio por acciones, dirección por contrata que cambia a menudo, veinte criados que cada ocho días ya no son los mismos, docenas y docenas de huéspedes° que no se conocen, que se miran sin _____, que siempre son *otros* y que cada cual toma por los de la víspera.°    *lodging* / *guests* / *día anterior*

2. En aquellas tinieblas,° más dolorosas por no ser completas, parece que la idea de luz, la imaginación recomponiendo las vagas formas, necesitan ayudar para que se vislumbre lo poco y muy confuso que _____ allá abajo.    *oscuridad*

3. _____ el del 36, y percibe un bulto más negro que la obscuridad ambiente, del matiz° de las gabarras de abajo.    *shade, hue, tint*

4. «Sola del todo», pensó la mujer, que, aún tosiendo, seguía allí, mientras hubiera aquella *compañía*… compañía semejante a la que se hacen dos estrellas que nosotros (1) _____, desde aquí, juntas, gemelas, y que allá en lo infinito, ni (2) _____ ni se entienden.

5. Iba por el mundo, de pueblo en pueblo, como *bulto* perdido, _____ aire sano para un pecho enfermo;…

6. Llegó a notar el 36 que la tos del 32 le acompañaba como una hermana que _____; parecía toser para acompañarle.

7. Pensó primero en volver a su patria. ¿Para qué? No la esperaba nadie; además, el clima de España era más benigno. Benigno, sin querer. A ella le (1) _____ esto muy frío, el cielo azul muy triste, un desierto. Había subido hacia el Norte, que (2) _____ un poco más a su patria.

8. «… ¡Qué solo estás! ¡Qué sola estoy! ¡Cómo te cuidaría yo! ¡Cómo tú me protegerías! Somos dos piedras que caen al abismo, que chocan una vez al bajar y nada se dicen, ni (1)_____, ni se compadecen… ¿Por qué ha de ser así? ¿Por qué no hemos de levantarnos ahora, unir nuestro dolor, llorar juntos? Tal vez de la unión de dos llantos naciera una sonrisa. Mi alma lo pide; la tuya también. Y con todo, ya (2) _____ cómo ni te mueves ni me muevo.»

## Palabras con múltiples significados

En cualquier idioma, muchas palabras tienen más de un significado. Por ejemplo, **papel** puede significar *paper* o *role*, entre otras cosas. En este ejercicio, vamos a practicar con palabras del cuento que tienen más de un significado. Algunas de las palabras que se usan tienen aun más significados. Aquí sólo vamos a hablar de los significados en el cuento y otros bastante comunes.

| Palabra | Significado #1 | Significado #2 | Significado #3 |
|---------|----------------|----------------|----------------|
| deber | (sust.): *duty* (obligación) | (verbo):<br>• **deber** + infin.: *must/ should/ought to* (una obligación)<br>**Debe** trabajar.<br>*He must work.*<br>• **deber de** + infin.: *must be* + gerundio (una conjetura)<br>**Debe de** trabajar ahora.<br>(Probablemente está trabajando ahora.)<br>*He must be working now.* | (verbo): *to owe* |
| esperanza | *hope* (fuerte deseo) | *expectation* | |
| esperar | *to hope* (desear fuertemente) | *to expect* (anticipar, sospechar) | *to wait for* |
| muelle | (adj.): suave, delicado, blando | (sust.): *spring* (objeto, generalmente de metal, que puede extenderse y recobrar su forma original) | (sust.): *wharf, pier* |
| paterno | del padre | de los padres (del padre y la madre) | |
| pegar | *to stick/to glue* (adherir una cosa a otra) | *to hit/to strike* (golpear) | |
| velar | *to watch over* | *to stay awake/to not sleep* | |

**11-6 ¿Cuál de los significados tiene aquí?** Examine los siguientes fragmentos del cuento prestando atención a las palabras en negrita e identifique el significado del cuadro para cada palabra en los contextos dados. (Las oraciones aparecen en orden alfabético según las palabras de interés; no siguen el orden en que aparecen en el cuento.)

1. «Sí, allá voy; a mí me toca; es natural. Soy un enfermo, soy un galán, un caballero; sé mi **deber**; allá voy. …».

2. Ya no entraban huéspedes. A poco, todo **debía** de dormir. Ya no había testigos; ya podía salir la fiera; ya estaría a solas con su presa.

3. Pensó primero en volver a su patria. ¿Para qué? No la (1) **esperaba** nadie; además, el clima de España era más benigno. Benigno, sin querer. A ella le parecía esto muy frío, el cielo azul muy triste, un desierto. Había subido hacia el Norte, que se parecía un poco más a su patria. No hacía más que eso, cambiar de pueblo y toser. (2) **Esperaba** locamente encontrar alguna ciudad o aldea en que la gente amase a los desconocidos enfermos.

4. Después de algunos minutos, perdida la **esperanza** de que *el 36* volviera al balcón, la mujer que tosía se retiró también; como un muerto que en forma de fuego fatuo respira la fragancia de la noche y se vuelve a la tierra.

5. «Algún viajero que fuma», piensa otro *bulto*, dos balcones más a la derecha, en el mismo piso. Y un pecho débil, de mujer, respira como suspirando, con un vago consuelo por el indeciso placer de aquella **inesperada** compañía en la soledad y la tristeza.

6. Los vapores de la dársena, las panzudas gabarras° sujetas al **muelle**, al pie del hotel, parecen ahora sombras en la sombra.     *barges*

7. «Era el reloj de la muerte», pensaba la víctima, el número 36, un hombre de treinta años, familiarizado con la desesperación, solo en el mundo, sin más compañía que los recuerdos del hogar (1) **paterno**, perdidos allá en lontananzas de desgracias y errores, y una sentencia de muerte (2) **pegada** al pecho, como una factura de viaje a *un bulto* en un ferrocarril.

8. Llegó a notar el 36 que la tos del 32 le acompañaba como una hermana que **vela**; parecía toser para acompañarle.

9. «Se ha apagado el foco° del Puntal», piensa con cierta pena el *bulto*     *spotlight* del 36, que se siente así más solo en la noche. «Uno menos para **velar**; uno que se duerme.»

## Antónimos y sinónimos

**11-7 Antónimos.** Empareje las palabras de la columna A con su antónimo de la columna B. Luego escriba una frase para cada pareja de antónimos. (Las palabras aparecen en el cuento, algunas con un cambio de forma.)

| A | B |
|---|---|
| ____ 1. soledad | a. acordarse |
| ____ 2. oscuridad[1] | b. esperanza |
| ____ 3. olvidar | c. indiscreto |
| ____ 4. madrugador | d. silencio |
| ____ 5. acercarse | e. claridad |
| ____ 6. desesperación | f. trasnochador |
| ____ 7. ruido | g. alejarse |
| ____ 8. discreto | h. compañía |

**11-8 Sinónimos.** Empareje las palabras de la columna A con su sinónimo de la columna B. Luego escriba una frase para una palabra de cada pareja. (Las palabras aparecen en el cuento, aunque algunas con un cambio de forma.)

| A | B |
|---|---|
| ____ 1. enorme | a. blanda |
| ____ 2. rumor | b. sepultura |
| ____ 3. de repente | c. de pronto |
| ____ 4. sufrir | d. busto |
| ____ 5. lúgubre | e. tristísimo |
| ____ 6. delicado | f. oscuridad |
| ____ 7. tinieblas | g. padecer |
| ____ 8. sepulcro | h. pena |
| ____ 9. suave | i. quebradizo |
| ____ 10. dolor | j. ruido o sonido suave o vago |
| ____ 11. pecho | k. inmenso |

# A LEER

## Estrategia de lectura: Usar pistas gramaticales y léxicas para comprender mejor

En «El dúo de la tos» se oye la voz del narrador y también las voces (pensamientos) de los protagonistas, lo cual puede confundirnos. Para seguir la

---

[1]La palabra **ob**scuridad se usó en el cuento pero en las actividades se ha usado **o**scuridad porque es más común hoy en día. Ambas formas son correctas. Otras palabras en el cuento con ortografía menos común son: **tras**formado en vez de **trans**formado y **tras**portó en vez de **trans**portó. Ambas formas son correctas en estos casos también, pero las variantes con la **n** son más comunes.

narración, hay que reconocer pistas ortográficas, gramaticales y léxicas. Como se aclaró en la sección de «**Reflexiones**», una pista ortográfica —las comillas (« »)— se usan para señalar los pensamientos de los protagonistas, un hombre y una mujer. Pero hay que leer con cuidado porque no siempre se indica claramente si el texto entre comillas representa pensamientos del hombre o de la mujer. El narrador no siempre dice **el hombre** o **la mujer** cuando los describe o cuando habla de sus acciones. Varias veces se refiere al hombre y a la mujer como un **bulto**, así que ver este término no clarifica el referente. Cuando no se les identifica claramente, es necesario buscar pistas gramaticales y léxicas para saber quién «habla» o a quién se le describe. Vamos a practicar esta estrategia en el ejercicio a continuación para mejorar la comprensión del cuento.

**11-9 Fíjese en las pistas gramaticales y léxicas.** Lea los párrafos indicados y conteste las preguntas.

1. Lea los dos primeros párrafos del cuento. En el primero, el narrador describe el hotel donde se hospedan los huéspedes. En el segundo, se presentan pensamientos del hombre y una descripción de lo que está haciendo.

   ¿Qué está haciendo el hombre que puede servir para identificarlo más tarde?

2. Lea el tercer párrafo, donde se presenta a la mujer.

   a. ¿En quién está pensando? ¿Cómo lo sabe?

   b. ¿Qué términos utiliza el narrador para referirse a la mujer?

3. Lea el cuarto párrafo. El narrador dice claramente que los pensamientos en este párrafo son de la mujer. Ahora lea el párrafo número cinco.

   a. ¿De quién son los pensamientos del párrafo cinco? ¿Cómo lo sabe?

   b. ¿En qué número de cuarto está el hombre y en qué número de cuarto está la mujer?

4. Lea los párrafos seis y siete.

   ¿De quién son los pensamientos en el párrafo número siete? ¿Cómo lo sabemos?

5. Lea el párrafo 22 (que empieza con «Y tosía, tosía...»).

   a. ¿En qué cuarto está la mujer? ¿Cómo lo sabe?

   b. En la frase **la del 34,** ¿a qué se refiere **la** y a qué se refiere **el** (de **del**)?

6. Más adelante en el cuento, aparece la siguiente oración: El número 32 acaso no lo olvidara; pero ¿qué iba a hacer? Era sentimental la pobre enferma, pero no era loca, no era necia.

   Se sabe por la frase **el número 32** que el narrador está hablando sobre la mujer. ¿Qué otra evidencia gramatical se ve en esta frase que indica que se refiere a la mujer y no al hombre?

Mientras lea el cuento, si tiene dudas sobre quién está «hablando» o a quién se refiere el narrador, busque pistas gramaticales y léxicas para determinarlo.

## Leopoldo Alas

Leopoldo Alas (conocido por el seudónimo de «Clarín», que quiere decir *clarion*) nació en Zamora, España en 1852. Su familia vivió por un tiempo en León y Guadalajara pero luego se trasladó a Oviedo, en la provincia de Asturias, donde vivió durante varias épocas de su vida. Alas obtuvo la Licenciatura de Derecho de la Universidad de Oviedo en 1871 y años después enseñaría derecho allí también. Después de obtener la licenciatura, se trasladó a Madrid donde estudió Derecho y Filosofía y Letras en la Universidad Central, de donde se doctoró en Derecho en 1878. Durante su estadía en Madrid, este conocido crítico literario escribió artículos periodísticos sobre diversos temas, para más tarde optar por los géneros novelista y cuentista por los que hoy se le reconoce. Escribió dos novelas que se consideraban y que se consideran muy importantes: *La Regenta* y *Mi único hijo*. Esta última novela iba a ser la primera novela de una tetralogía, pero desgraciadamente sólo esta novela de las cuatro pudo realizarse antes de su muerte prematura a los 49 años. Entre sus numerosos cuentos destaca «El dúo de la tos» que se publicó en 1896 en una colección titulada *Cuentos morales*. Alas mismo escribió en el prólogo de este tomo que los cuentos no eran realmente cuentos «morales» porque no era su intención edificar° al lector. Eran «morales» por su atención «a la psicología de las acciones intencionadas». Lo que le interesaba era enfocarse en el «*hombre interior*, su pensamiento, su sentir, su voluntad». Esto se ve en «El dúo de la tos», particularmente en los monólogos interiores de los dos personajes que, por su enfermedad, se encuentran, solos en el mundo.

incitar a la virtud

# El dúo de la tos°

## *Leopoldo Alas («Clarín»)*

cough

El gran hotel del *Águila* tiende su enorme sombra sobre las aguas dormidas de la dársena.° Es un inmenso caserón cuadrado, sin gracia, de cinco pisos, falansterio[2] del azar, hospicio° de viajeros, cooperación anónima de la indiferencia, negocio por acciones, dirección por contrata que cambia a menudo,
5 veinte criados que cada ocho días ya no son los mismos, docenas y docenas

dock
lodging

---

[2]alojamiento colectivo para mucha gente

de huéspedes° que no se conocen, que se miran sin verse, que siempre son *otros* y que cada cual toma por los de la víspera.°

 «Se está aquí más solo que en la calle, tan solo como en el desierto,» piensa un *bulto,*° un hombre envuelto en un amplio abrigo de verano, que
10 chupa un cigarro apoyándose con ambos codos en el hierro frío de un balcón, en el tercer piso. En la obscuridad de la noche nublada, el fuego del tabaco brilla en aquella altura como un gusano de luz.° A veces aquella chispa° triste se mueve, se amortigua, desaparece, vuelve a brillar.

 «Algún viajero que fuma,» piensa otro *bulto*, dos balcones más a la
15 derecha, en el mismo piso. Y un pecho débil, de mujer, respira como suspirando, con un vago consuelo por el indeciso placer de aquella inesperada compañía en la soledad y la tristeza.

 «Si me sintiera muy mal, de repente; si diera una voz° para no morirme sola, ese que fuma ahí me oiría» sigue pensando la mujer, que aprieta contra
20 un busto delicado, quebradizo, un chal de invierno, tupido,° bien oliente.

 «Hay un balcón por medio; luego es en el cuarto número 36. A la puerta, en el pasillo, esta madrugada, cuando tuve que levantarme a llamar a la camarera, que no oía el timbre, estaban unas botas de hombre elegante.»

 De repente desapareció una claridad lejana, produciendo el efecto de
25 un relámpago que se nota después que pasó.

 «Se ha apagado el foco° del Puntal», piensa con cierta pena el *bulto* del 36, que se siente así más solo en la noche. «Uno menos para velar; uno que se duerme.»

 Los vapores de la dársena, las panzudas gabarras° sujetas al muelle,° al
30 pie del hotel, parecen ahora sombras en la sombra. En la obscuridad el agua toma la palabra y brilla un poco, cual una aprensión óptica, como un dejo de la luz desaparecida, en la retina, fosforescencia que padece ilusión de los nervios. En aquellas tinieblas,° más dolorosas por no ser completas, parece que la idea de luz, la imaginación recomponiendo las vagas formas, necesitan ayudar
35 para que se vislumbre° lo poco y muy confuso que se ve allá abajo. Las gabarras° se mueven poco más que el minutero de un gran reloj; pero de tarde en tarde chocan, con tenue, triste, monótono rumor, acompañado del ruido de la marea° que a lo lejos suena, como para imponer silencio, con voz de lechuza.°

 El pueblo, de comerciantes y bañistas, duerme; la casa duerme.
40  El *bulto* del 36 siente una angustia en la soledad del silencio y las sombras.

 De pronto, como si fuera un formidable estallido,° le hace temblar una tos seca, repetida tres veces como canto dulce de codorniz° madrugadora, que suena a la derecha, dos balcones más allá. Mira el del 36, y percibe un bulto más negro que la obscuridad ambiente, del matiz° de las gabarras de
45 abajo. «Tos de enfermo, tos de mujer.» Y el del 36 se estremece,° se acuerda de sí mismo; había olvidado que estaba haciendo una gran calaverada,° una locura. ¡Aquel cigarro! Aquella triste contemplación de la noche al aire libre. ¡Fúnebre orgía! Estaba prohibido el cigarro, estaba prohibido abrir el balcón a tal hora, a pesar de que corría agosto y no corría ni un soplo de brisa. «¡Aden-
50 tro, adentro! ¡A la sepultura,[3] a la cárcel horrible, al 36, a la cama, al nicho!°»

___
[3]donde se entierra un cadáver

guests
día anterior

cuerpo, forma

firefly/spark (se refiere al fuego del cigarro)

gritara

tightly woven

luz

barges/wharf, pier

oscuridad

discern
barcos de carga y descarga
tide/owl

explosión
quail

shade
tiembla
acción tonta

concavidad para colocar algo

Y el 36, sin pensar más en el 32, desapareció, cerró el balcón con triste rechino metálico, que hizo en el *bulto* de la derecha un efecto de melancolía análogo al que produjera antes en el bulto que fumaba la desaparición del foco eléctrico del Puntal.

55 «Sola del todo,» pensó la mujer, que, aún tosiendo, seguía allí, mientras hubiera aquella *compañía*… compañía semejante a la que se hacen dos estrellas que nosotros vemos, desde aquí, juntas, gemelas, y que allá en lo infinito, ni se ven ni se entienden.

Después de algunos minutos, perdida la esperanza de que *el 36* volviera 60 al balcón, la mujer que tosía se retiró también; como un muerto que en forma de fuego fatuo respira la fragancia de la noche y se vuelve a la tierra.

\*

\*            \*

Pasaron una, dos horas. De tarde en tarde hacia dentro, en las escaleras, en los pasillos, resonaban los pasos de un huésped trasnochador; por las rendijas° de la puerta entraban en las lujosas celdas, horribles con su lujo uni- 65 forme y vulgar, rayos de luz que giraban y desaparecían. — cracks

Dos o tres relojes de la ciudad cantaron la hora; solemnes campanadas precedidas de la tropa ligera de los *cuartos,*[4] menos lúgubres° y significativos. También en la fonda° hubo reloj que repitió el alerta. — profundamente tristes/pensión

Pasó media hora más. También lo dijeron los relojes.

70 «Enterado, enterado,» pensó el 36, ya entre las sábanas; y se figuraba que la hora, sonando con aquella solemnidad, era como la firma de los paga- rés° que iba prestando a su vida su acreedor, la muerte. Ya no entraban hués- pedes. A poco, todo debía de dormir. Ya no había testigos; ya podía salir la fiera; ya estaría a solas con su presa. — IOUs

75 En efecto; en el 36 empezó a resonar, como bajo la bóveda° de una cripta, una tos rápida, enérgica, que llevaba en sí misma el quejido° ronco de la protesta. — vault / grito de dolor

«Era el reloj de la muerte,» pensaba la víctima, el número 36, un hom- bre de treinta años, familiarizado con la desesperación, solo en el mundo, sin más compañía que los recuerdos del hogar paterno, perdidos allá en lonta- 80 nanzas° de desgracias y errores, y una sentencia de muerte pegada al pecho, como una factura de viaje a *un bulto* en un ferrocarril. — en la distancia

Iba por el mundo, de pueblo en pueblo, como *bulto* perdido, buscando aire sano para un pecho enfermo; de posada en posada,° peregrino del sepul- cro, cada albergue° que el azar le ofrecía le presentaba aspecto de hospital. — lodging / lodging 85 Su vida era tristísima y nadie le tenía lástima. Ni en los folletines de los perió- dicos encontraba compasión. Ya había pasado el romanticismo que había tenido alguna consideración con los tísicos.[5] El mundo ya no se pagaba de sensiblerías,° o iban éstas por otra parte. Contra quien sentía envidia y cierto rencor sordo el número *36* era contra el proletariado, que se llevaba toda la — sentimentalismo exagerado 90 lástima del público. —El pobre jornalero,° ¡el pobre jornalero! —repetía, y — (day) laborer

[4]faint ringing of the quarter hours
[5]víctimas de la tisis (tuberculosis pulmonar)

nadie se acuerda del *pobre* tísico, del pobre condenado a muerte de que no
han de hablar los periódicos. La muerte del prójimo, en no siendo digna de la
Agencia Fabra,° ¡qué poco le importa al mundo!

servicio de noticias
internacional

95 Y tosía, tosía, en el silencio lúgubre de la fonda dormida, indiferente
como el desierto. De pronto creyó oír como un eco lejano y tenue de su tos…
Un eco… en tono menor. Era la del 32. En el 34 no había huésped aquella
noche. Era un nicho vacío.

La del 32 tosía, en efecto; pero su tos era… ¿cómo se diría? más poética, más dulce, más resignada. La tos del 36 protestaba; a veces rugía.° La del

*roared*

100 32 casi parecía un estribillo° de una oración, un miserere;[6] era una queja

*refrain*

tímida, discreta, una tos que no quería despertar a nadie. El 36, en rigor, todavía no había aprendido a toser, como la mayor parte de los hombres sufren y
mueren sin aprender a sufrir y a morir. El 32 tosía con arte; con ese arte del
dolor antiguo, sufrido, sabio, que suele refugiarse en la mujer.

105 Llegó a notar el 36 que la tos del 32 le acompañaba como una hermana
que vela; parecía toser para acompañarle.

Poco a poco, entre dormido y despierto, con un sueño un poco teñido
de fiebre, el 36 fue trasformando la tos del 32 en voz, en música, y le parecía
entender lo que decía, como se entiende vagamente lo que la música dice.

110 La mujer del 32 tenía veinticinco años, era extranjera; había venido a
España por hambre, en calidad de institutriz[7] en una casa de la nobleza. La
enfermedad la había hecho salir de aquel asilo; le habían dado bastante
dinero para poder andar algún tiempo sola por el mundo, de fonda en fonda;
pero la habían alejado de sus discípulas.° *Naturalmente*. Se temía el contagio.

alumnas a las que
cuidaba

115 No se quejaba. Pensó primero en volver a su patria. ¿Para qué? No la esperaba nadie; además, el clima de España era más benigno. Benigno, sin querer.
A ella le parecía esto muy frío, el cielo azul muy triste, un desierto. Había
subido hacia el Norte, que se parecía un poco más a su patria. No hacía más
que eso, cambiar de pueblo y toser. Esperaba locamente encontrar alguna

120 ciudad o aldea en que la gente amase a los desconocidos enfermos.

La tos del 36 le dio lástima y le inspiró simpatía. Conoció pronto que era
trágica también. «Estamos cantando un dúo,» pensó; y hasta sintió cierta
alarma del pudor,° como si aquello fuera indiscreto, una cita en la noche.

modestia

Tosió porque no pudo menos;° pero bien se esforzó por contener el primer

fue necesario, no
hubo alternativa

125 golpe de tos.

La del 32 también se quedó medio dormida, y con algo de fiebre; casi
deliraba también; también *trasportó* la tos del 36 al país de los ensueños,° en

fantasías

que todos los ruidos tienen palabras. Su propia tos se le antojó menos dolorosa *apoyándose* en aquella *varonil*° que la protegía contra las tinieblas, la

*viril, manly* (se
refiere a la tos
del hombre)

130 soledad y el silencio. «Así se acompañarán las almas del purgatorio.» Por una
asociación de ideas, natural en una institutriz, del purgatorio pasó al infierno,

---

[6]canto solemne que se hace del Salmo 50 (de la Biblia) en las tinieblas de la
Semana Santa
[7]mujer encargada de la educación e instrucción de los niños

al del Dante, y vio a *Paolo* y *Francesca* abrazados en el aire, arrastrados por la *bufera*° *infernal*.[8]

      **fuerte viento**

*

*      *

135    La idea de la *pareja*, del amor, del *dúo*, surgió antes en el número 32 que en el 36.

    La fiebre sugería en la institutriz cierto misticismo erótico; ¡erótico! no es ésta la palabra. ¡Eros! el amor sano, pagano ¿qué tiene aquí que ver? Pero en fin, ello era amor, amor de matrimonio antiguo, pacífico, compañía en el dolor, en la soledad del mundo. De modo que lo que en efecto le quería decir
140 la tos del 32 al 36 no estaba muy lejos de ser lo mismo que el 36, delirando, venía como a adivinar:

    «¿Eres joven? Yo también. ¿Estás solo en el mundo? Yo también. ¿Te horroriza la muerte en la soledad? También a mí. ¡Si nos conociéramos! ¡Si nos amáramos! Yo podría ser tu amparo, tu consuelo. ¿No conoces en mi
145 modo de toser que soy buena, delicada, discreta, *casera*,° que haría de la vida

      **doméstica**

precaria un nido de pluma blanda y suave, para acercarnos juntos a la muerte, pensando en otra cosa, en el cariño? ¡Qué solo estás! ¡Qué sola estoy! ¡Cómo te cuidaría yo! ¡Cómo tú me protegerías! Somos dos piedras que caen al abismo, que chocan una vez al bajar y nada se dicen, ni se ven, ni se
150 compadecen… ¿Por qué ha de ser así? ¿Por qué no hemos de levantarnos ahora, unir nuestro dolor, llorar juntos? Tal vez de la unión de dos llantos naciera una sonrisa. Mi alma lo pide; la tuya también. Y con todo, ya verás cómo ni te mueves ni me muevo.»

    Y la enferma del 32 oía en la tos del 36 algo muy semejante a lo que el
155 36 deseaba y pensaba:

    «Sí, allá voy; a mí me toca; es natural. Soy un enfermo, soy un galán,°

      **hombre guapo y elegante**

un caballero; sé mi deber; allá voy. Verás qué delicioso es, entre lágrimas, con perspectiva de muerte, ese amor que tú sólo conoces por libros y conjeturas. Allá voy, allá voy… si me deja la tos… ¡esta tos!… ¡Ayúdame, ampárame,
160 consuélame! Tu mano sobre mi pecho, tu voz en mi oído, tu mirada en mis ojos…»

*

*      *

    Amaneció. En estos tiempos, ni siquiera los tísicos son consecuentes románticos. El número 36 despertó, olvidado del sueño, del dúo de la tos.

---

[8]Hace referencias a la *Divina Comedia* de Dante; Paolo y Francesca son amantes; la *bufera infernal* significa el **vendaval**° infernal que arrastra a los espíritus de los condenados.

      *whirlwind*

165       El número 32 acaso no lo olvidara; pero ¿qué iba a hacer? Era sentimental la pobre enferma, pero no era loca, no era necia. No pensó ni un
momento en buscar realidad que correspondiera a la ilusión de una noche, al
vago consuelo de aquella compañía de la tos nocturna. Ella, eso sí, se había
ofrecido de buena fe; y aun despierta, a la luz del día, ratificaba su intención;
170  hubiera consagrado el resto, miserable resto de su vida, *a cuidar aquella tos
de hombre*... ¿Quién sería? ¿Cómo sería? ¡Bah! Como tantos otros príncipes
rusos del país de los ensueños. Procurar verle... ¿para qué?
       Volvió la noche. La del 32 no oyó toser. Por varias tristes señales pudo
convencerse de que en el 36 ya no dormía nadie. Estaba vacío como el 34.
175       En efecto; el enfermo del 36, sin recordar que el cambiar de postura
sólo es cambiar de dolor, había huido de aquella fonda, en la cual había padecido tanto... como en las demás. A los pocos días dejaba también el pueblo.
No paró hasta Panticosa,[9] donde tuvo la última posada. No se sabe que jamás
hubiera vuelto a acordarse de la tos del dúo.
180       La mujer vivió más: dos o tres años. Murió en un hospital, que prefirió a
la fonda; murió entre Hermanas de la Caridad, que algo la consolaron en la
hora terrible. La buena psicología nos hace conjeturar que alguna noche, en
sus tristes insomnios, echó de menos° el dúo de la tos; pero no sería en los       *missed*
últimos momentos, que son tan solemnes. O acaso sí.

---

# DESPUÉS DE LEER

## Preguntas

### En general

1.  ¿Cuál es el tono del cuento? ¿Le provocó el cuento algunas emocio-
    nes? ¿Cuáles?

2.  ¿Qué términos se usan para referirse a las personas en el cuento?
    ¿Por qué cree que se usaron estos términos?

3.  ¿En qué tipo de establecimiento tiene lugar el cuento? Si los cuartos
    eran lujosos, ¿por qué se describieron como horribles?

4.  ¿Quiénes se hospedaban en los cuartos números 36, 32 y 34?

5.  El cuento está dividido en tres partes. ¿Cuál es el enfoque de cada
    parte?

6.  ¿Por qué se sentían tan solos el hombre y la mujer?

### En detalle

1.  ¿Durante qué parte del día comienza el cuento?

---

[9]balneario (*spa*) en los Pirineos españoles en la provincia de Huesca, Aragón,
conocido por sus famosas aguas de manantial curativas

2. ¿Qué tipo de enfermedad tenían el hombre y la mujer? ¿Qué síntomas tenían?

3. ¿Qué compartían la mujer del 32 y el hombre del 36?

4. ¿Cómo sabía la mujer que un hombre vivía en el cuarto número 36?

5. ¿Cuál fue la reacción de la mujer cuando el hombre cerró el balcón y desapareció en su cuarto?

6. ¿Qué emociones sentían los protagonistas por su propia condición? ¿Y por la condición del otro?

7. ¿Cómo pasaba la vida el hombre?

8. Según el hombre, ¿en qué sentido ha abandonado el mundo a los tísicos?

9. ¿Por qué había venido a España la mujer? ¿Por qué perdió su puesto de institutriz? Cuando ya no podía trabajar como institutriz, ¿por qué no volvió a su patria?

10. ¿Cómo difería la tos del hombre de la de la mujer?

11. ¿En qué sentido era el toser del hombre y de la mujer como un dúo? ¿Qué referencias hay en el cuento que indican una comparación entre la tos y la música? ¿Qué significa **el dúo de la tos**?

12. ¿Cuándo y por qué sintió un poco de vergüenza la mujer?

13. ¿Por qué pensó la mujer en el *El Infierno* de Dante?

14. ¿A cuál de los dos se le ocurrió primero la idea de que eran una pareja? ¿En qué sentido eran como una pareja?

15. ¿Qué pasó en la mañana? ¿Cómo se sentía el hombre? ¿La mujer? ¿Cómo se dio cuenta la mujer que ya no había nadie en el 36?

16. ¿Qué indicaciones hay durante el cuento que los protagonistas van a morir? ¿Quién murió primero? ¿Dónde murió el hombre? ¿y la mujer?

## Discusión e interpretación

1. ¿Qué efecto tiene el uso del término **bulto** para referirse a las personas que se hospedan en este hotel?

2. ¿Por qué se refiere el hombre a su cuarto con términos como **sepultura, cárcel** y **nicho**?

3. ¿Por qué se mencionan tantas veces la hora y el pasar del tiempo? ¿En qué sección se mencionan más? ¿Por qué?

4. En sus respectivas soledades, ¿cómo se consolaron con la presencia del otro?

5. ¿Cuántos años tenían? ¿Cree Ud. que la edad es importante en la historia? Explique.

6. Relea los párrafos donde el hombre imaginaba lo que la mujer quería decirle (líneas 142–153) y donde la mujer imaginaba lo que él

quería decirle a ella (líneas 156–161). ¿Qué imaginaba el hombre que la mujer quería decirle? ¿Qué imaginaba la mujer que el hombre quería decirle? ¿Qué revelan estos pensamientos sobre sus propios deseos? ¿Reflejan lo que realmente se dirían el uno al otro si tuvieran la oportunidad de conocerse?

7. Durante el cuento, se ven frecuentes contrastes entre la oscuridad y la luz. Busque ejemplos de esto en el cuento. ¿Por qué cree que Alas usó estas contrastes? ¿Qué importancia tienen para la trama?

8. Hay referencias al sonido y al silencio en el cuento. Repáselo buscando las referencias y apúntelas. ¿Por qué cree que Alas usó estos contrastes? ¿Qué importancia tienen para la trama?

9. El cuento contiene referencias a la muerte y a palabras que se asocian con la muerte. Busque las referencias y apúntelas. ¿Por qué hay tantas referencias a la muerte?

10. También hay muchas referencias a la encarcelación en el cuento. Busque las referencias y apúntelas. ¿Por qué cree que Alas ha usado la metáfora de la encarcelación para describir el estado del hombre y de la mujer?

# LAZOS GRAMATICALES

## Formas de tratamiento

Piense sobre los usos apropiados del tratamiento mientras hace el siguiente ejercicio. Por ejemplo, ¿cuándo y con quién generalmente se usa la forma de **usted** y cuándo se usa la forma **tú**? Hay diferencias de uso según la cultura y los individuos, pero, de todos modos, hay ciertas tendencias que son comunes.

**11-10 ¿Qué se comunica con la forma de tratamiento?** Conteste las siguientes preguntas recordando los usos del tratamiento.

1. El hombre y la mujer en «El dúo de la tos» no se conocen. Sabiendo esto, ¿qué forma de tratamiento se espera que utilicen para comunicarse?

2. Vuelva a leer los párrafos donde el hombre imaginaba lo que la mujer quería decirle (párrafo 31) y donde la mujer imaginaba lo que el hombre quería decirle (párrafo 33). (La primera parte de cada párrafo se encuentra más abajo, pero relea los párrafos enteros para contestar las preguntas mejor.)

   a. ¿Qué forma de tratamiento usan para estas conversaciones imaginarias?

   b. ¿Por qué cree que han usado este tratamiento en sus fantasías?

   c. ¿Qué implica esta forma de tratamiento?

d. ¿Por qué —para estas conversaciones imaginarias— no habría sido apropiado utilizar un tratamiento más formal?

Párrafo 31

«¿Eres joven? Yo también. ¿Estás solo en el mundo? Yo también. ¿Te horroriza la muerte en la soledad? También a mí....»

Párrafo 33

«Sí, allá voy; a mí me toca; es natural. Soy un enfermo, soy un galán, un caballero; sé mi deber; allá voy. Verás qué delicioso es, entre lágrimas...»

3. Si los protagonistas hubieran podido conocerse, ¿cree que hubieran usado un tratamiento formal o informal para su primer encuentro? Explique su respuesta.

# Cláusulas con «si»

**11-11 ¿Fantasías improbables o posibles?** En este ejercicio, consideraremos dos de las fantasías de la mujer. Lea los fragmentos[10] prestando atención a las oraciones que contienen cláusulas con «si» y conteste las siguientes preguntas. (Antes de contestarlas, vuelva a leer la sección número seis del *Manual de gramática* [pp. 323–326].) Puede determinar las respuestas si se fija en los tiempos gramaticales de las cláusulas con «si» y su cláusula independiente correspondiente —y el tipo de información que comunican estas estructuras.

1. Primero determine si cada caso indica **una situación posible** o **improbable**. Prepárese para explicar cómo la estructura gramatical le da la respuesta a esta pregunta. ¿Qué forma verbal se usa en la cláusula con «si» y qué forma verbal se usa en la cláusula principal? (¡Ojo! En el primer fragmento, las dos cláusulas aparecen en oraciones separadas.)

2. Explique por qué en un caso la mujer indica una situación **improbable**, mientras que en el otro, indica una **posible**.

   • «¿Eres joven? Yo también. ¿Estás solo en el mundo? Yo también. ¿Te horroriza la muerte en la soledad? También a mí. **¡Si nos conociéramos! ¡Si nos amáramos! Yo podría ser tu amparo, tu consuelo. ¿No conoces en mi modo de toser que soy buena, delicada, discreta,** *casera*, **que haría de la vida precaria un nido de pluma blanda y suave, para acercarnos juntos a la muerte, pensando en otra cosa, en el cariño**? ¡Qué solo estás! ¡Qué sola estoy! **¡Cómo te cuidaría yo! ¡Cómo tú me protegerías!**...»

   • «Sí, allá voy; a mí me toca; es natural. Soy un enfermo, soy un galán, un caballero; sé mi deber; allá voy. Verás qué delicioso es,

---

[10]Recuerde que el segundo fragmento contiene lo que la mujer imagina que el hombre quería decirle.

entre lágrimas, con perspectiva de muerte, ese amor que tú sólo conoces por libros y conjeturas. **Allá voy, allá voy...si me deja la tos**... ¡esta tos!... ¡Ayúdame, ampárame, consuélame! Tu mano sobre mi pecho, tu voz en mi oído, tu mirada en mis ojos...»

# Adjetivos y pronombres demostrativos
# Usos de los demostrativos

Los adjetivos y pronombres demostrativos (**este, ese, aquel** y sus otras formas) se usan para señalar la distancia relativa entre la persona que habla o escribe y la entidad (persona, animal u objeto) señalada con el adjetivo o pronombre demostrativo. Ciertos adverbios pueden usarse con los demostrativos, aunque su uso no es obligatorio: **aquí/acá** se usan con **este, ahí** (*there*) con **ese** y **allá/allí** (*over there*) con **aquel**. Observe la combinación de **aquellas/allá** y de **ése/ahí** y en los dos fragmentos del cuento a continuación.

- En **aquellas** tinieblas, más dolorosas por no ser completas, parece que la idea de luz, la imaginación recomponiendo las vagas formas, necesitan ayudar para que se vislumbre lo poco y muy confuso que se ve **allá** abajo.

- «Si me sintiera muy mal, de repente; si diera una voz para no morirme sola, **ese** que fuma **ahí** me oiría» sigue pensando la mujer...

Estos adverbios tienen significados paralelos a los de los demostrativos, aún cuando no se combinan con los demostrativos. **Aquí,** por ejemplo, se refiere a lo que está cerca, mientras que **allá** se refiere a lo que está bastante lejos, lo cual se ve en el siguiente fragmento.

... compañía semejante a la que se hacen dos estrellas que nosotros vemos, desde **aquí**, juntas, gemelas, y que **allá** en lo infinito, ni se ven ni se entienden.

Además de indicar diferencias relativas espaciales o físicas, los demostrativos también pueden usarse para indicar diferencias temporales (de tiempo) y distancias psicológicas o emocionales.

## ¿Ese o aquel?

La decisión de utilizar **ese** o **aquel** (y sus otras formas) es, a veces, obligatoria. Un caso obligatorio sería cuando hay dos cosas remotas bajo consideración, una de las cuales está más remota que la otra. Por ejemplo, «No me refiero a **ese** hombre sino a **aquél**» (cuando **aquel** hombre está más lejos que **ése**). Pero muchas veces el hablante/escritor decide si quiere usar **ese** o **aquel**. Los casos no obligatorios no siguen reglas fijas pero **aquel** generalmente implica una distancia bastante grande y la enfatiza.

El uso frecuente de formas de **aquel** da un tono general de tristeza, de soledad y de aislamiento. El efecto de la repetición de formas de **aquel** es enfatizar la distancia psicológica y emocional entre los personajes y sus prójimos y la distancia temporal y espacial entre los personajes y los lectores. **Aquel** subraya el hecho que los personajes no pueden ser consolados en su sufrimiento por varias razones: (1) los otros seres humanos de su época no tienen interés en ellos; (2) los personajes no pueden consolarse el uno al otro porque su enfermedad los tiene atrapados y además, ni el hombre ni la mujer sabe que la otra persona está pensando en él/ella; (3) y los lectores —aunque sentimos compasión por ellos— no podemos consolarlos porque estamos separados de ellos en tiempo (y, obviamente, porque venimos de mundos diferentes —de la realidad y de la ficción).

Los ejercicios en la actividad siguiente lo/la ayudará a reconocer y apreciar los significados de los demostrativos.

**11-12 Lo que comunican los demostrativos.** Tomando en cuenta los diversos usos de los demostrativos, lea los siguientes fragmentos del cuento concentrándose en los demostrativos que están en negrita.

1. En una conversación entre dos personas, **este** se refiere a cosas cercanas a la persona que habla y **ese** se refiere a cosas cercanas al oyente, como en el siguiente fragmento que tiene la voz del hombre cuando «habla» con la mujer. Léalo y conteste las siguientes preguntas.

   «Sí, **allá** voy; a mí me toca; es natural. Soy un enfermo, soy un galán, un caballero; sé mi deber; **allá** voy. Verás qué delicioso es, entre lágrimas, con perspectiva de muerte, **ese** amor que tú sólo conoces por libros y conjeturas. …»

   a. ¿Por qué se ha usado la frase «**ese** amor» en este fragmento?

   b. ¿Qué implica el uso del adverbio **allá**?

2. En el cuento se menciona mucho la tos del hombre y la de la mujer. En los siguientes fragmentos, ¿quién tose?

   • «Sí, allá voy; a mí me toca; es natural. Soy un enfermo, soy un galán, un caballero; sé mi deber; allá voy. Verás qué delicioso es, entre lágrimas, con perspectiva de muerte, ese amor que tú sólo conoces por libros y conjeturas. Allá voy, allá voy… si me deja la tos… ¡**esta** tos!…»

   • Ella, eso sí, se había ofrecido de buena fe; y aun despierta, a la luz del día, ratificaba su intención; hubiera consagrado el resto, el miserable resto de su vida, a *cuidar **aquella** tos de hombre*…

3. Los demostrativos a continuación señalan una parte del día. Considere esto al leer los párrafos y luego conteste las preguntas.

   • «…A la puerta, en el pasillo, **esta** madrugada, cuando tuve que levantarme a llamar a la camarera, que no oía el timbre, estaban unas botas de hombre elegante.»

   • Y tosía, tosía, en el silencio lúgubre de la fonda dormida, indiferente como el desierto. De pronto creyó oír como un eco lejano y tenue de su tos… Un eco… en tono menor. Era la del 32. En el 34 no había huésped **aquella** noche. Era un nicho vacío.

a. ¿Por qué se ha usado en un caso **esta** mientras que en el otro se ha usado **aquella**?

b. ¿De quién es la perspectiva en cada fragmento? ¿Del hombre, de la mujer o del narrador/lector?

4. Como hemos visto, el narrador utiliza formas de **aquel** mucho más frecuentemente que formas de **ese**. Lea los siguientes fragmentos, prestando atención a los demostrativos en negrita. ¿Por qué cree que el narrador ha usado formas de **aquel** en vez de formas de **ese**? Para ayudarlo/la a contestar, escoja una respuesta de cada lista de opciones en el cuadro y añada sus propias ideas. (Puede escoger más de una respuesta de la primera columna.)

| Para indicar... | Es una distancia... |
|---|---|
| distancia espacial/física | entre el hombre/la mujer y su pasado |
| distancia temporal | entre el hombre/la mujer y los lectores |
| distancia emocional y/o psicológica | entre el hombre y la mujer |

- «Algún viajero que fuma,» piensa otro *bulto*, dos balcones más a la derecha, en el mismo piso. Y un pecho débil, de mujer, respira como suspirando, con un vago consuelo por el indeciso placer de **aquella** inesperada compañía en la soledad y la tristeza.

- «Sola del todo,» pensó la mujer, que, aún tosiendo, seguía allí, mientras hubiera **aquella** *compañía*… compañía semejante a la que se hacen dos estrellas que nosotros vemos, desde aquí, juntas, gemelas, y que allá en lo infinito, ni se ven ni se entienden.

- La mujer del 32 tenía veinticinco años, era extranjera; había venido a España por hambre, en calidad de institutriz en una casa de la nobleza. La enfermedad la había hecho salir de **aquel** asilo; le habían dado bastante dinero para poder andar algún tiempo sola por el mundo, de fonda en fonda; pero la habían alejado de sus discípulas. *Naturalmente*. Se temía el contagio. …

- El número 32 acaso no lo olvidara; pero ¿qué iba a hacer? Era sentimental la pobre enferma, pero no era loca, no era necia. No pensó ni un momento en buscar realidad que correspondiera a la ilusión de una noche, al vago consuelo de **aquella** compañía de la tos nocturna. Ella, eso sí, se había ofrecido de buena fe; y aun despierta, a la luz del día, ratificaba su intención; hubiera consagrado el resto, el miserable resto de su vida, a cuidar **aquella** *tos de hombre*… ¿Quién sería? ¿Cómo sería? ¡Bah! Como tantos otros príncipes rusos del país de los ensueños. Procurar verle… ¿para qué?

- En efecto; el enfermo del 36, sin recordar que el cambiar de postura sólo es cambiar de dolor, había huido de **aquella** fonda, en la cual había padecido tanto… como en las demás. A los pocos días dejaba también el pueblo.

Relea el cuento aplicando lo que ha aprendido y practicado en los ejercicios de la sección «**Lazos gramaticales**». Si lo hace, va a entender mejor el cuento y a fortalecer su comprensión de la gramática.

# A ESCRIBIR

## Estrategias de composición

Esta sección incluye una serie de pasos para ayudarlo/la a: (1) formular y desarrollar sus ideas, (2) buscar evidencia del cuento para apoyar sus argumentos y (3) organizar su composición para que sea cohesiva y coherente. También incluye instrucciones para buscar y corregir errores de gramática y de vocabulario. Estas sugerencias acompañan el primer tema porque son específicas para ese tema, pero son útiles para todos los temas. Si opta por otro tema, lea las sugerencias incluidas para el Tema uno y adáptelas para el tema que elija.

## Tema uno

En el cuento se presentan muchas comparaciones entre la tos de los personajes y la música. Escriba un ensayo en que explore la idea de la metáfora de la música para caracterizar la tos de los protagonistas.

Al completar cada uno de los siguientes pasos, marque (✓) la casilla a la izquierda.

- ❏ a. Repase y subraye en el cuento las referencias a la música y a la tos. Haga dos listas.
- ❏ b. De sus listas, primero busque los casos donde hay una conexión clara entre la tos y la música. Luego busque evidencia oculta° de     no obvia la conexión.
- ❏ c. Escriba la parte principal de su ensayo explorando la noción de la metáfora de la música para representar sus enfermedades, y especialmente las toses. Explore las siguientes ideas: Generalmente, no se asocia una tos con la música. Entonces, ¿por qué cree que Alas las asoció? ¿En qué sentidos parece música la tos? Incluya ejemplos específicos del cuento.

❏ d. Reescriba su introducción y escriba una conclusión.

❏ e. Cuando haya escrito su borrador, revíselo, utilizando sus listas para asegurarse que haya incluido todos los elementos importantes, que todo siga un orden lógico y que sus ideas fluyan bien. Haga las correcciones necesarias.

❏ f. Dele un título interesante a su cuento.

❏ g. Antes de entregar su ensayo, revíselo asegurándose que:

   ❏ haya usado vocabulario correcto y variado

   ❏ no haya usado **ser, estar** y **haber** demasiado (es preferible usar verbos más expresivos)

   ❏ haya concordancia entre todos los adjetivos y artículos y los sustantivos a que se refieren

   ❏ haya concordancia entre los verbos y sus sujetos

   ❏ **ser** y **estar** se usen correctamente

   ❏ el subjuntivo se use cuando sea apropiado

   ❏ el pretérito y el imperfecto se hayan usado correctamente

   ❏ no haya errores de ortografía ni de acentuación

## Otros temas de composición

2. Las palabras **solo/a, soledad,** y sinónimos se usan mucho en el cuento. Explore las razones por las cuales el hombre y la mujer se sienten tan solos, tan aislados. Dé evidencia del cuento para apoyar sus argumentos.

3. El cuento tiene una interesante mezcla de la deshumanización de los seres humanos junto con la humanización de los objetos. Comente estos elementos contradictorios dando ejemplos del cuento. Explore la importancia de estos contrastes y contradicciones para la trama.

4. Hay muchas referencias a la oscuridad y a la luz en este cuento. Repase el cuento buscando referencias a la oscuridad y a la luz. Escriba un ensayo explicando por qué Alas usó estas oposiciones para narrar la historia y qué importancia tienen en la trama. Incluya ejemplos del cuento.

5. Escriba un ensayo comparando la soledad de los personajes en «La noche de los feos» y «El dúo de la tos» y su deseo de encontrar consuelo y compartir su tristeza con otros que sufren de manera parecida. Incluya ejemplos de los dos cuentos. (Puede incorporar otros aspectos de comparación si desea.)

# Tedy

Lupita Lago (María Canteli
Dominicis) (1933–    )

# ANTES DE LEER

**12-1 Reflexiones.** Considere las siguientes preguntas antes de leer el cuento.

1. ¿Tuvo Ud. una mascota durante su niñez? ¿Qué tipo de animal era? Escriba un párrafo describiéndolo. (Prepárese para describirlo oralmente en clase si su profesor/a se lo pide.)

2. ¿Tiene algún recuerdo en particular sobre su mascota favorita? Prepárese para describir lo que pasó.

3. Lea los dos primeros párrafos del cuento. ¿Quién era Tedy? ¿Cómo era?

4. ¿Quién narra este cuento?

## Enfoques léxicos

### *Cognados falsos*

**12-2 Examinación de cognados falsos en «Tedy».** Este cuento contiene varios cognados falsos, algunos se incluyen en los ejercicios a continuación. (Para más detalle sobre los cognados falsos, lea la sección número uno del *Manual de gramática* [pp. 285–290].)

1. Como vimos en el capítulo 7, la palabra **disgustar** no quiere decir *to disgust*, lo cual se expresa en español con **dar/le asco a** o **repugnar**, entre otras expresiones. **Disgustar** es lo opuesto de **gustar**. Sabiendo esto, ¿cómo podría parafrasear la frase en negrita en el siguiente fragmento del cuento?

   Tenía mi madre un sentido sumamente utilitario de la vida. **Le disgustaba** que hubiese en casa cualquier cosa inútil, ya fuese animal, objeto o persona.

→ Si Ud. la ha parafraseado como **no le gustaba,** tiene razón.

2. Aunque **colegio** puede significar *college* en ciertas expresiones, como *College of Cardinals* (Colegio de cardenales) o *electoral college* (colegio electoral), generalmente no tiene este sentido. (*College* se expresa con **universidad**.) ¿Recuerda el significado general de **colegio**? Lea el siguiente fragmento del cuento e identifique un sinónimo en español.

   El hecho es que Tedy desapareció un buen día. Era viernes. A mi hermanito Beto y a mí nos extrañó no ver a nuestro lado su hociquito húmedo cuando bajamos de la guagua al volver del **colegio**, pero pensamos que estaría entretenido persiguiendo algún insecto.

→ Si Ud. la ha traducido como **escuela,** tiene razón.

3. Aunque **copa** puede traducirse a *cup* (en el sentido de **trofeo** —por ejemplo, en **Copa Mundial°**), generalmente tiene otro significado, como lo tiene en el fragmento de este cuento a continuación. Léalo para determinar su significado en este cuento.

*World Cup*

> Pasó el sábado y amaneció un domingo radiante. Ese día teníamos invitados. A mi madre le encantaba que hubiese gente a comer, porque esto le daba ocasión de sacar el mantel bordado de hilo,° las **copas** finas y los cubiertos de plata.

*embroidered linen tablecloth*

→ Si Ud. ha determinado que **copa** quiere decir **vaso con pie para beber vino,** tiene razón.

4. **Palo** no significa *pail* ni *pale* sino *stick* o *pole*. **Palo** es sinónimo de **vara,** otra palabra que se usa en este cuento.

5. A lo mejor, Ud. recuerda que **largo** nunca quiere decir *large*. Si no recuerda la definición de **largo,** lea el siguiente fragmento del cuento donde aparece esta palabra. ¿Puede recordarla o determinarla del contexto?

> Armados de un palo **largo** con un gancho en la punta…, nos fuimos al mangal.

→ Si Ud. ha recordado o determinado que **largo** quiere decir **con una extensión alongada,** tiene razón.

6. También hemos visto en otros capítulos que **rudo** no significa *rude*, lo cual puede expresarse con **descortés, grosero, ofensivo** o **maleducado. Rudo** tiene varios equivalentes en inglés, entre ellos *rough, unpolished, simple, uncultured, coarse* y *stupid*. Lea el fragmento a continuación y determine su signficado en este contexto.

> Beto lo acarició con sus manos gordezuelas y **rudas**, hechas a cazar lagartijas y a manejar el tirapiedras.

→ Si Ud. ha determinado que aquí **rudas** quiere decir *rough* o *coarse,* tiene razón.

## Grupos léxicos

**12-3 Palabras relacionadas: definiciones.** Defina las siguientes palabras utilizando la palabra relacionada entre paréntesis en la definición. Subraye las palabras relacionadas. Puede cambiar las formas de las palabras. Recuerde que las palabras relacionadas comparten la raíz. Si no conoce la palabra que tiene que definir, búsquela en un diccionario. Siga el modelo. (¡Ojo! Generalmente no es buena idea usar una palabra relacionada como parte de la definición pero en esta actividad, el objetivo es enfatizar las relaciones entre las palabras.)

**Modelo**

| Palabra | Definición |
|---|---|
| malvado (malo, mal) | Una persona **malvada** es una persona con **malas** intenciones que trata muy **mal** a la gente o animales. |

1. viviente (vivir)
2. mangal (mango)
3. enganchar (gancho)
4. hojarasca (hojas [de los árboles])
5. susto (asustar)
6. tirapiedras (tirar, piedras)
7. sinvergüenza (sin, vergüenza)
8. entretenimientos (entretenido)
9. pequeñez (pequeño)
10. juguete (jugar)

## Palabras con múltiples significados

En cualquier idioma, muchas palabras tienen más de un significado. Por ejemplo, **pluma** puede significar *feather* o *pen*, entre otras cosas. En este ejercicio, vamos a practicar con palabras en el cuento que tienen más de un significado. Aquí sólo vamos a usar los significados en el cuento y otros bastante comunes.

| Palabra | Significado #1 | Significado #2 | Significado #3 |
|---|---|---|---|
| cachorro | *puppy* | *cub* (del león, tigre, oso) | *kitten* |
| cubiertos | *place settings* | *cutlery* | (adj.) *covered* (de **cubrir**) |
| deshacerse | *to become undone* | *to get rid of* (con **de**) | *to melt* |
| extrañar | *to miss (someone/ something)* | *to seem strange* | |

| | | | |
|---|---|---|---|
| extraño | *strange, odd* | *extraneous* (con **a**) | |
| juego | *game* | *set* (por ej., de utensilios o herramientas) | *match* (con **hacer**) |
| manejar | conducir (un automóvil) | *to handle/wield* | *to manage/operate* |
| pata | *paw* | (coloquial) *luck* | *female duck* |
| quinta | *country estate* | *draft* (*military*) | *fifth* (en música) |
| rabo | *tail* (de un animal) | *stem* (de una hoja o fruta) | *corner* (del ojo) |
| tapa | *lid* | *appetizer* (en España) | |

**12-4 ¿Cuál de los significados tiene aquí?** Examine los siguientes fragmentos del cuento prestando atención a las palabras en negrita. Identifique cuál de los significados del cuadro tiene cada palabra en los contextos dados. (Las oraciones aparecen en orden alfabético según las palabras de interés; no siguen el orden en que aparecen en el cuento.)

1. —Los perros de raza fina se conocen porque de (1) **cachorros** tienen las (2) **patas** muy gordas —me había dicho mi abuelo.

2. A mi madre le encantaba que hubiese gente a comer, porque esto le daba ocasión de sacar el mantel bordado de hilo, las copas finas y los **cubiertos** de plata.

3. Y un perrillo como Tedy era a las claras un trasto. Por eso un día —esto lo supe después— mi madre le pidió a Gerardo que **se deshiciese** de Tedy.

4. El hecho es que Tedy desapareció un buen día. Era viernes. A mi hermanito Beto y a mí nos **extrañó** no ver a nuestro lado su hociquito húmedo cuando bajamos de la guagua al volver del colegio, pero pensamos que estaría entretenido persiguiendo algún insecto.

5. El cuerpecillo blanco y café parecía aún más frágil, y temblaba con una mezcla **extraña** de alegría y pavor.

6. Le fascinaba perseguir mariposas, contemplar arrobado los moscones de alas tornasoladas que zumbaban en el bochorno

espeso de la tarde, jugar al (1) **juego** interminable de convertirse en trompo viviente tratando de capturar su propio (2) **rabo**.

7. Por eso Princesa, aunque era una gran danesa de rancia estirpe, no lo parecía: en vez de las orejitas artificialmente puntiagudas de los perros modernos, tenía dos apéndices largos y caídos que **hacían juego** con sus ojos lagañosos para darle un aspecto de lo más aburrido.

8. Beto lo acarició con sus manos gordezuelas y rudas, hechas a cazar lagartijas y a **manejar** el tirapiedras.

9. No he explicado aún que no vivíamos en la ciudad, sino en las afueras, en una de esas llamadas «**quintas** de recreo».

10. En el centro del pozo, semihundido en la mezcla pantanosa de hojarasca y piedras, había un latón abollado y herrumbroso. La **tapa** no encajaba bien, pero estaba asegurada con un alambre.

## Sinónimos

**12-5 Sinónimos.** Empareje las palabras de la columna A con su sinónimo de la columna B. Luego escriba una frase para una palabra de cada pareja. (Las palabras aparecen en el cuento, aunque algunas con un cambio de forma.)

| A | B |
|---|---|
| ____ 1. aullido | a. clase |
| ____ 2. después de | b. cosa inútil |
| ____ 3. endeble | c. débil |
| ____ 4. experto | d. gemido |
| ____ 5. miedo | e. pavor |
| ____ 6. palo | f. perito |
| ____ 7. tipo | g. tras |
| ____ 8. trasto | h. vara |

# A LEER

## Estrategia de lectura: Reconocer regionalismos e inferir sus significados

Los hispanohablantes de diversos países de habla española pueden entenderse porque comparten una lengua. Sin embargo, a veces puede haber confusión porque cada país o región utiliza términos específicos que la gente de otros países no conoce. Estas diferencias dialectales léxicas se llaman **regionalismos**. Este cuento tiene lugar en Cuba y la autora es cubana. Por esta razón, aparecerán algunas palabras particularmente cubanas o caribeñas. Podemos anticipar algunos detalles que se van a mencionar en el cuento. Por ejemplo, los tipos de plantas, cultivos y otros productos que se asocian con el clima de esa región. Tendríamos ciertas expectativas para un relato que tiene lugar en una región tropical como Cuba que no tendríamos para un relato que tiene lugar en una región temporada o polar. Obviamente no todos los regionalismos van a tener que ver con el clima pero es razonable esperar algunos. En la actividad que sigue, vamos a practicar la estrategia de inferir palabras desconocidas con algunas de las palabras regionales en este cuento.

**12-6 ¿Puede Ud. inferir el significado de estos regionalismos?** Lea los siguientes fragmentos del cuento para determinar el significado de los regionalismos en negrita. Utilice el contexto donde aparece la palabra, el contexto geográfico donde tiene lugar el cuento y su conocimiento del español para ayudarlo/la. Prepárese para explicar cómo determinó el significado de cada palabra.

1. Era un perrito joven, pero a las claras se veía que su pequeñez no era solamente producto de su corta edad.

   —Los perros de raza fina se conocen porque de cachorros tienen las patas muy gordas— me había dicho mi abuelo. Y este cachorro no dejaba dudas de que era **sato**, por las patas delgadas y el cuerpecillo endeble, que temblaba lastimosamente al menor susto.

2. El hecho es que Tedy desapareció un buen día. Era viernes. A mi hermanito Beto y a mí nos extrañó no ver a nuestro lado su hociquito húmedo cuando bajamos de la **guagua** al volver del colegio, pero pensamos que estaría entretenido persiguiendo algún insecto.

3. El resto del terreno lo compartían un naranjal y una arboleda de mangos que era la envidia de la comarca. No llegaban a nuestra quinta los servicios del acueducto, a pesar de que estaba a sólo siete kilómetros del pueblo. Cuando mi padre la compró, había un pozo exiguo en el centro del **mangal**, pero él decidió que nos hacía falta agua de la mejor calidad, y tras excavar un pozo artesiano un poco más allá, mandó cegar con escombros el pozo viejo.

4. A nuestros invitados de aquel día les gustaban los mangos, y cuando ya se iban, mi padre les ofreció algunos. —Beto y Lupita irán a cogérselos, ellos saben tirar los mejores— les dijo. Beto tendría unos once años por aquel entonces, y yo dos menos. Armados de un palo largo con un gancho en la punta y una **jaba de yagua**, nos fuimos al mangal.

Mientras lea el cuento, utilice esta estrategia cuando encuentre palabras que no conozca. Mantenga una actitud abierta hacia su idea porque a veces es posible inferir incorrectamente. Si luego encuentra información que parece contradecir su idea inicial, puede ser necesario cambiarla o buscar la palabra en el diccionario.

## Lupita Lago

Lupita Lago (pseudónimo de María Canteli Dominicis) nació en Camagüey, Cuba en 1933. Obtuvo el doctorado en Filosofía y Letras de la Universidad de La Habana. En 1960 se trasladó a los Estados Unidos y obtuvo el doctorado en literatura española de New York University. Ha sido profesora de español en Ohio Wesleyan, en Sweet Briar College y en St. Johns University en Nueva York. En 2000, se jubiló de St. Johns, donde había enseñado durante 36 años. Actualmente vive parte del año en Nueva York y la otra en Miami. Ha publicado escritos sobre la crítica literaria, inclusive *Don Juan en el teatro español del siglo XX*. Ha sido autora o co-autora de numerosos libros de texto. En uno de ellos, *Repase y escriba*, se publicó el cuento «Tedy» (1987), el único cuento que ha publicado. Este cuento le presenta un emocionante recuerdo de su niñez en Cuba en el que relata lo que le pasó a su adorado perro, Tedy.

# Tedy

### *Lupita Lago*

Era un perrito joven, pero a las claras° se veía que su pequeñez no era solamente producto de su corta edad. —Los perros de raza fina se conocen porque de cachorros tienen las patas muy gordas— me había dicho mi abuelo. Y este cachorro no dejaba dudas de que era sato, por las patas delgadas y el
5  cuerpecillo endeble, que temblaba lastimosamente° al menor susto. Le pusimos Tedy. Se me ha olvidado completamente de dónde vino. Debió de habérnoslo regalado alguien, porque cuando yo era niña nadie compraba animales domésticos ni plantas. Hubiera sido absurdo pagar por ellos: los amigos eran fuente inagotable de plantas, perros y gatos.
10      Tedy era experto en encontrar entretenimientos. Le fascinaba perseguir mariposas, contemplar arrobado° los moscones de alas tornasoladas° que zumbaban en el bochorno° espeso de la tarde, jugar al juego interminable de convertirse en trompo° viviente tratando de capturar su propio rabo.
        —No nos conviene tener este tipo de perro— dijo mi madre desde un
15  principio. —Princesa es mansa, pero es muy grande, y su ladrido profundo

*claramente, obviamente*

*pitifully*

*fascinado/iridiscentes
calor
top (juguete)*

puede asustar a cualquier intruso. Pero a éste, ¿quién va a tenerle miedo?— Princesa era una gran danesa negra. También nos la había regalado alguien. No se usaba tampoco cuando yo era niña, la poda° cruel de orejas y rabos que es hoy ritual obligado para algunas clases de perros. Por eso Princesa, aunque
20 era una gran danesa de rancia estirpe,° no lo parecía: en vez de las orejitas artificialmente puntiagudas° de los perros modernos, tenía dos apéndices largos y caídos que hacían juego con sus ojos lagañosos° para darle un aspecto de lo más aburrido.

      Tenía mi madre un sentido sumamente utilitario de la vida. Le disgus-
25 taba que hubiese en casa cualquier cosa inútil, ya fuese animal, objeto o persona. Y un perrillo como Tedy era a las claras un trasto.° Por eso un día —esto lo supe después— mi madre le pidió a Gerardo que se deshiciese de Tedy. Gerardo era un peón desmañado,° rayando en retrasado mental, que a mí me caía muy antipático. —Cuando dije «deshacerse» —nos explicó luego ella
30 apenada —, no me pasó por la mente nada malo, simplemente quería que le encontrase otros amos.°

      El hecho es que Tedy desapareció un buen día. Era viernes. A mi hermanito Beto y a mí nos extrañó no ver a nuestro lado su hociquito[1] húmedo cuando bajamos de la guagua al volver del colegio, pero pensamos que estaría entrete-
35 nido persiguiendo algún insecto. La alarma surgió cuando llegó la noche.

      Al día siguiente, lo buscamos por todas partes, pero fue inútil.

      Pasó el sábado y amaneció un domingo radiante. Ese día teníamos invitados. A mi madre le encantaba que hubiese gente a comer, porque esto le daba ocasión de sacar el mantel bordado de hilo,° las copas finas y los cubier-
40 tos de plata. —En una mesa así, se siente uno persona— decía siempre. Mi padre no comentaba nada, pero asentía complacido.

      No he explicado aún que no vivíamos en la ciudad, sino en las afueras, en una de esas llamadas «quintas de recreo». Claro que, tratándose de mi madre, el recreo no era tal, y en nuestro terreno había más tomates y lechu-
45 gas que rosas, y se criaba multitud de gallinas para no tener que comprar huevos ni pollos. El resto del terreno lo compartían un naranjal y una arboleda de mangos que era la envidia de la comarca.° No llegaban a nuestra quinta los servicios del acueducto, a pesar de que estaba a sólo siete kilómetros del pueblo. Cuando mi padre la compró, había un pozo exiguo° en el centro del mangal,
50 pero él decidió que nos hacía falta agua de la mejor calidad, y tras excavar un pozo artesiano un poco más allá, mandó cegar° con escombros° el pozo viejo. De éste, quedó sólo un hoyo semiseco, relleno hasta más de la mitad con hojarasca° y cascajo.°

      A nuestros invitados de aquel día les gustaban los mangos, y cuando ya
55 se iban, mi padre les ofreció algunos. —Beto y Lupita irán a cogérselos, ellos saben tirar los mejores— les dijo. Beto tendría unos once años por aquel entonces, y yo dos menos.

---

[1]**Hocico** es la parte prolongada de la cabeza de un animal que consiste en la nariz y la boca.

*Glosses (right margin):*
- acto de cortar
- noble linaje / *pointed* / *bleary*
- cosa inútil
- torpe
- dueños
- *embroidered linen tablecloth*
- región
- *small, meagre well*
- cubrir/*rubble*
- hojas/fragmentos de piedra

Armados de un palo largo con un gancho en la punta y una jaba de yagua,° nos fuimos al mangal. Habíamos cogido cuatro o cinco mangos, *basket of royal palm leaves/muffled*
60 cuando un gemido apagado° llegó a mis oídos. —¿Qué es eso?— exclamé sobresaltada.° Como un eco de mi voz, el gemido se repitió, esta vez más *startled*
audible y lastimero.° —¡Quieta, déjame escuchar!— ordenó Beto, a quien no *plaintive*
se le escapaba ocasión para hacer valer su mayorazgo.[2] Y después de concentrarse escuchando los gemidos, dictaminó[3] con voz de perito:° —¡Viene del *experto*
65 pozo seco!— En el centro del pozo, semihundido° en la mezcla pantanosa de *half-sunken*
hojarasca y piedras, había un latón abollado y herrumbroso.[4] La tapa no encajaba bien, pero estaba asegurada con un alambre.° Beto bajó con certero *wire*
tino° la vara de tumbar mangos y enganchó el alambre. Le costó un poco de *buena precisión*
trabajo, pero por fin pudo subir el latón. El gemido era ahora un aullido que
70 taladraba los tímpanos.° *pierced our eardrums*

Cuando logramos romper el alambre, Tedy saltó, como saltan esos muñecos de las cajas metálicas de juguete mientras se toca la música con una maniqueta.° El cuerpecillo blanco y café parecía aún más frágil, y temblaba *handle, crank*
con una mezcla extraña de alegría y pavor. Beto lo acarició con sus manos
75 gordezuelas y rudas, hechas a cazar lagartijas° y a manejar el tirapiedras. Tenía *small lizards*
un brillo° de lágrimas en los ojos, de costumbre burlones. —A este sinver- *glimmer, glint*
güenza° le hace falta un buen baño— dijo mientras lo alzaba como un tro- *rascal*
feo—. El latón es viejo y él está todo lleno de óxido.° *rust*

Han pasado muchos años de este episodio de mi niñez. Pero cuando
80 oigo que a las personas malvadas las llaman «animales» y «perros», veo los ojitos húmedos de Tedy brillar en la oscuridad del latón cerrado.

---

# DESPUÉS DE LEER

## Preguntas

### En general

1. ¿Quiénes son los personajes principales y cuál es su relación?

2. Describa el lugar donde vivía la familia de la narradora.

3. ¿Cómo difería la actitud de Lupita y Beto hacia Tedy y la actitud de su madre hacia él?

4. Describa a Tedy. Incluya una descripción física y de su temperamento.

---

[2]los derechos que vienen al primer hijo
[3]anunció con autoridad
[4]*a bent and rusty drum* (*large metal container*)

## En detalle

1. ¿Por qué era tan obvio que Tedy era sato? ¿Cómo lo adquirieron?

2. ¿Qué le gustaba hacer a Tedy?

3. ¿Por qué no le gustaba Tedy a la madre de la narradora?

4. ¿Quién era Princesa? ¿Por qué le gustaba a la madre? ¿Por qué no parecía una perra de raza fina aunque lo era?

5. ¿Quién era Gerardo? ¿Qué tipo de persona era?

6. Cuando Lupita y Beto bajaron del autobús al volver del colegio, y Tedy no los esperaba, ¿por qué no estaban preocupados? ¿Cuándo empezaron a preocuparse por él?

7. ¿Por qué el padre de la narradora había excavado un pozo artesiano cuando ya había otro pozo en el mangal? ¿Qué mandó hacer con el pozo viejo después de que se excavó el nuevo?

8. ¿Cómo era diferente este domingo de otros días?

9. ¿Por qué fueron Lupita y Beto al mangal? ¿Qué ocurrió mientras estaban allí recogiendo mangos?

10. ¿Cómo encontraron a Tedy? ¿Dónde estaba cuando lo hallaron?

11. ¿Qué hizo Tedy cuando lo soltaron del latón? ¿En qué condiciones estaba?

12. ¿Cómo reaccionó Beto cuando lo encontraron? ¿Por qué cree que reaccionó así?

## Discusión e interpretación

1. ¿Qué tipo de persona era la madre de la narradora? ¿Ha notado una contradicción en su actitud general sobre la vida y su actitud cuando tenía invitados? Explique.

2. La madre de la narradora explicó que cuando le había dicho a Gerardo que se deshiciera de Tedy que no tenía malas intenciones y que sólo quería que le encontrara otros amos. ¿La cree? Explique por qué sí o por qué no, usando evidencia del cuento.

3. La madre consideraba a Tedy un trasto. ¿Por qué? ¿Cree que realmente era un trasto? Explique su respuesta usando evidencia del cuento y sus propias opiniones.

4. ¿Qué opina la narradora sobre la poda de orejas y rabos que los dueños de perros practican hoy en día con ciertas razas de perro? ¿Qué otros rituales de cepillado° se practican hoy en día para «mejorar» la apariencia de los perros? ¿Qué opina Ud. sobre la poda de orejas y rabos y los otros rituales?

*grooming*

5. ¿Ha tenido una mascota muy especial? ¿Qué atributos la hicieron especial? Descríbala y narre un evento interesante que recuerde sobre ella.

6. Parece que Gerardo encerró a Tedy en un latón y lo puso en el pozo viejo porque malentendió lo que la madre intentaba comunicarle cuando le dijo que se deshiciera de Tedy. ¿Ha usted experimentado una situación donde un malentendido° tuviera (o pudiera haber tenido) consecuencias trágicas o cómicas? Describa lo que se dijo que causó el malentendido (o lo que pasó que fue malinterpretado). ¿Cómo terminó este episodio —bien o mal?

*misunderstanding*

---

# LAZOS GRAMATICALES

## El uso de diminutivos en «Tedy»

La narradora de «Tedy» usa muchos diminutivos. Recuerde que los diminutivos se usan para indicar pequeñez física, pequeña cantidad, edad joven, cariño (y a veces irrisión°). En el siguiente ejercicio vamos a practicar con los diminutivos para aprender a identificarlos y a determinar lo que significan en este cuento.

*burla*

**12-7 Lo que los diminutivos comunican en «Tedy».** Conteste las siguientes preguntas tomando en cuenta las formas diversas y los varios usos de los diminutivos.

1. El cuadro a continuación contiene los diminutivos que se han usado en el cuento. Llénelo con la información pedida en las siguientes preguntas. (Si no quiere escribir en su libro, puede copiar el cuadro en una hoja de papel o fotocopiarlo.) Para cada diminutivo, identifique:

   a. la parte del habla (sustantivo, adjetivo o adverbio). (Examine la palabra en contexto para determinar esto. Las líneas donde aparecen las palabras se indican entre paréntesis en el cuadro.)

   b. la palabra base.

   c. el sufijo diminutivo que se ha usado.

| Diminutivo | Parte del habla | Palabra base | Sufijo diminutivo |
|---|---|---|---|
| perrito (l. 1) | | | |
| cuerpecillo (ll. 5, 73) | | | |

| orejitas (l. 20) | | | |
|---|---|---|---|
| perrillo (l. 26) | | | |
| hermanito (l. 32) | | | |
| hociquito (l. 33) | | | |
| Lupita (l. 55) | | | |
| gordezuelas (l. 75) | | | |
| ojitos (l. 81) | | | |

2. Examine los diminutivos en contexto para contestar las siguientes preguntas. (Véase las líneas indicadas entre paréntesis en el cuadro anterior.)
   a. ¿A quién/es se refieren cuando se usan?
   b. ¿Qué indica el diminutivo en cada caso?

El sufijo -(z)uelo(s)/-(z)uela(s) crea formas diminutivas que generalmente indican pequeñez pero pueden traer una connotación peyorativa (o cariñosa) a la vez. Por ejemplo, **arroyo/arroyuelo** (*stream/ small stream, trickle, rivulet*) se refiere a la pequeñez de este cuerpo de agua, pero **mujerzuela** (mujer de poca estimación, de mala vida) sólo trae una connotación despectiva o peyorativa —no se refiere a su tamaño físico. Puesto que el significado de los diminutivos en -(z)**uelo** varía tanto, es muy importante considerar el contexto para ver si se refiere a la pequeñez o si tiene una connotación despectiva o cariñosa.

3. Cuando la narradora se refiere a las manos de su hermano, utiliza el diminutivo **gordezuelas**. (Véase la línea 75.) ¿Cree que es una referencia a su pequeñez o que tiene una connotación peyorativa o cariñosa? Explique usando evidencia del cuento, en particular el contexto donde utiliza la palabra.

## En más detalle

### Los diminutivos y aumentativos lexicalizados

Recuerde que a veces las formas diminutivas y aumentativas pueden lexicalizarse. Esto quiere decir que llegan a ser una palabra en sí —una que tiene su propia entrada en un diccionario. En este cuento se ven dos ejemplos de aumentativos que se han lexicalizado: **moscones** y **burlones**. Estas palabras tienen un sufijo aumentativo **-ón/-ones**. ¿Recuerda el tipo de información que lleva este sufijo? ¿Puede determinar la palabra base de estas dos palabras?

→ Si ha identificado **mosca** y **burla** como las palabras base, tiene razón. El sufijo **-ón/-ona** y sus formas plurales pueden indicar tamaño grande. Esto se ve en **moscón** porque un moscón es una especie de mosca grande. En el caso de burlón, **burlón** es un adjetivo que se deriva del sustantivo **burla** que indica la cualidad de burlarse de algo. Puede significar *mocking, joking* o *teasing*. El sufijo aumentativo acentúa o aumenta esta característica.

Vimos en el cuento «Una carta de amor» la palabra **frutillas** —una forma diminutiva de **frutas** que se ha lexicalizado en algunos dialectos donde tiene el significado **fresas**. «Tedy» no tiene casos de diminutivos lexicalizados.

Recuerde que si una palabra termina en lo que parece un sufijo diminutivo (**-ito**, **-illo**, **-uelo**, etc.), no siempre es un sufijo diminutivo. Por ejemplo, la palabra **perito** significa **experto** —no debe confundirla con **perrito**— y no es una forma diminutiva. **Brillo** y **abuelo** no son diminutivos tampoco. Igualmente, no todas las palabras que terminan en **-ón/-ona** son aumentativos. Por ejemplo, **peón**, **ocasión**, **persona** y **latón** no son aumentativos.

## Conjetura en el pasado

**12-8 Diversas maneras de expresar conjetura en el pasado.** Hay varias maneras de expresar conjetura en el pasado, algunas ya las hemos considerado en otros capítulos. En este ejercicio vamos a explorar maneras de indicar conjetura en el pasado.

1. Lea los dos fragmentos de «Tedy» a continuación e identifique la forma verbal que se usa aquí para expresar conjetura. (Es la misma forma en ambos fragmentos.) Luego, cambie la forma verbal por otra frase que también exprese conjetura en el pasado.

   a. El hecho es que Tedy desapareció un buen día. Era viernes. A mi hermanito Beto y a mí nos extrañó no ver a nuestro lado su hociquito húmedo cuando bajamos de la guagua al volver del colegio, pero pensamos que estaría entretenido persiguiendo algún insecto. La alarma surgió cuando llegó la noche.

   b. A nuestros invitados de aquel día les gustaban los mangos, y cuando ya se iban, mi padre les ofreció algunos. —Beto y Lupita irán a cogérselos, ellos saben tirar los mejores— les dijo. Beto tendría unos once años por aquel entonces, y yo dos menos.

2. Lea el siguiente fragmento y busque la expresión que expresa conjetura en el pasado. No es la misma forma verbal que se usó en 1.a. y 1.b. Luego, cambie esta expresión por otra que también expresa conjetura en el pasado.

> Le pusimos Tedy. Se me ha olvidado completamente de dónde vino. Debió de habérnoslo regalado alguien, porque cuando yo era niña nadie compraba animales domésticos ni plantas. Hubiera sido absurdo pagar por ellos: los amigos eran fuente inagotable de plantas, perros y gatos.

## Otra forma del imperfecto de subjuntivo

Hay dos terminaciones para las formas del imperfecto de subjuntivo: una que termina en **-ra**, etc., (**cantara, cantaras, cantara, cantáramos, cantarais, cantaran**) y otra que termina en **-se** (**cantase, cantases, cantase, cantásemos, cantaseis, cantasen**). Algunos libros de texto sólo presentan las formas que terminan en **-ra**, etc., tal vez porque estas formas se usan más frecuentemente. Pero en realidad las formas que terminan en **-se** se usan con frecuencia y se ven varias veces en este cuento. (Refiérase a los cuadros verbales en el Apéndice para ver otros verbos conjugados en este paradigma.)

**12-9 Usos del subjuntivo.** Examine los verbos en negrita en el siguiente fragmento del cuento y conteste las preguntas debajo del fragmento.

> Tenía mi madre un sentido sumamente utilitario de la vida. Le disgustaba que (1) **hubiese** en casa cualquier cosa inútil, ya (2) **fuese** animal, objeto o persona. Y un perrillo como Tedy era a las claras un trasto. Por eso un día —esto lo supe después— mi madre le pidió a Gerardo que (3) **se deshiciese** de Tedy. Gerardo era un peón desmañado, rayando en retrasado mental, que a mí me caía muy antipático. —Cuando dije «deshacerse»— nos explicó luego ella apenada—, no me pasó por la mente nada malo, simplemente quería que le (4) **encontrase** otros amos.

1. Si no conociera estas formas, ¿qué evidencia gramatical hay que indica que son formas del imperfecto de subjuntivo? En otras palabras, ¿por qué se ha usado el imperfecto de subjuntivo en estos ejemplos? (Si necesita ayuda, repase la sección número cinco del *Manual de gramática* [pp. 314–323].)

2. ¿Cómo traduciría estas oraciones al inglés?

☞ Relea el cuento aplicando lo que ha aprendido y practicado en los ejercicios de la sección «**Lazos gramaticales**». Si lo hace, va a entender mejor el cuento y a fortalecer su comprensión de la gramática.

# A ESCRIBIR

## Estrategias de composición

Esta sección incluye una serie de pasos para ayudarlo/la a: (1) formular y desarrollar sus ideas y (2) organizar su composición para que sea cohesiva y coherente. También incluye instrucciones para buscar y corregir errores de gramática y de vocabulario. Estas sugerencias acompañan el primer tema porque son específicas para ese tema pero son útiles para todos los temas. Si opta por otro tema, lea las sugerencias incluidas para el Tema uno y adáptelas para el tema que elija.

## Tema uno

Escriba un ensayo en el que narre un recuerdo emocionante de su niñez. Trate de imitar el estilo de Lago.

Al completar cada uno de los siguientes pasos, marque (✔) la casilla a la izquierda.

❑ a. Trate de recordar —o revivir— el episodio.

❑ b. Haga una lista de las personas involucradas en lo que pasó.

❑ c. Apunte los elementos principales del suceso.

❑ d. Describa la escena: ¿dónde ocurrió?, ¿cuándo ocurrió?, ¿qué tiempo hacía? Narre el episodio en tiempo pasado.

❑ e. Reescriba la introducción y escriba una conclusión.

❑ f. Cuando haya escrito su borrador, revíselo, asegurándose que todo siga un orden lógico y que sus ideas fluyan bien. Utilizando sus listas, asegúrese que haya incluido todos los elementos importantes. Haga las correcciones necesarias.

❑ g. Dele un título interesante a su ensayo.

❑ h. Antes de entregar su ensayo, revíselo asegurándose que:

    ❑ haya usado vocabulario correcto y variado

    ❑ no haya usado **ser**, **estar** y **haber** demasiado (es preferible usar verbos más expresivos)

    ❑ haya concordancia entre todos los adjetivos y artículos y los sustantivos a que se refieren

    ❑ haya concordancia entre los verbos y sus sujetos

    ❑ **ser** y **estar** se usen correctamente

    ❑ el subjuntivo se use cuando sea apropiado

    ❑ el pretérito y el imperfecto se hayan usado correctamente

    ❑ no haya errores de ortografía ni de acentuación

## Otros temas de composición

2. Parece que Gerardo encerró a Tedy en un latón y lo puso en el pozo viejo porque malentendió lo que la madre intentaba comunicarle cuando le dijo que se deshiciera de Tedy. ¿Ha Ud. experimentado una situación donde un malentendido tuviera (o pudiera haber tenido) consecuencias trágicas o cómicas? Escriba una composición en la que describa lo que se dijo que causó el malentendido (o lo que pasó que fue malinterpretado). Incluya una descripción de cómo terminó este episodio.

3. ¿Tiene o tenía una mascota durante su niñez o juventud? Escriba una composición en el que describa a su mascota especial. Descríbala físicamente y describa su personalidad. Incluya una anécdota interesante que muestre su personalidad.

CAPÍTULO

# 13

# El lenguado

Mariella Sala (1952–    )

# ANTES DE LEER

**13-1 Reflexiones.** Considere las siguientes preguntas antes de leer el cuento.

1. ¿Qué recuerdos tiene sobre los veranos de su niñez? ¿Por lo general son recuerdos positivos o negativos? ¿Cómo le gustaba pasar los veranos?

2. Cuando era niño/a, ¿pasaba mucho tiempo en la playa? ¿Qué le gustaba hacer en la playa? ¿Recuerda un día en particular?

3. ¿Tuvo un/a amigo/a muy especial cuando era joven? ¿Qué les gustaba hacer para entretenerse? ¿Recuerda un evento en particular? Escriba un párrafo describiendo lo que hicieron o, si no recuerda un evento en particular, describa lo que les gustaba hacer.

4. Lea el primer párrafo del cuento. ¿Dónde empieza la acción?

5. Ahora lea el pequeño diálogo que sigue al primer párrafo. ¿Cómo se llaman los personajes principales? ¿La narración da la perspectiva de cuál de ellas?

## Enfoques léxicos

### *Cognados falsos*

**13-2 Examinación de cognados falsos en «El lenguado».** Este cuento contiene varios cognados falsos, algunos se incluyen en los ejercicios a continuación. (Para más detalle sobre los cognados falsos, lea la sección número uno del *Manual de gramática* [pp. 285–290].)

1. La palabra **lonche** no significa *lunch*, lo cual se expresa en español con **almuerzo** o **comida**. Lea el siguiente fragmento del cuento y determine el significado de **lonche**.

   Se acercaba la hora del **lonche**. Lo notó por las sombras que bajaban de los cerros y un ligero frío en el estómago que la hizo imaginar los panes recién salidos del horno de la única panadería del balneario.

➔ Si ha determinado que **lonche** es una comida, tiene razón. Es un término peruano equivalente a **merienda**, una comida ligera que se come durante la tarde.

2. Probablemente ya sabe que **horno** no significa *horn*. Si no recuerda su significado, relea el fragmento que acaba de leer en la pregunta número uno:

   Se acercaba la hora del lonche. Lo notó por las sombras que bajaban de los cerros y un ligero frío en el estómago que la hizo imaginar los panes recién salidos del **horno** de la única panadería del balneario.

➔ Si ha determinado que **horno** significa *oven*, tiene razón.

3. **Crudo,** cuando es adjetivo, no se traduce a *crude,* lo cual puede expresarse con **grosero, ordinario** o **rudimentario. Crudo** tiene varios equivalentes en inglés, entre ellos *raw* cuando se habla de la comida, *unripe* cuando se refiere a la fruta o *harsh* o *severe* cuando se refiere al tiempo o al clima. (Se traduce a *crude* cuando es sustantivo —es un término que se refiere al petróleo.) Lea el fragmento a continuación para determinar cuál de estos significados tiene en este contexto.

Además acampaban durante varios días en playas solitarias, cocinando sus propios pescados o comiéndoselos **crudos** con un poco de limón.

→ Si ha determinado que **crudos** quiere decir **sin cocinar,** tiene razón.

4. **Molestar** no significa *to molest.* Cuando se usa con un complemento indirecto, se traduce a *to bother* o *annoy (someone).* Cuando la estructura es reflexiva, significa *to get upset* o *annoyed.* Lea el siguiente fragmento examinando la estructura gramatical para determinar cuál de estos significados tiene en este contexto.

—Bótalo —dijo Johanna desencantada, pero Margarita **se molestó** y le hizo recordar el pacto de llevar a tierra todo lo que pescaran.

→ Si ha traducido **se molestó** a *got upset/annoyed,* tiene razón. (La estructura es reflexiva.)

5. Hemos visto **guardar** en otros capítulos y, aunque puede significar *to guard,* no ha tenido este significado en los otros cuentos y tampoco aquí. Si no recuerda su otro significado, lea el siguiente fragmento para determinar su significado en este contexto.

En un instante había desaparecido de su mente la imagen que **había guardado** durante todo el día.

→ Si ha determinado que **había guardado** quiere decir *had kept,* tiene razón.

## Grupos léxicos

**13-3 Palabras relacionadas.** Complete las siguientes frases con la palabra adecuada. Las palabras agrupadas tienen la misma raíz y por lo tanto tienen un significado relacionado. Utilice su conocimiento de la gramática para escoger la palabra correcta. No será necesario cambiar las formas de las palabras. Usará algunas palabras más de una vez. Verifique sus respuestas buscando la oración en el cuento.

(Las oraciones de cada grupo se presentan en el orden en que aparecen en el cuento.)

**juro - juramentar - júrame**

1. —Adivina qué —dijo—, mañana me prestan el bote.

   —¡ (1) _____ que es verdad! —exclamó Johanna, entusiasmada.

   —Lo (2) _____ —enfatizó solemnemente Margarita, y ambas cruzaron las manos tocándose las muñecas. Habían decidido que ésa sería su forma de (3) _____ y asegurar que las promesas se cumplieran.

**remar - remando - remo - remos**

2. —Nos vamos a demorar, porque un _____ está roto —advirtió Margarita mientras subían al pueblo.

3. Cuando Johanna llegó al muelle al día siguiente, encontró a Margarita con los _____ en ambos brazos.

4. Cuando los hombres las acompañaban querían _____, colocarles la carnada; se hacían los que sabían todo y eso, a ellas, les daba mucha cólera.

5. Continuaron _____ hasta dejar la bahía y ahí, en el mar abierto, comenzaron a apostar cuánto pescarían.

6. —Es cierto, y estoy cansada y con calor. ¿Qué tal si nos bañamos para después _____ con más fuerza? —propuso. Johanna aceptó de inmediato.

**pesca - pescador - pescadores - pescado - pescados - pescando - pescaron - pescaban - pescarían**

7. Cuando Johanna llegó al muelle al día siguiente, encontró a Margarita con los remos en ambos brazos. Los encargaron a un (1) _____ amigo y fueron a comprar carnada; luego gaseosas y chocolates, pues ése sería su almuerzo... Ya en el bote, respiraron profundamente dando inicio así a la aventura: el primer día de (2) _____ de la temporada, la primera tarde que saldrían todo el día solas.

8. Continuaron remando hasta dejar la bahía y ahí, en el mar abierto, comenzaron a apostar cuánto _____.

9. Parte del acuerdo entre ellas era dejar que todo el balneario viera lo que habían (1) _____; fuera lo que fuera. Los llevarían todos colgados del cordel como habían visto hacer a algunos (2) _____ de anzuelo y también a sus padres; aunque, claro, ellos (3) _____ corvinas y lenguados enormes porque se iban mucho más lejos con *jeeps* que cruzaban los arenales y luego en botes de motor. Además acampaban durante varios días en playas solitarias, cocinando sus propios (4) _____ o comiéndoselos crudos con un poco de limón.

**10.** Durante media hora no _____ nada: puro yuyo nomás.

**11.** Luego de darse un chapuzón, siguió _____ más entusiasmadamente que nunca sabiendo ya que era capaz de sacar más lenguados y hasta una corvina.

## Palabras con múltiples significados

En cualquier idioma, muchas palabras tienen más de un significado. Por ejemplo, **gato** puede significar *cat* o *jack* (la herramienta que se usa para cambiar una llanta). En este ejercicio, vamos a practicar con palabras que tienen más de un significado. Algunas de las que se usan aquí tienen más significados, pero sólo vamos a hablar de los significados en el cuento y otros bastante comunes.

| Palabra | Significado #1 | Significado #2 | Significado #3 |
|---------|----------------|----------------|----------------|
| balneario | *health spa* | *seaside resort* | |
| bañarse | *to bathe/take a bath* | *to go swimming* | |
| botar | *to throw away, discard* | *to bounce (a ball)* | *to launch (a boat)* |
| cólera | (masc.) *cholera* | (fem.) *anger* | |
| estrecho | (adj.) *narrow* | (adj.) *tight* (por ej., con ropa) | (sust.) *strait* (un paso de agua **estrecho** entre dos tierras) |
| estrellado | lleno de estrellas | *smashed* (de **estrellar**) | *crashed* (de **estrellar**) |
| hasta | *until* | aun (*even*) | |
| muñeca | *doll* | *wrist* | |
| padres | *parents* | *fathers* | |
| pescar | *to fish/go fishing* | *to catch* (cuando hay un complemento directo) | |
| propina | *tip* | *pocket money* (en Perú) | |

**13-4 ¿Cuál de los significados tiene aquí?** Examine los siguientes fragmentos prestando atención a las palabras en negrita. Luego identifique cuál de los significados del cuadro tiene cada palabra en los contextos dados. (Las oraciones aparecen en orden alfabético según las palabras de interés.)

1. Como todas las tardes, calentaba su cuerpo bajo el sol, la espalda tibia mientras demoraba el momento de darse el último chapuzón en el mar. Se acercaba la hora del lonche. Lo notó por las sombras que bajaban de los cerros y un ligero frío en el estómago que la hizo imaginar los panes recién salidos del horno de la única panadería del **balneario**.

2. Ambas rieron a carcajadas y fueron a **bañarse** en el mar para luego salir corriendo a pedir permiso a las mamás.

3. —…Pero acuérdate que aunque pesquemos sólo anguilas, no podemos **botar** nada.

4. Cuando los hombres las acompañaban querían remar, colocarles la carnada; se hacían los que sabían todo y eso, a ellas, les daba mucha **cólera**.

5. Pasaron por la Casa Ballena y el Torreón con mucho cuidado de no golpear el «Delfín» contra las rocas en las partes más bajas del (1) **estrecho**. Continuaron remando (2) **hasta** dejar la bahía y ahí, en el mar abierto, comenzaron a apostar cuánto pescarían.

6. Se movieron todavía unos metros más allá, alejándose siempre de las rocas. Recordaban muchas historias de ahogados cuyas embarcaciones se habían **estrellado** contra ellas, al subir sorpresivamente la marea.

7. Luego de darse un chapuzón, siguió pescando más entusiasmadamente que nunca, sabiendo ya que era capaz de sacar más lenguados y **hasta** una corvina.

8. —Lo juro —enfatizó solemnemente Margarita, y ambas cruzaron las manos tocándose las **muñecas**. Habían decidido que ésa sería su forma de juramentar y asegurar que las promesas se cumplieran.

9. Parte del acuerdo entre ellas era dejar que todo el balneario viera lo que habían pescado; fuera lo que fuera. Los llevarían todos colgados del cordel como habían visto hacer a algunos pescadores de anzuelo y también a sus **padres**.

10. Efectivamente, allí empezaron a (1) **pescar** con bastante suerte. Margarita había (2) **pescado** ya una caballa y tres tramboyos, además de montones de borrachos. (Pista: **caballa, tramboyos y borrachos** son todos tipos de peces.)

**11.** Cuando Johanna llegó al muelle al día siguiente, encontró a Margarita con los remos en ambos brazos. Los encargaron a un pescador amigo y fueron a comprar carnada; luego gaseosas y chocolates, pues ése sería su almuerzo. Gastaron toda su **propina**, pero sintieron que almorzarían mejor que nunca.

## Antónimos y sinónimos

**13-5 Antónimos.** Empareje las palabras de la columna A con su antónimo de la columna B. Luego escriba una frase para cada pareja de antónimos. (Las palabras aparecen en el cuento, aunque algunas con un cambio de forma.)

| A | B |
|---|---|
| ___ 1. acercarse | a. aburrido |
| ___ 2. cocinado | b. alejarse |
| ___ 3. encontrar | c. bajar |
| ___ 4. enorme | d. cerca |
| ___ 5. entusiasmado | e. chico |
| ___ 6. inicio | f. crudo |
| ___ 7. lejos | g. fin |
| ___ 8. subir | h. perder |

**13-6 Sinónimos.** Empareje las palabras de la columna A con su sinónimo de la columna B. Luego escriba una frase para una palabra de cada pareja. (Las palabras aparecen en el cuento, aunque algunas con un cambio de forma.)

| A | B |
|---|---|
| ___ 1. acordarse | a. blando |
| ___ 2. acuerdo | b. de pronto |
| ___ 3. cólera | c. enorme |
| ___ 4. continuar | d. estómago |
| ___ 5. de inmediato | e. extraño |
| ___ 6. grande | f. jurar |
| ___ 7. prometer | g. pacto |
| ___ 8. raro | h. rabia |
| ___ 9. responder | i. recordar |
| ___ 10. suave | j. replicar |
| ___ 11. vientre | k. seguir |

# A LEER

## Estrategia de lectura: Anticipar vocabulario según el contexto del cuento (el escenario donde tiene lugar)

Al leer este cuento, se dará cuenta que la acción tiene lugar en la playa y en el mar y que las chicas que son las protagonistas van de pesca. Sabiendo esto, podemos anticipar los tipos de palabras que se van a usar y nos será más fácil entender el cuento. En los ejercicios siguientes vamos a practicar esta estrategia.

**13-7 ¿Qué cosas y actividades se asocian con la playa, el mar y la pesca?** Siga los siguientes pasos para ayudarlo/la a anticipar muchas de las palabras que se encuentran en el cuento.

1. En parejas, hagan una lista de todas la palabras que conozcan relacionadas con **la playa, el mar** y **la pesca.** Incluyan palabras para objetos y acciones.

2. Después de agotar su conocimiento léxico español de estos temas, hagan una lista de palabras inglesas (palabras que no saben en español).

3. Luego con su compañero/a túrnense y definan las palabras inglesas en español.

   ### Ejemplo

   La palabra *tide* significa la variación regular y cíclica del nivel del mar o del océano.

4. Escriba un breve párrafo utilizando por lo menos cinco de las palabras españolas.

**13-8 «Pescado de buen comer, del mar ha de ser».**[1] Las palabras **anguila, borracho, caballa, corvina, lenguado** y **tramboyo** son tipos de peces que se mencionan en el cuento. Para entender la trama del cuento, no es necesario saber su equivalente en inglés. Lo que sí importa es entender cuáles de estos peces tienen gran valor. Para determinar esto, vamos a examinar los contextos donde se usan estos términos.

1. ¿El hecho que **lenguado** se menciona en el título le sugiere que es un pez muy o poco valorado?

2. Lea el siguiente fragmento examinando con cuidado lo que se dice sobre los lenguados. ¿Esto confirma o niega su conjetura sobre los lenguados en la pregunta número uno? Explique.

   Parte del acuerdo entre ellas era dejar que todo el balneario viera lo que habían pescado; fuera lo que fuera. Los llevarían todos colgados

---

[1]Refrán que quiere decir *"A good fish must come from the sea."*

del cordel como habían visto hacer a algunos pescadores de anzuelo y también a sus padres; aunque, claro, ellos pescaban corvinas y **lenguados** enormes porque se iban mucho más lejos con *jeeps* que cruzaban los arenales y luego en botes de motor.

3. Según el fragmento anterior, ¿cree usted que las corvinas son muy o poco valoradas? Explique.

4. Ahora lea los siguientes fragmentos para determinar si las palabras en negrita representan peces muy o poco valorados. Explique su conclusión en cada caso.

   **1.** Pero acuérdate que aunque pesquemos sólo **anguilas**, no podemos botar° nada.

   **2.** Margarita había pescado ya una caballa y tres tramboyos, además de montones de **borrachos**. Johanna tenía cuatro tramboyos; los **borrachos** no quería ni contarlos.

   **3.** …miraba … a Margarita exhibiendo orgullosa su **caballa**.

echar (aquí: devolver al mar)

## 🔍 En más detalle

El lenguado (*sole*) es un pez con un cuerpo oblongo, casi plano, que parece una lengua, y de ahí, el término **lenguado**. De manera parecida, el término *sole* en inglés sugiere la forma del pez, *sole* siendo la parte plana, inferior del pie o de un zapato. *Solea vulgaris* es su nombre en latín (*solea* significa *sandal* en latín, del cual viene el término en inglés). Otro término para **lenguado** en español es **suela** que, como su cognado inglés, se derivó de la palabra latina *solea*.

**13-9** «**Quien peces quiere el rabo se moja**»[2] ¡Vamos a "pescar" definiciones! Empareje las palabras de la lista con su definición. Si no puede determinar algunas de las definiciones, busque las palabras en el glosario o en un diccionario. ¡Ojo! Muchas de las palabras tienen múltiples significados pero las definiciones dadas aquí son las que se usan en «El lenguado».

| | | | | | | |
|---|---|---|---|---|---|---|
| ancla | bahía | bucear | embarcación | marea | pescado | playa |
| arena | balneario | carnada | estrecho (sust.) | muelle | pescador | remar |
| arenal | bañarse | chapuzón | lancha | nadar | pescar | remo |
| anzuelo | bote | cordel | mar | pez | picar | zambullirse |

---

[2]Refrán que quiere decir "*He who wants fish must get his tail wet.*"

1. sinónimo de **océano**
2. área arenosa en las orillas del agua
3. variación regular y cíclica del nivel del mar
4. sinónimo de **bote**
5. un pez sacado del agua que sirve de alimento
6. morder el pez la carnada en el anzuelo
7. paso angosto de agua entre dos tierras
8. sinónimo de **zambullida** (el acto de tirarse al agua)
9. avanzar/desplazarse sobre o en el agua moviendo los brazos y las piernas
10. sumergirse bruscamente debajo del agua
11. nadar bajo el agua
12. persona que captura y extrae peces usando una caña o red
13. bote grande de vela y remo/vapor/motor
14. impulsar un bote con remos
15. instrumento de madera que sirve para impulsar un bote
16. instrumento de hierro —pendiente de una cadena— que sirve para asegurar un bote
17. partículas finas que provienen de la desagregación de rocas cristalinas
18. terreno arenoso
19. sinónimo de **nadar**
20. centro turístico en la costa
21. barco pequeño sin cubierta que se rema
22. entrada del mar en la costa, cuerpo de agua como un golfo pero más pequeño
23. gancho de punta aguda que se usa para pesca
24. sinónimo de **cebo** (comida que se pone en un anzuelo para pescar peces)
25. animal vertebrado acuático cubierto de escamas
26. cuerda fina
27. capturar y extraer peces usando una caña o red
28. construcción junto al mar, lago o río donde se amarran las embarcaciones

 ## En más detalle

Tanto **pez** como **pescado** se traducen a *fish* en inglés. Generalmente se usa **pescado** para referirse al **pez** ya afuera del agua para ser consumido.

Utilice esta estrategia de tomar en cuenta el contexto o el escenario para anticipar los tipos de palabras que encontrará mientras lee. Si hace esto, le será más fácil entender lo que lee.

## Mariella Sala

Mariella Sala nació en Lima, Perú en 1952. Estudió periodismo en la Universidad Católica del Perú. Es periodista, editora, cuentista y activista para varias causas. Fundó la RELAT (Red de Escritoras Latinoamericanas). Sus cuentos —publicados en español y traducidos al inglés, francés y alemán— han sido publicados en numerosos libros y antologías. Publicó su primer libro de cuentos —*Desde el exilio*— en 1984 y, luego en 1988, lo publicó en una edición ampliada —con el título *Desde el exilio y otros cuentos*. «El lenguado» forma parte de esta colección. Como se verá en este cuento, Sala utiliza un lenguaje simple y directo para tratar temas emocionales e íntimos.

# El lenguado

## *Mariella Sala*

Como todas las tardes, calentaba su cuerpo bajo el sol, la espalda tibia mientras demoraba° el momento de darse el último chapuzón° en el mar. Se acercaba la hora del lonche. Lo notó por las sombras que bajaban de los cerros° y un ligero frío en el estómago que la hizo imaginar los panes recién
5 salidos del horno de la única panadería del balneario. Jugó un rato más con la arena, mirando cómo los granitos se escurrían° entre los dedos y caían blandamente. Era el tiempo evocado en el cuaderno de sexto grado. Escuchó entonces la voz de Margarita al otro lado de la playa. Venía corriendo como un potro° desbocado.
10     —Adivina qué —dijo—, mañana me prestan° el bote.
    —¡Júrame° que es verdad! —exclamó Johanna, entusiasmada.
    —Lo juro —enfatizó solemnemente Margarita, y ambas cruzaron las manos tocándose las muñecas. Habían decidido que ésa sería su forma de juramentar° y asegurar que las promesas se cumplieran.
15     Ambas rieron a carcajadas y fueron a bañarse en el mar para luego salir corriendo a pedir permiso a las mamás. Toda la semana habían estado planeando el día de pesca y al fin les prestaban el «Delfín».
    —Nos vamos a demorar, porque un remo está roto —advirtió Margarita mientras subían al pueblo.

*prolongaba/inmersión*

*hills*

*slipped*

*colt*
*lend*
*Prométeme, Asegúrame*

*swear*

20    —No importa —replicó rápidamente ella. Estaba tan contenta que ese detalle no tenía ninguna importancia. Más bien le propuso: Mañana nos levantamos tempranito y compramos cosas para comer.

    —De acuerdo —dijo Margarita, y se despidieron hasta la noche.

    Cuando Johanna llegó al muelle al día siguiente, encontró a Margarita
25  con los remos en ambos brazos. Los encargaron a un pescador amigo y fueron a comprar carnada; luego gaseosas y chocolates, pues ése sería su almuerzo. Gastaron toda su propina, pero sintieron que almorzarían mejor que nunca. Ya en el bote, respiraron profundamente dando inicio así a la aventura: el primer día de pesca de la temporada, la primera tarde que sal-
30  drían todo el día solas. El mar estaba brillante como todas las mañanas. Las gaviotas° sobrevolaban el «Delfín».                                    *seagulls*

    —Esta vez no les damos nada, Marga —dijo Johanna mirando las gaviotas. Vamos a estar todo el día de pesca, y quién sabe si nos faltará. Se percibía una loca alegría en la entonación de su voz, y es que se sentía ¡tan
35  importante!

    —Pero si hay un montón de carnada; nunca hemos tenido tanta —respondió Marga, eufórica.

    —Mujer precavida vale por dos[3] —respondió con seriedad Johanna. Su madre siempre le decía esa frase y de pronto se sintió adulta.

40    Margarita se echó a reír y Johanna se contagió. Marga era su mejor amiga y no había nada que le gustara más que estar con ella. Además, eran las únicas chicas de doce años que todavía no querían tener enamorado, porque con ellos no podían hacer nada de lo que en verdad las divertía; por ejemplo, ir a pescar en bote. Cuando los hombres las acompañaban querían remar,
45  colocarles la carnada; se hacían los que sabían todo y eso, a ellas, les daba mucha cólera.

    Pasaron por la Casa Ballena y el Torreón con mucho cuidado de no golpear el «Delfín» contra las rocas en las partes más bajas del estrecho. Continuaron remando hasta dejar la bahía y ahí, en el mar abierto, comenzaron a
50  apostar° cuánto pescarían.                                           *to bet*

    —Cuatro caballas, seis tramboyos y... veinte borrachos —adivinó divertida Johanna.

    —Puro borracho, nomás —rió Margarita. Pero acuérdate que aunque pesquemos sólo anguilas, no podemos botar° nada.              *devolver al mar*
55    Parte del acuerdo entre ellas era dejar que todo el balneario viera lo que habían pescado; fuera lo que fuera. Los llevarían todos colgados° del cordel°    *hanging/line* como habían visto hacer a algunos pescadores de anzuelo y también a sus padres; aunque, claro, ellos pescaban corvinas y lenguados enormes porque se iban mucho más lejos con *jeeps* que cruzaban los arenales y luego en botes

---

[3]Variación del refrán «Hombre precavido vale por dos», que se usa para indicar el valor de la preparación y de la anticipación de posibles problemas para estar preparado para evitarlos o tratar con ellos. Es parecido a *"Forewarned is forearmed"* en inglés.

60 de motor. Además acampaban durante varios días en playas solitarias, cocinando sus propios pescados o comiéndoselos crudos con un poco de limón.

—Yo voy a pescar un lenguado —sentenció Margarita. Te lo prometo.

—Para eso tendríamos que irnos más allá de Lobo Varado° —contestó
Johanna. Mira, si acabamos de salir de la bahía.

*un pueblo en la costa al sur de Lima*

65 —Es cierto, y estoy cansada y con calor. ¿Qué tal si nos bañamos para
después remar con más fuerza? —propuso. Johanna aceptó de inmediato.

Nadaron y bucearon un buen rato hasta que se percataron° de que el
bote se había alejado. Tuvieron que nadar rápidamente para lograr subirse a
él. Como el bote era grande y pesado, avanzaba lentamente. Diez metros más

*se dieron cuenta*

70 allá, decidieron anclarlo° para tentar suerte.° Durante media hora no pescaron nada: puro yuyo° nomás. De pronto, Margarita gritó: «¡Es enorme, es
enorme!». Tiraba° del cordel con tanta fuerza que el bote parecía a punto de
voltearse.° Al fin salió. Era un borrachito pequeño que se movía con las jus-
tas,° pues había sido pescado por el vientre.°

*anchor it/try their luck/seaweed*
*pulled*
*turn over*
*just barely/abdomen*

75 —Bótalo —dijo Johanna desencantada, pero Margarita se molestó y le
hizo recordar el pacto de llevar a tierra todo lo que pescaran.

Se movieron todavía unos metros más allá, alejándose siempre de las
rocas. Recordaban muchas historias de ahogados° cuyas embarcaciones se
habían estrellado contra ellas, al subir sorpresivamente° la marea. Luego de

*drowning victims*
*de repente*

80 comer los chocolates y tomar un poco de agua gaseosa, intentaron nuevamente la pesca en un lugar que parecía más adecuado por el silencio que
había, distante de las lanchas de motor que ahuyentaban° a los peces.

*scared away*

Efectivamente, allí empezaron a pescar con bastante suerte. Margarita
había pescado ya una caballa y tres tramboyos, además de montones de

85 borrachos. Johanna tenía cuatro tramboyos; los borrachos no quería ni contarlos. Era la mejor hora del sol, y les provocó bañarse nuevamente; pero
cuando Margarita se zambulló en el mar, Johanna —no supo por qué— echó
su anzuelo una vez más. Casi inmediatamente sintió un leve tirón,° justo en el
momento en que Margarita la llamaba para que se uniera a ella. Levantó el

*pull, tug*

90 anzuelo pensando que era un yuyo, porque no se movía mucho, y de pronto
vio saliendo del mar, un lenguado chico. Lo subió cuidadosamente. Se le cortaba la respiración.° Sólo cuando lo tuvo bien seguro dentro del bote, pudo
gritar.

*She could hardly breathe*

—¡Un lenguado, Marga! ¡He pescado un lenguado!

95 Ella subió con un gran salto y quiso agarrarlo,° pero Johanna no se lo
permitió. Estaba muy nerviosa tratando de sacarle el anzuelo sin hacerle
daño. Cuando lo liberó, lo miró con orgullo. Sentía que iba a estallar° de alegría; pocas veces en su vida se había sentido tan feliz. Luego de darse un chapuzón, siguió pescando más entusiasmadamente que nunca, sabiendo ya que

*grab it*
*explode, burst*

100 era capaz de sacar más lenguados y hasta una corvina. Margarita, por su
parte, se había quedado° callada, como resentida.

*se puso*

Atardecía cuando Margarita se empezó a aburrir. Tomaba gaseosa y la
escupía al mar imaginándose que los peces subirían a tomarla.

—Mira, mira —decía. Se distingue el color anaranjado. ¿Tú no crees

105 que los pescados sientan un olor diferente y suban a ver qué es?

110 —Los pescados no tienen olfato —respondió Johanna.

No sabía si era por la emoción del lenguado, pero ella no se cansaba de pescar, aunque sólo picaban borrachitos. Margarita se puso a contar los pescados. Ella tenía catorce y Johanna sólo doce, pero claro, ella tenía su lenguado. Marga se acercó para mirarlo.

115 —Es lindo —dijo—, pero está lleno de baba.° Voy a lavarlo.                    *slime*

—¡No! —replicó Johanna. Se te va a caer.

—Pero míralo, está horrible —contestó ella de inmediato.

—Cuando terminemos de pescar los amarramos° todos, y sólo enton-          *(will) tie* ces los lavamos —sentenció Johanna, porque sabía que la baba podía hacer

120 que el lenguado se le deslizara° de las manos.                              *slip*

Minutos después, sin embargo, Margarita se puso a lavarlo. Johanna entonces vio su rostro diferente, como si se hubiera transformado en otra persona. Una chispa° extraña centelleaba en sus ojos y no se atrevió° a decirle    *spark/didn't dare* nada. De pronto Marga dijo, con una voz suave y ronca,° extraña: se me res-   *hoarse*

125 baló.° Johanna no podía creerlo. Sentía una sensación rara, desconocida      *it slipped out of my* hasta entonces. Algo como un derrumbamiento.° Estaba a punto de llorar. En    *hands/collapse* un instante había desaparecido de su mente la imagen que había guardado durante todo el día. Se había visto ya bajando del muelle con el lenguado, los rostros de sorpresa de todos los chicos del grupo, recibiendo las felicitaciones°   *congratulations*

130 de los pescadores viejos, sintiéndose más cerca de ellos.

Por más que Margarita la consoló y prometió que pescaría otro igual para dárselo, no podía sacarse de encima esa horrible sensación. Sentía además que odiaba a su amiga. A pesar de ello, siguieron pescando en silencio hasta que se hizo de noche. En la playa las esperaban asustados, pensando

135 que les había ocurrido algo malo, preparando el rescate° con las anclas de los   *rescue* botes levantadas. Antes de bajar, Margarita quiso regalarle la caballa a Johanna, pero ella se negó con rabia. Sabía que no aceptarla significaba dejar de ser tan amigas como habían sido hasta entonces, pero ya nada le importaba. Cuando desembarcaron, Johanna quedó en silencio sin mostrar

140 nada de lo que había pescado, mientras miraba de reojo° a Margarita exhi-      *out of the corner* biendo orgullosa su caballa. En ese instante Johanna comprendió que la       *of her eye* dolorosa sensación que la embargaba,° no era sólo por haber perdido un       *overwhelmed* lenguado.

# DESPUÉS DE LEER

## PREGUNTAS

### En general

1. ¿Quiénes son los personajes principales?
2. Describa el lugar donde vivían Johanna y Margarita.
3. ¿Qué evidencia hay en el cuento que las chicas eran buenas amigas?

## En detalle

1. ¿Qué hacía Johanna al principio del cuento?

2. ¿Qué tenían que hacer las chicas para prepararse para su aventura? ¿Qué compraron para su almuerzo?

3. ¿Qué hicieron las chicas para marcar el principio de su aventura? ¿Qué iban a hacer?

4. ¿Cuántos años tenían Johanna y Margarita? ¿Por qué no querían tener enamorados?

5. ¿Por qué no querían que los hombres las acompañaran cuando fueran a pescar?

6. ¿Cómo propulsaron el bote? ¿Adónde fueron a pescar?

7. ¿Cuál fue su acuerdo en cuanto a los peces que pescarían?

8. ¿Por qué sus padres y los otros pescadores podían pescar lenguados y corvinas y ellas probablemente no?

9. Además de pescar, ¿qué más hicieron durante la aventura?

10. ¿Qué peligros podrían confrontar durante su aventura si no tomaban precauciones?

11. ¿Qué tipos de peces pescaron al principio? ¿Eran de mucho valor?

12. ¿Qué hacía Margarita cuando Johanna pescó el lenguado?

13. ¿Cómo reaccionó Johanna cuando vio que había pescado un lenguado? ¿Por qué reaccionó así? ¿Cómo reaccionó Margarita cuando supo que Johanna había pescado el lenguado? ¿Por qué reaccionó así?

14. Después de que Johanna pescó el lenguado, ¿cómo diferían las actitudes de las dos chicas hacia continuar pescando? ¿Por qué?

15. Según Margarita, ¿por qué hacía falta lavar el lenguado? ¿Por qué Johanna no quería que lo lavara?

16. ¿Qué pasó cuando Margarita lavaba el lenguado? ¿Cómo reaccionó Johanna?

17. ¿Qué esperanza había tenido Johanna que desapareció con la pérdida del lenguado?

18. ¿Qué hicieron las chicas cuando volvieron a la playa?

19. ¿Por qué estaban preocupados los que las esperaban en la playa?

## Discusión e interpretación

1. ¿Por qué era tan importante este día para las chicas?

2. ¿Qué emociones sintieron las chicas durante el transcurso de la aventura? ¿A usted le habría gustado participar en este tipo de aventura cuando era niño/a? ¿Por qué sí o no?

3. Las palabras de Margarita —«se me resbaló»— sugerían que se le había caído el lenguado por accidente. ¿Cree que fue un accidente? Explique, usando evidencia del cuento.

4. ¿Por qué Johanna reaccionó tan fuertemente a la pérdida de su lenguado?

5. Explique la última frase del cuento: «En ese instante Johanna comprendió que la dolorosa sensación que la abarcaba, no era sólo por haber perdido el lenguado.»

6. ¿Qué cree que pasará con la amistad entre las dos chicas? ¿Van a poder reconciliarse y ser tan amigas como antes?

7. ¿Ha sido usted decepcionado/a por un/a amigo/a o un miembro de su familia? ¿Qué pasó? ¿Cómo están sus relaciones ahora?

# LAZOS GRAMATICALES

## La estructura «se le» para acciones accidentales

La llamada «estructura para acciones accidentales» es realmente una estructura pasiva con **se** + un complemento indirecto. Dos ejemplos son: «Se le olvidó la tarea» y «Se me perdieron las llaves». Esta estructura puede usarse para acciones accidentales y para indicar que la persona involucrada no es responsable por la acción. Decir «Rompí el vaso» puede indicar que lo hice a propósito mientras que en «Se me rompió el vaso», el «**yo**» ya no es el actor principal en esta acción (ni es el responsable por ella). En esta estructura, la persona tiene un papel mínimo, siendo esencialmente un «receptor» de la acción, como muestra el uso del complemento indirecto. (En inglés los equivalentes serían *I broke the glass* versus *The glass broke.*) Una persona utiliza esta estructura cuando quiere sugerir que no fue responsable por una acción, ya sea verdad o no.

Muchas veces, tanto en inglés, como en español, para minimizar el papel del actor se requiere un cambio léxico además de un cambio estructural. Por ejemplo, «Dejé caer el vaso» (*I dropped the glass*; lit. *I let the glass fall*) puede implicar que lo hice deliberadamente mientras que «Se me cayó el vaso» (*The glass fell*) o «Se me resbaló el vaso» (*The glass slipped [out of my hands]*) implica que la caída del vaso ocurrió accidentalmente, que yo no tengo la culpa.

Esta estructura es común en español y no siempre se usa para indicar acciones accidentales o para quitarle la responsabilidad a la persona involucrada. Por ejemplo, en este cuento la frase «Se le cortaba la respiración» tiene la misma estructura pero no presenta una acción accidental ni le quita la responsabilidad a nadie. Sin embargo, su uso para acciones accidentales o para quitar la responsabilidad en este cuento es muy interesante y digno de examinación. Se ha usado tres veces, cada vez después de que Johanna pescó el lenguado. Vamos a examinar estos tres casos en el ejercicio siguiente.

**13-10 ¿Acciones accidentales o deliberadas? ¿Quién tiene la culpa?** Lea el siguiente fragmento del cuento prestando atención a las frases en negrita. Luego conteste las preguntas que siguen.

> Margarita se puso a contar los pescados. Ella tenía catorce y Johanna sólo doce, pero claro, ella tenía su lenguado. Marga se acercó para mirarlo.
>
> Es lindo —dijo—, pero está lleno de baba. Voy a lavarlo.
>
> —¡No! —replicó Johanna. (1) **Se te va a caer**.
>
> —Pero míralo, está horrible —contestó ella de inmediato.
>
> —Cuando terminemos de pescar los amarramos todos, y sólo entonces los lavamos —sentenció Johanna, porque sabía que la baba podía hacer que (2) **el lenguado se le deslizara de las manos**.
>
> Minutos después, sin embargo, Margarita se puso a lavarlo. Johanna entonces vio su rostro diferente, como si se hubiera transformado en otra persona. Una chispa extraña centelleaba en sus ojos y no se atrevió a decirle nada. De pronto Marga dijo, con una voz suave y ronca, extraña: (3) **se me resbaló**.

1. Cuando Johanna dice que no quiere que Margarita lave el lenguado porque «se te va a caer», ¿qué implica esta estructura sobre su actitud sobre la amiga? ¿En este momento creía Johanna que su amiga dejaría caer deliberadamente el lenguado o sólo se preocupaba que se le pudiera caer accidentalmente?

2. Después, ya era obvio que Johanna estaba bastante preocupada que se le perdiera el lenguado. Esta vez la voz de la narradora presenta su perspectiva con la expresión **se le deslizara de las manos**. ¿Qué implica esta estructura en cuanto a la actitud de Johanna sobre la culpabilidad de su amiga si la hubiera dejado lavar el lenguado y si lo hubiera perdido mientras lo lavara? ¿Creía en este momento que su amiga dejaría caer deliberadamente el lenguado?

3. En contra de las protestas de Johanna, Margarita agarró el lenguado y empezó a lavarlo. Mientras lo lavaba, exclamó: «Se me resbaló».

    a. ¿Por qué cree usted que usó esta estructura en vez de «Lo dejé caer» o «Lo solté»°?  *let go*

    b. En su opinión, ¿cuál de las estructuras habría sido más verídica°  *truthful* —la que usó o una de las que se presentaron en número 3a? Explique, usando evidencia del cuento.

    c. ¿Le parece que Johanna creía que había sido un accidente? Explique.

## Ser versus estar + adjetivos

 Los verbos copulativos **ser** y **estar** se usan con los adjetivos pero comunican distintos tipos de información. En el siguiente ejercicio vamos a examinar usos interesantes de **ser/estar** con los adjetivos en «El lenguado». Si le es difícil contestar las preguntas, relea la sección número tres del *Manual de gramática* (pp. 298–306).

**13-11 ¿Qué información se comunica aquí?** Conteste las siguientes preguntas tomando en cuenta lo que **ser** y **estar** comunican cuando se usan con los adjetivos.

1. En el siguiente fragmento, Margarita describe el lenguado de Johanna usando adjetivos completamente opuestos —primero diciendo que «es lindo» y después diciendo que «está horrible». Lea el fragmento prestando atención a estas descripciones.

   > Margarita se puso a contar los pescados. Ella tenía catorce y Johanna sólo doce, pero claro, ella tenía su lenguado. Marga se acercó para mirarlo.
   >
   > —**Es lindo** —dijo—, pero está lleno de baba. Voy a lavarlo.
   >
   > —¡No! —replicó Johanna. Se te va a caer.
   >
   > —Pero míralo, **está horrible** —contestó ella de inmediato.

   a. ¿Por qué describe el lenguado usando dos adjetivos con significados opuestos?

   b. ¿Qué tiene que ver el uso de **ser** con uno de los adjetivos y el uso de **estar** con el otro?

   c. Comente los motivos de Margarita cuando dice que el lenguado **está horrible**.

2. El fragmento a continuación se enfoca en el momento justo después de que Johanna pescó su lenguado. Léalo prestando atención a las frases en negrita. Luego conteste las preguntas.

   > Ella subió con un gran salto y quiso agarrarlo, pero Johanna no se lo permitió. (1) **Estaba muy nerviosa** tratando de sacarle el anzuelo sin hacerle daño. Cuando lo liberó, lo miró con orgullo. Sentía que iba a estallar de alegría; pocas veces en su vida (2) se había **sentido tan feliz**. Luego de darse un chapuzón, siguió pescando más entusiasmadamente que nunca, sabiendo ya que (3) **era capaz** de sacar más lenguados y hasta una corvina. Margarita, por su parte, se había (4) **quedado callada, como resentida**.

   a. ¿Por qué se usó **estar** con el adjetivo **nerviosa** para describir a Johanna en la frase número uno pero **ser** con **capaz** para describirla en la número tres? ¿Cuál es la diferencia de significado que el uso de **estar** y el uso de **ser** comunican (aparte de las diferencias de significado de los adjetivos mismos)?

b. En las frases número dos y cuatro, se han usado otros dos verbos con los adjetivos. Examine estos dos ejemplos y determine si los verbos funcionan como **estar** o como **ser** cuando se usan con los adjetivos. (Pista: Para ayudarlo/a a determinar esto, sustituya **ser** y **estar** por los verbos originales. ¿Cuál de los verbos —**ser** o **estar**— comunica la misma información que el verbo original?) Explique su respuesta mencionando los usos de **ser/estar** con los adjetivos.

☛ Relea el cuento aplicando lo que ha aprendido y practicado en los ejercicios de la sección «**Lazos gramaticales**». Si lo hace, va a entender mejor el cuento y a fortalecer su comprensión de la gramática.

# A ESCRIBIR

## Estrategias de composición

Esta sección incluye una serie de pasos para ayudarlo/la a: (1) formular y desarrollar sus ideas y (2) organizar su composición para que sea cohesiva y coherente. También incluye instrucciones para buscar y corregir errores de gramática y de vocabulario. Estas sugerencias acompañan el primer tema porque son específicas para ese tema, pero son útiles para todos los temas. Si opta por otro tema, lea las sugerencias incluidas para el Tema uno y adáptelas para el tema que elija.

## Tema uno

Johanna fue decepcionada° por lo que su mejor amiga Margarita le hizo. ¿Ha sido usted decepcionado/a por un/a amigo/a o un miembro de su familia? Escriba un ensayo en que narre el evento cuando esta persona lo/la decepcionó. Trate de imitar el estilo de Sala.

    Al completar cada uno de los siguientes pasos, marque (✓) la casilla a la izquierda.

*disappointed, let down*

❏ a. Trate de recordar —o revivir— el episodio.

❏ b. Apunte los elementos principales del suceso cuando su amigo/a o familiar lo/la engañó. Organícelos en el orden en que ocurrieron.

❏ c. Incluya una indicación de la relación especial que ustedes tenían. Sería mejor mostrar esto claramente por medio de un diálogo o una descripción de un evento.

❏ d. Describa la escena: ¿Dónde y cuándo ocurrió? ¿Qué tiempo hacía? Trate de evocar las emociones que sentía ese día.

❏   e.  ¿Cómo se sintió cuando la decepción ocurrió? Incluya sus emociones en su composición.

❏   f.  Reescriba su introducción y escriba una conclusión.

❏   g.  Cuando haya escrito su borrador, revíselo, asegurándose que todo siga un orden lógico y que sus ideas fluyan bien. Utilizando su lista y los elementos anteriores, asegúrese que haya incluido todos los elementos importantes. Haga las correcciones necesarias.

❏   h.  Dele un título interesante a su ensayo.

❏   i.  Antes de entregar su ensayo, revíselo asegurándose que:

> ❏ haya usado vocabulario correcto y variado
>
> ❏ no haya usado **ser, estar** y **haber** demasiado (es preferible usar verbos más expresivos)
>
> ❏ haya concordancia entre todos los adjetivos y artículos y los sustantivos a que se refieren
>
> ❏ haya concordancia entre los verbos y sus sujetos
>
> ❏ **ser** y **estar** se usen correctamente
>
> ❏ el subjuntivo se use cuando sea apropiado
>
> ❏ el pretérito y el imperfecto se hayan usado correctamente
>
> ❏ no haya errores de ortografía ni de acentuación

## Otros temas de composición

2.  Escriba una composición sobre una experiencia memorable de su niñez o juventud. Escríbala pensando en el/la lector/a de su composición para que pueda experimentar las emociones que usted experimentó.

3.  Cuando era niño/a, ¿le gustaba jugar con los niños del sexo opuesto? Escriba un ensayo en que explique por qué le gustaba (o no le gustaba) jugar con ellos/ellas. Incluya al menos un ejemplo que apoye su opinión.

# 14

# No oyes ladrar los perros

Juan Rulfo (1917–1986)

# ANTES DE LEER

**14-1 Reflexiones.** Considere las siguientes preguntas antes de leer el cuento.

1. Imagínese cómo sería cargar a alguien en los hombros/la espalda y caminar con él/ella durante una distancia larga. ¿Cómo se sentiría al llevarlo/la? ¿Qué partes del cuerpo le dolerían?

2. ¿Por qué sería necesario que un hombre llevara a otro en los hombros/ la espalda? ¿Tendría dificultad en cargarlo una gran distancia? Si el hombre cargado está en posición sentada en los hombros del otro hombre, ¿cuál de los cinco sentidos perdería el que lo lleva? ¿Por qué?

3. Lea las líneas 1–26. ¿Adónde van estos dos hombres? ¿Puede determinar su relación? ¿En qué parte del día tiene lugar el cuento? ¿Por qué los dos hombres proyectan sólo una sombra?

## Enfoques léxicos

### Cognados falsos

 **14-2 Examinación de cognados falsos en «No oyes ladrar los perros».** Este cuento contiene varios cognados falsos, algunos se incluyen en los ejercicios a continuación. (Para más detalle sobre los cognados falsos, lea la sección número uno del *Manual de gramática* [pp. 285–290].)

1. Sabe que **largo** no significa *large*. ¿Recuerda lo que significa? Lea el fragmento del cuento a continuación para confirmar su recuerdo.

   La sombra **larga** y negra de los hombres siguió moviéndose de arriba abajo…

→ Si ha recordado que **larga** quiere decir *long*, tiene razón.

2. La palabra **rato** no quiere decir *rat*, lo cual —cuando se refiere al animal— se expresa con **rata**. Lea el siguiente fragmento y determine su significado.

   —Quiero acostarme un **rato**.

→ Si ha determinado que **rato** quiere decir un breve período de tiempo, tiene razón.

3. Aunque **colorado** puede traducirse a *colored*, casi siempre significa **rojo**, como en el fragmento que se presenta a continuación.

   Allí estaba la luna. Enfrente de ellos. Una luna grande y **colorada** que les llenaba de luz los ojos y que estiraba y oscurecía más su sombra sobre la tierra.

## Grupos léxicos

**14-3 Palabras relacionadas: definiciones.** Defina las siguientes palabras utilizando la palabra relacionada entre paréntesis en su definición.

Subraye las palabras relacionadas. Puede cambiar las formas de las palabras. Recuerde que las palabras relacionadas comparten una raíz. Si no conoce la palabra que tiene que definir, búsquela en el glosario o en un diccionario. Siga el modelo. (¡Ojo! No es buena idea usar una palabra relacionada como parte de la definición, pero en esta actividad, el objetivo es enfatizar las relaciones entre las palabras.)

**Modelo**

| Palabra | Definición |
|---|---|
| cargar (carga) | **Cargar** significa llevar una **carga** de un lugar a otro. |

1.  sacudidas (sacudir)
2.  temblor (temblar)
3.  herida (herir)
4.  rabioso (rabia)
5.  maldad (malo)
6.  sudor (sudar)
7.  sostén (sostener)

## Palabras con múltiples significados

En cualquier idioma, muchas palabras tienen más de un significado. Por ejemplo, **tratar** puede significar *to treat* o *to try*. En este ejercicio, vamos a practicar con palabras que tienen más de un significado. Algunas de las que se usan aquí tienen muchos significados, pero sólo vamos a hablar de los significados en el cuento y otros bastante comunes.

| Palabra | Significado #1 | Significado #2 | Significado #3 |
|---|---|---|---|
| deber | *to owe* | (deber + infin.) *to have to/ought to/should/must* (expresando obligación) | *must* (o *must have* —en el pasado) (expresando suposición o conjetura) |
| dejar | *to leave* | (dejar + infin. [o **que**]) permitir | (dejar de + infin.) *to stop (doing something)* |
| monte | montaña | *scrubland/brushland* | *woodland, woods, forest* |
| pueblo | *town, village* | *people* | |
| puro (adj.) | *pure* | *simple/mere/sheer* | sólo/solamente |
| rabia | *rabies* | *anger* | |
| rabioso | *rabid* | *angry* | |

**14-4 ¿Cuál de los significados tiene aquí?** Examine los siguientes fragmentos prestando atención a las palabras en negrita. Luego identifique cuál de los significados del cuadro tiene cada palabra en los contextos dados. (Las oraciones aparecen en orden alfabético según las palabras de interés.)

1. —Ya (1) **debemos** estar llegando a ese (2) **pueblo**, Ignacio. Tú que llevas las orejas de fuera, fíjate a ver si no oyes ladrar los perros. Acuérdate que nos dijeron que Tonaya estaba detrasito del (3) **monte**. Y desde qué horas que hemos (4) **dejado** el (5) **monte**.

2. Te he traído cargando desde hace horas y no te **dejaré** tirado aquí para que acaben contigo quienes sean.

3. Sintió que el hombre aquel que llevaba sobre sus hombros **dejó** de apretar las rodillas y comenzó a soltar los pies, balanceándolos de un lado para otro.

4. Comenzando porque a usted no le (1) **debo** más que (2) **puras** dificultades, **puras** mortificaciones, **puras** vergüenzas.

5. Y eras muy (1) **rabioso**. Nunca pensé que con el tiempo se te fuera a subir aquella (2) **rabia** a la cabeza...Pero así fue. Tu madre, que descanse en paz, quería que te criaras fuerte. Creía que cuando tú crecieras irías a ser su sostén.

## En más detalle

La expresión **malos pasos** aparece en el cuento. Literalmente quiere decir *bad steps*, pero probablemente en inglés se diría algo como *bad ways*.

## Antónimos y sinónimos

**14-5 Antónimos.** Empareje las palabras de la columna A con su antónimo de la columna B. Luego escriba una frase para cada pareja de antónimos. (Las palabras aparecen en el cuento, aunque algunas con un cambio de forma.)

| A | B |
|---|---|
| ___ 1. abajo | a. acá |
| ___ 2. allá | b. arriba |
| ___ 3. bajar | c. cerca |
| ___ 4. despertarse | d. claro |
| ___ 5. destrabar | e. crecer |
| ___ 6. detrás de | f. dormirse |
| ___ 7. disminuir | g. enderezar |
| ___ 8. encoger | h. enfrente de |

| | | | |
|---|---|---|---|
| ___ 9. lejos | | i. iluminar | |
| ___ 10. muerto | | j. levantar | |
| ___ 11. opaco | | k. mojado | |
| ___ 12. oscurecer | | l. trabar | |
| ___ 13. secado | | m. vivo | |

**14-6 Sinónimos.** Empareje las palabras de la columna A con su sinónimo de la columna B. Luego escriba una frase para una palabra de cada pareja. (Las palabras aparecen en el cuento, aunque algunas con un cambio de forma.)

| **A** | **B** |
|---|---|
| ___ 1. callado | a. cuello |
| ___ 2. pescuezo | b. destrabar |
| ___ 3. sacudir | c. llorar (convulsivamente) |
| ___ 4. sollozar | d. quedito (diminutivo de **quedo**) |
| ___ 5. soltar | e. zarandear |

--- --- --- --- --- --- --- --- --- --- --- --- --- --- --- --- ---

# A LEER

## Estrategia de lectura: Apreciar el valor del diálogo en la ficción

Cuando leemos literatura, muchas veces tenemos la impresión que la única manera de avanzar la trama es por medio de la narración. La narración tiene un papel importante porque no sólo explica lo que está pasando, sino que también describe el trasfondo y nos informa de lo que los personajes están pensando y sintiendo. Cuando hay diálogo, puede ser que lo consideremos algo extra que complementa o «da color» a la narración. Pero, en realidad, el diálogo eficaz puede ser mucho más importante que eso. Los personajes pueden revelarse por medio de lo que dicen. Leyendo este cuento, pronto se ve que el diálogo tiene un papel muy importante. Hasta el título —«No oyes ladrar los perros»— es parte del diálogo. En el ejercicio siguiente, vamos a considerar lo que el diálogo revela en este cuento y así apreciar su función.

**14-7 ¿Qué se revela en el diálogo en «No oyes ladrar los perros»?** Conteste las siguientes preguntas que lo/la ayudarán a apreciar el diálogo mientras lea el cuento.

1. ¿Qué signos tipográficos se usan para señalar el diálogo en este cuento? Usando estos signos como guía, dele un vistazo al cuento. ¿Aproximadamente cuánto del cuento se presenta en forma de diálogo?

2. Lea las líneas 1–19, que son —con la excepción de unas cuantas líneas— puro diálogo. Luego, conteste las siguientes preguntas.

   a. ¿Qué tipo de lenguaje utilizan los dos personajes —complicado o simple?

   b. ¿Qué forma de tratamiento (de tú o Ud.) usan entre sí? ¿Qué implica esto sobre la relación?

   c. ¿Quiénes son estos personajes? ¿Cuál es la relación entre ellos?

   d. ¿Cuál de los dos habla más? ¿Por qué el otro no habla mucho?

   e. El título es una cita del diálogo. ¿Quién lo dice?

   f. Uno de los personajes va a hablar cada vez menos durante la progresión del cuento. ¿Puede Ud. predecir cuál? ¿Por qué hablará menos?

   g. ¿Le parece realista y natural este diálogo? Explique.

   h. ¿Qué aprendemos en esta parte? ¿Qué está pasando? ¿Adónde van? ¿Cómo viajan? ¿Dónde viajan, en un área poblada o despoblada?

3. De todas las preguntas en la pregunta número dos, ¿notó que pudo contestar casi todas usando el diálogo? ¿Qué tipo de información se presenta en la narración?

4. No sabemos definitivamente hasta la segunda parte narrativa (líneas 20–24) que los dos hombres son padre e hijo y que el padre está cargando a su hijo en sus hombros. Pero, si leyó con cuidado, ya pudo sospechar que uno de los hombres cargaba al otro. Revise el diálogo anterior para identificar las partes del diálogo que sugieren esto.

5. En su opinión, ¿cuál es el valor del diálogo en este cuento? ¿Qué se puede hacer mejor en un diálogo que en una narración?

## Juan Rulfo

Juan Rulfo nació en Apulco, un pueblo en el estado de Jalisco, México en 1917.[1] Aunque su nacimiento fue registrado en el pueblo de Sayula, Jalisco, Rulfo insistió que nació en Apulco, en la casa familiar. Vivió sus años tempranos en San Gabriel. Desde muy joven, personalmente experimentó eventos muy trágicos: su padre y otros parientes fueron asesinados cuando era niño y su madre murió de un infarto en 1927. Después de la muerte de su madre, Rulfo y dos hermanos se fueron

---

[1] o en 1918 —las referencias biográficas difieren en cuanto a la fecha de su nacimiento

a vivir con una abuela, pero pronto tuvieron que vivir en un orfelinato en Guadalajara. Asistió a la escuela primaria y secundaria en Guadalajara. Se mudó a México en los años treinta. Trabajó durante una década en la Oficina de Migración y durante esa época empezó a escribir y pulir sus técnicas. Fue cuentista, novelista, guionista y fotógrafo. Se publicó su primer libro, una colección de cuentos —*El llano en llamas*— en 1953 (incluyendo «No oyes ladrar los perros») y en 1955 se publicó su única novela, *Pedro Páramo*. Desgraciadamente, sus obras no son numerosas, pero lo que publicó le ha dado una gran fama de escritor mexicano y latinoamericano. Recibió el prestigioso Premio Nacional de letras en 1970. Rulfo falleció en México, D. F., en 1986. Sus obras contienen muestras de los eventos trágicos que experimentó y de las historias de crímenes y de guerra que había oído cuando niño. Muchos de los cuentos de la colección relatan la dura vida de los campesinos en regiones rurales de Jalisco. Sus protagonistas sufren daños no sólo físicos sino psicológicos también. Otro aspecto destacado de sus obras es el lenguaje directo y escueto,° lo cual se ve reflejado en «No oyes ladrar los perros».

*simple, sin adornos*

# No oyes ladrar los perros

## *Juan Rulfo*

—Tú que vas allá arriba, Ignacio, dime si no oyes alguna señal de algo o si ves alguna luz en alguna parte.

—No se ve nada.

—Ya debemos estar cerca.

5 —Sí, pero no se oye nada.

—Mira bien.

—No se ve nada.

—Pobre de ti, Ignacio.

La sombra larga y negra de los hombres siguió moviéndose de arriba
10 abajo, trepándose° a las piedras, disminuyendo y creciendo según avanzaba por la orilla del arroyo.° Era una sola sombra, tambaleante.°

La luna venía saliendo de la tierra, como una llamarada° redonda.

—Ya debemos estar llegando a ese pueblo, Ignacio. Tú que llevas las orejas de fuera, fíjate a ver si no oyes ladrar los perros. Acuérdate que nos
15 dijeron que Tonaya estaba detrasito° del monte. Y desde qué horas que hemos dejado el monte. Acuérdate, Ignacio.

—Sí, pero no veo rastro de nada.

—Me estoy cansando.

—Bájame.

20 El viejo se fue reculando° hasta encontrarse con el paredón y se recargó° allí, sin soltar° la carga de sus hombros. Aunque se le doblaban las piernas, no quería sentarse, porque después no hubiera podido levantar el

*climbing*
*stream/staggering*
*sudden blaze*

*just behind*
 *(diminutivo de*
 **detrás)**

*moviendo hacia atrás*
*readjusted/freeing*

cuerpo de su hijo, al que allá atrás, horas antes, le habían ayudado a echár-
selo a la espalda. Y así lo había traído desde entonces.

25 —¿Cómo te sientes?

—Mal.

Hablaba poco. Cada vez menos. En ratos parecía dormir. En ratos parecía tener frío. Temblaba. Sabía cuando le agarraba° a su hijo el temblor por las
sacudidas° que le daba, y porque los pies se le encajaban en los ijares[2] como
30 espuelas.° Luego las manos del hijo, que traía trabadas en su pescuezo,° le
zarandeaban° la cabeza como si fuera una sonaja.°

*held*
*shaking*
*spurs/clasped around*
  *his neck/shook/rattle*

Él apretaba° los dientes para no morderse la lengua y cuando acababa
aquello le preguntaba:

*clenched*

—¿Te duele mucho?

35 —Algo —contestaba él.

Primero le había dicho: «Apéame° aquí… Déjame aquí… Vete tú solo.
Yo te alcanzaré mañana o en cuanto me reponga° un poco». Se lo había
dicho como cincuenta veces. Ahora ni siquiera eso decía.

*Help me down*
*me mejore*

Allí estaba la luna. Enfrente de ellos. Una luna grande y colorada que les
40 llenaba de luz los ojos y que estiraba° y oscurecía más su sombra sobre la tierra.

*extendía*

—No veo ya por dónde voy —decía él.

Pero nadie le contestaba.

El otro iba allá arriba, todo iluminado por la luna, con su cara descolorida, sin sangre, reflejando una luz opaca. Y él acá abajo.

45 —¿Me oíste, Ignacio? Te digo que no veo bien.

Y el otro se quedaba callado.

Siguió caminando, a tropezones.° Encogía° el cuerpo y luego se ende-
rezaba° para volver a tropezar de nuevo.

*stumbling/hunched*
*straightened up*

—Este no es ningún camino. Nos dijeron que detrás del cerro° estaba
50 Tonaya. Ya hemos pasado el cerro. Y Tonaya no se ve, ni se oye ningún ruido
que nos diga que está cerca. ¿Por qué no quieres decirme qué ves, tú que vas
allá arriba, Ignacio?

*hill*

—Bájame, padre.

—¿Te sientes mal?

55 —Sí.

—Te llevaré a Tonaya a como dé lugar. Allí encontraré quien te cuide.
Dicen que allí hay un doctor. Yo te llevaré con él. Te he traído cargando desde
hace horas y no te dejaré tirado° aquí para que acaben contigo quienes sean.

*lying*

Se tambaleó un poco. Dio dos o tres pasos de lado y volvió a enderezarse.

60 —Te llevaré a Tonaya.

—Bájame.

Su voz se hizo quedita,° apenas murmurada:

—Quiero acostarme un rato.

*muy quieta
(diminutivo de
quedo)*

—Duérmete allí arriba. Al cabo te llevo bien agarrado.

65 La luna iba subiendo, casi azul, sobre un cielo claro. La cara del viejo,
mojada en sudor, se llenó de luz. Escondió los ojos para no mirar de

[2]stuck/dug into his sides/flanks

frente, ya que no podía agachar° la cabeza agarrotada° entre las manos
de su hijo.

      —Todo esto que hago, no lo hago por usted. Lo hago por su difunta
70  madre. Porque usted fue su hijo. Por eso lo hago. Ella me reconvendría° si yo
lo hubiera dejado tirado allí, donde lo encontré, y no lo hubiera recogido para
llevarlo a que lo curen, como estoy haciéndolo. Es ella la que me da ánimos,
no usted. Comenzando porque a usted no le debo más que puras dificultades, puras mortificaciones, puras vergüenzas.

75        Sudaba al hablar. Pero el viento de la noche le secaba el sudor. Y sobre
el sudor seco, volvía a sudar.

      —Me derrengaré,° pero llegaré con usted a Tonaya, para que le alivien
esas heridas que le han hecho. Y estoy seguro de que, en cuanto se sienta
usted bien, volverá a sus malos pasos. Eso ya no me importa. Con tal que se
80  vaya lejos, donde yo no vuelva a saber de usted. Con tal de eso… Porque
para mí usted ya no es mi hijo. He maldecido la sangre que usted tiene de mí.
La parte que a mí me tocaba la he maldecido. He dicho: «¡Que se le pudra°
en los riñones° la sangre que yo le di!» Lo dije desde que supe que usted andaba trajinando° por los caminos, viviendo del robo y matando gente…
85  Y gente buena. Y si no, allí está mi compadre Tranquilino. El que lo bautizó a
usted. El que le dio su nombre. A él también le tocó la mala suerte de encontrarse con usted. Desde entonces dije: «Ese no puede ser mi hijo».

      —Mira a ver si ya ves algo. O si oyes algo. Tú que puedes hacerlo desde
allá arriba, porque yo me siento sordo.

90        —No veo nada.

      —Peor para ti, Ignacio.

      —Tengo sed.

      —¡Aguántate!° Ya debemos estar cerca. Lo que pasa es que ya es muy
noche y han de haber apagado la luz en el pueblo. Pero al menos debías de
95  oír si ladran los perros. Haz por oír.

      —Dame agua.

      —Aquí no hay agua. No hay más que piedras. Aguántate. Y aunque la
hubiera, no te bajaría a tomar agua. Nadie me ayudaría a subirte otra vez y yo
solo no puedo.

100     —Tengo mucha sed y mucho sueño.

      —Me acuerdo cuando naciste. Así eras entonces. Despertabas con
hambre y comías para volver a dormirte. Y tu madre te daba agua, porque ya
te habías acabado la leche de ella. No tenías llenadero. Y eras muy rabioso.
Nunca pensé que con el tiempo se te fuera a subir aquella rabia a la cabeza…
105  Pero así fue. Tu madre, que descanse en paz, quería que te criaras fuerte.
Creía que cuando tú crecieras irías a ser su sostén.° No te tuvo más que a ti. El
otro hijo que iba a tener la mató. Y tú la hubieras matado otra vez si ella estuviera viva a estas alturas.

      Sintió que el hombre aquel que llevaba sobre sus hombros dejó de
110  apretar las rodillas y comenzó a soltar° los pies, balanceándolos de un
lado para otro. Y le pareció que la cabeza, allá arriba, se sacudía como si
sollozara.°

---

*lower/squeezed tightly*

*would have reprimanded me*

*I'll break my back, collapse*

*rot*
*kidneys*
ocupado y de prisa

*Hang on (Bear it a while longer)*

apoyo, amparo

*loosen*

llorara convulsiva-mente

Sobre su cabello sintió que caían gruesas° gotas, como de lágrimas. — *thick*

—¿Lloras, Ignacio? Lo hace llorar a usted el recuerdo de su madre, ¿ver-
115 dad? Pero nunca hizo usted nada por ella. Nos pagó siempre mal. Parece que
en lugar de cariño, le hubiéramos retacado° el cuerpo de maldad. ¿Y ya ve? — *filled*
Ahora lo han herido. ¿Qué pasó con sus amigos? Los mataron a todos. Pero
ellos no tenían a nadie. Ellos bien hubieran podido decir: «No tenemos a
quién darle nuestra lástima». ¿Pero usted, Ignacio?

120      Allí estaba ya el pueblo. Vio brillar los tejados° bajo la luz de la luna. — *roofs*
Tuvo la impresión de que lo aplastaba° el peso de su hijo al sentir que las cor- — *was crushing*
vas° se le doblaban en el último esfuerzo. Al llegar al primer tejabán, se — *backs of his knees*
recostó° sobre el pretil de la acera y soltó el cuerpo, flojo,° como si lo hubie- — *leaned/limp*
ran descoyuntado.° — *as if his joints had been dislocated*
125      Destrabó difícilmente los dedos con que su hijo había venido sosteniéndose
de su cuello y, al quedar libre, oyó cómo por todas partes ladraban los perros.

—¿Y tú no los oías, Ignacio? —dijo—. No me ayudaste ni siquiera con
esta esperanza.

# DESPUÉS DE LEER

## PREGUNTAS

### En general

1. ¿Quiénes son los personajes principales y cuál es la relación entre ellos?
2. Describa el viaje de estos dos hombres.
3. ¿Por qué quieren oír ladrar los perros?

### En detalle

1. ¿Cuál es el destino de estos hombres? ¿Por qué van allí? ¿Qué evidencia hay en el cuento que tardan mucho en llegar?
2. ¿Por qué lleva el padre a su hijo? ¿Qué indicios hay que es muy difícil cargarlo? ¿Por qué no para el padre para descansar un rato?
3. ¿Por qué el padre no puede oír ni ver bien?
4. ¿Cómo es la parte de la conversación que viene de Ignacio? ¿Cómo cambia la naturaleza de su conversación a través del cuento? ¿Por qué cambia?
5. ¿Qué continúa pidiendo Ignacio durante el cuento? ¿Por qué el padre no complace al hijo?
6. ¿Qué revela el padre sobre el carácter de Ignacio cuando habla de su temprana infancia?
7. Según el padre, ¿qué deseo tenía la madre para Ignacio?
8. ¿Qué pasó con la madre?

9. ¿Qué hicieron Ignacio y sus amigos?

10. ¿Qué le hizo Ignacio a Tranquilino, el amigo de su padre?

11. Durante el cuento, ¿en qué maneras comunica el padre su enojo con y su desilusión para su hijo?

12. ¿Qué evidencia hay en el cuento que Ignacio está muy mal herido? ¿Qué indicaciones hay que se empeora durante el viaje al pueblo?

13. ¿Por qué el padre pensaba que Ignacio estaba llorando? ¿Cree que estaba llorando? Explique.

14. Cuando el padre finalmente pudo desmontar a su hijo, se oían los ladridos de los perros por todas partes. ¿Por qué Ignacio no anunció que habían llegado al pueblo?

## Discusión e interpretación

1. El padre de Ignacio ha hecho un increíble esfuerzo en cargar a su hijo una distancia tan larga, especialmente dado que él es un señor mayor y su hijo es un adulto. ¿Qué indicaciones hay en el cuento que muestran lo difícil que fue hacer esto?

2. El padre dice que «Todo esto que hago, no lo hago por usted. Lo hago por su difunta madre». ¿Es verdad esto? ¿Se ve evidencia que tenga otros motivos también?

3. ¿Por qué cree que el padre hablaba tanto?

4. Según el padre, ¿por qué es peor que Ignacio —en vez de sus amigos— anduviera en malos pasos?

5. ¿Por qué cree que se sacudía Ignacio hacia el final del cuento? ¿Qué eran las gotas gruesas que caían sobre el cabello del padre?

6. Al final del cuento, el cuerpo del hijo está completamente flojo, flácido, inánime.° ¿Cree que ha muerto o que solamente se ha desmayado?° ¿Por qué? ¿Se sabe definitivamente?

   °sin señal de vida
   °*fainted*

7. ¿Qué quería decir el padre al final cuando le dijo a Ignacio, «No me ayudaste ni siquiera con esta esperanza»?

8. Si Rulfo hubiera escrito una narración con poco diálogo y hubiera presentado los pensamientos del padre en vez de sus palabras, ¿cree Ud. que el cuento hubiera sido más o menos interesante? Explique.

# LAZOS GRAMATICALES

## Contrastando el uso del artículo definido y el adjetivo posesivo para indicar posesión

Los adjetivos posesivos (**mi, tus, su,** etc.) se usan mucho menos en español que en inglés, especialmente para referirse a partes del cuerpo, ropa y con algunas posesiones personales. En vez del adjetivo posesivo, se suele usar el artículo definido si está claro quién es el poseedor. Por ejemplo, cuando en inglés se dice *"Raise your hand"* en español se dice «Levante la mano». Dos usos regulares del artículo definido para indicar posesión se ven en el siguiente fragmento del cuento. Aquí, no hay posibilidad de ambigüedad porque sólo se habla de una persona —el padre— así que los dientes y la lengua son del padre.

> Él apretaba **los** dientes para no morderse **la** lengua…

En el fragmento a continuación, aunque se menciona tanto al padre como al hijo, otra vez el contexto hace claro de quién son las piernas y la espalda así que se han usado los artículos definidos. ¿De quién son las piernas y la espalda?

> Aunque se le doblaban **las** piernas, no quería sentarse, porque después no hubiera podido levantar el cuerpo de su hijo, al que allá atrás, horas antes, le habían ayudado a echárselo a **la** espalda.

→ Si ha determinado que las piernas y la espalda son del padre, tiene razón.

Hay ocasiones cuando se usa el adjetivo posesivo o para evitar confusión (porque el artículo sería ambiguo) o para dar énfasis. Un ejemplo sería «Abrió tu bolsa» en vez de «Abrió la bolsa» porque con el artículo probablemente se interpretaría como *"She opened her (own) purse."*

En el próximo ejemplo, se ha usado **su** en vez de **la**, aunque se podría haber usado **la** sin crear confusión (porque claramente se refiere a la cara del hijo). Léalo tratando de determinar por qué se ha usado **su** en vez de **la**.

> El otro iba allá arriba, todo iluminado por la luna, con **su** cara descolorida, sin sangre, reflejando una luz opaca. Y él acá abajo.

→ En este caso, el uso de **su** enfatiza la aparencia de su cara. Si Rulfo hubiera escrito «**la** cara», el artículo definido podría haber implicado que la apariencia de su cara (descolorida y sin sangre) era normal, lo cual no es el caso. El uso de **su** enfatiza que esto está fuera de lo normal.

Aunque la decisión de usar un artículo definido o un adjetivo posesivo cuando se refiere a partes del cuerpo no es una ciencia fija, la tendencia general y normal es optar por el artículo. Por esto, cuando se ve el adjetivo posesivo en vez del artículo, es razonable sospechar que se ha usado para clarificar una situación ambigua o para enfatizar la posesión por alguna razón. En el siguiente ejercicio, vamos a examinar algunos casos donde el artículo y el adjetivo posesivo se han usado para señalar posesión y determinaremos por qué se han usado en cada caso.

**14-8** **¿A quién se refiere?** Los fragmentos que se examinarán en este ejercicio usan una mezcla de artículos definidos y adjetivos posesivos para referirse a las partes del cuerpo. Después de leer cada fragmento, conteste las preguntas que le siguen. Recuerde que (1) si se ha usado un artículo definido para indicar posesión, el contexto hace muy claro a quién se refiere y que (2) si se ha usado un adjetivo posesivo es probablemente para clarificar o para enfatizar algo.

1. Hablaba poco. Cada vez menos. En ratos parecía dormir. En ratos parecía tener frío. Temblaba. Sabía cuando le agarraba a su hijo el temblor por las sacudidas que le daba, y porque (1) **los** pies se le encajaban en (2) **los** ijares como espuelas. Luego las manos del hijo, que traía trabadas en (3) **su** pescuezo, le zarandeaban (4) **la** cabeza como si fuera una sonaja.

   a. ¿De quién son los pies?

   b. ¿De quién son los ijares?

   c. ¿De quién es el pescuezo? ¿Por qué cree usted que Rulfo usó **su** aquí en vez de **el** —para clarificar o para enfatizar algo?

   d. ¿De quién es la cabeza?

2. Sintió que el hombre aquel que llevaba sobre (1) **sus** hombros dejó de apretar (2) **las** rodillas y comenzó a soltar (3) **los** pies, balanceándolos de un lado para otro. Y le pareció que (4) **la** cabeza, allá arriba, se sacudía como si sollozara.

   a. ¿De quién son los hombros? ¿Por qué cree usted que Rulfo usó **sus** aquí en vez de **los**?

   b. ¿De quién son las rodillas?

   c. ¿De quién son los pies?

   d. ¿De quién es la cabeza?

3. Destrabó difícilmente (1) **los** dedos con que su hijo había venido sosteniéndose de (2) **su** cuello y, al quedar libre, oyó cómo por todas partes ladraban los perros.

   a. ¿De quién son los dedos?

   b. ¿De quién es el cuello? ¿Por qué cree usted que Rulfo usó **su** aquí en vez de **el**?

## Formas de tratamiento

Como hemos visto en otros capítulos, la forma de tratamiento (por ejemplo, **tú** versus **Ud.**) que las personas usan entre sí muestra mucho sobre la relación entre ellas. El tratamiento que se ve en este cuento tiene particular importancia. Vamos a examinarlo en el siguiente ejercicio.

**14-9 ¿Qué comunica la forma de tratamiento?** Conteste las siguientes preguntas concentrándose en la forma de tratamiento entre el padre y su hijo.

1. Hojee la primera parte del diálogo.

   a. ¿Qué forma de tratamiento usan entre sí aquí?

   b. ¿Qué dice este tratamiento sobre su relación?

2. Lea el párrafo que empieza con la línea 69: «Todo esto que hago...» y el que empieza con la línea 77: «—Me derrengaré...».

   a. ¿Qué forma de tratamiento utiliza el padre con su hijo ahora?

   b. ¿Por qué cree que ha cambiado la forma de tratamiento?

   c. ¿Cuál es el tema de discusión en el primer párrafo? ¿Y en el segundo? ¿Tiene esto que ver con el cambio de tratamiento?

3. Ahora lea el próximo párrafo (empieza con la línea 88: «—Mira a ver si...»).

   a. ¿Qué forma de tratamiento usa el padre ahora?

   b. ¿Por qué cree que ha vuelto al tratamiento anterior?

4. Lea el párrafo que empieza con la línea 114: «—¿Lloras, Ignacio?».

   a. ¿Qué forma de tratamiento utiliza ahora?

   b. ¿Por qué cree que empezó usando una forma pero que la cambió?

5. En resumen, ¿qué aspectos de su relación muestra el padre cuando lo tutea y cuando le habla más formalmente?

6. ¿Cree que sería posible indicar estos cambios de tratamiento si se tradujera este cuento al inglés? Explique.

Relea el cuento ahora aplicando lo que ha aprendido y practicado en los ejercicios de la sección «**Lazos gramaticales**». Si lo hace, va a entender mejor el cuento y a fortalecer su comprensión de la gramática.

- - - - - - - - - - - - - - - - - - - - - - - - - - - - - - - - - - - -

# A ESCRIBIR

## Estrategias de composición

Esta sección incluye una serie de pasos para ayudarlo/la a: (1) formular y desarrollar sus ideas y (2) organizar su composición para que sea cohesiva y coherente. También incluye instrucciones para buscar y corregir errores de gramática y de vocabulario. Estas sugerencias acompañan el primer tema porque son específicas para ese tema, pero son útiles para todos los temas. Si opta por otro tema, lea las sugerencias incluidas para el Tema uno y adáptelas para el tema que elija.

## Tema uno

En este cuento la actitud del padre hacia su hijo es ambivalente. Escriba un ensayo en el que destaque y discuta esta ambivalencia. Dé razones por las cuales el padre se siente así. Trate de mostrar la complejidad de las emociones conflictivas. Incluya evidencia del cuento.

Al completar cada uno de los siguientes pasos, marque (✔) la casilla a la izquierda.

❑ a. Revise el cuento buscando indicaciones de las distintas actitudes del padre hacia su hijo. Haga dos listas: una con indicaciones positivas de su actitud (cariño, preocupación, etc.) y otra con las negativas (desilusión, ira hacia su hijo, etc.).

❑ b. Al lado de cada actitud en las listas, añada sus reacciones, sentimientos y razones.

❑ c. Haga otra lista de lo que usted sabe sobre la vida de Ignacio.

❑ d. Organice la información en las tres listas de manera lógica.

❑ e. Escriba un ensayo comparativo incorporando elementos relevantes de sus listas. Organice los elementos comparativos y contrastivos como le parezca mejor: una posibilidad sería empezar con lo positivo, siguiendo con lo negativo y luego comparándolos; otra posibilidad sería mencionar una serie de aspectos positivos contrastando cada uno con un aspecto negativo y luego haciendo un resumen. Incluya —donde le parezca apropiado— las razones.

❑ f. Reescriba su introducción y escriba una conclusión.

❑ g. Cuando haya escrito su borrador, revíselo, asegurándose que todo siga un orden lógico y que sus ideas fluyan bien. Utilice sus listas y los elementos indicados arriba y asegúrese que haya incluido todos los elementos importantes. Haga las correcciones necesarias.

❑ h. Dele un título interesante a su ensayo.

❑ i. Antes de entregar su ensayo, revíselo asegurándose que:

    ❑ haya usado vocabulario correcto (y variado)

    ❑ no haya usado **ser, estar** y **haber** demasiado (es preferible usar verbos más expresivos)

    ❑ haya concordancia entre los adjetivos y artículos y los sustantivos a que se refieren

    ❑ haya concordancia entre los verbos y sus sujetos

    ❑ **ser** y **estar** se usen correctamente

    ❑ el subjuntivo se use cuando sea apropiado

    ❑ el pretérito y el imperfecto se hayan usado correctamente

    ❑ no haya errores de ortografía ni de acentuación

# Otros temas de composición

2. Ignacio, por estar seriamente herido, no ha podido dar su perspectiva sobre los hechos y no ha podido responderle a su padre. ¿Qué cree usted que Ignacio habría dicho si hubiera podido responderle? ¿Cree que aprecia lo que su padre está haciendo? ¿Cree que siente remordimiento por lo que ha hecho? ¿Se habría defendido o disculpado? Para contestar estas preguntas y dar la perspectiva de Ignacio, escriba su propio cuento en el estilo de Rulfo. Incluya diálogos de ser posible.

3. ¿Hay alguien importante en su vida que haya tomado el rumbo equivocado? Escriba una composición en la que describa lo que pasó y las razones por las cuales llegó a esta situación. ¿Ha podido mejorar el rumbo de su vida? ¿Cómo lo logró? Si no, ¿cree que pueda cambiar su vida y tomar un rumbo más positivo? Cómo pudiera lograrlo? (Si prefiere no revelar la identidad de esta persona y/o su relación con usted, puede cambiar detalles para proteger su identidad.)

# Dos palabras

Isabel Allende (1942–    )

# ANTES DE LEER

**15-1 Reflexiones.** Considere las siguientes preguntas antes de leer el cuento.

1.  Si una persona es muy pobre, ¿cómo es su vida? ¿Qué cosas tiene y no tiene?

2.  Piense en el valor de las palabras. ¿Qué poderes tienen las palabras? ¿En qué circunstancias es importante utilizar bien las palabras?

3.  Lea el título del cuento. Si quisiera expresar algo importante con sólo dos palabras, ¿qué dos palabras usaría? ¿Usaría distintas palabras o las mismas para diferentes personas? Explique.

4.  Lea las dos primeras oraciones del cuento y conteste las siguientes preguntas.

    a.  ¿Quién es la persona mencionada?

    b.  ¿Cómo recibió su nombre y qué sugiere esto sobre su carácter?

    c.  ¿Qué querrá decir «su oficio era vender palabras»?

    d.  ¿Por qué la gente querría comprar palabras?

## Enfoques léxicos

### *Cognados falsos*

**15-2 Examinación de cognados falsos en «Dos palabras».** Este cuento contiene varios cognados falsos, algunos se incluyen en los ejercicios a continuación. (Para más detalle sobre los cognados falsos, lea la sección número uno del *Manual de gramática* [pp. 285–290].)

1.  **Parientes** no se traduce a *parents*, lo cual se expresa con **padres**. Lea la siguiente oración del cuento y trate de determinar su significado si no lo sabe ya.

    En cada lugar se juntaba una pequeña multitud a su alrededor para oírla cuando comenzaba a hablar y así se enteraban de las vidas de otros, de los **parientes** lejanos, de los pormenores de la Guerra Civil.

➡ Si ha determinado que **parientes** significa **familiares**, tiene razón.

2.  Vimos en el capítulo 14 que **rato** no significa *rat*, lo cual se expresa con el cognado **rata**. Si no recuerda el significado, lea el siguiente fragmento del cuento y determine su significado.

    Ella tomó aquel papel amarillo y quebradizo y estuvo largo **rato** observándolo sin adivinar su uso…

➡ Si ha determinado que **rato** quiere decir **período de tiempo** —*while*—, tiene razón.

3. Aunque **revisar** puede significar *to revise* (como **revisar o editar un texto**) muchas veces tiene otro significado, como **examinar** o **ver con atención y cuidado**. Éste es su significado en este cuento. Lea el siguiente fragmento y recuerde este significado cuando lea el cuento.

   … **revisó** [el diccionario] desde la A hasta la Z y luego lo lanzó al mar, porque no era su intención estafar a los clientes con palabras envasadas.

4. Como hemos visto en otros capítulos, **criatura** generalmente no se traduce a *creature* (aunque en ciertas expresiones tiene esta traducción). Suele tener otro significado. Si no recuerda su significado típico, lea el siguiente fragmento y determine su significado.

   Deseaba entrar a los pueblos bajo arcos de triunfo, entre banderas de colores y flores, que lo aplaudieran y le dieran de regalo huevos frescos y pan recién horneado. Estaba harto de comprobar cómo a su paso huían los hombres, abortaban de susto las mujeres y temblaban las **criaturas**; por eso había decidido ser presidente.

➡️ Si ha determinado que **criaturas** significa **niños pequeños** o **bebés**, tiene razón.

5. **Éxito** nunca quiere decir *exit*, lo cual se expresa con **salida**. Lea la siguiente oración del cuento para determinar su significado.

   —Vamos bien, Coronel —dijo el Mulato al cumplirse doce semanas de **éxitos**.

➡️ Aunque el contexto aislado de esta oración no está completamente claro, si se enfoca en el comentario positivo del Mulato, puede determinar que **éxitos** significa *successes*. El contexto más amplio donde aparece esta palabra en el cuento hará aun más claro que éste es su significado.

## *Grupos léxicos*

**15-3 Palabras relacionadas.** Complete las siguientes frases con la palabra adecuada. Las palabras agrupadas tienen la misma raíz y por lo tanto tienen un significado relacionado. Utilice su conocimiento de la gramática para escoger la palabra correcta. No será necesario cambiar las formas de las palabras. Usará algunas palabras más de una vez. Verifique sus respuestas buscando la oración en el cuento. (Las oraciones de cada grupo se presentan en el orden en que aparecen en el cuento.)

**mercado - mercados - mercadería - mercader**

1. Recorría el país, desde las regiones más altas y frías hasta las costas calientes, instalándose en las ferias y en los (1) _____, donde montaba cuatro palos con un toldo de lienzo, bajo el cual se

protegía del sol y de la lluvia para atender a su clientela. No necesitaba pregonar su (2) _____, porque de tanto caminar por
aquí y por allá, todos la conocían.

2. Era día de _____ y había mucho bullicio a su alrededor.

3. Mientras [el Coronel] hablaba sobre una tarima al centro de la
plaza, el Mulato y sus hombres repartían caramelos y pintaban su
nombre con escarcha dorada en las paredes, pero nadie prestaba
atención a esos recursos de _____, porque estaban des-
lumbrados por la claridad de sus proposiciones y la lucidez poética de sus argumentos, contagiados de su deseo tremendo de
corregir los errores de la historia y alegres por primera vez en sus
vidas.

### cliente - clientes - clientela

4. Recorría el país, desde las regiones más altas y frías hasta las costas
calientes, instalándose en las ferias y en los mercados, donde montaba cuatro palos con un toldo de lienzo, bajo el cual se protegía del
sol y de la lluvia para atender a su _____.

5. Lo revisó desde la A hasta la Z y luego lo lanzó al mar, porque no era
su intención estafar a los _____ con palabras envasadas.

6. Ella leyó en alta voz el discurso. Lo leyó tres veces, para que su
_____ pudiera grabárselo en la memoria.

### siguen - siguió - siguiendo - siguiente - seguidores

7. De vez en cuando tropezaba con familias que, como ella, iban hacia
el sur _____ el espejismo del agua.

8. Toda la noche y buena parte del día _____ estuvo Belisa Crepusculario buscando en su repertorio las palabras apropiadas para
un discurso presidencial...

9. —Si después de oírlo tres veces los muchachos _____
con la boca abierta, es que esta vaina sirve, Coronel —aprobó el
Mulato.

10. Viajaron de lejos los periodistas para entrevistarlo y repetir sus
frases, y así creció el número de sus _____ y de sus
enemigos.

11. Cansado de ver a su jefe deteriorarse como un condenado a
muerte, el Mulato se echó el fusil al hombro y partió en busca de
Belisa Crepusculario. _____ sus huellas por toda esa vasta
geografía hasta encontrarla en un pueblo del sur, instalada bajo el
toldo de su oficio, contando su rosario de noticias.

### apoderarse - apoderárselas - poder - poderoso - poderosas

12. Ese día Belisa Crepusculario se enteró que las palabras andan sueltas
sin dueño y cualquiera con un poco de maña puede _____
para comerciar con ellas.

**13.** Horas más tarde, cuando Belisa Crepusculario estaba a punto de morir con el corazón convertido en arena por las sacudidas del caballo, sintió que se detenían y cuatro manos _____ la depositaban en tierra.

**14.** El Mulato le sugirió que fueran a la capital y entraran galopando al Palacio para _____ del gobierno, tal como tomaron tantas otras cosas sin pedir permiso…

**15.** Por otra parte, sintió el impulso de ayudarlo, porque percibió un palpitante calor en su piel, un deseo _____ de tocar a ese hombre…

**16.** —Dímelas, a ver si pierden su _____ —le pidió su fiel ayudante.

## *Palabras con múltiples significados*

En cualquier idioma, muchas palabras tienen más de un significado. Por ejemplo, **medio** puede significar *means* o *half*. En este ejercicio, vamos a practicar con palabras del cuento que tienen más de un significado. Algunas de estas palabras tienen aun más significados. Aquí sólo vamos a hablar de los significados en el cuento y otros bastante comunes.

| Palabra | Significado #1 | Significado #2 | Significado #3 |
|---------|----------------|----------------|----------------|
| cometa | (m.) *comet* | (f.) *kite* | |
| cura | (m.) sacerdote (*priest*) | (f.) *cure* | (f.) *treatment, remedy* |
| extrañar | *to seem strange, to surprise* | *to miss (feel the lack of/long for)* | |
| gastar | *to spend* (e.g. *time, money*) | *to consume/use up* | *to waste* |
| montar | *to mount/get on* | *to ride* (por ej., *a bike, motorcycle*) | *to assemble, to set up/erect* |
| nueva(s) | (adj.) *new* | (sust.) noticia(s) | |
| partir | dividir (*to split/divide up*) | *to split (open), to crack* | ponerse en camino (*to depart*) |
| seno | pecho (*bosom, bust, breast*) | *cavity, hollow area* | *womb* |

## En más detalle

Tanto **noticias** como **nueva**s pueden significar *news*; tanto **noticia** como **nueva** pueden significar *piece of news*.

Cuando **extrañar** quiere decir *to seem strange/to surprise*, generalmente es seguido de una cláusula con **que** y el verbo en esta cláusula va en subjuntivo. Por ejemplo: «Le extraña **que** yo no **hable** mucho» o «Me extrañó **que** él no **quisiera** ir a la fiesta». Busque esta pista gramatical para ayudarlo/la a determinar su significado cuando encuentre esta palabra.

La expresión **a partir de** significa *starting from*. En el cuento, se usa en la frase «A partir de ese momento…» y se traduciría a "*From that moment on…* ".

**15-4 ¿Cuál de los significados tiene aquí?** Examine los siguientes fragmentos del cuento prestando atención a las palabras en negrita. Luego identifique cuál de los significados del cuadro tiene cada palabra en los contextos dados. (Observe que las oraciones aparecen en orden alfabético según las palabras de interés; no siguen el orden en que aparecen en el cuento.)

1. Al terminar la arenga del Candidato, la tropa lanzaba pistoletazos al aire y encendía petardos y cuando por fin se retiraban, quedaba atrás una estela de esperanza que perduraba muchos días en el aire, como el recuerdo magnífico de un **cometa**.

2. Cuando lo supo calculó las infinitas proyecciones de su negocio, con sus ahorros le pagó veinte pesos a un **cura** para que le enseñara a leer y escribir y con los tres que le sobraron se compró un diccionario.

3. Salieron volando las gallinas, dispararon a perderse los perros, corrieron las mujeres con sus hijos y no quedó en el sitio del mercado otra alma viviente que Belisa Crepusculario, quien no había visto jamás al Mulato y por lo mismo le **extrañó** que se dirigiera a ella.

4. Se arrastraban penosamente, con la piel convertida en cuero de lagarto y los ojos quemados por la reverberación de la luz. Belisa los saludaba con un gesto al pasar, pero no se detenía, porque no podía **gastar** sus fuerzas en ejercicios de compasión.

5. Su oficio era vender palabras. Recorría el país, desde las regiones más altas y frías hasta las costas calientes, instalándose en las ferias y en los mercados, donde **montaba** cuatro palos con un toldo de lienzo, bajo el cual se protegía del sol y de la lluvia para atender a su clientela.

6. También vendía cuentos, pero no eran cuentos de fantasía, sino largas historias verdaderas que recitaba de corrido, sin saltarse nada. Así llevaba las **nuevas** de un pueblo a otro.

7. La tierra estaba erosionada, **partida** en profundas grietas, sembrada de piedras, fósiles de árboles y de arbustos espinudos, esqueletos de animales blanqueados por el calor.

8. Cansado de ver a su jefe deteriorarse como un condenado a muerte, el Mulato se echó el fusil al hombro y **partió** en busca de Belisa Crepusculario.

9. Toda la noche y buena parte del día siguiente estuvo Belisa Crepusculario buscando en su repertorio las palabras apropiadas para un discurso presidencial, vigilada de cerca por el Mulato, quien no apartaba los ojos de sus firmes piernas de caminante y sus **senos** virginales.

## Antónimos y sinónimos

**15-5 Antónimos.** Empareje las palabras de la columna A con su antónimo de la columna B. Luego escriba una frase para cada pareja de antónimos. (Las palabras aparecen en el cuento, aunque algunas con un cambio de forma.)

| A | B |
|---|---|
| ___ 1. amarrar | a. caliente |
| ___ 2. buscar | b. comprar |
| ___ 3. cerca | c. desatar |
| ___ 4. fiero | d. encontrar |
| ___ 5. frío | e. lejos |
| ___ 6. hombre | f. manso |
| ___ 7. morir | g. morir |
| ___ 8. muerte | h. mujer |
| ___ 9. nacer | i. silencio |
| ___ 10. ruido | j. vida |
| ___ 11. vender | k. vivir |

**15-6 Sinónimos.** Empareje las palabras de la columna A con su sinónimo de la columna B. Luego escriba una frase para una palabra de cada pareja. (Las palabras aparecen en el cuento, aunque algunas con un cambio de forma.)

| A | B |
|---|---|
| ___ 1. atar | a. amarrar |
| ___ 2. cara | b. arenga |
| ___ 3. claridad | c. catedrático |
| ___ 4. discurso | d. conseguir |
| ___ 5. empezar | e. espanto |

| | | | |
|---|---|---|---|
| ___ | 6. lograr | f. | iniciar |
| ___ | 7. lugar | g. | lucidez |
| ___ | 8. ocupación | h. | profesión |
| ___ | 9. profesor | i. | rostro |
| ___ | 10. terror | j. | sitio |

# A LEER

## Estrategia de lectura: Reconocer y apreciar elementos del realismo mágico

El realismo mágico es un género o estilo literario muy popular en Latinoamérica, particularmente durante la segunda mitad del siglo XX. En este estilo literario, el autor mezcla elementos mágicos o irreales con los reales. Una característica es que lo irreal es tan válido como lo real y el lector lo deduce porque los personajes toman los sucesos irreales como si fueran ordinarios. Cada autor tiene su propio estilo y puede variarlo de una obra a otra. El grado de irrealidad también varía en las obras. Lo irreal puede manifestarse en diversas maneras. Por ejemplo, puede haber sucesos completamente sobrenaturales e imposibles hasta sucesos posibles pero extremamente exagerados. Aunque otras obras de Allende escritas en el estilo del realismo mágico tienen elementos mágicos y sobrenaturales, en «Dos palabras», la mayoría de los elementos irreales no son realmente mágicos sino situaciones o descripciones que van de exageradas a imposibles.

**15-7 Reconocer ejemplos del realismo mágico en «Dos palabras».** Lea los siguientes fragmentos buscando y subrayando elementos tan exagerados que llegan a ser irreales.

1. Belisa Crepusculario había nacido en una familia tan mísera, que ni siquiera poseía nombres para llamar a sus hijos. Vino al mundo y creció en la región más inhóspita, donde algunos años las lluvias se convierten en avalanchas de agua que se llevan todo, y en otros no cae ni una gota del cielo, el sol se agranda hasta ocupar el horizonte entero y el mundo se convierte en un desierto. Hasta que cumplió doce años no tuvo otra ocupación ni virtud que sobrevivir al hambre y la fatiga de siglos.

2. Horas más tarde, cuando Belisa Crepusculario estaba a punto de morir con el corazón convertido en arena por las sacudidas del caballo, sintió que se detenían y cuatro manos poderosas la depositaban en tierra.

3. [El Coronel] deseaba entrar a los pueblos bajo arcos de triunfo, entre banderas de colores y flores, que lo aplaudieran y le dieran de regalo

huevos frescos y pan recién horneado. Estaba harto de comprobar cómo a su paso huían los hombres, abortaban de susto las mujeres y temblaban las criaturas; por eso había decidido ser presidente.

Mientras lea el cuento, siga buscando elementos tan exagerados que resultan irreales.

## Isabel Allende

Isabel Allende, aunque chilena, nació en Lima, Perú en 1942 porque su padre era embajador de Chile en Perú. Su padre abandonó a la familia cuando Isabel tenía tres años y su madre regresó a Chile con sus tres hijos a vivir con sus padres hasta 1953. Su madre se casó de nuevo, con un diplomático, y la familia vivió en Bolivia y en el Líbano. En 1958, Allende volvió a Chile y en 1962 se casó y la pareja tuvo dos hijos. Desde 1959 hasta 1965 ella trabajó en la Organización de las Naciones Unidas en Santiago de Chile. Vivieron en Bruselas y Suiza (1964–1965) y luego regresaron a Chile. Su tío fue Salvador Allende, presidente de Chile desde 1970 hasta 1973, cuando fue asesinado en un violento golpe de estado realizado por las fuerzas del General Augusto Pinochet, apoyado por la CIA (Agencia Central de Inteligencia). Inicialmente se quedaron en Chile esperando que la dictadura no durara mucho tiempo, pero después de dos años, por el peligro, se auto-exiliaron en Venezuela donde Allende trabajó como periodista y maestra de secundaria.

Allende ha escrito obras de diversos géneros: novelas, memorias, cuentos, libros para niños y jóvenes y comedias. Sus libros se han traducido a más de 25 lenguas y ella ha recibido más de 20 premios por sus libros. Entre sus numerosos libros destacan: *Eva Luna* (1987); *Cuentos de Eva Luna* (1989); *El plan infinito* (1993); *Paula* (1994), una triste memoria que entrelaza su propia vida con la vida, enfermedad y muerte de su hija; *Hija de la fortuna* (1999); *Retrato en sepia* (2001); *Mi país inventado* (2003); *Zorro* (2005); *Inés del alma mía* (2006). Actualmente vive en California con su segundo esposo. Se hizo ciudadana de los Estados Unidos en 2003.

Allende se asocia con el realismo mágico, probablemente porque su primera obra exitosa (*La casa de los espíritus*, 1982) se escribió en este estilo. «Dos palabras» proviene de *Cuentos de Eva Luna*. Es la primera de una serie de narrativas «orales» que la protagonista —Eva Luna— de su novela del mismo nombre, le contaba a su amante. Cuando lea este cuento, imagine que se narra oralmente y que la narrativa fue escrita para ser escuchada.

# Dos palabras

## *Isabel Allende*

Tenía el nombre de Belisa Crepusculario, pero no por fe° de bautismo o     *certificado*
acierto de su madre, sino porque ella misma lo buscó hasta encontrarlo y se
vistió con él. Su oficio era vender palabras. Recorría el país, desde las regiones
más altas y frías hasta las costas calientes, instalándose en las ferias y en los
5  mercados, donde montaba cuatro palos con un toldo de lienzo,° bajo el cual     *canvas or linen canopy*
se protegía del sol y de la lluvia para atender a su clientela. No necesitaba pre-
gonar° su mercadería, porque de tanto caminar por aquí y por allá, todos la     *anunciar*
conocían. Había quienes la aguardaban° de un año para otro y cuando aparecía     *esperaban*
por la aldea con su atado° bajo el brazo, hacían cola frente a su tende-     *paquete, fardo*
10  rete.° Vendía a precios justos. Por cinco centavos entregaba versos de memo-     *puesto*
ria, por siete mejoraba la calidad de los sueños, por nueve escribía cartas de
enamorados, por doce inventaba insultos para enemigos irreconciliables.
También vendía cuentos, pero no eran cuentos de fantasía, sino largas histo-
rias verdaderas que recitaba de corrido,° sin saltarse° nada. Así llevaba las     *de memoria/omitirse*
15  nuevas de un pueblo a otro. La gente le pagaba por agregar una o dos líneas:
nació un niño, murió fulano, se casaron nuestros hijos, se quemaron las cosechas. En cada lugar se juntaba una pequeña multitud a su alrededor para oírla
cuando comenzaba a hablar y así se enteraban° de las vidas de otros, de los     *aprendían*
parientes lejanos, de los pormenores° de la Guerra Civil. A quien le comprara     *detalles*
20  cincuenta centavos, ella le regalaba una palabra secreta para espantar° la     *asustar*
melancolía. No era la misma para todos, por supuesto, porque eso habría sido
un engaño° colectivo. Cada uno recibía la suya con la certeza de que nadie     *mentira*
más la empleaba para ese fin en el universo y más allá.
    Belisa Crepusculario había nacido en una familia tan mísera, que ni
25  siquiera poseía nombres para llamar a sus hijos. Vino al mundo y creció en la
región más inhóspita, donde algunos años las lluvias se convierten en avalanchas de agua que se llevan todo, y en otros no cae ni una gota del cielo, el sol
se agranda hasta ocupar el horizonte entero y el mundo se convierte en un
desierto. Hasta que cumplió doce años no tuvo otra ocupación ni virtud que
30  sobrevivir al hambre y la fatiga de siglos. Durante una interminable sequía le
tocó enterrar a cuatro hermanos menores y cuando comprendió que llegaba
su turno, decidió echar a andar por las llanuras° en dirección al mar, a ver si en     *plains*
el viaje lograba burlar° a la muerte. La tierra estaba erosionada, partida en     *to trick, outsmart*
profundas grietas,° sembrada de piedras, fósiles de árboles y de arbustos espi-     *aberturas*
35  nudos, esqueletos de animales blanqueados por el calor. De vez en cuando
tropezaba con familias que, como ella, iban hacia el sur siguiendo el espe-
jismo° del agua. Algunos habían iniciado la marcha llevando sus pertenencias     *ilusión (aquí: esperanza)*
al hombro o en carretillas, pero apenas podían mover sus propios huesos y a
poco andar debían abandonar sus cosas. Se arrastraban° penosamente, con     *dragged themselves*
40  la piel convertida en cuero de lagarto° y los ojos quemados por la reverbera-     *alligator skin*
ción de la luz. Belisa los saludaba con un gesto al pasar, pero no se detenía,

porque no podía gastar sus fuerzas en ejercicios de compasión. Muchos cayeron por el camino pero ella era tan tozuda° que consiguió atravesar el infierno    obstinada
y arribó por fin a los primeros manantiales,° finos hilos de agua, casi invisibles,    fuentes
45 que alimentaban una vegetación raquítica,° y que más adelante se convertían    débil y pequeña
en riachuelos y esteros.°    ríos pequeños

Belisa Crepusculario salvó la vida y además descubrió por casualidad la
escritura. Al llegar a una aldea en las proximidades de la costa, el viento
colocó a sus pies una hoja de periódico. Ella tomó aquel papel amarillo y que-
50 bradizo° y estuvo largo rato observándolo sin adivinar su uso, hasta que la    brittle
curiosidad pudo más que° su timidez. Se acercó a un hombre que lavaba un    venció
caballo en el mismo charco turbio° donde ella saciara su sed.    murky pool

—¿Qué es esto? —preguntó.

—La página deportiva del periódico —replicó el hombre sin dar mues-
55 tras de asombro ante su ignorancia.

La respuesta dejó atónita° a la muchacha, pero no quiso parecer desca-    sorprendida
rada° y se limitó a inquirir el significado de las patitas de mosca dibujadas    insolente
sobre el papel.

—Son palabras, niña. Allí dice que Fulgencio Barba noqueó al Negro
60 Tiznao en el tercer round.

Ese día Belisa Crepusculario se enteró que las palabras andan sueltas°    loose
sin dueño y cualquiera con un poco de maña° puede apoderárselas para    destreza, habilidad
comerciar° con ellas. Consideró su situación y concluyó que aparte de prosti-    negociar
tuirse o emplearse como sirvienta en las cocinas de los ricos, eran pocas las
65 ocupaciones que podía desempeñar. Vender palabras le pareció una alternativa decente. A partir de ese momento ejerció esa profesión y nunca le interesó otra. Al principio ofrecía su mercancía sin sospechar que las palabras
podían también escribirse fuera de los periódicos. Cuando lo supo calculó las
infinitas proyecciones de su negocio, con sus ahorros le pagó veinte pesos a
70 un cura para que le enseñara a leer y escribir y con los tres que le sobraron se
compró un diccionario. Lo revisó desde la A hasta la Z y luego lo lanzó al mar,
porque no era su intención estafar° a los clientes con palabras envasadas.°    defraudar/canned
(preparadas de
antemano)

\*    \*    \*    \*

Varios años después, en una mañana de agosto, se encontraba Belisa Crepusculario al centro de una plaza, sentada bajo su toldo vendiendo argumentos
75 de justicia a un viejo que solicitaba su pensión desde hacía diecisiete años. Era
día de mercado y había mucho bullicio° a su alrededor. Se escucharon de    ruido y acción
pronto galopes y gritos, ella levantó los ojos de la escritura y vio primero una
nube de polvo y enseguida un grupo de jinetes° que irrumpió° en el lugar. Se    hombres a caballo/
trataba de los hombres del Coronel, que venían al mando del Mulato, un    entraron violenta-
80 gigante conocido en toda la zona por la rapidez de su cuchillo y la lealtad    mente
hacia su jefe. Ambos, el Coronel y el Mulato, habían pasado sus vidas ocupa-
dos en la Guerra Civil y sus nombres estaban irremisiblemente unidos al estro-
picio° y la calamidad. Los guerreros entraron al pueblo como un rebaño° en    damage/herd
estampida, envueltos en ruido, bañados de sudor y dejando a su paso un
85 espanto° de huracán. Salieron volando las gallinas, dispararon a perderse los    terror

perros, corrieron las mujeres con sus hijos y no quedó en el sitio del mercado otra alma viviente que Belisa Crepusculario, quien no había visto jamás al Mulato y por lo mismo le extrañó que se dirigiera a ella.

—A ti te busco —le gritó señalándola con su látigo° enrollado y antes *whip*
90 que terminara de decirlo, dos hombres cayeron encima de la mujer atrope-
llando° el toldo y rompiendo el tintero, la ataron de pies y manos y la coloca- *trampling*
ron atravesada° como un bulto de marinero sobre la grupa° de la bestia del *across/rump*
Mulato. Emprendieron galope en dirección a las colinas.

Horas más tarde, cuando Belisa Crepusculario estaba a punto de morir
95 con el corazón convertido en arena por las sacudidas° del caballo, sintió que *movimientos violentos*
se detenían y cuatro manos poderosas la depositaban en tierra. Intentó
ponerse de pie° y levantar la cabeza con dignidad, pero le fallaron las fuerzas *pararse*
y se desplomó° con un suspiro, hundiéndose en un sueño ofuscado. Despertó *cayó*
varias horas después con el murmullo de la noche en el campo, pero no tuvo
100 tiempo de descifrar esos sonidos, porque al abrir los ojos se encontró ante la
mirada impaciente del Mulato, arrodillado a su lado.

—Por fin despiertas, mujer —dijo alcanzándole su cantimplora para que
bebiera un sorbo de aguardiente con pólvora y acabara de recuperar la vida.

Ella quiso saber la causa de tanto maltrato y él le explicó que el Coronel
105 necesitaba sus servicios. Le permitió mojarse la cara y enseguida la llevó a un
extremo del campamento, donde el hombre más temido del país reposaba en
una hamaca colgada entre dos árboles. Ella no pudo verle el rostro, porque
tenía encima la sombra incierta del follaje y la sombra imborrable de muchos
años viviendo como un bandido, pero imaginó que debía ser de expresión
110 perdularia° si su gigantesco ayudante se dirigía a él con tanta humildad. Le *viciosa*
sorprendió su voz, suave y bien modulada como la de un profesor.

—¿Eres la que vende palabras? —preguntó.

—Para servirte —balbuceó ella oteando° en la penumbra para verlo mejor. *mirando con cuidado*

El Coronel se puso de pie y la luz de la antorcha que llevaba el Mulato le
115 dio de frente.[1] La mujer vio su piel oscura y sus fieros ojos de puma y supo al
punto° que estaba frente al hombre más solo de este mundo. *inmediatamente*

—Quiero ser presidente —dijo él.

Estaba cansado de recorrer esa tierra maldita en guerras inútiles y derro-
tas° que ningún subterfugio podía transformar en victorias. Llevaba muchos *defeats*
120 años durmiendo a la intemperie, picado de mosquitos, alimentándose de
iguanas y sopa de culebra, pero esos inconvenientes menores no constituían
razón suficiente para cambiar su destino. Lo que en verdad le fastidiaba° era *molestaba*
el terror en los ojos ajenos.° Deseaba entrar a los pueblos bajo arcos de *de otra gente*
triunfo, entre banderas de colores y flores, que lo aplaudieran y le dieran de
125 regalo huevos frescos y pan recién horneado. Estaba harto de comprobar
cómo a su paso huían° los hombres, abortaban de susto las mujeres y tem- *se escapaban*
blaban las criaturas; por eso había decidido ser presidente. El Mulato le sugirió que fueran a la capital y entraran galopando al Palacio para apoderarse del
gobierno, tal como tomaron tantas otras cosas sin pedir permiso, pero al

---
[1]lit. *hit him directly in the face (revealed his face)*

130 Coronel no le interesaba convertirse en otro tirano, de ésos ya habían tenido bastantes por allí y, además, de ese modo no obtendría el afecto de las gentes. Su idea consistía en ser elegido por votación popular en los comicios de diciembre.

      —Para eso necesito hablar como un candidato. ¿Puedes venderme las
135 palabras para un discurso? —preguntó el Coronel a Belisa Crepusculario.

      Ella había aceptado muchos encargos, pero ninguno como ése, sin embargo no pudo negarse, temiendo que el Mulato le metiera un tiro° entre    *would shoot her* los ojos, o peor aún, que el Coronel se echara a llorar. Por otra parte, sintió el impulso de ayudarlo, porque percibió un palpitante calor en su piel, un deseo
140 poderoso de tocar a ese hombre, de recorrerlo con sus manos, de estrecharlo°    *abrazarlo* entre sus brazos.

      Toda la noche y buena parte del día siguiente estuvo Belisa Crepusculario buscando en su repertorio las palabras apropiadas para un discurso presidencial, vigilada de cerca por el Mulato, quien no apartaba los ojos de
145 sus firmes piernas de caminante y sus senos virginales. Descartó las palabras ásperas y secas, las demasiado floridas, las que estaban desteñidas°    *descoloridas* por el abuso, las que ofrecían promesas improbables, las carentes de° ver-    *que no tenían* dad y las confusas, para quedarse sólo con aquéllas capaces de tocar con certeza el pensamiento de los hombres y la intuición de las mujeres.
150 Haciendo uso de los conocimientos comprados al cura por veinte pesos, escribió el discurso en una hoja de papel y luego hizo señas° al Mulato    *signaled* para que desatara la cuerda con la cual la había amarrado por los tobillos a un árbol. La condujeron nuevamente donde el Coronel y al verlo ella vol- vió a sentir la misma palpitante ansiedad del primer encuentro. Le pasó el
155 papel y aguardó,° mientras él lo miraba sujetándolo con la punta de los    *esperó* dedos.

      —¿Qué carajo° dice aquí? —preguntó por último.    *What the hell*

      —¿No sabes leer?

      —Lo que yo sé hacer es la guerra —replicó él.

160       Ella leyó en alta voz el discurso. Lo leyó tres veces, para que su cliente pudiera grabárselo en la memoria. Cuando terminó vio la emoción en los rostros de los hombres de la tropa que se juntaron para escucharla y notó que los ojos amarillos del Coronel brillaban de entusiasmo, seguro de que con esas palabras el sillón presidencial sería suyo.

165       —Si después de oírlo tres veces los muchachos siguen con la boca abierta, es que esta vaina sirve, Coronel —aprobó el Mulato.

      —¿Cuánto te debo por tu trabajo, mujer? —preguntó el jefe.

      —Un peso, Coronel.

      —No es caro —dijo él abriendo la bolsa que llevaba colgaba del cintu-
170 rón con los restos del último botín.°    *booty, loot*

      —Además tienes derecho a una ñapa.° Te corresponden dos palabras    *premio, cosa extra* secretas —dijo Belisa Crepusculario.

      —¿Cómo es eso?

      Ella procedió a explicarle que por cada cincuenta centavos que pagaba
175 un cliente, le obsequiaba° una palabra de uso exclusivo. El jefe se encogió de    *regalaba*

hombros,° pues no tenía ni el menor interés en la oferta, pero no quiso ser
descortés con quien lo había servido tan bien. Ella se aproximó sin prisa al
taburete de suela° donde él estaba sentado y se inclinó para entregarle su
regalo. Entonces el hombre sintió el olor de animal montuno que se despren-
180 día de° esa mujer, el calor de incendio que irradiaban sus caderas, el roce terrible de sus cabellos, el aliento de yerbabuena° susurrando en su oreja las dos
palabras secretas a las cuales tenía derecho.

     —Son tuyas, Coronel —dijo ella al retirarse—. Puedes emplearlas
cuanto quieras.

185      El Mulato acompañó a Belisa hasta el borde del camino, sin dejar de
mirarla con ojos suplicantes de perro perdido, pero cuando estiró la mano
para tocarla, ella lo detuvo con un chorro de palabras inventadas que tuvieron
la virtud de espantarle el deseo, porque creyó que se trataba de alguna mal-
dición° irrevocable.

✲    ✲    ✲    ✲

190 En los meses de septiembre, octubre y noviembre el Coronel pronunció su discurso tantas veces, que de no haber sido hecho con palabras refulgentes° y
durables, el uso lo habría vuelto ceniza.° Recorrió el país en todas direcciones,
entrando a las ciudades con aire triunfal y deteniéndose también en los pueblos más olvidados, allá donde sólo el rastro de basura indicaba la presencia
195 humana, para convencer a los electores que votaran por él. Mientras hablaba
sobre una tarima° al centro de la plaza, el Mulato y sus hombres repartían
caramelos y pintaban su nombre con escarcha dorada° en las paredes, pero
nadie prestaba atención a esos recursos de mercader, porque estaban des-
lumbrados° por la claridad de sus proposiciones y la lucidez poética de sus
200 argumentos, contagiados de su deseo tremendo de corregir los errores de la
historia y alegres por primera vez en sus vidas. Al terminar la arenga° del Candidato, la tropa lanzaba pistoletazos al aire y encendía petardos° y cuando por
fin se retiraban, quedaba atrás una estela° de esperanza que perduraba
muchos días en el aire, como el recuerdo magnífico de un cometa. Pronto el
205 Coronel se convirtió en el político más popular. Era un fenómeno nunca visto,
aquel hombre surgido de la guerra civil, lleno de cicatrices y hablando como
un catedrático,° cuyo prestigio se regaba por el territorio nacional conmo-
viendo el corazón de la patria. La prensa se ocupó de él. Viajaron de lejos los
periodistas para entrevistarlo y repetir sus frases, y así creció el número de sus
210 seguidores y de sus enemigos.

     —Vamos bien, Coronel —dijo el Mulato al cumplirse doce semanas de
éxitos.

     Pero el candidato no lo escuchó. Estaba repitiendo sus dos palabras
secretas, como hacía cada vez con mayor frecuencia. Las decía cuando lo
215 ablandaba° la nostalgia, las murmuraba dormido, las llevaba consigo sobre su
caballo, las pensaba antes de pronunciar su célebre discurso y se sorprendía
saboreándolas° en sus descuidos.° Y en toda ocasión en que esas dos palabras venían a su mente, evocaba la presencia de Belisa Crepusculario y se le

---

*shrugged his
shoulders*
*leather stool*

*being emitted
from*/menta

*curse*

brillantes
*delivering it would
have turned it
into ash*

plataforma
*gold frost*

maravillados,
impresionados
discurso
*firecrackers*
*wake, trail*

profesor
universitario

suavizaba

*savoring them*/
tiempos libres

alborotaban° los sentidos con el recuerdo del olor montuno, el calor de incen-     *excitaban*
220  dio, el roce terrible y el aliento de yerbabuena, hasta que empezó a andar
como un sonámbulo y sus propios hombres comprendieron que se le terminaría la vida antes de alcanzar el sillón de los presidentes.

    —¿Qué es lo que te pasa, Coronel? —le preguntó muchas veces el     *couldn't stand it*
Mulato, hasta que por fin un día el jefe no pudo más° y le confesó que la     *any more/stuck*
225  culpa de su ánimo eran sus dos palabras que llevaba clavadas en el vientre.°     *in his belly*

    —Dímelas, a ver si pierden su poder —le pidió su fiel ayudante.

    —No te las diré, son sólo mías —replicó el Coronel.

    Cansado de ver a su jefe deteriorarse como un condenado a muerte, el
Mulato se echó el fusil° al hombro y partió en busca de Belisa Crepusculario.     *rifle*
230  Siguió sus huellas° por toda esa vasta geografía hasta encontrarla en un pue-     *señales que dejan*
blo del sur, instalada bajo el toldo de su oficio, contando su rosario de noti-     *los pies*
cias. Se le plantó delante con las piernas abiertas y el arma empuñada.°     *brandished,*
                                                     *clutched*

    —Tú te vienes conmigo —ordenó.

    Ella lo estaba esperando. Recogió su tintero, plegó° el lienzo de su ten-     *dobló*
235  derete, se echó el chal sobre los hombros y en silencio trepó° al anca del caba-     *subió*
llo. No cruzaron ni un gesto en todo el camino, porque al Mulato el deseo por
ella se le había convertido en rabia y sólo el miedo que le inspiraba su lengua
le impedía destrozarla a latigazos. Tampoco estaba dispuesto a comentarle
que el Coronel andaba alelado,° y que lo que no habían logrado tantos años     *confundido*
240  de batallas, lo había conseguido un encantamiento° susurrado al oído. Tres     *enchantment*
días después llegaron al campamento y de inmediato condujo a su prisionera
hasta el candidato, delante de toda la tropa.

    —Te traje a esta bruja° para que le devuelvas sus palabras, Coronel, y     *witch, sorceress*
para que ella te devuelva la hombría° —dijo apuntando el cañón de su fusil a     *masculinidad*
245  la nuca° de la mujer.     *back of the neck*

    El Coronel y Belisa Crepusculario se miraron largamente, midiéndose°     *sizing each other up*
desde la distancia. Los hombres comprendieron entonces que ya su jefe no
podría deshacerse del hechizo° de esas dos palabras endemoniadas,[2] porque     *encantamiento*
todos pudieron ver los ojos carnívoros del puma tornarse° mansos cuando ella     *hacerse*
250  avanzó y le tomó la mano.

---

# DESPUÉS DE LEER

## Preguntas

### En general

1. ¿Cómo era el ambiente en que nació Belisa?

2. ¿Qué tipo de mujer era Belisa? Apoye su respuesta con evidencia del cuento.

3. ¿Qué tipo de hombre era el Coronel? ¿Y el Mulato? Apoye sus respuestas con evidencia del cuento.

---

[2]*cursed*— lit. poseídas por el demonio

## En detalle

1. ¿Cómo llegó Belisa a tener el nombre Belisa Crepusculario?

2. Cuando Belisa vio por primera vez la palabra escrita, ¿qué expresión usó la narradora para describir las letras que vio en el papel? ¿Por qué cree que usó esa expresión?

3. ¿Cómo aprendió a leer y a escribir Belisa?

4. Después de comprar el diccionario, ¿cuándo y por qué lo lanzó al mar?

5. El oficio de Belisa era vender palabras. Mencione específicamente los tipos de palabras que vendía y las formas en que se las presentaba a su clientela.

6. ¿Por qué eligió Belisa la profesión de vender palabras? ¿Qué otras opciones tenía?

7. Cuando los hombres del Coronel vinieron a capturar a Belisa, ¿cómo entraron en el pueblo? ¿Cómo reaccionó la gente? ¿Por qué capturaron a Belisa?

8. ¿Por qué el Coronel decidió abandonar su profesión de guerrero y ejercer la de político?

9. ¿Qué efecto tuvo la presencia del Coronel en Belisa cuando lo vio por primera vez?

10. Cuando Belisa escribió el discurso para el Coronel, ¿qué tipos de palabras usó y qué tipos descartó?

11. ¿Por qué la tenían prisionera cuando escribía el discurso para el Coronel? ¿Cree que fue necesario amarrarla? Explique.

12. ¿Cómo reaccionó el Coronel cuando Belisa le dio su discurso en forma escrita? ¿Por qué?

13. ¿Qué efecto tuvo el discurso del Coronel sobre la gente que lo escuchó?

14. ¿Qué es una ñapa? ¿Qué importancia tiene para la trama?

15. Después de doce semanas de éxitos, ¿qué ocupaba los pensamientos del Coronel?

16. ¿Qué tipo de interés tenía el Mulato en Belisa?

## Discusión e interpretación

1. ¿Cuáles cree que fueron las dos palabras secretas que Belisa le «dio» al Coronel? Explique, usando evidencia del cuento.

2. ¿Por qué cree Ud. que Belisa le susurró al Coronel sus dos palabras secretas en vez de decírselas en voz alta? ¿Por qué cree que el Coronel no se las dijo al Mulato?

3. A través del cuento, se ven indicaciones del poder de las palabras. ¿Cómo se manifiesta este poder? Mencione varias maneras.

4. ¿Qué efecto han tenido las palabras en la vida de Belisa?

5. ¿Por qué cree que la narradora usó palabras como **bruja** para describir a Belisa y **maldición, encantamiento, hechizo, palabras endiabladas**, etc. para describir el efecto de sus palabras sobre el Mulato y el Coronel?

6. ¿Qué cualidades de la personalidad de Belisa se destacan en el cuento? Señale evidencia del cuento.

7. Belisa se interesó en el Coronel casi inmediatamente, pero el Coronel no le correspondió inmediatamente. ¿Por qué? ¿Por qué cree que eventualmente se interesó en ella?

8. Para los personajes principales de este cuento, ¿cree que son más poderosas las palabras escritas o las palabras orales? Explique.

9. Varias personas han observado que el nombre **Belisa** es un anagrama de **Isabel**, el nombre de la autora. ¿Cree que Allende escogiera este nombre a propósito, para referirse indirectamente a sí misma? Explique.

10. **Crepúsculo** significa *twilight* o *dusk*. Una definición en español es «claridad o luz que precede a la salida del sol en la mañana o la que sigue a la puesta del sol hasta que anochece». Sabiendo esto, ¿cree que haya una conexión entre el apellido (**Crepusculario**) que Belisa se autonombró y el significado de esta palabra? Explique.

11. Cuando Belisa conoció al Coronel y estaba en su presencia —pero antes de ver su cara—, la narradora lo describió como «el hombre más temido del país» (línea 106). Luego, poco después, cuando Belisa pudo verle la cara, la narradora usó la expresión «hombre más solo de este mundo» (línea 116) para describirlo. ¿Por qué cree que la narradora usó estas expresiones muy similares en estructura, pero completamente opuestas en significado para describirlo?

12. ¿Por qué cree que Allende ha escrito un cuento donde uno de los temas principales es el poder de las palabras? ¿Qué opina Ud. sobre el valor y el poder de las palabras en el mundo actual?

# LAZOS GRAMATICALES

## Adjetivos descriptivos que «cambian de significado» según su posición

Como ya sabe, ciertos adjetivos pueden tener distintas traducciones inglesas según su posición antes o después del sustantivo que modifican. En el siguiente ejercicio, vamos a examinar algunos casos de este tipo.

**15-8 ¿Qué información se comunica aquí?** Lea los fragmento del cuento prestando atención a los adjetivos en negrita. Tomando en cuenta su posición relativa al sustantivo (antes o después), indique su traducción en inglés. Si no recuerda su significado, trate de determinarlo según el contexto. Si no está seguro/a, relea la sección número dos del *Manual de gramática* (pp. 290–298).

### mismo

1. Tenía el nombre de Belisa Crepusculario, pero no por fe de bautismo o acierto de su madre, sino porque **ella misma**[3] lo buscó hasta encontrarlo y se vistió con él.

2. Se acercó a un hombre que lavaba un caballo en **el mismo charco turbio** donde ella saciara su sed.

3. La condujeron nuevamente donde el Coronel y al verlo ella volvió a sentir **la misma palpitante ansiedad** del primer encuentro.

### propio

4. Algunos habían iniciado la marcha llevando sus pertenencias al hombro o en carretillas, pero apenas podían mover **sus propios huesos** y a poco andar debían abandonar sus cosas.

5. Y en toda ocasión en que esas dos palabras venían a su mente, evocaba la presencia de Belisa Crepusculario y se le alborotaban los sentidos con el recuerdo del olor montuno, el calor de incendio, el roce terrible y el aliento de yerbabuena, hasta que empezó a andar como un sonámbulo y **sus propios hombres** comprendieron que se le terminaría la vida antes de alcanzar el sillón de los presidentes.

### varios

6. **Varios años** después, en una mañana de agosto, se encontraba Belisa Crepusculario al centro de una plaza, sentada bajo su toldo vendiendo argumentos de justicia a un viejo que solicitaba su pensión desde hacía diecisiete años.

7. Despertó **varias horas** después con el murmullo de la noche en el campo, pero no tuvo tiempo de descifrar esos sonidos, porque al abrir los ojos se encontró ante la mirada impaciente del Mulato, arrodillado a su lado.

---

[3]Aunque **ella** no es un sustantivo (es un pronombre), el adjetivo **misma** tiene el mismo significado que tendría si **ella** fuera un sustantivo.

## Un análisis en contexto de pretéritos que «cambian de significado»

Muchos libros de texto explican que ciertos verbos en el pretérito «cambian de significado». Pero usted ha aprendido en este libro que los verbos en el pretérito no siempre se traducen con los significados «especiales» y que a veces se puede usar la traducción que se asocia con el imperfecto. Esto se verá en el siguiente ejercicio.

**15-9 Trabajo de traductor.** Imagínese que es traductor/a profesional y tiene que traducir «Dos palabras» al inglés. Lea los siguientes fragmentos del cuento y, refiriéndose al cuadro, decida cuál de las traducciones sería mejor para el verbo en pretérito en negrita. (O tal vez aún otra traducción sería mejor en algunos casos.) No tiene que traducir el resto del fragmento.

| Infinitivo | Significado en el imperfecto (generalmente es el significado del infinitivo) | Significado (típico) en el pretérito |
|---|---|---|
| querer | *wanted* | *tried* |
| no querer | *didn't want/did not want* | *refused* |
| saber | *knew* | *found out, discovered, learned* |
| tener | *had, possessed* | *got, received* |
| no poder | *couldn't/could not, wasn't (was not) able to* | *failed to (couldn't and didn't)* |

1. —¿Qué es esto? —preguntó.

   —La página deportiva del periódico —replicó el hombre sin dar muestras de asombro ante su ignorancia.

   La respuesta dejó atónita a la muchacha, pero **no quiso** parecer descarada y se limitó a inquirir el significado de las patitas de mosca dibujadas sobre el papel.

2. A partir de ese momento ejerció esa profesión y nunca le interesó otra. Al principio ofrecía su mercancía sin sospechar que las palabras podían también escribirse fuera de los periódicos. Cuando lo **supo**

calculó las infinitas proyecciones de su negocio, con sus ahorros le pagó veinte pesos a un cura para que le enseñara a leer y escribir y con los tres que le sobraron se compró un diccionario.

(El siguiente fragmento aparece después de que el Mulato y los otros hombres del Coronel habían secuestrado° a Belisa.)

*kidnapped*

3. —Por fin despiertas, mujer —dijo alcanzándole su cantimplora para que bebiera un sorbo de aguardiente con pólvora y acabara de recuperar la vida.

Ella **quiso** saber la causa de tanto maltrato y él le explicó que el Coronel necesitaba sus servicios.

4. El Coronel se puso de pie y la luz de la antorcha que llevaba el Mulato le dio de frente. La mujer vio su piel oscura y sus fieros ojos de puma y **supo** al punto que estaba frente al hombre más solo de este mundo.

5. Ella había aceptado muchos encargos, pero ninguno como ése, sin embargo **no pudo** negarse, temiendo que el Mulato le metiera un tiro entre los ojos, o peor aún, que el Coronel se echara a llorar.

6. El Mulato acompañó a Belisa hasta el borde del camino, sin dejar de mirarla con ojos suplicantes de perro perdido, pero cuando estiró la mano para tocarla, ella lo detuvo con un chorro de palabras inventadas que **tuvieron** la virtud de espantarle el deseo, porque creyó que se trataba de alguna maldición irrevocable.

Como ha descubierto en este ejercicio de traducción, los verbos con significados «especiales» en el pretérito no siempre se traducen con significados distintos en inglés. Como regla general, primero se debe considerar estos significados, pero si no se pueden usar en el contexto, se debe usar el significado que se asocia con el imperfecto (o con el infinitivo). En ciertos contextos, a veces otra expresión completamente distinta capta mejor la idea. En todo caso es importante recordar que, no importa la traducción, el pretérito de cualquier verbo se usa para:

- enfocarse en el principio de la acción
- enfocarse en el fin de la acción
- considerar la acción en su totalidad

Si todavía tiene dudas sobre los usos del pretérito y del imperfecto, relea la sección número cuatro del *Manual de gramática* (pp. 307–314).

Relea el cuento aplicando lo que ha aprendido y practicado en los ejercicios de la sección «**Lazos gramaticales**». Si lo hace, va a entender mejor el cuento y a fortalecer su comprensión de la gramática.

# A ESCRIBIR

## Estrategias de composición

Esta sección incluye una serie de pasos para ayudarlo/la a: (1) formular y desarrollar sus ideas y (2) organizar su composición para que sea cohesiva y coherente. También incluye instrucciones para buscar y corregir errores de gramática y de vocabulario. Estas sugerencias acompañan el primer tema porque son específicas para ese tema, pero son útiles para todos los temas. Si opta por otro tema, lea las sugerencias incluidas para el Tema uno y adáptelas para el tema que elija.

## Tema uno

Escriba un ensayo en que explore las múltiples maneras en que el poder de las palabras se manifiesta en «Dos palabras».

Al completar cada uno de los siguientes pasos, marque (✓) la casilla a la izquierda.

❏ a. Revise el cuento buscando indicaciones del poder de las palabras. Considere las siguientes preguntas pero no es necesario limitarse a éstas: ¿Cuáles de los personajes sienten el poder de las palabras en su vida? ¿Qué impacto han tenido las palabras en la vida de cada uno de ellos? ¿En qué maneras controlan ciertos personajes las palabras y en qué maneras las palabras controlan a los personajes? ¿Qué funciones o para qué fines las usan? ¿Hay diferencias entre las palabras cuando están escritas y las palabras orales?

❏ b. Organice la información de manera lógica.

❏ c. Apoye sus observaciones y argumentos citando evidencia del cuento.

❏ d. Reescriba su introducción y escriba una conclusión.

❏ e. Cuando haya escrito su borrador, revíselo, asegurándose que todo siga un orden lógico y que sus ideas fluyan bien. Repase el cuento otra vez asegurándose que haya incluido todos los elementos importantes. Haga las correcciones necesarias.

❏ f. Dele un título interesante a su ensayo.

❏ g. Antes de entregar su ensayo, revíselo asegurándose que:

    ❏ haya usado vocabulario correcto y variado

    ❏ no haya usado **ser, estar** y **haber** demasiado (es preferible usar verbos más expresivos)

    ❏ haya concordancia entre todos los adjetivos y artículos y los sustantivos a que se refieren

    ❏ haya concordancia entre los verbos y sus sujetos

❏ **ser** y **estar** se usen correctamente

❏ el subjuntivo se use cuando sea apropiado

❏ el pretérito y el imperfecto se hayan usado correctamente

❏ no haya errores de ortografía ni de acentuación

## Otros temas de composición

2. En muchas de las obras de Allende —tanto en sus cuentos como en sus novelas— se presenta a protagonistas femeninas fuertes que manifiestan atributos sumamente positivos como: confianza, integridad, independencia, etc. Claramente, Belisa Crepusculario es una de estas mujeres. Escriba un ensayo en el que explore las diversas maneras en que ella muestra estas características. Incluya citas del cuento para apoyar sus ideas. Recuerde que estas características pueden verse no sólo en su comportamiento y en sus palabras, sino también por las actitudes de los otros personajes hacia ella.

3. Belisa se interesó personalmente en el Coronel casi inmediatamente mientras que él no se interesó en ella hasta más tarde. Escriba un ensayo en el que explore el cambio de actitud del Coronel hacia Belisa. Puede considerar las siguientes preguntas, pero no tiene que limitar su ensayo a éstas. ¿Por qué inicialmente el Coronel no estaba interesado en ella? ¿Por qué se interesó en ella eventualmente? ¿Su cambio de actitud fue abrupto o gradual? Apoye sus argumentos con evidencia del cuento.

# Manual de gramática

## Índice

# 1. Cognados falsos

## Cognados

Usted probablemente ha observado la gran cantidad de cognados entre el español y el inglés. Los **cognados** (*cognates*, en inglés) son palabras ortográficamente idénticas o muy parecidas y que comparten uno o más significados en las dos lenguas. Tres ejemplos de cognados en inglés y español son *person*/**persona**, *interesting*/**interesante** y *radio*/**radio**.

Los cognados suelen tener más de un significado. Aunque la mayoría tiene un significado más o menos igual en las dos lenguas, (con la excepción de palabras científicas y técnicas) no son iguales en todos los sentidos. Un ejemplo es la palabra *radio*/**radio**: aunque tanto **radio** en español como *radio* en inglés se usan para el aparato receptor de radiodifusión (el que emite las noticias y música), sus significados no son idénticos. Por ejemplo, **radio** en español también quiere decir *radius* y *radium* en inglés. Así que, la mayoría de los llamados «cognados» podrían ser **cognados falsos**[1] si se consideran todos sus significados. (Cognados falsos son palabras ortográficamente idénticas o muy parecidas en dos lenguas que tienen significados distintos.) Por eso, la razón por la cual se clasifican *radio*/**radio** como cognados mientras que *to realize*/**realizar** se clasifican como cognados falsos es algo difícil de justificar. Puede ser que la decisión de usar el término **cognado** o el término **cognado falso** en cada caso se basa en el significado principal y en la frecuencia de su uso.

## Cognados falsos

Los libros de texto y profesores le han advertido que hay que tener cuidado con los cognados falsos. Pero, ¿sabía Ud. que hay dos tipos de cognados falsos? Por ejemplo, *lecture*/**lectura** y *to realize*/**realizar** son cognados falsos que representan los dos tipos.

### Dos categorías de cognados falsos

Los cognados falsos pueden clasificarse en dos grupos: los que nunca comparten un significado con la palabra a la que se parecen en la otra lengua —como *lecture*/**lectura**— y los que a veces comparten uno o más significados, como *to realize*/**realizar**. Aunque muchos libros de texto señalan que *to realize*/**realizar** son cognados falsos, no siempre son falsos. Es verdad que **realizar** no se usaría como equivalente de *to realize* en la oración a continuación (donde se usaría **darse cuenta**).

> *When we saw the policeman at the door, **we realized** that something terrible had happened.*

---

[1]Otros términos que se usan para estas palabras son: «falsos amigos» y «cognados deceptivos», entre otros.

Pero *to realize*/**realizar** comparten un significado también, como se ve en el siguiente par de oraciones.

*Charles never managed **to realize** his dream of climbing a mountain.*

Carlos nunca pudo **realizar** su sueño de escalar una montaña.

En los siguientes cuadros, se presentan ejemplos de las dos categorías de cognados falsos. El primer cuadro muestra los cognados falsos «siempre falsos» —los que nunca comparten un significado. El segundo presenta ejemplos de cognados falsos «variables» —los que a veces son cognados falsos y a veces cognados verdaderos. Los ejemplos en estos cuadros son representativos —no deben considerarse listas completas. Hay muchísimos más ejemplos de ambos tipos y se verán algunos en los cuentos en esta colección y en los ejercicios que los acompañan. La mayoría de los llamados «cognados falsos» son del tipo variable. Estudie la información en los dos cuadros.

| EJEMPLOS DE COGNADOS FALSOS «SIEMPRE FALSOS» Nota: Los cognados falsos «siempre falsos» nunca comparten un significado en el inglés/el español estándares. ||
|---|---|
| **Palabra en español** | **Significado/s en inglés** |
| actual | *present, present-day* |
| avisar | *to warn, to inform, to notify* |
| aviso | *warning, notice, newspaper ad* |
| carpeta | *folder, file, briefcase, portfolio* |
| delito | *crime* |
| éxito | *success* |
| fábrica | *factory* |
| faltar | *to be lacking* |
| largo | *long* |
| lectura | *reading, reading matter* |
| librería | *bookstore* |
| pariente | *relative* |
| rato | *while* (breve período de tiempo) |
| receta | *recipe, prescription* |

(continúa)

| Palabra en español | Significado/s en inglés |
|---|---|
| ropa | *clothing* |
| sano | *healthy, fit* |
| suceso | *event* |

| EJEMPLOS DE COGNADOS FALSOS VARIABLES | | |
|---|---|---|
| **Nota:** Los cognados falsos «variables» a veces son cognados verdaderos. | | |
| **Palabra (significado más común en inglés)** | **Explicación** | **Sentido/s compartido/s** |
| aplicación* | No es *application* en el sentido de *job application*.<br>➜ Se usaría **solicitud**. | aplicación de una sustancia a una superficie (por ej., pintura o ungüento (*ointment*)<br>**aplicación** como se usa en la informática (= programa) o en las matemáticas (= operación) |
| aplicar* | No es *to apply* en el sentido de *to apply for a job*.<br>➜ Se usaría **solicitar** o **presentarse a/para un puesto**. | aplicar una sustancia a una superficie (por ej. pintura o ungüento)<br>**aplicarse**: *to apply to* como en *to be applicable to* o *to apply oneself* |
| argumento* (*plot; story-line*) | No es *argument* en el sentido de *quarrel*.<br>➜ Se usaría **discusión, disputa, debate**. | *argument* en el sentido de *line of reasoning* |
| carácter* | No es *character* en el sentido de *theater or literary character*.<br>➜ Se usaría **personaje**. | *character* en el sentido de **rasgo distintivo de una persona/cosa**<br>*character* en el sentido de **letra** o **signo de escritura** |
| colegio (*school*) | No es *college* en el sentido de *university*.<br>➜ Se usaría **universidad**. | en expresiones específicas: **colegio electoral**: *electoral college*<br>**Colegio de Cardenales**: *College of Cardinals* |

*En algunos países latinoamericanos, estas palabras son cognados verdaderos aun en los sentidos ingleses dados en la segunda columna.

(continúa)

| Palabra (significado más común en inglés) | Explicación | Sentido/s compartido/s |
|---|---|---|
| cuestión | No es *question* en el sentido de *inquiry*.<br>→ Se usaría **pregunta**. | *question* en el sentido de *issue* o *matter* |
| discusión (*argument*) | | *discussion* |
| discutir (*to argue*) | | *to discuss* |
| facultad (*school/ division in a university*) | No es *faculty* en el sentido de **grupo de maestros/ profesores.**<br>→ Se usaría **profesorado**. | *faculty* en el sentido de *ability* o *strength* (por ej., **facultades mentales**) |
| grado (*step; degree*) | No es *grade* en el sentido de *a grade for course work*.<br>→ Se usaría **nota** o **calificación**. | *grade* en el sentido de *class level in school*<br><br>*grade* en el sentido de *quality* (buen grado — *high quality*) |
| ignorar (*to be unaware/ ignorant of*) | | *to ignore* |
| introducir | No es *to introduce* en el sentido de *to introduce a person to someone else*.<br>→ Se usaría **presentar**. | *to introduce* en el sentido de *to bring up a topic for discussion* |
| realizar | No es *to realize* en el sentido de *to comprehend*.<br>→ Se usaría **darse cuenta** o **comprender**. | *to realize* en el sentido de *to fulfill* o *to carry out* |
| sentencia | No es *sentence* en el sentido de *a grammatically self-contained speech unit*.<br>→ Se usaría **frase** u **oración**. | *sentence* en el sentido de *decision* (por ej., la sentencia de un juez en la corte) |

(continúa)

| Palabra (significado más común en inglés) | Explicación | Sentido/s compartido/s |
|---|---|---|
| suceder (*to happen*) | No es *to succeed* en el sentido de *to have success.*<br><br>→ Se usaría **tener éxito**. | *to succeed* en el sentido de *to follow* (por ej., Calderón sucedió a Fox como presidente de México.) |
| sujeto | No es *subject* en el sentido de *school subject.*<br><br>→ Se usaría **materia** o **asignatura**.<br><br>No es *subject* en el sentido de *topic.*<br><br>→ Se usaría **tema** o **asunto**. | *grammatical subject* (por ej., *subject of a sentence*)<br><br>**sujeto a:** *subject to* |

## Variación dialectal

La variación dialectal es un fenómeno común en cualquier lengua. Se ve principalmente en los campos del vocabulario y de la pronunciación (aunque la variabilidad en la gramática ocurre también). Por ejemplo, **patata** se usa en España para *potato* pero en México se usa **papa**, y una **tortilla española** es un alimento muy distinto de una **tortilla** en México.

Se observa variación con los cognados falsos también. Para algunos dialectos del español, lo que es un cognado falso en un dialecto es un cognado verdadero en otro. Por ejemplo, **rentar** no quiere decir *to rent* en España, sino *to yield* o *to produce* (por ej., *income*). (*To rent* en España es **alquilar**.) Pero en México y en otros países latinoamericanos, **rentar** quiere decir *to rent*. Otro ejemplo es la palabra **aplicar**. En muchos dialectos, esta palabra no se usa para decir *to apply for a job*, lo cual se expresaría con **solicitar un puesto** o **presentarse a un puesto**. Sin embargo, **aplicar** se usa en este sentido en Colombia y en Venezuela y se oye en muchas de las regiones hispánicas en los EE.UU.

La proximidad del país a los EE.UU. explica en parte la conversión de un cognado falso a un cognado verdadero, pero ésta es una explicación simplista porque hay muchos otros factores que influencian en este fenómeno.

## Consejos sobre el uso de los cognados falsos

1. Es importante recordar que la mayoría de los cognados falsos entre el español y el inglés también tiene un significado cognado con la otra lengua (*to realize*/realizar/darse cuenta); *to introduce*/introducir/ presentar).

2. Es mejor ser conservador/a —hablando lingüísticamente— cuando uno emplea los cognados falsos que son cognados verdaderos en algunos dialectos (como **aplicar a un puesto**) porque no se aceptan en todos los lugares. Se recomienda que utilice la expresión «más aceptable» en vez del cognado (por ej., **solicitar un puesto** en vez de **aplicar a un puesto**). Ésta es una táctica recomendable porque:

   a. en la mayoría de los países donde estas expresiones no son cognados falsos, también utilizan —o al menos entienden— el otro término. (Por ejemplo, se entiende **solicitar un puesto** o **presentarse a un puesto** aun si usan **aplicar** en este sentido.)

   b. aunque un hispanohablante nativo puede decir y escribir ciertas expresiones sin crítica —porque otro hispanohablante que le escuche probablemente va a suponer que es un caso de variación dialectal—, un estudiante anglohablante generalmente no tiene este «permiso». Si un anglohablante usa estos anglicismos, probablemente se consideran errores y no simplemente un caso de variación dialectal.

# 2. La colocación de los adjetivos descriptivos

Esta sección se concentra en los adjetivos descriptivos, pero antes, presentaremos una breve explicación de los adjetivos determinativos para destacar la diferencia entre los dos tipos de adjetivos.

## Adjetivos determinativos

Los adjetivos determinativos casi siempre se colocan antes del sustantivo que describen. Por eso, no suelen causarles muchas dificultades a los anglohablantes. (En inglés estos adjetivos se llaman *limiting adjectives* o *determiners*.) Ejemplos de adjetivos determinativos incluyen: los de cantidad y de número, los adjetivos demostrativos, los posesivos cortos y los adjetivos interrogativos.

### Ejemplos

Tengo **mucha** tarea.

Hay **pocas** cosas que le molestan más que el ruido del tráfico.

Su hijito tiene **tanta** energía.

No quieren pagar **demasiado** dinero por un carro de esa marca.

**Nuestros** parientes van a visitarnos este fin de semana.

**Esta** casa está muy sucia. Vamos a limpiarla.

**Aquellos** edificios parecen muy pequeños desde aquí.

¿**Cuántos** libros vas a comprar?

# Adjetivos descriptivos

En inglés, los adjetivos de cualquier tipo casi siempre preceden a su sustantivo: *the tall boys, a magnificent novel, a restless spirit*, etc. Las pocas excepciones ocurren en ciertas frases formales como: *court martial, attorney general* (plurales: *courts martial* y *attorneys general*). En español, los adjetivos descriptivos pueden colocarse antes o después del sustantivo que describen, pero no siempre es posible optar por las dos posiciones.

## *Se colocan* **después**

Si se quiere **distinguir** o **diferenciar** un sustantivo de otros, el adjetivo se coloca después, como en los siguientes ejemplos.

Voy a comprar un carro **barato** (en vez de un carro **caro**).

Vivimos en una casa **pequeña** (en vez de en una casa **grande**).

Las personas **ricas** suelen tener más oportunidades que las pobres.

Dado que la función principal de los adjetivos en general es restringir el significado del sustantivo y así presentar más información sobre el sustantivo que describen, los adjetivos descriptivos siguen a su sustantivo más que lo preceden. Aunque estadísticamente esto es verdad, hay muchísimos casos cuando el adjetivo va antes del sustantivo.

## *Se colocan* **antes**

Un adjetivo descriptivo puede preceder a su sustantivo por varias razones, las cuales se van a considerar en esta sección.

1.  Si la persona que habla/escribe quiere indicar que el atributo expresado por el adjetivo es una parte **íntegra** o **inherente** de la entidad que describe, va a colocarlo antes. Esto ocurre particularmente cuando el sustantivo es único, como en los siguientes ejemplos.

La **linda** actriz, Julia Roberts...

La **magnífica** novela, *Don Quijote de la Mancha*...

Los **impresionantes** Andes...

La **inconstante** luna...

Su **fiel** amigo...

Estos ejemplos suponen que si la mayoría de la gente comparte la opinión, y el objetivo no es distinguir este sustantivo de otro, el adjetivo se pondrá antes.

En casos como los que acabamos de considerar, donde el adjetivo describe un atributo asociado con el sustantivo, muchas veces éste contiene información esencialmente superflua, o extra. En esta posición, el adjetivo a veces tiene el papel de un **epíteto**. (Un epíteto es un adjetivo que enfatiza las cualidades que ya se asocian con el sustantivo.) Unos ejemplos son: la oscura noche, la blanca nieve, las altas montañas, las mansas ovejas, los feroces leones. Unos ejemplos de epítetos en inglés son: *the legendary Babe Ruth*, *the burning sun*, *laughing hyenas*.

Ciertos adjetivos en esta posición forman una unidad con su sustantivo; en estos casos, la posición del adjetivo nunca cambia. He aquí algunos ejemplos.

| La Bella Durmiente | *Sleeping Beauty* |
|---|---|
| mala (buena) suerte | *bad (good) luck* |
| las Bellas Artes | *the Fine Arts* |
| el Santo Padre | *the Holy Father* |
| a corto (largo) plazo | *short (long) term* |

2. Si el que habla/escribe quiere mostrar **una reacción personal y subjetiva** o quiere **destacar el atributo**, también pondría el adjetivo antes del sustantivo, como en los siguientes ejemplos.

---

Unos **preciosos** niños pasaron por mi casa gritando y riéndose a todo volumen. ¡Qué lindos!

Mi **paciente** mujer me lo ha recordado muchas veces, pero nunca se ha enojado conmigo.

Su **difícil** situación nos entristece.

---

→ Recuerde que en todos los casos de esta sección, el adjetivo no sirve para distinguir o diferenciar el sustantivo de otro.

## En más detalle

Ciertos adjetivos, por su naturaleza, casi siempre se usan para contrastar y diferenciar. Por eso, casi nunca preceden a su sustantivo. Los adjetivos de nacionalidad y de color son ejemplos de este tipo. Pero, hasta estos adjetivos podrían verse antes del sustantivo, dentro de un contexto sumamente limitado. Ya hemos considerado un caso con un adjetivo de color: **la blanca nieve, el amarillo sol**. En cuanto a los adjetivos de nacionalidad, si alguien o algo es conocido por su nacionalidad o esa nacionalidad forma parte de su carácter y queremos destacarlo, sería posible colocarlo antes del sustantivo y decir algo como **el muy cubano plato** «moros y cristianos»[2] o **la muy española expresión** «no vale un higo». Éste es otro ejemplo de un adjetivo usado como un epíteto.

Se ve por estos últimos ejemplos que las oportunidades de poder utilizar tales expresiones serían bastante raras. Se ha incluido una discusión de estos casos para recordarle lo siguiente: aunque las reglas gramaticales son muy útiles —porque indican patrones sistemáticos en una lengua—, hay pocas reglas completamente fidedignas. Tome esto en cuenta cuando lea y escuche español, especialmente cuando encuentre usos que parecen violar las reglas que ha aprendido.

## Adjetivos cuyos equivalentes ingleses varían según su posición

Ciertos adjetivos tienen significados distintos según si se colocan antes o después del sustantivo. Es decir, generalmente requieren distintas palabras en inglés para expresar la idea del adjetivo si la posición cambia. Un ejemplo es el adjetivo **triste**, que generalmente se traduce a *sad* cuando se coloca después pero significa *wretched*, *meager*, *sorry* o *paltry* si se coloca antes.

### Ejemplos

Para una persona **triste** es difícil cumplir con sus deberes diarios.

Ese **triste** hombre ha tenido muy mala suerte.

Esta **triste** porción de carne no satisfaría a un pájaro.

El cuadro a continuación presenta una lista de los adjetivos más frecuentes de este tipo.

| ADJETIVOS CUYO EQUIVALENTE INGLÉS PUEDE CAMBIAR SEGÚN SU POSICIÓN | | |
|---|---|---|
| **Adjetivo** | **Antes** (Significado cuando precede al sustantivo) | **Después** (Significado cuando sigue al sustantivo) |
| antiguo | *former* (también *old* y *ancient*) | *old, ancient, old-fashioned* |

---

[2] un plato muy común en Cuba que consiste en arroz con frijoles negros

(continúa)

| Adjetivo | Antes (Significado cuando precede al sustantivo) | Después (Significado cuando sigue al sustantivo) |
|---|---|---|
| cierto | *certain (= one/some of several)* | *certain, sure, true* |
| diferente | *several, various, different (= several, various)* | *different (= unlike)* |
| cualquier/a\* | *any* | *any (= [just] any old), any (= ordinary)* |
| gran(de)\*\* | *great* | *large, big* |
| medio | *half* | *average* |
| mismo | *same, self-same, very own, -self* | *-self (himself, herself, ourselves, etc.)* |
| nuevo | *new (different, latest)* | *(brand) new* |
| pobre | *poor (= unfortunate, pitiful, pitiable)* | *poor (= impoverished)* |
| propio | *own, self-same, very* | *characteristic, suitable, appropriate, right (a veces own)* |
| puro | *sheer, just (= only), pure (= sheer, only)* | *pure (= uncontaminated)* |
| raro | *infrequent, few, rare* (en estos sentidos) | *rare, strange* |
| semejante | *such (a)* | *similar* |
| simple | *mere, just (= only)* | *simple, simple-minded* |
| triste | *meager, wretched, sorry, paltry, insignificant, sad* | *sad, unhappy* |

\***Cualquiera** se acorta a **cualquier** cuando es singular y precede al sustantivo: **cualquier libro, cualquier persona.** La forma plural (masculina o femenina) es **cualesquiera** en ambas posiciones. La forma plural no se usa mucho —se ve principalmente con los sustantivos que sólo ocurren en forma plural, como: **gafas** *glasses,* **lentes** *lenses,* **tijeras** *scissors,* **alicates** *pliers,* **tenazas** *pliers,* **pinzas** *tweezers,* **bruselas** *tweezers.*

\*\***Grande** se acorta a **gran** cuando es singular (masculino o femenino) y precede al sustantivo: **un gran hombre/una gran mujer.** (Pero en el plural es normal: **grandes hombres/grandes mujeres; hombres grandes/mujeres grandes**).

(continúa)

| Adjetivo | Antes<br>(Significado cuando precede al sustantivo) | Después<br>(Significado cuando sigue al sustantivo) |
|---|---|---|
| único | *only, sole* | *unique* |
| varios | *several* | *various, assorted, miscellaneous* |
| viejo | *long-standing, long-time, long-lasting, former*, (también *old*) | *old, aged, elderly* |

Unos ejemplos contrastivos muestran las diferencias de significado:

**Cualquier** niño que llegue para las nueve recibirá un premio. Y no es un premio **cualquiera**.

*Any child who arrives by nine o'clock will receive a prize. And it's not **just any old** prize.*

Usted tiene **diferentes** opciones aquí, así que seguramente estará contento con nuestros servicios. Verá que nuestra compañía es una empresa **diferente**.

*You have **several** options here so you will surely be happy with our services. You will see that our firm is a **different** company.*

Es un joven **medio**.[3] Puede comer **medio** sándwich con sólo dos bocados.

*He's an **average** youth. He can eat **half a** sandwich in just two bites.*

Este **triste** apartamento sólo tiene una ventana y de allí sólo se ve una fábrica.

*This **wretched** apartment only has one window and from it you only see a factory.*

Aunque Andrés es una persona **triste**, por su comportamiento y expresiones, lo tomaría por una persona muy feliz.

*Although Andrew is a **sad** person, by his manner and expressions, you'd take him for a very happy person.*

Su **viejo** amigo parece un hombre **viejo**.

*Her **long-time** friend looks like an **old** man.*

---

[3]Algunos hispanohablantes prefieren **promedio** para este significado.

## Ejemplos donde no se usarían las traducciones típicas

¡Ojo! Tome en cuenta que las definiciones del cuadro no son fijas —a veces hay «excepciones» de las definiciones presentadas allí. Por ejemplo, aunque **único** suele traducirse a *unique* cuando sigue al sustantivo, en la oración «Los padres con un hijo **único** tienen que asegurarse que no llegue a ser consentido», la frase **un hijo único** probablemente se traduciría a *"an only child"* y no a *"a **unique** child"* la cual es la definición indicada en el cuadro. Puesto que hay muchas «excepciones», use las definiciones como guía, no como una regla fija. Vamos a considerar otras excepciones aparentes.

Ciertos adjetivos del cuadro pueden llevar el significado asociado con la posposición aun cuando preceden a su sustantivo. Esto ocurre cuando los atributos del adjetivo se asocian con el sustantivo. Considere los siguientes ejemplos.

---

«Las **antiguas** ruinas de los maya» no podría significar *the **former** Mayan ruins* porque esto no tiene sentido. La traducción correcta en este caso sería *ancient*, o tal vez *old*. Las ruinas se asocian con su antigüedad y por eso **antiguas** precede al sustantivo **ruinas**.

Otro ejemplo con la palabra **antiguo** se ve en la frase «**Antiguo** Testamento» (*Old Testament*).

«**Viejo** Testamento» (*Old Testament*) y «**Viejo** Mundo» (*Old World*) son parecidos al ejemplo anterior.

«Los **pobres** habitantes de Apalachia» podría significar o *the **unfortunate/pitiful** inhabitants of Appalachia* —el significado que la regla predice— pero, puesto que esta región de los EE. UU. se asocia con la pobreza, también podría significar *the **impoverished** inhabitants of Appalachia*.

---

Algunos de los adjetivos del cuadro, cuando preceden al sustantivo, realmente funcionan como adjetivos determinativos por su referencia a cantidad o número: **cierto, varios, raro, diferentes** y **medio**. Esto explica en parte por qué se colocan antes cuando tienen estos significados: porque, como vimos en el segundo párrafo de esta sección (p. 290), los determinativos casi siempre preceden al sustantivo. Considere los siguientes ejemplos.

---

Este lugar es muy solitario porque la gente **raras veces** (*infrequently, rarely*) pasa por aquí.

Esa tienda sirve **diferentes/varios** (*several*) sabores de helado. ¿Quieres probar algunos?

Sólo **ciertas** (*certain*—[*some of several*]) personas tienen acceso a esta información.

Voy a comprar **media** (*half*) docena de huevos si me permiten.

---

Como indica el cuadro de las páginas 293–295, con algunos de estos adjetivos, es posible usar la misma palabra en inglés cuando aparece antes o después del sustantivo. Por ejemplo, **el pobre niño** y **el niño pobre** podrían traducirse a *the poor child*. En estos casos, si se coloca después, adopta el significado literal de la palabra en inglés (literalmente *poor*, sin dinero) y el significado figurativo cuando se coloca antes (figurativamente *poor* [*unfortunate, pitiful*]). (A veces el significado no es figurativo sino secundario o derivado.) Examine los siguientes ejemplos.

| CASOS DONDE ES POSIBLE USAR LA MISMA TRADUCCIÓN INGLESA EN AMBAS POSICIONES | |
| --- | --- |
| Antes (significado figurativo) | Después (significado literal) |
| El **pobre** niño tiene mucho miedo porque no sabe dónde está su mamá. | El niño **pobre** no tiene bastante dinero para comprarse unos dulces. |
| Su **nueva** novia es más comprensiva que su vieja* novia. | Su sillón **nuevo** es más cómodo que su sillón viejo. |
| Sólo hay **raras** oportunidades para ver una representación de tan buena cualidad. | Éste es un libro **raro**: sólo se publicaron cien ejemplares. |
| Nunca esperábamos una reacción tan fuerte a una **simple** petición. | Esto es un juego **simple**: hasta un niño puede jugarlo sin dificultad. |
| *Muchos hispanohablantes prefieren **antigua** aquí. | |

Es importante recordar que la mayoría de los adjetivos del cuadro anterior siguen las reglas de los adjetivos «regulares» que consideramos en la primera parte de esta sección: cuando siguen al sustantivo, sirven para distinguir el sustantivo de otros y cuando lo preceden, suelen contener información más subjetiva o figurativa, a veces información extra.

# En resumen

En la práctica, hay variación en la colocación de los adjetivos descriptivos. En la literatura, donde los autores emplean diferentes técnicas para expresar sus ideas, se ve mucha variación en la posición de los adjetivos descriptivos, algo que se ve en los cuentos de esta antología. Recuerde que:

1. Si un adjetivo se usa para distinguir o diferenciar un sustantivo de otros de su clase, se coloca después; éste es el uso más frecuente.

2. Si la información contenida en el adjetivo es subjetiva, superflua o extra, probablemente se coloca antes.

3. Ciertos adjetivos pueden tener traducciones distintas en inglés, según su posición relativa al sustantivo. Sin embargo, estos adjetivos siguen las reglas de uso números uno y dos.

# 3. Ser/Estar + adjetivos

## Los principios fundamentales

Tanto **ser** como **estar** (*to be* en inglés) se usan con adjetivos pero comunican información distinta sobre el sustantivo que describen. (**Ser/estar**/*to be* se llaman «cópulas»). Las reglas de uso para las dos cópulas, que se presentan a continuación, van a referirse a **los principios fundamentales** para la presente discusión.

1. **Ser** se usa con adjetivos para describir características que generalmente se asocian con el sustantivo. Pueden considerarse «características normales».

2. **Estar** se usa con adjetivos para:
   a. indicar el estado o la condición del sustantivo.
   b. mostrar un cambio de una norma que se ha establecido para un sustantivo.
   c. dar un comentario o una reacción subjetiva sobre el sustantivo.

   Considere los siguientes ejemplos.

| **Ser** | |
|---|---|
| Características normales: | Tomás **es** alto y guapo. |
| | Ana **es** generosa e inteligente. |
| | Nuestra casa **es** blanca y moderna. |
| | Esos libros de texto **son** interesantes. |

| Estar | |
|---|---|
| Condición/Estado: | Andrés **está** triste porque no recibió una bicicleta para su cumpleaños. |
| Estado/Cambio de la norma: | Jaime **está** muy delgado. Debe de haber perdido diez kilos. |
| Comentario/Reacción subjetiva: | Anita, ¡qué alta **estás**! ¡Has crecido tanto desde la última vez que te vi! |
| Comentario/Reacción subjetiva o condición/estado: | Eduardo **está** muy guapo en su traje nuevo. |

La mayoría de los adjetivos en español puede usarse tanto con **ser** como con **estar**, pero cuando la cópula cambia, las diferencias básicas ya mencionadas se mantienen. Por ejemplo, el adjetivo **nervioso** puede usarse con ambas cópulas pero el significado expresado por la selección de **ser** o **estar** varía según los principios fundamentales. Aunque tanto «Juan **es** nervioso» como «Juan **está** nervioso» pueden traducirse en inglés a *John is nervous*, el uso de **ser** indica que Juan es nervioso por naturaleza (es una característica normal de su personalidad) mientras que el uso de **estar** dice que por alguna razón está nervioso —algo le está poniendo nervioso. Asimismo, tanto «Carlos **es** delgado» como «Carlos **está** delgado» podrían traducirse a *Carlos is thin*, pero en el primer caso, su delgadez es una característica que se asocia con Carlos; en el segundo, la frase comunica que Carlos ha perdido peso y **está** en un estado de delgadez.

Es interesante observar que la frase inglesa es ambigua mientras que la frase española no lo es. La alternancia entre **es** y **está** en estas frases comunica más información de la que *is* comunica en la traducción inglesa. Esto quiere decir que para entender cuál es la interpretación correcta de *Carlos is thin*, es necesario tener más información o contexto, lo cual no es necesario en español porque la cópula misma indica claramente si se habla de una característica o de un estado o condición.

A continuación, se presentan más ejemplos contrastivos para mostrar cómo el significado cambia (característica vs. condición/estado) según el uso de **ser** o **estar**.

Mi hermano **es** alegre y callado.
*My brother is happy and quiet (taciturn).*

Andrea **está** alegre porque su novio va a vistarla este fin de semana.

*Andrea is happy because her boyfriend is going to visit her this weekend.*

Juan **es** hablador pero hoy **está** callado. ¿Sabes si **está** preocupado por algo?

*Juan is (normally) talkative but today he is quiet. Do you know if he's worried about something?*

---

Como los ejemplos anteriores indican, si se usa el verbo **estar** con un adjetivo que generalmente se usa con el verbo **ser**, podemos enfatizar cómo algo se ve ahora (o en el momento indicado por el tiempo del verbo), en vez de cómo es por lo general. De esta manera, **estar + adjetivo** puede enfatizar algo fuera de lo normal.

Cuando **estar** se usa con un adjetivo, para su traducción inglesa, en vez de *to be*, muchas veces es posible usar otro verbo como *to seem* o *to look, to behave, to act* (o, en el caso de comidas y bebidas, *to taste*), como en los siguientes ejemplos.

---

Ana **está** muy guapa en su vestido nuevo.

*Ana **looks** very pretty in her new dress.*

David **está** preocupado. ¿Qué tendrá?

*David **seems** worried. I wonder what's the matter?*

Tomás **está** muy raro hoy.

*Tomás **is acting** strangely today.*

---

➜ En las tres oraciones anteriores, observe que:

1. en lugar de **está**, también se podrían usar los equivalentes exactos (**se ve, parece, se porta**).
2. *is* también podría expresarse en las variantes en inglés.

➜ Observe que en estos casos el adjetivo describe una condición o un estado —no una característica que generalmente se asocia con la persona. Las expresiones *to look, to seem, to behave*, etc. (y sus equivalentes en español) destacan la condición o estado del sujeto.

Tome en cuenta que los atributos representados por un adjetivo no necesariamente representan una verdad objetiva. Muchas veces es la perspectiva de la persona que habla/escribe la que va a determinar su elección de **ser** o **estar**. En los ejemplos anteriores con Carlos (p. 299), si conozco a Carlos por primera vez después de que ha perdido diez kilos, y no sé que ha perdido peso recientemente, voy a pensar que Carlos **es** delgado porque —de mi perspectiva y la información que tengo— su delgadez parece una característica normal para Carlos.

## Problemas con la explicación tradicional de atributos permanentes y temporales

En el pasado, muchos libros de texto de español para anglohablantes decían que **ser** con un adjetivo indica una característica permanente y que **estar** con un adjetivo indica una característica o condición temporal/pasajera (*temporary*). Esta explicación ha recibido mucha crítica porque es engañosa y puede inducir errores. Es problemática porque hay tantas excepciones que la contradicen. Por ejemplo, la expresión correcta para decir *to be dead* es **estar muerto,** una situación que no es temporal; del mismo modo, **ser joven** no es una característica permanente. Pero, a pesar de las críticas, todavía se ve esta explicación en algunos libros de texto. Recuerde que la duración de tiempo del atributo en cuestión no es lo que importa sino la naturaleza del atributo. Es mejor contar con las diferencias básicas de los principios fundamentales que se han explicado en esta sección que pensar en conceptos como permanencia y temporalidad.

## Ciertos adjetivos sólo se usan con ser o estar

Aunque la mayoría de los adjetivos puede usarse con **ser** o con **estar,** algunos suelen usarse solamente con una de las cópulas. Es decir que si un adjetivo sólo describe una condición o estado, es lógico que sólo se utilice con **estar.** Asimismo, si un adjetivo no puede indicar una característica, sólo se emplea con **ser.** Por ejemplo, adjetivos como **ausente, presente, contento** sólo se usan con **estar** porque describen una condición o un estado y no una característica. Los adjetivos de nacionalidad se usan con **ser** porque señalan un atributo inherente de una persona u objeto, y no una condición. (Aunque una persona puede cambiar su nacionalidad, cuando esto ocurre, no indica una condición sino una nueva característica que se asocia con la persona.)

## Ser/Estar + el participio pasado

Cuando un participio pasado (forma verbal que termina en -**ado**, -**ido**, etc.) se usa con **estar,** siempre indica un estado/una condición. Examine los siguientes ejemplos:

---

La puerta ya **estaba abierta** cuando llegué. Al parecer, los otros habían llegado antes que yo.

Ahora que los niños **están sentados**, la presentación puede empezar.

La carta **está escrita.** ¿Puedo mandarla ahora?

---

**→** **Ser** se usa con un participio pasado para formar la voz pasiva, como en el siguiente ejemplo:

---

La casa **fue construida** por la mejor empresa constructora en esta región del estado.

---

Como vimos en el ejemplo anterior, en la voz pasiva, el participio forma parte del **verbo** (**ser** + el participio) y aunque concuerda con el sustantivo al que se refiere, no indica una característica del sustantivo, sino que identifica la acción que se realizó sobre el sustantivo (la casa fue construida).

No asuma que la estructura «**ser** + participio pasado» siempre indica la voz pasiva. Muchos participios pasados han llegado a ser «verdaderos adjetivos» que se usan para describir una característica (como **aburrido, callado, cansado, abierto, despierto, dispuesto, divertido, interesado, preparado**, etc.). En estos casos, los participios pasados funcionan como adjetivos «normales», lo cual quiere decir que siguen los principios fundamentales: **ser** muestra una característica y **estar** muestra un estado/condición.

## Adjetivos que «cambian de traducción»: Variación léxica en inglés que acompaña la alternancia entre *ser* y *estar*

Recuerde que anteriormente se ha explicado que **ser** y **estar** pueden usarse con adjetivos para comunicar distintos tipos de información. Cuando los adjetivos alternan entre **ser** o **estar** —aunque la traducción inglesa no cambie— al nivel básico, los significados de las oraciones son distintos, según los principios fundamentales. Como hemos visto, en casos ambiguos del inglés (por ejemplo, *Carlos is thin* se traduce a «Carlos es delgado» o «Carlos está delgado»), un contexto tiene que entenderse para comprender cuál de los significados es correcto.

Algunos adjetivos, cuando se usan con **ser** o **estar**, suelen requerir distintas palabras en inglés para comunicar las diferencias subyacentes° *underlying* de significado. **Listo** es un ejemplo de este tipo: Cuando se usa con el verbo **ser**, su traducción inglesa es *clever* o *smart* y cuando se usa con **estar**, su traducción inglesa generalmente es *ready* o *prepared*, como se ve en las siguientes oraciones.

---

Puesto que Pilar **es lista**, siempre recibe buenas notas.

Roberto **está listo** para salir.

---

Se debe notar que lo que la alternancia entre **ser/estar** expresa en español se realiza en inglés por alternancia léxica (en la selección de adjetivos). Vea los ejemplos a continuación.

## ADJETIVOS CUYAS TRADUCCIONES INGLESAS PUEDEN VARIAR SEGÚN EL USO DE SER O ESTAR

| Adjetivo | con ser* | con estar* |
|---|---|---|
| aburrido | *boring* | *bored* |
| atento | *courteous, considerate, helpful* | *paying attention, attentive (in the moment)* |
| borracho | *a drunk(ard)* (sust.) | *drunk* |
| cansado | *tiresome, tiring* | *tired* |
| completo | *exhaustive, total, thorough* | *complete (not lacking anything)* |
| consciente | *conscientious* | *conscious, aware* |
| crudo | *coarse, crude* | *raw* |
| decente | *decent, honest* | *dressed appropriately, presentable* |
| despierto | *sharp, bright* (astuto) | *awake* |
| dispuesto | *handy* | *willing* |
| distraído | *absent-minded* | *distracted* |
| divertido | *funny, amusing* | *amused* |
| enfermo | *sickly, an invalid* (sust.) | *ill, sick* |
| entretenido | *entertaining* | *occupied (involved)* |
| interesado | *self-serving, selfish, mercenary, self-interested* | *interested* |
| listo | *clever, intelligent, smart, bright, witty* | *ready, prepared* |
| maduro | *mature* | *ripe* |
| molesto | *bothersome, annoying* | *bothered, uncomfortable* |
| nuevo | *brand new, newly made* | *like new, unused* |

*Observe que siguen los principios fundamentales. En este sentido no difieren de los adjetivos que no tienen distintas traducciones cuando alternan entre **ser** y **estar**.

(continúa)

| Adjetivo | con ser* | con estar* |
|----------|----------|------------|
| preparado | *cultivated, learned* | *prepared, ready* |
| rico | *rich, wealthy* | *tasty* |
| torpe | *slow-witted* | *clumsy, awkward* |
| verde | *green, smutty* | *unripe, immature* |
| vivo | *smart, lively, sharp, bright, vivacious, clever, witty, keen* | *alive* |

*Observe que siguen los principios fundamentales. En este sentido no difieren de los adjetivos que no tienen distintas traducciones cuando alternan entre **ser** y **estar**.

Ejemplos contrastivos que muestran las diferencias de significado presentadas en el cuadro:

Ese asunto **es** muy **cansado**. **Estamos** tan **cansados** de él. ¿Podemos cambiar de tema?

*That topic **is** very **tiresome**. We **are** so **tired** of it. Can we change the subject?*

La investigación **fue completa**. Examinaron todas las pistas y lograron identificar al criminal.

*The investigation **was thorough**. They examined all leads and managed to identify the criminal.*

Cuando compramos el juego de herramientas, llegamos a casa y descubrimos que el juego **no estaba completo** —le faltaba un destornillador y un martillo.

*When we bought the tool set, we got home and discovered that the set **was not complete** —a screwdriver and a hammer were missing.*

Reynaldo **es** muy **despierto**… cuando **está despierto**. Se duerme en clase casi todos los días.

*Reynaldo **is** very **bright**… when he's **awake**. He falls asleep in class almost every day.*

Su abuelo **es** muy **vivo** para su edad. No parece una persona de noventa años.

*Her grandfather **is** very **lively** for his age. He doesn't seem like a ninety year old.*

Cuando los salvadores llegaron a los mineros atrapados, afortunadamente todavía **estaban vivos**.

*When the rescuers got to the trapped miners, fortunately they **were** still **alive**.*

## Usando estar con el significado del adjetivo asociado con el uso de ser

Los adjetivos del tipo «cambio de significado» a veces pueden tener el significado asociado con **ser** cuando se usan con **estar**. (Ocurre cuando la persona que habla/escribe expresa la idea atribuida al adjetivo con **ser** pero también quiere enfatizar un estado o condición.) Por ejemplo, **divertido**, cuando se usa con **ser**, se traduce a *funny* o *amusing* y con **estar**, generalmente se traduce a *amused*. Sin embargo, en «David, estás tan divertido esta noche. ¿Dónde aprendiste todos tus chistes?», **divertido** se traduce a *funny* en vez de *amused*. Abajo se presentan otros ejemplos de este tipo. Compare el uso de **ser** y de **estar** en los grupos de oraciones.

➡ En los ejemplos del cuadro a continuación, la expresión «Significados esperados» (*expected meanings*) indica que tiene los significados que generalmente se asocian con **ser** o **estar**. La expresión «significados inesperados» (*unexpected meanings*) señala los ejemplos donde **estar** se usa con el significado asociado con **ser** en vez del significado asociado con **estar**.

| Significados esperados | Significados inesperados |
|---|---|
| Marcos **está listo** para salir. *Marcos **is ready** to leave.* | Isabel, ¡qué **lista estás** hoy! *Isabel, how **clever you are** today!* |
| Roberto **es** tan **listo** —siempre tiene algo cómico que decir. *Roberto **is** so **clever** —he always has something funny to say.* | |
| Los estudiantes **están aburridos** porque la profesora **es aburrida**. *The students are **bored** because the professor is **boring**.* | ¡No pude aguantar la clase de álgebra ayer porque el profesor **estuvo** tan **aburrido**! *I couldn't stand algebra class yesterday because the professor **was** so **boring**!* |

(continúa)

| Significados esperados | Significados inesperados |
|---|---|
| Papá no **está despierto** todavía. Se durmió muy tarde.<br><br>Dad *is not **awake*** yet. He *went to sleep very late.* | **Estás** muy **despierto** hoy, Manuel. ¿Acaso has leído la tarea?<br><br>*You **are/seem** very **bright** today, Manuel. Have you perhaps read your homework?* |
| Los niños en esta escuela **son** muy **despiertos**.<br>*The children in this school are very **bright**.* | |

Los adjetivos que «cambian de traducción» no son excepciones a las reglas que gobiernan el uso de **ser/estar** + adjetivos. Al contrario: siguen los principios fundamentales como todos los adjetivos. Pero sí son «especiales» o un poco diferentes porque con éstos es necesario usar distintas palabras en inglés para expresar los atributos representados por un solo adjetivo en español.

---

# En resumen

Lo más importante de recordar de esta sección es:

1. **Ser** se usa con un adjetivo para indicar una característica o cualidad que se asocia con el sustantivo.

2. **Estar** se usa con un adjetivo para indicar:
   a. una condición o un estado.
   b. un cambio de norma.
   c. una reacción subjetiva.

3. Aunque las traducciones cambien, siempre hay un cambio de significado subyacente (bajo la superficie). Los adjetivos que «cambian de significado», aunque en cierto sentido pueden considerarse casos especiales —porque utilizan dos traducciones diferentes en inglés para comunicar la idea— al nivel fundamental, todos los adjetivos «cambian de significado» cuando alternan entre el uso con **ser** y el con **estar**.

# 4. Pretérito/Imperfecto: Dos aspectos del tiempo pasado

El pretérito y el imperfecto no son distintos tiempos verbales sino distintos **aspectos** del pasado. «Aspecto» es un término lingüístico que se refiere a la manera en que la acción/el estado se realiza. Señala la «parte» de la acción/estado bajo consideración en un determinado contexto. El aspecto se refiere a la duración, el desarrollo, el inicio o la conclusión del proceso expresado por el verbo. Tiene que ver con la naturaleza de la acción y con la perspectiva que la persona que habla o escribe adopta hacia la acción. Por ejemplo, ¿le interesa hablar del principio de la acción o del fin de ella? ¿O quiere enfocarse en la acción en progreso? Tal vez quiere considerar acciones que no sólo ocurren una vez sino las que se repiten. Estas características tienen relevancia para cualquier tiempo del verbo, pero para los estudiantes del español, el concepto del aspecto se considera principalmente con respecto al tiempo pasado, y en particular, con respecto al pretérito y al imperfecto. Para una acción o estado, se puede enfocarse en los siguientes aspectos: (1) **iniciativo** (principio), (2) **terminativo** (fin), (3) **durativo** (en progreso o planeado) o (4) **reiterativo** (habitual o repetitivo).

## Los principios de uso del imperfecto y del pretérito

El imperfecto se usa para:

1. acciones y estados **en progreso/proceso** o **en desarrollo** en cierto momento.

   **Servíamos** la cena cuando sonó el teléfono.

   Mientras el profesor **escribía** la información en la pizarra, los estudiantes la **copiaban** en su cuaderno.

2. acciones **habituales**.

   De niña Andrea **visitaba** a sus abuelos cada verano. Durante sus visitas le **gustaba** subir al desván y mirar las cosas antiguas que **guardaban** allí.

3. acciones **repetitivas**.

   Anoche cada vez que **me sentaba** el teléfono **sonaba**.

   Cuando cada estudiante **entraba** en la sala de clase, la profesora lo **saludaba**.

Ayer siempre que un cliente **entraba** en su tienda y le **preguntaba** por el papagayo en la vitrina, el propietario le **contaba** la interesante historia del maravilloso pájaro.

## 🔍 En más detalle

### Pistas

Observe que en los ejemplos anteriores, no se ha mencionado el número de repeticiones. Si se menciona cierto número de veces, se usa el pretérito porque el enfoque está en la realización de la acción: el hecho de que la acción tuvo lugar es lo que importa. El uso del imperfecto en los ejemplos en la sección anterior destaca la repetición de las acciones. Estas acciones no son habituales sino repetitivas porque no ocurren tras un largo período de tiempo sino durante una ocasión limitada de tiempo. (Compárelos con los ejemplos en la número dos.)

4. acciones planeadas o anticipadas en el pasado.

**Pensábamos** llamarte mañana pero decidimos llamarte hoy.

Les dije a mis compañeras de trabajo que **salía** pronto de vacaciones por dos semanas. Me dijeron que **iban** a terminar nuestro proyecto durante mi ausencia y que yo lo **podía** revisar cuando regresara.

El pretérito se usa para:

1. enfocarse en el **fin** de una acción o estado.

Cuando el teléfono **sonó**, Rebeca lo **contestó**.

El sábado pasado pasé todo el día con los deberes domésticos: **Limpié** la casa, **lavé** la ropa, **fui** de compras y **preparé** una cena muy sabrosa. Después de todo eso, **dormí** muy bien esa noche.

➡ Revisando las tres reglas de uso para el pretérito (páginas 308–309), ¿puede Ud. identificar la regla que explica el uso de **pasé** en el ejemplo anterior?

➡ Si usted ha escogido la regla número tres, tiene razón.

2. enfocarse en el **principio** de una acción o estado.

---

**Empezamos** a pintar la casa un sábado y para el próximo ya habíamos terminado.

A la madre de Manolito, le gusta decir que su hijo **habló** a los diez meses y no ha parado desde entonces.

Fidel Castro, conocido por sus largos discursos, **habló** desde las dos a las cuatro de la tarde.

**Llovió** cuando salimos de la tienda y paró cuando llegamos al coche.

Fernando **conoció** a su futuro suegro un mes antes de la boda.

---

3. considerar una acción o estado (de cualquier duración) en su **totalidad**.

---

La sequía **duró** dos meses y cuando por fin **llovió**, era demasiado tarde porque todas las cosechas estaban arruinadas.

Los Gómez **vivieron** en Los Ángeles por diez años antes de mudarse a San Diego.

Megan **pasó** un semestre en Sevilla durante su tercer año universitario.

---

## Frases en inglés que pueden señalar uso del imperfecto

Ciertas frases en inglés pueden señalar el uso del imperfecto en español. Pero tenga cuidado porque las expresiones en inglés no siempre se traducen con formas del imperfecto —es sólo cuando estas expresiones señalan acciones habituales, repetitivas, en progreso y planeadas que el imperfecto se usa.

1. *Would* puede señalar el uso del imperfecto, pero sólo cuando se usa para acciones habituales o repetitivas, como en los siguientes ejemplos.

---

*When I was a child* **I would go** *to the movies every Saturday.*

Cuando era niño, **iba** al cine todos los sábados.

*Yesterday, every time I stood up (**would stand up**), I **would get** dizzy.*

Ayer cada vez que **me levantaba, me mareaba.**

*At the conference, every time a speaker started speaking (**would start** to speak), a cell phone **would ring**. It was so annoying!*

En el congreso cada vez que un conferenciante **empezaba** a hablar, un celular **sonaba**. ¡Fue un fastidio!

---

En las siguientes dos oraciones, *would* no señala el uso del imperfecto, sino el uso del condicional o del imperfecto de subjuntivo, porque no se refieren a acciones habituales o repetitivas.

*If I were you, I would not mention it.*

Si fuera tú, no lo mencionaría/mencionara.

*Would you help your sister with the dishes?*

¿Ayudarías/Ayudaras a tu hermana a lavar los platos?

2. *Used to* señala el uso del imperfecto si se refiere a acciones habituales.

***She used to attend*** *class every day, but now she misses class almost every day.*

**Asistía** a clase todos los días, pero ahora falta a clase casi todos los días.

Si *used to* quiere decir *accustomed to*, se puede usar el pretérito o el imperfecto, según el sentido de la oración.

*I became used to his strange mannerisms after a couple of weeks.*

Me acostumbré a sus peculiaridades después de algunas semanas.

*Ana and Juan were just getting used to the house when he was transferred.*

Ana y Juan se acostumbraban a la casa cuando lo trasladaron a otra ciudad.

→ En el ejemplo anterior, se ha usado el imperfecto porque es un estado en progreso.

3. Cuando «*was/were* + el gerundio (verbo-*ing*)» señala una acción en progreso (lo cual casi siempre es el caso con esta estructura) se usa el imperfecto o el imperfecto progresivo.

***We were reading*** *when the phone rang.*

**Leíamos/Estábamos leyendo** cuando el teléfono sonó.

## 🔍 En más detalle

Si una expresión con «*was/were* + el gerundio» menciona una duración de tiempo específica (por dos minutos, durante tres horas, etc.), se usa **el pretérito progresivo** porque el enfoque está en el fin de la acción. Considere el siguiente ejemplo.

**¡Estuve llamándote** durante dos horas! ¿Por qué no contestaste el teléfono?

Como el término sugiere, el pretérito progresivo contiene elementos tanto del pretérito como del progresivo: El uso del progresivo indica que la acción duró un período de tiempo y enfatiza esa duración; el pretérito indica que ese período ha terminado. Si se usa el pretérito simple, la oración que resulta —«Te llamé durante dos horas»— no es tan enfática como la otra oración con el pretérito progresivo.

4. Cuando la frase verbal «*was/were going to* + infinitivo» se usa para acciones planeadas, se puede usar el imperfecto del verbo o «**ir** (en el imperfecto) **+ a +** infinitivo».

   *They **were going to leave** soon so we had to say good-bye quickly.*
   **Salían/Iban a salir** pronto así que tuvimos que despedirnos rápidamente.
   *He said he **was going to visit** Machu Picchu when he went to Peru.*
   Dijo que **iba a visitar** Machu Picchu cuando fuera al Perú.

5. «*Was/were* + el gerundio» en inglés también puede usarse para acciones planeadas. Para este uso también se puede usar el imperfecto.

   *They were running because the plane **was leaving** in ten minutes.*
   Corrían porque el avión **salía** en diez minutos.

   *Was leaving* en el ejemplo anterior, también puede expresarse con el condicional con **saldría** o con **iba a salir.** Todas estas estructuras pueden usarse para acciones planeadas/anticipadas en el pasado.

## *Verbos en el pretérito que pueden tener distintas traducciones inglesas de las que tienen en el imperfecto*

Algunos verbos —cuando se usan en el pretérito— pueden tener una traducción distinta en inglés de la que tienen en el imperfecto. Los más citados en los libros de texto aparecen en el cuadro a continuación.

| Infinitivo | Traducción típica del imperfecto | Traducción típica del pretérito |
|---|---|---|
| conocer | *knew, was/were acquainted with* | *met* |
| saber | *knew* | *found out, discovered, realized* |

(continúa)

| Infinitivo | Traducción típica del imperfecto | Traducción típica del pretérito |
|---|---|---|
| querer | *wanted* | *tried* |
| no querer | *didn't want* | *refused (to)* |
| poder | *could/was able* | *managed ("could and did")* |
| no poder | *couldn't/wasn't able* | *failed ("couldn't and didn't")* |
| tener | *had* | *received, got* |
| tener que | *was/were supposed to* | *had to (and did)* |

Ejemplos contrastivos donde el pretérito y el imperfecto tienen distintas traducciones inglesas:

> **Tuve** una carta de Ernesto ayer. En efecto, la **tenía** conmigo cuando te vi esta mañana pero se me olvidó dejarte leerla. ¡Discúlpame!
>
> *I **received/got** a letter from Ernesto yesterday. In fact, **I had it** with me when I saw you this morning but I forgot to let you read it. Sorry!*

El cuadro incluye más ejemplos.

| Imperfecto | Pretérito |
|---|---|
| Ya **conocía** a la profesora antes de tomar su clase porque había sido mi consejera académica. | **Conocí** al profesor el primer día de clase. |
| *I already **knew** the professor before taking her class because she had been my academic advisor.* | *I **met** the professor the first day of class.* |
| **Quería** terminarlo pero **no podía** porque todo el mundo estaba molestándome. | **Quise** terminarlo pero **no pude**. |
| *I **wanted** to finish it but wasn't able to because everyone was bothering me.* | *I **tried** to finish it but **failed** (couldn't and didn't).* |

(continúa)

| Imperfecto | Pretérito |
|---|---|
| **No queríamos** ir a su fiesta porque nos invitó al último momento, pero decidimos ir de todos modos.<br><br>*We **didn't want** to go to her party because she invited us at the last minute, but we decided to go anyway.* | **No quisimos** ir a su fiesta porque nos invitó al último momento.<br><br>*We **refused** to go to her party because she invited us at the last minute.* |
| **Teníamos** la impresión, después de muchos años de conocerlo, de que Ramón sólo nos llamaba cuando quería pedirnos un favor.<br><br>*We **had** the impression, after many years of knowing him, that Ramón only called us when he wanted to ask us a favor.* | **Tuvimos** la impresión —por su curiosa sonrisa— de que iba a revelarnos un gran secreto, pero sólo nos anunció algo ordinario.<br><br>*We **got** the impression —by his strange smile— that he was going to reveal a big secret, but he only announced something ordinary.* |

¡Ojo! Avisos importantes sobre los pretéritos que pueden tener una distinta traducción inglesa:

1. Aun cuando es necesario utilizar distintas traducciones para el pretérito de estos verbos, siguen las reglas del pretérito en general: se usan para señalar el **principio** o el **fin** de una acción/estado o la acción/estado se considera **en su totalidad.**

2. No siempre es necesario usar las traducciones distintas para las formas del pretérito de estos verbos. Aunque el pretérito de **saber** muchas veces se traduce a *found out*, también es posible traducirlo a *knew* en ciertos contextos. En los siguientes ejemplos los pretéritos podrían traducirse con la expresión inglesa que se asocia con el imperfecto en vez de la del pretérito:

Siempre **supimos** que regresarías.
*We always **knew** you would return.*
**No quise** lastimarte.
*I didn't **want** to/didn't mean to hurt you.*
Siempre **quiso** ser médico.
*He always **wanted** to be a doctor.*
**Tuve** mucha tarea ayer.
*I **had** a lot of homework yesterday.*

En los ejemplos anteriores, *found out*, *refused*, *tried* y *received*, respectivamente, —las traducciones «esperadas»— no tendrían sentido.

3. Muchos libros de texto explican que estos verbos son «especiales» porque «cambian de significado» en el pretérito. Esto no es verdad. No son «especiales» porque en realidad —en el nivel fundamental y subyacente°— siempre hay una diferencia de significado entre el pretérito y el imperfecto, no importa cómo se expresan en inglés. Esto es porque señalan distintos aspectos de los verbos en cuestión.

*underlying*

## Resumen

Se debe recordar que los principios de uso del pretérito y del imperfecto rigen todos los verbos: un verbo en el pretérito siempre «se porta» como un verbo en el pretérito y un verbo en el imperfecto siempre «se porta» como un verbo en el imperfecto.

# 5. El uso del subjuntivo y del indicativo en las cláusulas subordinadas[4]

## Cómo reconocer los diferentes tipos de cláusulas subordinadas

¿Qué es una cláusula?

Una cláusula, por definición, tiene un verbo conjugado. Puede ser una oración completa (una cláusula independiente [principal]) o puede formar parte de una oración (una cláusula subordinada [dependiente]). Una cláusula independiente está completa en sí y puede ocurrir sola. Una cláusula subordinada tiene una conjunción o pronombre relativo y requiere el resto de la oración para expresar una idea completa. Por ejemplo, la oración «Tengo un profesor que ha vivido en Cuba» contiene una cláusula independiente —«Tengo un profesor»— y una cláusula subordinada —«que ha vivido en Cuba». Mientras que «Tengo un profesor» puede ocurrir sola, «que ha vivido en Cuba» no puede ocurrir sola.

Una conjunción o un pronombre relativo se usa para introducir una cláusula subordinada. Unos ejemplos de conjunciones son: **que, cuando, aunque, para que, a menos que, hasta que, tan pronto como, en cuanto, mientras (que)** y **hasta que.** Unos ejemplos de pronombres relativos son: **que, donde/en que** y **lo que** (*what, that which*). Las conjunciones y los

---

[4]La expresión "oraciones subordinadas" es muy común también, pero se ha decidido emplear aquí "cláusulas subordinadas" por su similitud con la expresión inglesa.

pronombres relativos introducen varios tipos de cláusulas: cláusulas nominales (sustantivas), adjetivas (relativas) y adverbiales. En las siguientes secciones, veremos ejemplos de cada una.

# Tipos de cláusulas

Con un poco de entrenamiento y práctica, es fácil identificar los varios tipos de cláusulas:

a. Una cláusula nominal o sustantiva (*noun clause*) funciona como un nombre/sustantivo (*noun*) o pronombre.

b. Una cláusula adjetiva (relativa) funciona como un adjetivo.

c. Una cláusula adverbial funciona como un adverbio.

Es importante que reconozca la función de cada tipo de cláusula porque cada una tiene sus propias reglas que determinan si se debe usar un verbo en el subjuntivo o indicativo en la cláusula subordinada.

## Cláusulas nominales

Una cláusula nominal funciona como un nombre o pronombre. Generalmente funciona como un complemento directo, el cual también tiene una función nominal. Por ejemplo, en la oración «Tomás quiere un carro nuevo», el complemento directo es «carro nuevo». La frase «carro nuevo» contesta la pregunta, «¿Qué quiere Tomás?» Es posible cambiar esta oración para que incluya una cláusula nominal en vez de la frase nominal con el complemento directo: «Tomás sabe que sus padres van a regalarle un carro nuevo». En esta oración, la cláusula «que sus padres van a regalarle un carro nuevo» funciona como un complemento directo; contesta la pregunta, «¿Qué sabe Tomás?»

Una cláusula nominal puede funcionar como sujeto también, como en la siguiente oración: «Que (El que) tú tengas mucho dinero no implica que puedas humillarme».

La conjunción que casi siempre introduce una cláusula nominal es **que**. Sin embargo, tenga cuidado porque **que** también puede introducir una cláusula adjetiva y puede formar parte de muchas conjunciones adverbiales (**hasta que, para que, después de que**, etc.).

## Cláusulas adjetivas (relativas)

Una cláusula adjetiva funciona como un adjetivo —modifica o describe al sustantivo a que se refiere. Este tipo de cláusula también se llama «cláusula relativa», pero para ayudarlo/a a recordar su función gramatical, se va a usar la expresión **adjetiva**. En la oración «Tengo una casa grande», el adjetivo es «grande». El adjetivo contesta la pregunta, «¿Qué tipo de casa?» Es posible convertir esta oración en una que tenga una cláusula adjetiva: «Tengo una casa que es grande». En esta oración, la cláusula «que es grande» funciona como un adjetivo; contesta la pregunta que acabamos de considerar: «¿Qué tipo de casa?»

Varios pronombres relativos pueden introducir una cláusula adjetiva, pero el más común es **que**, como en el ejemplo anterior. Recuerde que **que** puede referirse a cosas, personas, animales, eventos o ideas. Por ejemplo, «Vamos a ver a ese cantante que canta corridos» (*We're going to see that singer who sings ballads*). Otros pronombres relativos que se ven con cierta frecuencia son: **en que/donde, lo que, los cuales, las que,** etc. Considere los siguientes ejemplos.

---

Vivo en una ciudad donde viven menos de 100.000 personas.
*I live in a city where fewer than 100,000 people live.*

No entendemos lo que acabas de decir.
*We don't understand what you just said.*

---

Todos los ejemplos en esta sección contienen un verbo indicativo en la cláusula adjetiva. Más adelante veremos que también es posible usar un verbo subjuntivo en una cláusula adjetiva.

## Cláusulas adverbiales

Una cláusula adverbial funciona como adverbio, o sea, modifica al verbo. En la oración «Visito a mi amigo diariamente», el adverbio es **diariamente. Diariamente** modifica la acción; en este caso, contesta la pregunta, «¿Cuándo/¿Con qué frecuencia visita a su amigo?» En la oración «Visito a mi amigo cuando está en casa/cuando tengo tiempo», «cuando está en casa» y «cuando tengo tiempo» son cláusulas que funcionan como un adverbio. Nos dicen cuándo o bajo qué circunstancias ocurre la acción.

Hay muchas conjunciones adverbiales que pueden usarse para introducir una cláusula adverbial. Algunas comunes son: **cuando, tan pronto como, hasta que, después de que, con tal de que, antes de que, a menos que, puesto que, ya que** y **por lo tanto.** La palabra **que** por sí sola nunca introduce una cláusula adverbial, aunque frecuentemente forma parte de la conjunción adverbial.

Las cláusulas con **si** son un tipo de cláusula adverbial. Puesto que las reglas de uso son bastante diferentes, éstas se tratarán en una sección aparte (en la sección número seis de este *Manual de gramática*).

## Reglas sintácticas y semánticas para usar el subjuntivo

Para usar el subjuntivo —con pocas excepciones— hay requisitos tanto sintácticos como semánticos. La palabra **sintácticos** se refiere a la estructura u organización de la oración; la palabra **semánticos** se refiere al significado expresado en la oración.

### Reglas sintácticas

Generalmente, hay dos cláusulas: una cláusula independiente (principal) y una subordinada (dependiente). Aunque en unos pocos casos es posible usar el subjuntivo en una cláusula independiente —«Tal vez venga Miguel/ Quizás Susana me entienda»—, generalmente se usa en una cláusula subordinada.

### Reglas semánticas

Las reglas semánticas que determinan si se usa el subjuntivo o el indicativo varían según el tipo de cláusula. Se discutirán las específicas reglas de uso en las siguientes secciones que tratarán: las cláusulas nominales, las cláusulas adjetivas y las cláusulas adverbiales.

## Reglas de uso del subjuntivo y del indicativo según el tipo de cláusula

### Cláusulas nominales

En una cláusula nominal:

a. Se usa el subjuntivo si el verbo de la cláusula principal expresa un **deseo** —explícito o implícito— como un consejo, mandato, permiso, preferencia, petición, etc. Esta categoría puede clasificarse como **influencia**.

| | |
|---|---|
| No quiero que **entren**. | *I don't want them to enter.* |
| Te ruegan que **vengas**. | *They beg you to come.* |
| Ella prefiere que no **digan** nada. | *She prefers that they not say anything.* |

b. Se usa el subjuntivo si el verbo de la cláusula principal expresa una **emoción**, como temor (*fear*), júbilo (*joy*), tristeza, remordimiento (*remorse* o *regret*), sorpresa, gusto, disgusto, irritación, etc.

| | |
|---|---|
| Él teme que ella no le **devuelva** su dinero. | *He fears that she won't return his money to him.* |
| Sentimos que no **podáis** venir. | *We regret that you can't come.* |
| Me irrita que él no se **calle**. | *It irritates me that he won't be quiet.* |

c. Se usa el subjuntivo si el verbo de la cláusula principal expresa **duda, negación** (*denial*) o **incredulidad** (*disbelief*).

| | |
|---|---|
| Dudamos que lo **sepan.** | *We doubt that they know it.* |
| Pero: No dudamos que lo **saben** (indicativo). | *We don't doubt that they know it.* |
| Niegan que **tenga** el dinero. | *They deny that she has the money.* |
| Pero: No niegan que lo **tiene** (indicativo). | *They don't deny that she has it.* |
| No creo que Ud. **entienda.** | *I don't believe that you understand.* |
| Pero: Creo que Ud. **entiende** (indicativo). | *I believe that you understand.* |

d. Se usa el subjuntivo si el verbo de la cláusula principal contiene una **frase impersonal que** *no* **exprese certeza o verdad.**

| | |
|---|---|
| Es importante que lo **veamos.** | *It's important that we see him/it.* |
| Es mejor que no **vayan.** | *It's better that they don't go.* |
| No es bueno que **pueda** oírnos. | *It's not good that he can hear us.* |
| Es posible que la **ayuden.** | *It's possible that they (will) help her.* |
| Pero: Es seguro/cierto/verdad/obvio/que **podemos** (indicativo) hacerlo. | *It's sure/certain/true/obvious that we can do it.* |

## *Cláusulas adjetivas (relativas): ¿Existe o no existe?*

La decisión de usar un verbo indicativo o subjuntivo en una cláusula adjetiva es muy fácil, porque sólo hay dos reglas que considerar:

Indicativo: Si la cosa, persona, evento, etc., que se menciona en la cláusula adjetiva describe a alguien/algo que existe (o que la persona que habla/escribe cree que existe) o algo/alguien concreto, se usa el indicativo.

Subjuntivo: Si la cosa, persona, evento, etc., que se menciona en la cláusula adjetiva describe a alguien/algo que no existe (o que la persona que habla/escribe cree que no existe, o no sabe si existe), se usa el subjuntivo.

Considere los siguientes ejemplos.

| Indicativo | Subjuntivo |
|---|---|
| Tengo un profesor que no es muy paciente. | Quiero un profesor que sea más paciente. |
| Conocemos a una mujer que habla portugués. | No conocemos a nadie que hable portugués. |
| Carlos compró un bolígrafo que ya no funciona. | Andrés no tiene ningún bolígrafo que pueda prestarle a Carlos. |
| En esa tienda hay varios dependientes que son atentos (*helpful*). | —¿Hay algún dependiente en esta tienda que pueda ayudarme?<br>—No, no hay ningún dependiente que pueda ayudarlo ahora, porque todos están ocupados con otros clientes. |

## Cláusulas adverbiales: Experiencia vs. anticipación

La decisión de usar un verbo indicativo o subjuntivo en una cláusula adverbial es casi como la situación que acabamos de considerar con las cláusulas adjetivas: Si la situación ha sido experimentada —hay experiencia—, se usa el indicativo; si la situación no ha ocurrido todavía —hay anticipación—, se usa el subjuntivo. La diferencia es que estamos hablando de eventos, no de objetos/personas como en el caso de las cláusulas adjetivas.

Hay tres tipos de conjunciones adverbiales:

1. las que siempre requieren el subjuntivo (porque indican anticipación)
2. las que siempre requieren el indicativo (porque indican experiencia)
3. las que varían:
   - si hay anticipación, requieren el subjuntivo
   - si hay experiencia, requieren el indicativo.

Los tres tipos de conjunciones adverbiales se presentan a continuación.

| Conjunciones adverbiales que siempre requieren el **subjuntivo** | |
|---|---|
| a condición de que (*on condition that*) | con tal (de) que (*provided that*) |
| a fin de que (*so that*) | en caso de que (*in case*) |
| a menos que (*unless*) | para que (*so that*) |
| a no ser que (*unless*) | sin que (*without*) |
| antes (de) que (*before*) | suponiendo que (*supposing that*) |

| Conjunciones adverbiales que siempre requieren el **indicativo** | |
|---|---|
| ahora que (*now that*) | por lo tanto (*therefore*) |
| dado que (*given that*) | porque (*because*) |
| desde que (*since*) | puesto que (*since*) |
| en vista de que (*in view of the fact that*) | ya que (*since*) |

| Conjunciones adverbiales que requieren el **subjuntivo/indicativo** según **anticipación/experiencia** | |
|---|---|
| cuando (*when*) | luego que (*as soon as*) |
| después (de) que (*after*) | mientras (que) (*while, as long as*) |
| en cuanto (*as soon as*) | tan pronto como (*as soon as*) |
| hasta que (*until*) | |

Observe que con la estructura «No porque...» se usa el **subjuntivo**. Compare los siguientes ejemplos:

(Indicativo) Recibí el puesto porque el jefe de la compañía **es** mi amigo.

(Subjuntivo) No porque el jefe de la compañía **sea** mi amigo recibí el puesto: lo recibí porque lo merezco.

La decisión de usar el subjuntivo o el indicativo después de las conjunciones anteriores es fácil si se recuerda que se usa el indicativo para situaciones experimentadas y se usa el subjuntivo para situaciones anticipadas/no experimentadas. Si encuentra dificultad en determinar si una situación es experimentada o anticipada, el siguiente esquema con los tiempos verbales puede ser serle útil.

## En más detalle

Cuando los siguientes tiempos verbales se usan en la cláusula independiente, es necesario usar el subjuntivo en la cláusula con la conjunción adverbial (porque señalan el futuro —anticipación): el futuro, el futuro perfecto, la construcción «**ir + a + infinitivo**» (en el presente o en el pasado), el condicional o un mandato. Vea los siguientes ejemplos al lado del tiempo verbal.

### *Situaciones anticipadas*

| | |
|---|---|
| (el futuro) | Te prepararé la cena cuando vuelvas. |
| (el futuro perfecto) | Te habré preparado la cena para cuando vuelvas. |
| (**ir + a** + infinitivo) | No te voy a preparar la cena hasta que vuelvas.<br>No te iba a preparar la cena hasta que volvieras. |
| (el condicional) | Dije que leería el libro tan pronto como tuviera tiempo.<br>(*I said I would read the book as soon as I had time.*) |
| (mandato) | Dime tus noticias después que regreses a casa. |

### *Situaciones experimentadas*

Si el pretérito o el presente perfecto se usa en la cláusula independiente, es necesario usar el indicativo en la cláusula con la conjunción adverbial porque indican que algo ha pasado —hay experiencia:

| | |
|---|---|
| (el pretérito) | Te preparé la cena cuando volviste. |
| (el presente perfecto) | Siempre te he ayudado cuando me has necesitado. |

Tanto el presente de indicativo como el imperfecto de indicativo se usan para: acciones habituales, acciones en progreso y acciones anticipadas/ futuras. En los dos primeros casos —cuando el presente o el imperfecto se usa en la cláusula principal para acciones habituales o acciones en progreso— hay experiencia; por lo tanto, se va a usar indicativo. En el tercer caso —cuando el presente o el imperfecto se usa para acciones anticipadas/ futuras— se va a usar el subjuntivo. Examine los siguientes ejemplos. Además de la selección de modo (subjuntivo/indicativo), recuerde que también hay que usar el tiempo apropiado.

| Si en la cláusula principal se usa... | Ejemplos |
|---|---|
| **el presente para acciones habituales,** se usa el **indicativo** en la cláusula subordinada (porque hay experiencia). | Carlos limpia las ventanas cuando están sucias. *Carlos cleans the windows when they are dirty.* |
| **el imperfecto para acciones habituales,** se usa el **indicativo** en la cláusula subordinada (porque hay experiencia). | Carlos limpiaba las ventanas cuando estaban sucias. *Carlos would clean/used to clean the windows when they were dirty.* |
| **el presente para acciones en progreso,** se usa el **indicativo** en la cláusula subordinada (porque hay anticipación). | Miro (Estoy mirando) la televisión mientras lees (estás leyendo) el periódico. *I'm watching TV while you're reading the newspaper.* |
| **el imperfecto para acciones en progreso,** se usa el **indicativo** en la cláusula subordinada (porque hay experiencia). | Miraba (Estaba mirando) la televisión mientras leías (estabas leyendo) el periódico. *I was watching TV while you were reading the newspaper.* |
| **el presente para indicar el futuro,** se usa el **subjuntivo** en la cláusula subordinada (porque hay anticipación). | Salgo mañana tan pronto como reciba mis órdenes. *I leave/I'm leaving tomorrow as soon as I receive my orders.* |
| **el imperfecto para indicar el futuro,** se usa el **subjuntivo** en la cláusula subordinada (porque hay anticipación). | Salía el próximo día, tan pronto como recibiera mis órdenes. *I was leaving the next day, as soon as I received my orders.* |

Algunas conjunciones adverbiales tienen más de un significado y por lo tanto requieren el subjuntivo o el indicativo según su significado.

Examine el siguiente cuadro.

| Conjunción adverbial | Significado | ¿Subjuntivo o Indicativo? |
|---|---|---|
| así que | *so that* | subjuntivo (es como **para que**) |
| así que | *therefore* | indicativo (es como **por lo tanto**) |
| así que | *as soon as* | subjuntivo/indicativo (es como **tan pronto como**) |
| salvo que | *unless* | subjuntivo (es como **a menos que** o **a no ser que**) |
| salvo que | *except that* | indicativo |
| siempre que | *provided that* | subjuntivo (es como **con tal que**) |
| siempre que | *every time that* | indicativo |

Cuando **de modo que** y **de manera que** (*so that*) señalan el resultado esperado o deseado, requieren el subjuntivo; cuando señalan un resultado realizado, requieren el indicativo.

Compare los siguientes ejemplos.

| (subjuntivo) | Habló lentamente de modo que (de manera que) lo entendieran. *He spoke slowly so that they would understand him.* (el resultado deseado o esperado) |
|---|---|
| (indicativo) | Habló lentamente de modo que (de manera que) lo entendieron. *He spoke slowly so that [the result was that] they understood him.* o *He spoke slowly; therefore, they understood him.* |

# 6. Cláusulas con «si»

Las cláusulas con **si** son un tipo de cláusula adverbial (ya que **si** es una conjunción adverbial). Sin embargo, puesto que las cláusulas con **si** no siguen las mismas reglas que siguen las otras cláusulas adverbiales para la selección de subjuntivo/indicativo, vamos a tratarlas en esta sección.

## Probabilidad

Cuando se usa **si**, siempre hay un poco de duda, así que no debe pensar que la idea de duda determina si se usa subjuntivo o indicativo en estas cláusulas. Es mejor pensar en la probabilidad de la situación: como regla general, si la situación es posible o probable, se va a usar el indicativo en la cláusula con **si**. Si es improbable o imposible (situaciones contrarias a la verdad), se va a usar el pasado de subjuntivo o el pluscuamperfecto de subjuntivo. (No se puede usar el presente de subjuntivo —salvo en un caso muy específico que se va a discutir más adelante. Por el momento, recuerde que no se va a usar el presente de subjuntivo en una cláusula con **si**.)

## Orientación de tiempo

Después de determinar el nivel de probabilidad, también es necesario tomar en cuenta si la situación orienta hacia el presente/futuro o hacia el pasado. Un resumen de las posibilidades de tiempos y modos aceptables más comunes para cada situación se ve en las fórmulas presentadas a continuación.

## Fórmulas

Situaciones orientadas hacia el **presente** o el **futuro**:

| Probabilidad | Cláusula con «si» | Cláusula principal |
|---|---|---|
| Situación A: posible/probable | Indicativo: presente (futuro, infrecuentemente) | Indicativo: presente, futuro, presente perfecto |
| Situación B: imposible/improbable | Pasado de subjuntivo | Condicional (o pasado de subjuntivo) |

### Ejemplos

**Situación A: posible/probable (en el presente/futuro)**

Si estudias, sacas/sacarás buenas notas.

*If you study, you get/will get good grades.*

Si has estudiado, sacarás una buena nota.

*If you have studied, you will get a good grade.*

**Situación B: imposible/improbable (en el presente/futuro)**

Si estudiaras, sacarías (sacaras) buenas notas.

*If you studied, you would get good grades.*

Situaciones orientadas hacia el **pasado**:

| Probabilidad | Cláusula con «si» | Cláusula principal |
|---|---|---|
| Situación C: posible/ probable | Indicativo: Pasado (cualquier tiempo pasado que tenga sentido —excepto el condicional) | Indicativo: Pasado (cualquier tiempo pasado que tenga sentido —excepto el condicional; presente a veces —si esta acción está en el presente [vea los ejemplos 3 y 4 abajo]) |
| Situación D: imposible/ improbable | Pluscuamperfecto de subjuntivo | Condicional perfecto (o pluscuamperfecto de subjuntivo) |

## Ejemplos

**Situación C: posible/probable (en el pasado)**

Si estudiaste duro, sacaste una buena nota.
*If you studied hard, you got a good grade.*

Si estabas en casa cuando te llamé, no contestaste el teléfono.
*If you were at home when I called, you didn't answer the phone.*

Si estuviste en clase hoy, sabes lo que dijo el profesor.
*If you were in class today, you know what the professor said.*

Si fue de compras ayer, hay pan en la cocina.
*If he went shopping yesterday, there is bread in the kitchen.*

**Situación D: improbable/imposible (en el pasado)**

Si hubieras estudiado, habrías/hubieras sacado buenas notas.
*If you had studied, you would have gotten good grades.*

En todos los ejemplos, se ha presentado la cláusula con **si** primero y la cláusula principal después, pero es posible invertir el orden de las cláusulas. Las reglas para cada cláusula todavía se aplican. Considere algunos de los ejemplos anteriores con el orden cambiado.

326 • Manual de gramática

| | |
|---|---|
| Sacarás una buena nota si has estudiado. | *You will get a good grade if you have studied.* |
| Sacarías/Sacaras buenas notas si estudiaras. | *You would get good grades if you studied.* |
| Sacaste una buena nota si estudiaste duro. | *You got a good grade if you studied hard.* |
| Sabes lo que dijo el profesor si estuviste en clase hoy. | *You know what the professor said if you were in class today.* |
| Hay pan en la cocina si fue de compras ayer. | *There is bread in the kitchen if he went shopping yesterday.* |

## En más detalle

La excepción: cuando sí se permite el presente de subjuntivo en una cláusula con **si**

En una rara excepción, el presente de subjuntivo puede ocurrir en una cláusula con **si:** después de «No (saber) si», como en «No sé si **estés/estás** libre el sábado, pero me gustaría invitarte a mi fiesta» o «No sabemos si **vaya/va** a creernos, pero vamos a decirle lo que vimos». Como se ha indicado, también es posible utilizar el indicativo; la única diferencia es que el uso del presente de subjuntivo implica más duda. La traducción inglesa puede ser *if* o *whether*, (más comúnmente *whether*). (Si no hay un cambio de sujeto, generalmente se usaría el infinitivo después de **si** en estos casos, como en el ejemplo que sigue: «No sé si acompañarlos o no pero les llamaré en cuanto decida». En este caso, la mejor traducción sería *whether*.)

¡Ojo! Este uso se ve sólo en ciertas regiones del mundo hispanohablante (por ejemplo en México). No todos los hispanohablantes consideran aceptable este uso del presente de subjuntivo en una clausula con **si**, así que es mejor utilizar el presente de indicativo en estos casos.

# Apéndice: Verbos

## Índice

# A. Verbos regulares: Tiempos simples

| Infinitivo Gerundio Participio pasado | Indicativo | | | | | | Subjuntivo | | Imperativo |
|---|---|---|---|---|---|---|---|---|---|
| | Presente | Imperfecto | Pretérito | Futuro | Condicional | | Presente | Imperfecto | |
| hablar hablando hablado | hablo hablas habla hablamos habláis hablan | hablaba hablabas hablaba hablábamos hablabais hablaban | hablé hablaste habló hablamos hablasteis hablaron | hablaré hablarás hablará hablaremos hablaréis hablarán | hablaría hablarías hablaría hablaríamos hablaríais hablarían | | hable hables hable hablemos habléis hablen | hablara/hablase hablaras/hablases hablara/hablase habláramos/hablásemos hablarais/hablaseis hablaran/hablasen | habla tú, no hables hable usted hablemos hablad vosotros, no habléis hablen ustedes |
| comer comiendo comido | como comes come comemos coméis comen | comía comías comía comíamos comíais comían | comí comiste comió comimos comisteis comieron | comeré comerás comerá comeremos comeréis comerán | comería comerías comería comeríamos comeríais comerían | | coma comas coma comamos comáis coman | comiera/comiese comieras/comieses comiera/comiese comiéramos/comiésemos comierais/comieseis comieran/comiesen | come tú, no comas coma usted comamos comed vosotros, no comáis coman ustedes |
| vivir viviendo vivido | vivo vives vive vivimos vivís viven | vivía vivías vivía vivíamos vivíais vivían | viví viviste vivió vivimos vivisteis vivieron | viviré vivirás vivirá viviremos viviréis vivirán | viviría vivirías viviría viviríamos viviríais vivirían | | viva vivas viva vivamos viváis vivan | viviera/viviese vivieras/vivieses viviera/viviese viviéramos/viviésemos vivierais/vivieseis vivieran/viviesen | vive tú, no vivas viva usted vivamos vivid vosotros, no viváis vivan ustedes |

# B. Verbos regulares: Tiempos perfectos

| | Indicativo | | | | | Subjuntivo | |
|---|---|---|---|---|---|---|---|
| | Presente perfecto | Pluscuamperfecto | Pretérito perfecto | Futuro perfecto | Condicional perfecto | Presente perfecto | Pluscuamperfecto |
| he | | había | hube | habré | habría | haya | hubiera/hubiese |
| has | | habías | hubiste | habrás | habrías | hayas | hubieras/hubieses |
| ha | hablado | había | hubo | habrá | habría | haya | hubiera/hubiese |
| hemos | comido | habíamos | hubimos | habremos | habríamos | hayamos | hubiéramos/hubiésemos |
| habéis | vivido | habíais | hubisteis | habréis | habríais | hayáis | hubierais/hubieseis |
| han | | habían | hubieron | habrán | habrían | hayan | hubieran/hubiesen |

(In the Futuro perfecto, Condicional perfecto, Presente perfecto subjuntivo, and Pluscuamperfecto subjuntivo columns the participles hablado, comido, vivido apply respectively.)

# C. Participios pasados irregulares

| abrir (abierto) | cubrir (cubierto) | describir (descrito) | descubrir (descubierto) |
|---|---|---|---|
| escribir (escrito) | morir (muerto) | romper (roto) | satisfacer (satisfecho) |

(Ver también los participios pasados irregulares en los cuadros de verbos irregulares.)

# D. Verbos irregulares

| Infinitivo<br>Gerundio<br>Participio pasado | Indicativo | | | | | Subjuntivo | | Imperativo |
|---|---|---|---|---|---|---|---|---|
| | Presente | Imperfecto | Pretérito | Futuro | Condicional | Presente | Imperfecto | |
| andar<br>andando<br>andado | ando | andaba | anduve | andaré | andaría | ande | anduviera/anduviese | anda tú, |
| | andas | andabas | anduviste | andarás | andarías | andes | anduvieras/anduvieses | no andes |
| | anda | andaba | anduvo | andará | andaría | ande | anduviera/anduviese | ande usted |
| | andamos | andábamos | anduvimos | andaremos | andaríamos | andemos | anduviéramos/anduviésemos | andemos |
| | andáis | andabais | anduvisteis | andaréis | andaríais | andéis | anduvierais/anduvieseis | andad vosotros, |
| | andan | andaban | anduvieron | andarán | andarían | anden | anduvieran/anduviesen | no andéis |
| | | | | | | | | anden ustedes |

| Infinitivo Gerundio Participio pasado | Indicativo Presente | Imperfecto | Pretérito | Futuro | Condicional | Subjuntivo Presente | Imperfecto | Imperativo |
|---|---|---|---|---|---|---|---|---|
| caber cabiendo cabido | quepo cabes cabe cabemos cabéis caben | cabía cabías cabía cabíamos cabíais cabían | cupe cupiste cupo cupimos cupisteis cupieron | cabré cabrás cabrá cabremos cabréis cabrán | cabría cabrías cabría cabríamos cabríais cabrían | quepa quepas quepa quepamos quepáis quepan | cupiera/cupiese cupieras/cupieses cupiera/cupiese cupiéramos/cupiésemos cupierais/cupieseis cupieran/cupiesen | cabe tú, no quepas quepa usted quepamos cabed vosotros, no quepáis quepan ustedes |
| caer cayendo caído | caigo caes cae caemos caéis caen | caía caías caía caíamos caíais caían | caí caíste cayó caímos caísteis cayeron | caeré caerás caerá caeremos caeréis caerán | caería caerías caería caeríamos caeríais caerían | caiga caigas caiga caigamos caigáis caigan | cayera/cayese cayeras/cayeses cayera/cayese cayéramos/cayésemos cayerais/cayeseis cayeran/cayesen | cae tú, no caigas caiga usted caigamos caed vosotros, no caigáis caigan ustedes |
| conocer conociendo conocido | conozco conoces conoce conocemos conocéis conocen | conocía conocías conocía conocíamos conocíais conocían | conocí conociste conoció conocimos conocisteis conocieron | conoceré conocerás conocerá conoceremos conoceréis conocerán | conocería conocerías conocería conoceríamos conoceríais conocerían | conozca conozcas conozca conozcamos conozcáis conozcan | conociera/conociese conocieras/conocieses conociera/conociese conociéramos/conociésemos conocierais/conocieseis conocieran/conociesen | conoce tú, no conozcas conozca usted conozcamos conoced vosotros, no conozcáis conozcan ustedes |
| creer (ver leer) | | | | | | | | |
| dar dando dado | doy das da damos dais dan | daba dabas daba dábamos dabais daban | di diste dio dimos disteis dieron | daré darás dará daremos daréis darán | daría darías daría daríamos daríais darían | dé des dé demos deis den | diera/diese dieras/dieses diera/diese diéramos/diésemos dierais/dieseis dieran/diesen | da tú, no des dé usted demos dad vosotros, no deis den ustedes |

| Infinitivo Gerundio Participio pasado | Indicativo | | | | | Subjuntivo | | Imperativo |
|---|---|---|---|---|---|---|---|---|
| | Presente | Imperfecto | Pretérito | Futuro | Condicional | Presente | Imperfecto | |
| decir<br>diciendo<br>dicho | digo<br>dices<br>dice<br>decimos<br>decís<br>dicen | decía<br>decías<br>decía<br>decíamos<br>decíais<br>decían | dije<br>dijiste<br>dijo<br>dijimos<br>dijisteis<br>dijeron | diré<br>dirás<br>dirá<br>diremos<br>diréis<br>dirán | diría<br>dirías<br>diría<br>diríamos<br>diríais<br>dirían | diga<br>digas<br>diga<br>digamos<br>digáis<br>digan | dijera/dijese<br>dijeras/dijeses<br>dijera/dijese<br>dijéramos/dijésemos<br>dijerais/dijeseis<br>dijeran/dijesen | di tú,<br>no digas<br>diga usted<br>digamos<br>decid vosotros,<br>no digáis<br>digan ustedes |
| estar<br>estando<br>estado | estoy<br>estás<br>está<br>estamos<br>estáis<br>están | estaba<br>estabas<br>estaba<br>estábamos<br>estabais<br>estaban | estuve<br>estuviste<br>estuvo<br>estuvimos<br>estuvisteis<br>estuvieron | estaré<br>estarás<br>estará<br>estaremos<br>estaréis<br>estarán | estaría<br>estarías<br>estaría<br>estaríamos<br>estaríais<br>estarían | esté<br>estés<br>esté<br>estemos<br>estéis<br>estén | estuviera/estuviese<br>estuvieras/estuvieses<br>estuviera/estuviese<br>estuviéramos/estuviésemos<br>estuvierais/estuvieseis<br>estuvieran/estuviesen | está tú,<br>no estés<br>esté usted<br>estemos<br>estad vosotros,<br>no estéis<br>estén ustedes |
| haber<br>habiendo<br>habido | he<br>has<br>ha<br>hemos<br>habéis<br>han | había<br>habías<br>había<br>habíamos<br>habíais<br>habían | hube<br>hubiste<br>hubo<br>hubimos<br>hubisteis<br>hubieron | habré<br>habrás<br>habrá<br>habremos<br>habréis<br>habrán | habría<br>habrías<br>habría<br>habríamos<br>habríais<br>habrían | haya<br>hayas<br>haya<br>hayamos<br>hayáis<br>hayan | hubiera/hubiese<br>hubieras/hubieses<br>hubiera/hubiese<br>hubiéramos/hubiésemos<br>hubierais/hubieseis<br>hubieran/hubiesen | |
| hacer<br>haciendo<br>hecho | hago<br>haces<br>hace<br>hacemos<br>hacéis<br>hacen | hacía<br>hacías<br>hacía<br>hacíamos<br>hacíais<br>hacían | hice<br>hiciste<br>hizo<br>hicimos<br>hicisteis<br>hicieron | haré<br>harás<br>hará<br>haremos<br>haréis<br>harán | haría<br>harías<br>haría<br>haríamos<br>haríais<br>harían | haga<br>hagas<br>haga<br>hagamos<br>hagáis<br>hagan | hiciera/hiciese<br>hicieras/hicieses<br>hiciera/hiciese<br>hiciéramos/hiciésemos<br>hicierais/hicieseis<br>hicieran/hiciesen | haz tú,<br>no hagas<br>haga usted<br>hagamos<br>haced vosotros,<br>no hagáis<br>hagan ustedes |

| Infinitivo Gerundio Participio pasado | Indicativo | | | | | Subjuntivo | | Imperativo |
|---|---|---|---|---|---|---|---|---|
| | Presente | Imperfecto | Pretérito | Futuro | Condicional | Presente | Imperfecto | |
| ir yendo ido | voy vas va vamos vais van | iba ibas iba íbamos ibais iban | fui fuiste fue fuimos fuisteis fueron | iré irás irá iremos iréis irán | iría irías iría iríamos iríais irían | vaya vayas vaya vayamos vayáis vayan | fuera/fuese fueras/fueses fuera/fuese fuéramos/fuésemos fuerais/fueseis fueran/fuesen | ve tú, no vayas vaya usted vayamos (vamos) no vayamos id vosotros, no vayáis vayan ustedes |
| leer leyendo leído | leo lees lee leemos leéis leen | leía leías leía leíamos leíais leían | leí leíste leyó leímos leísteis leyeron | leeré leerás leerá leeremos leeréis leerán | leería leerías leería leeríamos leeríais leerían | lea leas lea leamos leáis lean | leyera/leyese leyeras/leyeses leyera/leyese leyéramos/leyésemos leyerais/leyeseis leyeran/leyesen | lee tú, no leas lea usted leamos leed vosotros, no leáis lean ustedes |
| oír oyendo oído | oigo oyes oye oímos oís oyen | oía oías oía oíamos oíais oían | oí oíste oyó oímos oísteis oyeron | oiré oirás oirá oiremos oiréis oirán | oiría oirías oiría oiríamos oiríais oirían | oiga oigas oiga oigamos oigáis oigan | oyera/oyese oyeras/oyeses oyera/oyese oyéramos/oyésemos oyerais/oyeseis oyeran/oyesen | oye tú, no oigas oiga usted oigamos oíd vosotros, no oigáis oigan ustedes |
| poder (ue, u) pudiendo podido | puedo puedes puede podemos podéis pueden | podía podías podía podíamos podíais podían | pude pudiste pudo pudimos pudisteis pudieron | podré podrás podrá podremos podréis podrán | podría podrías podría podríamos podríais podrían | pueda puedas pueda podamos podáis puedan | pudiera/pudiese pudieras/pudieses pudiera/pudiese pudiéramos/pudiésemos pudierais/pudieseis pudieran/pudiesen | |

| Infinitivo Gerundio Participio pasado | Indicativo | | | | | Subjuntivo | | Imperativo |
|---|---|---|---|---|---|---|---|---|
| | Presente | Imperfecto | Pretérito | Futuro | Condicional | Presente | Imperfecto | |
| poner poniendo puesto | pongo pones pone ponemos ponéis ponen | ponía ponías ponía poníamos poníais ponían | puse pusiste puso pusimos pusisteis pusieron | pondré pondrás pondrá pondremos pondréis pondrán | pondría pondrías pondría pondríamos pondríais pondrían | ponga pongas ponga pongamos pongáis pongan | pusiera/pusiese pusieras/pusieses pusiera/pusiese pusiéramos/pusiésemos pusierais/pusieseis pusieran/pusiesen | pon tú, no pongas ponga usted pongamos poned vosotros, no pongáis pongan ustedes |
| producir produciendo producido | produzco produces produce producimos producís producen | producía producías producía producíamos producíais producían | produje produjiste produjo produjimos produjisteis produjeron | produciré producirás producirá produciremos produciréis producirán | produciría producirías produciría produciríamos produciríais producirían | produzca produzcas produzca produzcamos produzcáis produzcan | produjera/produjese produjeras/produjeses produjera/produjese produjéramos/produjésemos produjerais/produjeseis produjeran/produjesen | produce tú, no produzcas produzca usted produzcamos producid vosotros, no produzcáis produzcan ustedes |
| querer (ie, i) queriendo querido | quiero quieres quiere queremos queréis quieren | quería querías quería queríamos queríais querían | quise quisiste quiso quisimos quisisteis quisieron | querré querrás querrá querremos querréis querrán | querría querrías querría querríamos querríais querrían | quiera quieras quiera queramos queráis quieran | quisiera/quisiese quisieras/quisieses quisiera/quisiese quisiéramos/quisiésemos quisierais/quisieseis quisieran/quisiesen | quiere tú, no quieras quiera usted queramos quered vosotros, no queráis quieran ustedes |
| saber sabiendo sabido | sé sabes sabe sabemos sabéis saben | sabía sabías sabía sabíamos sabíais sabian | supe supiste supo supimos supisteis supieron | sabré sabrás sabrá sabremos sabréis sabrán | sabría sabrías sabría sabríamos sabríais sabrían | sepa sepas sepa sepamos sepáis sepan | supiera/supiese supieras/supieses supiera/supiese supiéramos/supiésemos supierais/supieseis supieran/supiesen | sé tú no sepas sepa usted sepamos sabed vosotros, no sepáis sepan ustedes |

| Infinitivo Gerundio Participio pasado | Indicativo | | | | | Subjuntivo | | Imperativo |
|---|---|---|---|---|---|---|---|---|
| | Presente | Imperfecto | Pretérito | Futuro | Condicional | Presente | Imperfecto | |
| salir saliendo salido | salgo sales sale salimos salís salen | salía salías salía salíamos salíais salían | salí saliste salió salimos salisteis salieron | saldré saldrás saldrá saldremos saldréis saldrán | saldría saldrías saldría saldríamos saldríais saldrían | salga salgas salga salgamos salgáis salgan | saliera/saliese salieras/salieses saliera/saliese saliéramos/saliésemos salierais/salieseis salieran/saliesen | sal tú, no salgas salga usted salgamos salid vosotros, no salgáis salgan ustedes |
| ser siendo sido | soy eres es somos sois son | era eras era éramos erais eran | fui fuiste fue fuimos fuisteis fueron | seré serás será seremos seréis serán | sería serías sería seríamos seríais serían | sea seas sea seamos seáis sean | fuera/fuese fueras/fueses fuera/fuese fuéramos/fuésemos fuerais/fueseis fueran/fuesen | sé tú, no seas sea usted seamos sed vosotros, no seáis sean ustedes |
| tener (ie) teniendo tenido | tengo tienes tiene tenemos tenéis tienen | tenía tenías tenía teníamos teníais tenían | tuve tuviste tuvo tuvimos tuvisteis tuvieron | tendré tendrás tendrá tendremos tendréis tendrán | tendría tendrías tendría tendríamos tendríais tendrían | tenga tengas tenga tengamos tengáis tengan | tuviera/tuviese tuvieras/tuvieses tuviera/tuviese tuviéramos/tuviésemos tuvierais/tuvieseis tuvieran/tuviesen | ten tú, no tengas tenga usted tengamos tened vosotros, no tengáis tengan ustedes |
| traducir (ver producir) | | | | | | | | |
| traer trayendo traído | traigo traes trae traemos traéis traen | traía traías traía traíamos traíais traían | traje trajiste trajo trajimos trajisteis trajeron | traeré traerás traerá traeremos traeréis traerán | traería traerías traería traeríamos traeríais traerían | traiga traigas traiga traigamos traigáis traigan | trajera/trajese trajeras/trajeses trajera/trajese trajéramos/trajésemos trajerais/trajeseis trajeran/trajesen | trae tú, no traigas traiga usted traigamos traed vosotros, no traigáis traigan ustedes |

| | Indicativo | | | | | Subjuntivo | | Imperativo |
|---|---|---|---|---|---|---|---|---|
| Infinitivo Gerundio Participio pasado | Presente | Imperfecto | Pretérito | Futuro | Condicional | Presente | Imperfecto | |
| valer valiendo valido | valgo vales vale valemos valéis valen | valía valías valía valíamos valíais valían | valí valiste valió valimos valisteis valieron | valdré valdrás valdrá valdremos valdréis valdrán | valdría valdrías valdría valdríamos valdríais valdrían | valga valgas valga valgamos valgáis valgan | valiera/valiese valieras/valieses valiera/valiese valiéramos/valiésemos valierais/valieseis valieran/valiesen | vale tú, no valgas valga usted valgamos valed vosotros, no valgáis valgan ustedes |
| venir (ie) viniendo venido | vengo vienes viene venimos venís vienen | venía venías venía veníamos veníais venían | vine viniste vino vinimos vinisteis vinieron | vendré vendrás vendrá vendremos vendréis vendrán | vendría vendrías vendría vendríamos vendríais vendrían | venga vengas venga vengamos vengáis vengan | viniera/viniese vinieras/vinieses viniera/viniese viniéramos/viniésemos vinierais/vinieseis vinieran/viniesen | ven tú, no vengas venga usted vengamos venid vosotros, no vengáis vengan ustedes |
| ver viendo visto | veo ves ve vemos veis ven | veía veías veía veíamos veíais veían | vi viste vio vimos visteis vieron | veré verás verá veremos veréis verán | vería verías vería veríamos veríais verían | vea veas vea veamos veáis vean | viera/viese vieras/vieses viera/viese viéramos/viésemos vierais/vieseis vieran/viesen | ve tú, no veas vea usted veamos ved vosotros, no veáis vean ustedes |

# E. Verbos con cambios radicales y/o cambios ortográficos

| Infinitivo / Gerundio / Participio pasado | Indicativo — Presente | Imperfecto | Pretérito | Futuro | Condicional | Subjuntivo — Presente | Imperfecto | Imperativo |
|---|---|---|---|---|---|---|---|---|
| buscar, buscando, buscado | busco, buscas, busca, buscamos, buscáis, buscan | buscaba, buscabas, buscaba, buscábamos, buscabais, buscaban | busqué, buscaste, buscó, buscamos, buscasteis, buscaron | buscaré, buscarás, buscará, buscaremos, buscaréis, buscarán | buscaría, buscarías, buscaría, buscaríamos, buscaríais, buscarían | busque, busques, busque, busquemos, busquéis, busquen | buscara/buscase, buscaras/buscases, buscara/buscase, buscáramos/buscásemos, buscarais/buscaseis, buscaran/buscasen | busca tú, no busques, busque usted, busquemos, buscad vosotros, no busquéis, busquen ustedes |
| cerrar (ie) (ver pensar) | | | | | | | | |
| contar, contando, contado | cuento, cuentas, cuenta, contamos, contáis, cuentan | contaba contabas, contaba, contábamos, contabais, contaban | conté, contaste, contó, contamos, contasteis, contaron | contaré, contarás, contará, contaremos, contaréis, contarán | contaría, contarías, contaría, contaríamos, contaríais, contarían | cuente, cuentes, cuente, contemos, contéis, cuenten | contara/contase, contaras/contases, contara/contase, contáramos/contásemos, contarais/contaseis, contaran/contasen | cuenta tú, no cuentes, cuente usted, contemos, contad vosotros, no contéis, cuenten ustedes |
| dormir (ue, u), durmiendo, dormido | duermo, duermes, duerme, dormimos, dormís, duermen | dormía, dormías, dormía, dormíamos, dormíais, dormían | dormí, dormiste, durmió, dormimos, dormisteis, durmieron | dormiré, dormirás, dormirá, dormiremos, dormiréis, dormirán | dormiría, dormirías, dormiría, dormiríamos, dormiríais, dormirían | duerma, duermas, duerma, durmamos, durmáis, duerman | durmiera/durmiese, durmieras/durmieses, durmiera/durmiese, durmiéramos/durmiésemos, durmierais/durmieseis, durmieran/durmiesen | duerme tú, no duermas, duerma usted, durmamos, dormid vosotros, no durmáis, duerman ustedes |

| Infinitivo Gerundio Participio pasado | Indicativo | | | | | Subjuntivo | | Imperativo |
| | Presente | Imperfecto | Pretérito | Futuro | Condicional | Presente | Imperfecto | |
|---|---|---|---|---|---|---|---|---|
| huir huyendo huido | huyo huyes huye huimos huis huyen | huía huías huía huíamos huíais huían | huí huiste huyó huimos huisteis huyeron | huiré huirás huirá huiremos huiréis huirán | huiría huirías huiría huiríamos huiríais huirían | huya huyas huya huyamos huyáis huyan | huyera/huyese huyeras/huyeses huyera/huyese huyéramos/huyésemos huyerais/huyeseis huyeran/huyesen | huye tú, no huyas huya usted huyamos huid vosotros, no huyáis huyan ustedes |
| incluir incluyendo incluido | incluyo incluyes incluye incluimos incluís incluyen | incluía incluías incluía incluíamos incluíais incluían | incluí incluiste incluyó incluimos incluisteis incluyeron | incluiré incluirás incluirá incluiremos incluiréis incluirán | incluiría incluirías incluiría incluiríamos incluiríais incluirían | incluya incluyas incluya incluyamos incluyáis incluyan | incluyera/incluyese incluyeras/incluyeses incluyera/incluyese incluyéramos/incluyésemos incluyerais/incluyeseis incluyeran/incluyesen | incluye tú, no incluyas incluya usted incluyamos incluid vosotros, no incluyáis incluyan ustedes |
| jugar (ue) jugando jugado | juego juegas juega jugamos jugáis juegan | jugaba jugabas jugaba jugábamos jugabais jugaban | jugué jugaste jugó jugamos jugasteis jugaron | jugaré jugarás jugará jugaremos jugaréis jugarán | jugaría jugarías jugaría jugaríamos jugaríais jugarían | juegue juegues juegue juguemos juguéis jueguen | jugara/jugase jugaras/jugases jugara/jugase jugáramos/jugásemos jugarais/jugaseis jugaran/jugasen | juega tú, no juegues juegue usted juguemos jugad vosotros, no juguéis jueguen ustedes |
| oler (ue) oliendo olido | huelo hueles huele olemos oléis huelen | olía olías olía olíamos olíais olían | olí oliste olió olimos olisteis olieron | oleré olerás olerá oleremos oleréis olerán | olería olerías olería oleríamos oleríais olerían | huela huelas huela olamos oláis huelan | oliera/oliese olieras/olieses oliera/oliese oliéramos/oliésemos olierais/olieseis olieran/oliesen | huele tú, no huelas huela usted olamos oled vosotros, no oláis huelan ustedes |

| Infinitivo Gerundio Participio pasado | Indicativo | | | | | Subjuntivo | | Imperativo |
|---|---|---|---|---|---|---|---|---|
| | Presente | Imperfecto | Pretérito | Futuro | Condicional | Presente | Imperfecto | |
| pagar pagando pagado | pago pagas paga pagamos pagáis pagan | pagaba pagabas pagaba pagábamos pagabais pagaban | pagué pagaste pagó pagamos pagasteis pagaron | pagaré pagarás pagará pagaremos pagaréis pagarán | pagaría pagarías pagaría pagaríamos pagaríais pagarían | pague pagues pague paguemos paguéis paguen | pagara/pagase pagaras/pagases pagara/pagase pagáramos/pagásemos pagarais/pagaseis pagaran/pagasen | paga tú, no pagues pague usted paguemos pagad vosotros, no paguéis paguen ustedes |
| pedir (i, i) pidiendo pedido | pido pides pide pedimos pedís piden | pedía pedías pedía pedíamos pedíais pedían | pedí pediste pidió pedimos pedisteis pidieron | pediré pedirás pedirá pediremos pediréis pedirán | pediría pedirías pediría pediríamos pediríais pedirían | pida pidas pida pidamos pidáis pidan | pidiera/pidiese pidieras/pidieses pidiera/pidiese pidiéramos/pidiésemos pidierais/pidieseis pidieran/pidiesen | pide tú, no pidas pida usted pidamos pedid vosotros, no pidáis pidan ustedes |
| pensar (ie) pensando pensado | pienso piensas piensa pensamos pensáis piensan | pensaba pensabas pensaba pensábamos pensabais pensaban | pensé pensaste pensó pensamos pensasteis pensaron | pensaré pensarás pensará pensaremos pensaréis pensarán | pensaría pensarías pensaría pensaríamos pensaríais pensarían | piense pienses piense pensemos penséis piensen | pensara/pensase pensaras/pensases pensara/pensase pensáramos/pensásemos pensarais/pensaseis pensaran/pensasen | piensa tú, no pienses piense usted pensemos pensad vosotros, no penséis piensen ustedes |
| perder (ie) perdiendo perdido | pierdo pierdes pierde perdemos perdéis pierden | perdía perdías perdía perdíamos perdíais perdían | perdí perdiste perdió perdimos perdisteis perdieron | perderé perderás perderá perderemos perderéis perderán | perdería perderías perdería perderíamos perderíais perderían | pierda pierdas pierda perdamos perdáis pierdan | perdiera/perdiese perdieras/perdieses perdiera/perdiese perdiéramos/perdiésemos perdierais/perdieseis perdieran/perdiesen | pierde tú, no pierdas pierda usted perdamos perded vosotros, no perdáis pierdan ustedes |

| Infinitivo Gerundio Participio pasado | Indicativo | | | | | Subjuntivo | | Imperativo |
|---|---|---|---|---|---|---|---|---|
| | Presente | Imperfecto | Pretérito | Futuro | Condicional | Presente | Imperfecto | |
| reír (i, i) riendo reído | río ríes ríe reímos reís ríen | reía reías reía reíamos reíais reían | reí reíste rio reímos reísteis rieron | reiré reirás reirá reiremos reiréis reirán | reiría reirías reiría reiríamos reiríais reirían | ría rías ría riamos riáis rían | riera/riese rieras/rieses riera/riese riéramos/ riésemos rierais/rieseis rieran/riesen | ríe tú, no rías ría usted riamos reíd vosotros, no riáis rían ustedes |
| seguir (i, i) siguiendo seguido | sigo sigues sigue seguimos seguís siguen | seguía seguías seguía seguíamos seguíais seguían | seguí seguiste siguió seguimos seguisteis siguieron | seguiré seguirás seguirá seguiremos seguiréis seguirán | seguiría seguirías seguiría seguiríamos seguiríais seguirían | siga sigas siga sigamos sigáis sigan | siguiera/siguiese siguieras/siguieses siguiera/siguiese siguiéramos/siguiésemos siguierais/siguieseis siguieran/siguiesen | sigue tú, no sigas siga usted sigamos seguid vosotros, no sigáis sigan ustedes |
| sentar (ie) (ver **pensar**) | | | | | | | | |
| sentir (ie, i) sintiendo sentido | siento sientes siente sentimos sentís sienten | sentía sentías sentía sentíamos sentíais sentían | sentí sentiste sintió sentimos sentisteis sintieron | sentiré sentirás sentirá sentiremos sentiréis sentirán | sentiría sentirías sentiría sentiríamos sentiríais sentirían | sienta sientas sienta sintamos sintáis sientan | sintiera/sintiese sintieras/sintieses sintiera/sintiese sintiéramos/sintiésemos sintierais/sintieseis sintieran/sintiesen | siente tú, no sientas sienta usted sintamos sentid vosotros, no sintáis sientan ustedes |
| servir (ie, i) (ver **sentir**) | | | | | | | | |
| volver (ue) volviendo vuelto | vuelvo vuelves vuelve volvemos volvéis vuelven | volvía volvías volvía volvíamos volvíais volvían | volví volviste volvió volvimos volvisteis volvieron | volveré volverás volverá volveremos volveréis volverán | volvería volverías volvería volveríamos volveríais volverían | vuelva vuelvas vuelva volvamos volváis vuelvan | volviera/volviese volvieras/volvieses volviera/volviese volviéramos/volviésemos volvierais/volvieseis volvieran/volviesen | vuelve tú, no vuelvas vuelva usted volvamos volved vosotros, no volváis vuelvan ustedes |

# Glosario: Español/inglés

Nota: Las definiciones provistas en este glosario son las que se usan en los cuentos y ejercicios de *Lazos*. La mayoría de estas palabras tiene otros significados también.

## A

**abarcar** to embrace, to cover

**abrasar** to burn

**acabar** to end

**acabar de** (+ *infinitivo*) to have just (done something)

**acera** sidewalk

**acierto** sensible choice, good "shot"

**acongojado** distressed, anxious, anguished

**acontecimiento** event

**acordarse** to remember

**acreedor** creditor

**actual** current, present, present-day

**adiestrado** trained

**adivinanza** guess

**adivinar** to guess

**aflojarse** to loosen

**afueras** outskirts

**agarrar** to grasp, to grab, to seize

**agregar** to add

**agrio** bitter

**aguantarse** to endure, to bear/put up with

**aguardiente** alcohol ("firewater")

**aislamiento** isolation

**ala** wing

**alambre** wire

**alcanzar** to reach

**aleta** fin

**alfiler** pin

**alfombra** rug, carpet

**aliento** breath

**alimento** food

**alma** soul

**almohada** pillow, cushion

**alojamiento** lodging

**alzar** to lift, to raise up

**amanecer** to dawn, to become daybreak

**amante** lover

**amargar** to embitter, to make bitter

**amargo** bitter

**amarrar** to fasten, to hitch, to tie up

**ámbito** area, environment

**amenguar** to lessen

**ameno** pleasant, agreeable, charming

**amical** friendly

**amo** owner

**amortiguar** to dim

**amparo** protection

**amplio** wide, extensive

**ancho** wide

**ancla** anchor

**angosto** narrow

**anguila** eel

**antipático** unlikeable

**antorcha** torch

**anzuelo** fishhook

**añadidura** (en 'por añadidura') besides, in addition

**añadir** to add

**apagar** to turn off

**apelotonarse** to well up, to accumulate

**apenas** scarcely, hardly

**apostar** to bet, to wager

**apoyar** to support

**apretado** tightened, clamped, squeezed

**apretar** to tighten, to squeeze

**aprovechar** to take advantage of

**arboleda** grove

**arder** to burn

**arena** sand

**arenga** speech

**armario** wardrobe (closet); cupboard

**arrancar** to pull out, to wrench, to eradicate

**arrastrar** to drag

**arrepentimiento** repentance; regret

**arrimarse** to move close to

**arrobado** entranced, enraptured, fascinated

**arrobamiento** ecstasy, rapture

**arrodillar** to kneel

**arrojar** to throw

**arruga** wrinkle

**arrullar** to coo, to lull

**asco** disgust

asegurado secured, fastened

asegurar(se) to make sure, to assure

asir to grasp, to seize, to take hold of

asomar to appear, to come out

asomarse to lean

asombro astonishment, surprise

aspecto appearance

asqueroso disgusting, repugnant

astro sun; heavenly body; star

asustado frightened

asustar to frighten

atar to tie

atrasarse to run late, to be late

atravesar to cross

atreverse to dare

aullido howl

aumentar to increase

averiguar to find out, to ascertain

azar chance

## B

bahía bay

bajar to descend, to go down; to get off/out of (a bus/a taxi)

balbucear to stutter, to stammer

balneario seaside resort

bañarse to bathe, to swim

barba beard

belleza beauty

blando soft

bocanada puff (e.g., of smoke); mouthful

bochorno heat; sultry, muggy weather

borrachera drunkenness, drinking spree

borracho drunk

borrador draft (e.g., of a composition)

borrar to erase

bosque forest, woods

botar to throw away; to throw back (e.g., a fish)

bote boat

branquia gill

brillante (*sust.*) diamond (brilliant)

brillar to shine, to glisten

bucear to dive, to swim under water

buey ox

bulto bulk, form, object

bullicio din, racket, hubbub

búsqueda search

## C

cabello hair

cacería hunting

cacharros earthenware, pots

cachorro baby animal, cub, puppy

cadera hip

cajón drawer (e.g., in a dresser)

caldero cauldron, boiler, pot

callado quiet, silent

campanada ring or toll of a bell or clock

carcajada (reír a carcajadas) guffaw (to roar with laughter)

cárcel jail, prison

cargar to carry, to bear (a burden)

cariño affection

carnada bait

carretilla cart

cascajo gravel

cauteloso cautious

caza hunting

cazar to hunt

celoso jealous

ceño fruncido knitted brow (i.e., a frown)

cerca (*sust.*) fence

cerro hill

certeza certainty

chaleco vest

chapuzón (darse un chapuzón) dip (to take a dip)

chispa spark

chupar to suck

cicatriz scar

ciego blind

cielo sky

ciudadano citizen

clítico pronoun (the type that cannot stand alone: reflexive, direct, indirect)

cobrar to charge

codiciado coveted

codo elbow

cola tail

colegio school

cólera anger

colgado hung, hanging

colgar to hang

colilla cigarette butt

colocación position, location

colorado red

comicios elections

comillas quotation marks

compadecer(se) to sympathize

compartido shared

compartir to share

comportamiento behavior

concordancia agreement (grammatical)

concordar to agree (grammatically)

condenado condemned

confitería cake shop, sweetshop (a bakery)

confundir to confuse

congestionado flushed (one's face)

congoja anguish, grief, sorrow

conjetura conjecture, guess

conjeturar to conjecture, to guess
conmover to move (emotionally)
conocimiento knowledge
consagrar to consecrate; to dedicate one's life to
consejos advice
consolar to comfort, to console
consuelo solace, consolation, comfort
conveniente suitable, advisable
coquetería coquetry, flirtatiousness
cordel cord, rope
corpiño bra, brassière; bodice
corporal (adj.) body (adj.) (lenguaje corporal: body language)
corregir to correct
corroído corroded, worn away
cosecha crop
costura scar
costurón large scar
cría young; baby animal
criar to raise (e.g., children)
cristal glass; glass surface
crítica criticism
crudo raw
cuadrado square
cuadro chart
cualquier(a) any
cuarto quarter; room
cubierta cover
cuchillada stab
cuello neck; collar
cuidado care
cuidar(se) to take care of
cura (m.) priest

## D

daño harm
dar vergüenza to embarrass
darse cuenta to realize
darse la mano to shake hands
dársena dock

dato piece of information
decepción disappointment
delgadez thinness
delgado thin, slender
demorar to delay
dependienta store clerk (fem.)
derecho law
desafío challenge
desarrollar(se) to develop
desarrollo development
desatar to untie
descarado brazen
descartar to discard
desengañar to disappoint, to disillusion
desengaño disappointment, disillusionment
deshacerse to get rid of
deslizarse to slide, to slip
desmañado clumsy, awkward
desparpajo self-confidence, impudence
despedida good-bye
despeinado unkempt, disheveled (a reference to the state of one's hair)
despoblado depopulated, unpopulated
destacado prominent
destacar(se) to stand out; to point out; to highlight
destinatario addressee
destrabar to loosen, to detach
desventaja disadvantage
desvergonzado impudent, insolent, shameless
detallado detailed
detalle detail
detenimiento care, thoroughness
devolver to return
dibujar to draw
dicho saying
difunto deceased
dirigir(se) to direct; to address (a letter or person)

disculpar to pardon, to forgive
disgustar to displease
doblar to bend; to fold; to collapse
dorado golden
dueño owner
dulce sweet

## E

edad age
elegir to choose, to elect
embrutecer to brutalize, to make brutal; to stupefy, to dull the mind
empavonado greased
encaminarse to head toward
encantador charming, delightful, enchanting
encender to burn; to turn on (e.g., a light)
encerrar to enclose, to lock inside
encoger to shrink, to contract
encogerse de hombros to shrug
encogido shrunk
endemoniado possessed
enderezar(se) to straighten up
enfermizo sick, unhealthy
enfocarse to focus on
enfoque focus
engañar to deceive
engaño deception
engañoso deceptive
enredado entangled
enredar to entangle, to complicate, to confuse
ensueño dream; fantasy
entender to understand
enterado aware, informed
enterarse (de) to find out (about)
enterrado buried
entrada entry (in a dictionary); entrance
entregar to turn in

entrenamiento training
envasado canned
escacez scarcity
escalera staircase, stairs
escarcha hoarfrost
escoger to choose
esconder to hide
escopeta shotgun, rifle
escueto succinct, precise
escupir to spit
espalda back
espantajos scarecrow
espantapájaros scarecrow
espantar to frighten (away)
espantoso frightening, terrifying
espejo mirror
esperanza hope
esperar to hope; to expect
espeso thick
estadía stay
estallido explosion
estampido explosion, bang
estante shelf
estirar to stretch (out), to extend
estirpe lineage
estrechar to squeeze
estrecho (*sust.*) strait
estrecho (*adj.*) narrow; tight
estrella star
estrellado crashed
estremecer(se) to shudder, tremble
estufa stove
etapa stage (period of time)
evadir to avoid
éxito success
exitoso successful
experimentar to experience
extraño strange

### F

factura bill
fallecer to die
falta lack
faltar to lack, to be missing

familiar (*sust.*) family member
faro headlight
fe faith
fealdad ugliness
fiable reliable
fiel faithful, loyal, reliable
fiera wild animal
fijarse to notice
fijo fixed, firm
fila row, line (queue)
fingir to pretend
flaco skinny
fluir to flow
fofo soft; spongy; flabby
fonda boarding house
fondo bottom
forastero stranger; outsider
fortalecer to strengthen, to fortify
fósforo match
fracaso failure
fragmento excerpt, piece, fragment
frasco jar, bottle
frase phrase, sentence
frase hecha set phrase
fresno ash tree
frondoso leafy
frotar to rub
fruncir el ceño to frown
fuego fire
fuera outside
fusil gun, rifle

### G

ganar to earn
gancho hook
garganta throat
gastar to spend
gemelo twin
gemido moan, groan
gesto gesture
girar to spin
girasol sunflower
golpe de estado coup d'état

gota drop
gozar to enjoy
grabar to engrave; to record
gracioso amusing, funny, witty, graceful, pleasing, elegant, cute
grieta crack
grueso thick
guagua bus (Cuban usage)
guante glove
guerra war
guerrero warrior
guía guide
guionista scriptwriter

### H

hada fairy
hallar to find
harto tired, "fed up"
hastiado tired (of); disgusted
hendedura crevice, crack, slit
herida wound
herir to hurt, to injure, to wound
hermosura beauty
herrumbroso rusty
hierro iron
hígado liver
hilo thread
hiriente wounding, offensive
hocico snout
hogar home
hojarasca fallen leaves
hojear to skim, to glance through
holgado well-off (financially)
hombro shoulder
horneado baked
hornear to bake
hospicio lodging
huerto garden
hueso bone
huésped guest
huir to flee
húmedo wet, moist
humor humor; mood

# I

**inagotable** inexhaustible
**índice** index; index finger
**indicio** indication, sign
**índole** nature (type)
**indolente** insensitive
**infierno** hell, inferno
**ingenioso** clever, ingenious
**ingenuidad** naïveté; simplicity
**insensibilidad** insensitivity
**insensible** insensitive
**institutriz** governess
**interlocutor** interlocutor
  (person spoken to/speaking
  with another)
**intruso** intruder
**involucrado** involved
**isla** island

# J

**jabón** soap
**jadeante** panting
**jadear** to pant, to gasp (breathe
  hard and deep)
**jamás** never
**joya** jewel, gem
**joyería** jewelry store
**jubilarse** to retire
**juego** game
**juego de palabras** play on
  words
**juez** judge
**juguetón** playful
**junto** together
**juramentar** to swear, to give a
  solemn oath
**jurar** to swear
**juventud** youth
**juzgar** to judge

# L

**ladrar** to bark
**ladrido** bark (of a dog)
**lagarto** alligator, lizard

**lágrima** tear, teardrop
**lanzar** to throw, to fling
**largo** long
**latón** barrel, large metal drum
**lazo** tie, bond, link, knot, lasso,
  trap, snare, ribbon
**lector** reader
**lectura** reading
**lejano** distant, far-off
**lenguado** sole (type of fish)
**licenciatura** degree; bachelor's
  degree
**lienzo** linen, canvas
**ligero** (*adj.*) light
**linde** edge, border
**liso** smooth
**lobanillo** wen, cyst (wart-like
  growth)
**lograr** to achieve, to attain;
  (with infinitive: to manage to)
**luchar** to fight
**lugar** place
**lúgubre** lugubrious, dismal
**lujo** luxury
**lujoso** luxurious
**lumbre** fire

# LL

**llamado** so-called; called
**llanto** crying, weeping
**llegar** to arrive
**llevar** to carry

# M

**madera** wood
**madrugada** early morning
**madrugador** early-riser
**maldecir** to curse
**malentender** to misunderstand
**malentendido**
  misunderstanding
**malvado** evil, wicked
**mamífero** mammal
**manga** sleeve
**mangal** mango grove

**manoplas** mittens
**manso** tame, gentle
**marea** tide
**margarita** daisy
**mascota** pet
**mascullear** (**mascullar**) to chew
**matiz** shade, hue, tint, nuance
**matrimonio** marriage; married
  couple
**mayoría** majority
**mejilla** cheek
**mentira** lie
**menudo** minute (tiny); **a
  menudo** frequently, often
**mercancía** merchandise
**mezcla** mixture, blend
**mezquino** miserable
**mitad** half
**mojado** wet
**molestar** to bother
**molestarse** to get upset, to get
  annoyed
**mono** (*adj.*) cute
**mono** (*sust.*) monkey
**mosca** fly
**moscón** large fly
**mostrador** counter (e.g., in a
  store or bar)
**mostrar** to show
**mudarse** to move (from one
  house to another)
**muelle** wharf, pier
**muellemente** smoothly, softly
**muestrario** collection of
  samples
**mugre** filth
**muñeca** wrist; doll
**muro** wall
**musgo** moss

# N

**nacer** to be born
**nacimiento** birth, beginning
**naranjal** orange grove
**negar** to deny

**negrita (en negrita)** boldface (in boldfaced type)
**nevera** refrigerator
**nexo** link
**niebla** mist, fog
**niñez** childhood
**nivel** level
**nublado** cloudy
**nudillo** knuckle

## Ñ

**ñapa** bonus, extra

## O

**ocultarse** to hide, to disappear
**odiar** to hate
**oficio** trade, profession, occupation
**ojeada** glance
**olfato** sense of smell
**olor** smell, odor
**oloroso** smelly
**opuesto** opposite
**oración** sentence
**oreja** ear
**orfelinato** orphanage
**orgullarse** to be proud
**orgullo** proud
**orilla** edge
**ortografía** writing (orthography)
**o(b)scuridad** darkness
**oscurecer** to darken, to dim
**oscuro** dark
**oso** bear
**otorgar** to give, to award
**oyente** listener

## P

**padecer** to suffer
**palmera** palm tree
**palo** stick, pole
**palpitar** to beat, to pound
**pantalla** screen

**pantanoso** marshy, swampy
**panzudo** potbellied, big-bellied
**papagayo** parrot
**papel** role, rôle
**parada** bus stop
**parar** to stop, to stand up
**parecer** to seem
**parecerse a** to resemble, to look like
**parecido** similar
**pared** wall
**pareja** pair; married couple; partner
**pariente** relative
**párpado** eyelid
**parroquiano** customer
**partir** to depart; to split
**paseo** walk, stroll
**pasillo** corridor, passageway
**paso** step, path
**pata** foot (of an animal), paw
**patria** native country (fatherland)
**patrón** pattern
**pavor** fear, terror, panic
**pavoroso** terrifying
**pecado** sin
**pegar** to glue
**pelea** fight, quarrel
**peligro** danger
**pellejo** skin
**peón** farm worker
**percatarse** to realize, to notice
**peregrino** pilgrim, traveler
**perito** expert
**perseguir** to follow
**pertenecer** to belong
**pertenencias** belongings
**pescado** fish (one that's been caught)
**pescar** to fish, to catch
**pescuezo** neck (of an animal)
**pez** fish
**picar** to nibble
**picardía** craftiness, cunning
**piedad** piety

**piedra** rock, stone
**pisadas** footsteps
**piso** floor
**pista** path; clue
**placer** pleasure
**planchar** to iron
**plantas** feet
**plata** money (slang)
**plática** chat
**poblado** populated
**poda** cutting, cropping (of an animal's ears)
**poder** power
**pollo** chick
**polvoriento** dusty
**pómulo** cheekbone, cheek
**porquería** filth; nastiness (indecency), disgusting behavior
**portarse** to behave
**pozo** well, deep hole
**pregonar** to hawk/advertise (merchandise)
**premio** prize, award
**pretil** railing, parapet
**principio** principle
**prisa** hurry
**probar** to prove
**propietario** owner
**prueba** proof
**pudor** modesty, decency
**pueril** childish, puerile
**puntiagudo** pointed

## Q

**quebradizo** fragile, brittle, delicate
**quebrantado** broken
**quebrar** to break
**quedarse** to remain, to stay
**quedo** quiet, still
**quehacer** chore, task, duty
**queja** complaint
**quejido** moan, groan
**quemadura** burn

**quemar** to burn
**querella** quarrel
**quinta** country estate
**quizás** perhaps, maybe

## R

**rabia** anger
**rabioso** angry
**rabo** tail
**raíz** root
**ramaje** branches
**rancio** ancient, long-established
**rasgar** to tear, to rip
**rasgo** characteristic
**rastro** track; trace
**rato** while, short period of time
**realzar** to enhance, to highlight
**recámara** bedroom
**recatado** modest, decent
**rechazar** to reject
**rechino** squeaking, creaking
**reclamar** to clamor
**recompensa** reward
**recontrafranco** very frank
**recordatorio** reminder
**recorrer** to travel
**recorrido** trip
**recostado** leaning
**recular** to go back, to retreat
**refrán** proverb, saying
**registrar** to check
**regla** rule
**reina** queen
**reja** railing; iron fence; grille (on a window); bar
**relámpago** lightning bolt
**relatar** to tell, to narrate
**relato** story, narration
**remar** to row
**remo** row
**rendija** crack
**repartir** to distribute
**repentino** sudden
**reponerse** to recover

**resaltar** to stand out, to highlight
**resplandor** brilliance, brightness
**restringir** to restrict
**resumen** summary
**retrasado mental** mentally retarded person
**revisar** to check, to review
**risa** laugh, laughter
**risueño** smiling, cheerful, bright
**roce** rubbing, friction
**rodar** to roll, to go round
**rodeado** surrounded
**rodear** to surround, to enclose, to encircle
**rodilla** knee
**rogar** to beg
**ronquido** snore
**rosa** pink-colored
**rosado** pink
**rostro** face
**ruborizarse** to turn red, to blush
**ruido** noise

## S

**saco (a cuadros)** (checkered) jacket
**sacudidas** shaking
**sacudir** to shake
**sangre** blood
**sano** healthy
**secar(se)** to dry
**seco** dry
**semejante** similar
**semejanza** similarity
**semejarse** to resemble, to look like
**senda** path
**seno** bosom, breast
**sensible** sensitive
**sentido** sense, meaning
**sentimiento** feeling
**seña** sign, gesture

**señal** sign, signal, indication
**señalar** to signal, to point out
**sepulcro** grave, tomb
**sepultura** grave, tomb
**sequía** drought
**sien** temple (at the sides of the forehead)
**significado** meaning
**simpatía** liking, affection, mutual understanding
**soler (+ infinitivo)** to be accustomed to, to be in the habit of
**sollozar** to sob
**soltar** to release, to let loose
**sombra** shade, shadow
**sonrojar** to blush
**soñador** dreamer
**soplar** to blow
**soplo** blow; gust of wind
**sopor** sleepiness, drowsiness
**sorbo** sip, gulp
**sordo** deaf
**sortija** ring
**sostén** support
**sostener(se)** to sustain, to support
**suavizar** to soften
**subir** to go up; to get on/in (a bus, a taxi)
**subrayar** to underline; to underscore; to emphasize
**subyacente** underlying
**suceso** event
**sudar** to sweat
**sudor** sweat
**suelto** free, loose, untied, unattached
**sueño** dream; sleep
**suerte** luck
**sugerencia** suggestion
**sumamente** extremely
**surco** crevice, groove
**surgir** to arise, to emerge
**suspirar** to sigh

sustantivo noun
susto fright
susurrar to whisper
sutileza subtlety

## T

tacto touch
tal vez perhaps, maybe
taller workshop
tamaño size
tambalearse to stagger
tapa lid
tapia wall (usually of mud or adobe)
tarima platform
tela piece of cloth
temblar to tremble
temer to fear
temor fear
temporal temporary
tenderete stall, market booth
tenderse to lie down
tener sentido to make sense
tentador tempting
ternura tenderness
tesoro treasure
testigo witness
tierno tender
timbre bell
tina bathtub
tinieblas darkness
tintero inkwell
tirapiedras slingshot
todavía still, yet

toldo canopy, awning
tontería foolishness
torpe awkward, clumsy, slow-witted
tos cough
toser to cough
trabado clasped, linked
trabar to grasp, to seize
traducción translation
traducir to translate
tragar to swallow
trago swig, swallow, mouthful
trama plot (e.g., in a story or novel)
transeúnte passer-by
trapo rag
trasfondo background
trasladarse to move, relocate
trasnochador (sust.) night owl; one who stays up late
trasto useless object, junk
tratamiento treatment; form of address
travesura mischief, playfulness
trenzas braids
trepar to climb
turnarse to take turns
tutear use informal address (tú)

## V

vacío vacuum, void, space
valor value
vara stick, pole

vecino neighbor
vejez old age
velar to watch over; to stay awake
velludo hairy
veneno poison
venganza vengeance, revenge
venta sale
ventaja advantage
vera edge
verdadero real
vergüenza shame, embarrassment
verídico truthful
vértigo dizziness (vertigo)
vidrio glass
vientre belly
vinculado linked, connected
vínculo tie, bond, link
vislumbrar to glimpse
víspera eve; day before
vistazo glance
vitrina store window
vulgar common, ordinary

## Y

yacer to lie (to be in a lying position)

## Z

zambullirse to dive
zarandear to shake vigorously

# Créditos

## Art Credits

Chapter opener illustrations by Accurate Art, Inc.

## Photo Credits

p. 7 EFE News Services; p. 28 NewsCom; p. 50 Prentice Hall School Division; p. 65 Columbus Memorial Library; p. 80 NewsCom; p. 93 Carmen R. Padró; p. 109 Getty Images, Inc.-Hulton Archive Photos; p. 124 NewsCom; p. 139 Getty Images/Time Life Pictures; p. 163 AP Wide World Photos; p. 195 Library of Congress; p. 216 Pearson Education/PH College; p. 236 Pearson Education/PH College; p. 251 AP Wide World Photos; p. 270 Getty Images, Inc.-Liaison

## Text Credits

p. 8 Carmen Laforet "Al colegio" from *La niña y otros relatos*. © Herederos de Carmen Laforet, 2007; p. 28 Mario Benedetti "Una carta de amor" from *Mejor es meneallo*. Reprinted by permission of Guillermo Schavelzon & Asociados, S. L.; p. 50 Ana María Matute "El ausente" from *Historias de la Artámila*. © Ana María Matute, 1961; p. 65 Horacio Quiroga "El hijo" from *El más allá*. Reprinted by permission of Editorial Losada, S.A.; p. 80 Silvia Molina "La casa nueva" from *Dicen que me case yo*. Reprinted by permission of Antonia Kerrigan Agencia Literaria; p. 93 Humberto Padró "Una sortija para mi novia" from *Diez cuentos*. Reprinted by permission of Carmen M. Ramos Vda. Padró; p. 124 Mario Benedetti "La noche de los feos" from *La muerte y otras sorpresas*. Reprinted by permission of Guillermo Schavelzon & Asociados, S. L.; p. 140 Julio Cortázar "Axolotl" from *Final del juego*. © Herederos de Julio Cortázar, 2007; p. 164 Gabriel García Márquez "La mujer que llegaba a las seis" from *Ojos de perro azul*. © Gabriel García Márquez, 1947; p. 216 "Tedy" by Lupita Lago (Pseudonym of María Canteli Dominicis). Reprinted by permission of the author; p. 236 Mariella Sala "El lenguado" from *Desde el exilio*. Reprinted by permission of the author; p. 252 Juan Rulfo "¿No oyes ladrar los perros?" from *El llano en llamas*. © Herederos de Juan Rulfo, 2007; p. 271 Isabel Allende "Dos palabras" from *Cuentos de Eva Luna*. © Isabel Allende, 1989.

# Índice